Thomas Vittner

Das Trader-Coaching

Thomas Vittner

Das Trader Coaching

So werden Sie zum Gewinner

FinanzBuch Verlag

Bibliografische Information der Deutschen Bibliothek:
Die Deutsche Bibliothek verzeichnet diese Publikation in der Deutschen Nationalbibliografie;
detaillierte bibliografische Daten sind im Internet über **http://dnb.ddb.de** abrufbar.

Lektorat: Marion Reuter
Satz und Layout: Daniel Förster
Druck: GGP Media GmbH, Pößneck

Thomas Vittner • Das Trader-Coaching
2., unveränderte Auflage 2009
© 2009
FinanzBuch Verlag GmbH
Nymphenburger Straße 86
80636 München
Tel. 089 651285-0
Fax 089 652096

Den Autor erreichen Sie unter:
vittner@finanzbuchverlag.de

ISBN 978-3-89879-483-1

--- *Weitere Infos zum Thema* ---

www.finanzbuchverlag.de

Gerne übersenden wir Ihnen unser aktuelles Verlagsprogramm.

Inhaltsverzeichnis

Vorwort

Zuerst war ich skeptisch. Warum sollte ich ein Buch über Trading schreiben? Es gibt doch schon so viel Börsenliteratur, wer braucht da noch ein weiteres Buch zu diesem Thema? Ein paar schlaflose Nächte später war ich jedoch voll motiviert. Ja, ich wollte ein Buch schreiben, und zwar eines, das anders war als die anderen Publikationen. Mehr praxisorientiert und vor allem – einfacher, verständlicher und ehrlicher! Mein Ziel war es auch, ein Buch zu schreiben, das für alle aktiven Trader geeignet ist, für einen Anfänger genauso wie für einen Fortgeschrittenen. Sie haben hier also ein Börsenbuch für »Otto Normalverbraucher« in den Händen. Für den Trader, der vielleicht einem herkömmlichen Job nachgeht und davon träumt, mit dem Trading in Zukunft seinen Lebensunterhalt zu bestreiten. Der seine Liebe zu den Märkten entdeckt hat und nicht oder noch nicht die Resultate erzielt, die er gerne erzielen möchte. Für jemanden, der gar nicht die Zeit und die Lust hat, den ganzen Tag vor dem Chart zu sitzen, da er sich um Beruf und Familie kümmern muss. Für einen ganz »normalen« Menschen also wie Sie und ich.

Allen Tradern, die sich aufgrund der Tatsache, das Trading nur als Nebenjob zu betreiben, in einem Nachteil wähnen, sei eines gesagt: Auch die vermeintlichen Spitzentrader »kochen nur mit Wasser« und wissen nicht mehr über die Märkte als ein fortgeschrittener privater Trader, der sein Wissen als Autodidakt erworben hat. Selbst wenn sie in den Medien oft so tun als ob. Deren Vorteil ist, dass sie sich den Märkten bereits mit dem richtigen Denken nähern, weil sie mehr Erfahrung besitzen. Dieses Denken möchte ich Ihnen in diesem Buch näherbringen, die Erfahrungen müssen Sie selbst machen. Ich will Sie mit meinem Wissen dazu ermutigen, es mit diesen Profi-Tradern aufzunehmen, denn daran führt leider kein Weg vorbei. Selbst wenn Sie dieses Werk von vorne bis hinten mehrmals durchlesen, wenn Sie es sogar auswendig lernen, möchte ich Ihnen gleich zu Beginn etwas sehr Wichtiges mitteilen:

Ich kann Ihnen mit diesem Buch allein nicht beibringen,
wie man ein guter Trader wird!

Sie haben richtig gelesen. Das kann ich nicht! Das kann nicht nur mein Buch
nicht, das kann kein Buch dieser Welt. Sie werden nach dem Lesen sicher kein erfolgreicher Trader sein und wissen, wie es geht. Es ist ein Faktum, dass man das
Trading nur durch die eigene Erfahrung erlernen kann. Erfahrung wiederum entsteht
erst, wenn etwas anders ist, als man geglaubt hat. Dann wird man gezwungen, über
die Sache nachzudenken, und dann lernt man wirklich etwas. Vorausgesetzt, man ist
dazu bereit und sucht die Schuld für einen Fehler nicht immer bei den Anderen.

Sie müssen sich darauf vorbereiten, dass der Weg steinig und hart werden wird.
Ich verspreche Ihnen auch nicht, dass Sie es schaffen werden. Viele, die es mit dem
Trading versuchen, scheitern, und das sogar ziemlich bald. Im Gegensatz zu anderen
Jobs brauchen Sie zur Spekulation jedoch nur ein begrenztes Fachwissen. Es gibt al-
lerdings ein paar Tugenden, die einem das Trading erleichtern. Jeder hat die gleichen
Chancen, aber nur wenige nutzen sie.

In den USA sagt man: »Trading is a Mind Game«. Das bedeutet, dass der Trader die richtige mentale Einstellung mitbringen oder erlernen muss. Wie man das
anstellt, werden Sie im Folgenden noch erfahren. Trotzdem sagen viele, es sei das
härteste Business der Welt. Ob ich dem zustimmen soll, weiß ich nicht. Wie auch immer. Trading ist leicht durchzuführen, aber schwer zu meistern. Mit einem Margin-
Konto (ein Konto, bei dem der Broker dem Kunden gestattet, Wertpapiere auf Kredit
zu kaufen, um damit einen Hebeleffekt zu erzielen), 1.000 Euro Mindesteinlage,
drei Unterschriften und einer Kopie des Führerscheins ist man heute schon dabei.
Aufgrund der fehlenden Zutrittsbarrieren beginnen die Probleme dann aber erst so
richtig und nach einigen Wochen oder Monaten ist das Geld plötzlich weg und man
weiß gar nicht, was man falschgemacht hat.

Mit diesem Buch möchte ich Sie auch zum Nachdenken bringen. Ich möchte
Ihnen ein paar Richtlinien und Regeln mit auf den Weg geben. Und ich werde versuchen, einige Ihrer Überzeugungen, die Sie vielleicht bisher über die Funktionsweise
der Märkte und richtiges Trading hatten, zu revidieren. Weiter möchte ich Ihnen
einige Anregungen geben, neue Gedanken zu entwickeln, mit denen es sich etwas
leichter tradet, und ich wünsche mir, dass Sie offen für diese Gedankengänge sind.
In einigen Punkten müssen Sie sich unbedingt von Ihren alten Glaubenssätzen lösen, denn diese werden Sie absolut nicht weiterbringen. Darüber hinaus werde ich
versuchen, Sie auf einige Fallen aufmerksam zu machen, die auf einen angehenden
Trader in der freien Wildbahn lauern. Seien Sie sich über eines im Klaren: Sie sind

als Trader vollkommen auf sich allein gestellt und es beschützt Sie niemand. Hier meine ich weniger den Schutz vor den anderen Marktteilnehmern, sondern es geht darum, dass Sie sich vor sich selbst schützen müssen. Diese Aussage werden viele von Ihnen nicht oder noch nicht nachvollziehen können. Ein reifer Trader wird hier wohl schmunzeln und seine Zustimmung erteilen. Weil eben niemand auf Sie und Ihre Handlungen aufpasst, ist es wichtig, einige Ratschläge zu beherzigen und einige Kniffe zu kennen, wie man die Sache am besten angeht.

Gelingt es mir, Ihnen dieses Wissen zu vermitteln, dann war ich mit diesem Buch erfolgreich, und Sie haben Ihre wertvolle Zeit und Ihr Geld nicht in den Sand gesetzt. Das ist für mich eine große Motivation, meinen Teil der Sache gut zu machen. Ich wünsche mir von ganzem Herzen, dass Sie Ihren Part ebenfalls gut machen, was wohl der weitaus schwierigere Teil ist, den ich leider auch nicht beeinflussen kann. Halten Sie durch, denn wenn Sie es schaffen, wird sich Ihr Leben von Grund auf zum Besseren verändern: Erfolgreiche Trader sind nicht nur finanziell erfolgreich. Erfolgreiche Trader entwickeln ein Denken, das sie generell zu ausgeglicheneren und zufriedeneren Menschen macht.

Exkurs – Evolutionsschritte eines Traders

Auf den nachfolgenden Seiten wird sehr oft vom »reifen Trader« oder vom »erfahrenen Trader« gesprochen. Oder vom Gegenteil, dem »unerfahrenen Trader« und so weiter. Ein Seminarteilnehmer fragte mich eines Tages, was ich denn unter einem reifen Trader verstehen würde. Wann ist ein Trader »reif« beziehungsweise wann ist er »unreif«? Im ersten Moment konnte ich darauf keine eindeutige Antwort geben, und ich habe lange über diese Frage nachgedacht. Was zeichnet einen reifen Trader aus? Worin unterscheidet er sich vom unreifen, unerfahrenen Trader? Eines war mir sofort klar: Es kann nicht nur an der Performance liegen. Diese ist kein alleiniger Indikator für das Entwicklungsstadium eines Traders. Was ist es dann?

Sind es die Jahre an Erfahrung, die diesen Umstand ausmachen? Da kommen wir der Sache schon näher. Aber auch dieser Faktor ist nicht allein für die Reife eines Traders ausschlaggebend. Drehen wir die Frage hingegen um, wird es einfacher. Wann gilt ein Trader als »unreif«? Ein Trader ist unreif, solange er den Prozess »Trading« nicht als solchen erkennt. Solange er glaubt, Trading sei ein einfaches Unterfangen, und nicht bereit ist, etwas über sich und das Trading zu lernen. Denn genau da teilt sich der Weg für den angehenden Trader. Aus dem »Spiel Trading« kann an diesem Punkt der Entwicklung etwas Ernsthaftes entstehen. Zu dem Zeitpunkt, da der Trader merkt, dass er bestimmte Entwicklungsschritte vollziehen muss, um voranzukommen, beginnt die Evolution des Traders. Das ist der Zeitpunkt, an dem er Spaß am Lernen entwickelt. Wenn er neugierig wird und – was am wichtigsten ist – wenn er erkennt, dass diese Weiterentwicklung nicht nur das Fachwissen allein betrifft, sondern auch seine Persönlichkeit.

Viele Trader sind dazu jedoch nicht bereit, sie wollen weder lernen noch arbeiten. Trading ist für sie bloß ein Zeitvertreib oder eine Abwechslung. Sie suchen ein Hobby oder ein Spiel und wollen den Computer starten und Spaß haben. Sie möchten natürlich gewinnen, sie wollen aber nicht am Gesamtprozess arbeiten und sie denken, es genüge, einfach ein Signal zu traden, den Stopp zu setzen und die Gewinne einzustreichen. Was ihnen fehlt ist die Ernsthaftigkeit, die Nachhaltigkeit und das tiefe Bemühen um die Sache, und das sind genau die Aspekte, die einen reifen Trader auszeichnen.

Ein reifer Trader ist auch jemand, der erkennt, dass jede Reise mit dem ersten Schritt beginnt. So wird aus einem unreifen Trader ein reifer Trader, ohne dass sich anfänglich seine Performance verändern muss. Diese Bereitschaft zur Evolution entwickelt sich oft aus einem einzigen Augenblick heraus, manchmal in Sekundenbruchteilen – dann nämlich, wenn der Trader erkennt, dass er so nicht mehr weiterkommt, wenn er es leid ist, ständig ein Opfer zu sein, und nicht weiß, wie ihm geschieht; wenn ihm die Märkte eine Ohrfeige nach der anderen verpassen und er die Faust nicht einmal erkennt, so rasch wie sie zuschlägt. Dann wandelt er sich zum reifen Trader, der bereit ist, etwas zu tun und an sich zu arbeiten. Genau dann hat er den entscheidenden Schritt getan und alles Weitere ist nur noch eine Frage der Zeit.

Über die Jahre hinweg wird aus einem reifen Trader ein erfolgreicher Trader. Daher bedeutet das Wort »reif« nach meinem Verständnis, dass ein Trader den richtigen Weg bereits eingeschlagen hat. Weil er erkennt, dass es überhaupt einen Weg zu bewältigen gilt. Der Prozess hin zum erfolgreichen Trader geschieht dann von ganz allein. Daher ist es der schwierigere Teil, einen unreifen Trader zu einem reifen Trader zu machen, denn diesen Schritt muss er wirklich wollen. Sonst kann ihn kein Trainer der Welt dazu bringen und es helfen ihm auch kein Buch und kein Seminar. Hat der Trader die nötige Reife erreicht, ist es nur noch der Zeitfaktor, der ihn vom Erfolg trennt. Teile des zu Erlernenden finden Sie in diesem Buch. Den Schritt zur Reife muss jeder Trader selbst machen. Sind Sie dazu bereit? Dann folgen Sie mir bitte und lassen Sie uns den Weg von nun an ein Stück gemeinsam gehen!

Danksagung

An dieser Stelle möchte ich einigen Menschen danken, ohne die dieses Buch gar nicht möglich gewesen wäre. Marianne, vielen Dank für alles. Für Deine Geduld, die vielen Ratschläge und das oftmalige Lesen dieses Werkes. Es war mein größtes Geschenk, Dich kennengelernt zu haben, und ich möchte keine gemeinsame Sekunde mit Dir missen.

Danke auch an meine Eltern. Ihr habt mich immer meinen Weg gehen lassen und mich stets unterstützt. Vielen Dank auch an meine Oma. Leider kann sie dieses Buch nicht mehr erleben, sie wäre aber besonders stolz auf mich gewesen. Ich danke auch Dir, lieber Anastasios für Deine Hilfe. Besonderen Dank auch an Dich, Pierre. Zu guter Letzt noch ein großes Dankeschön an meinen Arbeitgeber und an alle Kollegen, die für meine Situation immer Verständnis gezeigt und mir die Flexibilität zugestanden haben, die ich für alles gebraucht habe.

Euch allen ist dieses Buch gewidmet!

Wie alles anfing –
eine kurze Biografie

Ich möchte zu Beginn des Buches mit Ihnen eine kurze Reise machen. Diese Reise führt uns zurück zu den Anfängen meines Börsenlebens. Ich werde Ihnen darin grob schildern, wie sich dieser bereits beschriebene Reifungsprozess bei mir gestaltet hat und vor allem wie lange er gedauert hat. Vielleicht kommt Ihnen das eine oder andere Verhalten von mir auch bekannt vor, weil Sie in einer ähnlichen Situation schon einmal auf dieselbe Art und Weise reagiert haben. Wenn das so ist, dann trösten Sie sich – Sie werden sehen, es ging mir genauso.

Die Liebe zu den Märkten entwickelte sich bei mir Ende 2001, Anfang 2002. Ich war zu diesem Zeitpunkt in der Wiener Niederlassung einer großen internationalen Versicherung beschäftigt und durfte in der Einarbeitungsphase ein Seminar über Lebensversicherungen besuchen. Da ich in einem ganz anderen Fachbereich dieses Unternehmens beschäftigt war, hörte ich dort auch erstmals etwas von »Fondsgebundenen Lebensversicherungen«, von Aktienquoten und vom Eurostoxx sowie von anderen Sparprodukten, die in irgendeiner Form mit den Kapitalmärkten verknüpft waren.

Mein Interesse war geweckt, und der Gedanke, mich mit dem Thema Börse und Aktien näher zu beschäftigen, ließ mich nicht mehr los. So begann ich mit meiner Recherche zuerst im Internet und holte mir einige grundlegende Infos über die Kapitalmärkte. Ich wusste zu dieser Zeit gerade einmal, wie man das Wort »Aktie« schreibt, doch ich war fasziniert und wollte es unbedingt auf eigene Faust versuchen. Damals wusste ich noch nicht, dass ich damit meine Bestimmung gefunden hatte.

Einige Wochen später meldete ich mich bei einem großen Online-Broker an und eröffnete ein Konto. Dann kaufte ich mir zwei Börsenzeitschriften und begann sofort, sie gierig zu verschlingen. Alles, was darin stand, leuchtete mir sofort ein. Die Börse war einfach und das Geld lag förmlich auf der Straße. Ich fragte mich, warum nicht alle Menschen Aktien besitzen. So wählte ich in kürzester Zeit fünf mir bekannte internationale Konzerne aus, kaufte mich in diese Unternehmen ein und verkündete mit stolzgeschwellter Brust meiner Freundin eines Abends im Frühling 2002, dass ich nun Aktionär einiger ganz bekannter großer Firmen geworden sei.

Die Freude währte allerdings nicht lange, denn ich lag damals nur einen Tag mit meinem Portfolio im Plus. Ab diesem Zeitpunkt ging es nur noch abwärts, Tag um Tag. Meine vermeintlich sicheren Blue Chips, die ich aufgrund der Empfehlungen aus diesen Magazinen gekauft hatte, verloren immer mehr an Wert. Ich litt jeden Tag Höllenqualen, denn als ich nach dem Büro nach Hause kam, führte mich der erste Weg zu meinem Computer und ein Depotcheck war angesagt! Doch es war immer das Gleiche, meine Werte waren tiefrot eingefärbt.

Da ich nicht verstand, was ich falsch gemacht hatte, begann ich, noch mehr Börsenmagazine zu lesen, doch in allen stand das Gleiche. Man müsse in dieser Phase jetzt durchhalten, einen kühlen Kopf bewahren oder sogar nachkaufen, und das tat ich auch. Ich kaufte weitere Aktien, um meinen Einstiegskurs zu verbilligen. Doch wöchentlich ging es weiter abwärts, immer schneller und schneller und nach weiteren Wochen und Monaten des Leidens wusste ich nicht mehr weiter und musste einen Schlussstrich ziehen. Ich wollte alle Aktien loswerden, egal zu welchem Preis. Den Schmerz der täglichen Verluste konnte ich einfach nicht mehr ertragen, denn er schlug mir schon so aufs Gemüt, dass ich tagelang schlechter Laune war. Vor allem nahm ich die Verluste sehr persönlich und wollte von der Börse nichts mehr wissen. Kurz vor dem zweiten Irak-Krieg, als die Stimmung am schlechtesten war, entschied ich mich endgültig, alle Aktien abzustoßen. Ich legte mein verbleibendes Kapital auf ein klassisches Sparbuch und nahm mir vor, das Kapitel Börse zu schließen. Das war der Zeitpunkt, wo der Boden erreicht war, die Märkte wieder drehten und der bis Mitte 2007 dauernde Bullenmarkt startete. Vorerst jedoch ohne mich!

Der zweite Versuch

Meine Sinne für die Kapitalmärkte waren jedoch geschärft und so fiel mir natürlich auf, dass es an den Börsen wieder aufwärts ging. Es ärgerte mich, dass ich versagt hatte, zumindest definierte ich es damals so. Ich hatte gut mein halbes Kapital verloren und wusste immer noch nicht warum. Wieso gelten Aktien als die ertragreichste aller Anlageformen und ich konnte daraus keinen Gewinn erzielen? Wo lag der Fehler, was hatte ich übersehen und – vor allem – was hatte ich falsch gemacht? Weil ich immer schon sehr hartnäckig war, wagte ich einen erneuten Versuch. Ich hatte die Fährte wieder aufgenommen und beschloss, mich ein zweites Mal an die Kapitalmärkte heranzuwagen.

Da ich es nun besser machen wollte, war mir klar, dass ich mein Fachwissen vertiefen müsste, und so kaufte ich mir erste Grundlagenbücher über Aktien. Dann suchte ich vertiefende Literatur und lernte, zwischen dem Preis und dem Wert einer Aktie zu unterscheiden. Früher dachte ich, wenn eine Aktie einmal bei 300 gestanden war und jetzt nur noch 80 kostet, wäre sie auf jeden Fall billig. Dass dies aber ganz weit von der Wahrheit entfernt ist, musste ich noch schmerzhaft lernen. Eine Aktie notiere nie zu niedrig, um »geshortet« zu werden und nie zu hoch, um gekauft zu werden. Diesen Satz las ich damals in Jesse Livermores berühmtem Werk *»Das Spiel der Spiele«.* Die Weisheit, die sich hinter dieser Aussage verbirgt, erschloss sich mir aber erst Monate, wenn nicht Jahre später. Dass die Preisbildung an der Börse auch nicht mit jener im Supermarkt gleichzusetzen ist, lernte ich auch erst zu späteren Zeiten.

Erste bescheidene Erfolge motivierten mich, und ich begann nun, alle Bücher zu kaufen, die ich in die Finger bekam. Meine Performance zu dieser Zeit war aber alles andere als konstant, denn meist verhagelten mir einige Verluste ein ansonsten passables Ergebnis. Ich hoffte daher, in der Fachliteratur das Geheimnis des erfolgreichen Tradings zu finden. Nach der Hälfte jedes Buches legte sich jedoch meist die anfängliche Euphorie und am Ende kam die große Ernüchterung. Wieder fand ich keine Hinweise darauf, wie es geht, und niemand verriet mir, wo sich der Eingang in das gelobte Land verbarg. Dann kam das nächste Buch an die Reihe und so ging es weiter und weiter. Meine Suche nach dem »Heiligen Gral« wurde immer verzweifelter und verkrampfter. Vor allem durchwühlte ich jedes Buch, um Hinweise zum perfekten Einstieg zu finden. Da ich viele Verluste machte, dachte ich, dass es wohl am falschen Timing lag. Ich begann nun, sogar englische Börsenbücher zu lesen, und das war bei meinen durchschnittlichen Sprachkenntnissen schwierig genug. Ich dachte mir, die Amerikaner wüssten mehr über Geld und Börse, aber auch dort fand ich nicht die gewünschten Antworten. Irgendetwas übersah ich. Aber was?

So war ich auch in der Phase von ständig steigenden Märkten nur bedingt erfolgreich. Die Börsen waren zwar freundlich, trotzdem wuchs mein Portfolio nicht stetig an. Schuld war rückblickend gesehen, dass ich meine Verluste weder ordentlich begrenzte noch das richtige Denken verinnerlicht hatte, das man für erfolgreiches Trading benötigt. Das war mir damals aber nicht bewusst, und ich dachte, Trading sei einfach nichts für mich. Obwohl sich meine Performance mit den Jahren langsam verbesserte, war das Ganze schließlich doch fast ein Nullsummenspiel. Der investierte Gesamtaufwand rechtfertigte das ganze Unterfangen einfach nicht mehr, und so versuchte ich fortan, mit anderen Ansätzen an den Märkten zu agieren.

Ausgelöst wurde diese gedankliche Revolution vor allem dadurch, dass mir eines Tages ein Buch von Peter Lynch in die Hände fiel. »Aktien für alle« hieß es, und der darin vorgestellte Ansatz gefiel mir. Der Focus beim Investieren nach Peter Lynch lag auf »Wachstumsunternehmen« – das klang überzeugend. Doch eines schreckte mich ab – Peter Lynch setzte gewisse Kenntnisse der Bilanzanalyse voraus, doch die hatte ich nicht. Aber ich wollte es wissen und so verschlang ich erneut viele Bücher und lernte, wie eine Bilanz oder eine Gewinn-und-Verlust-Rechnung aufgebaut ist oder was Cashflow bedeutet. Die Grundlagen hatte ich schnell verstanden. Begriffe wie Eigenkapitalrendite oder Margen hatten mir vorher nichts gesagt, waren aber nicht schwer zu begreifen. So lernte ich nach und nach, die Bilanzen zu analysieren und wichtige Kennzahlen zu ermitteln – und es war gar nicht so schwer, wie ich gedacht hatte.

Mit diesem neuen Wissen konnte ich nun ganz anders an den Märkten auftreten und so begann ich, die Ansätze von Warren Buffett und Peter Lynch zu mischen. Ich entwickelte auf dieser Grundlage meine eigene Methode und dazu passende Analysetools. Schrittweise kaufte ich mich in kleine Nebenwerte ein, deren Unternehmenszweck ich verstand und die hervorragende Renditen auf das eingesetzte Kapital erwirtschafteten, und zahlte dafür einen vernünftigen Preis. Ich war stolz, mir meine eigenen Gedanken über meine Geldanlage zu machen und ein von der Finanzindustrie unabhängiger Investor geworden zu sein.

Meine Mühen waren erstmals nachhaltig von Erfolg gekrönt. Obwohl ich manchmal noch zu ungeduldig agierte, entwickelte sich mein Portfolio vielversprechend. Ab diesem Zeitpunkt schaffte ich es, konstante Gewinne zu erwirtschaften und die Märkte mit meinem kleinen Investment-Portfolio bis heute regelmäßig zu schlagen.

Trading – ein Comeback

Obwohl das Investieren sehr zufriedenstellend verlief, fehlte mir etwas. Mein neuer, langfristiger Ansatz konnte meinen angeborenen Spieltrieb einfach nicht befriedigen, denn Investieren ist, wenn man es vernünftig betreibt, ziemlich langweilig. Ich konnte auch meine Ungeduld oft nur schwer im Zaum halten, daher reifte langsam der Gedanke in mir heran, erneut zu traden. In erster Linie wollte ich so meine Investments vor mir selbst beschützen und mich nebenbei mit einem kleinen Tradingkonto richtig austoben. Obwohl alle meine bisherigen Tradingversuche höchstens durchschnittlich erfolgreich waren, begann ich hochmotiviert, mich nach einem passenden Broker umzusehen und stieß zwangsläufig auf CFDs. Mit anderen Hebelprodukten war ich ordentlich auf die Nase gefallen, aber dieses Handelsinstrument schien mir mehr zu liegen, weil es einfacher war. Nach einer umfassenden Recherche zu allen Anbietern mit deren Vor- und Nachteilen eröffnete ich einige Wochen später bei einem CFD-Broker ein Demo-Konto und begann, mich langsam in das Handling der Tradingplattform einzuarbeiten.

Doch bevor ich wieder mit dem eigentlichen Trading begann, versuchte ich, zuerst mehr über mich und meine Persönlichkeit herauszufinden, indem ich mir die richtigen Fragen stellte. Was bin ich für ein Typ? Was liegt mir und was liegt mir nicht? Wovor habe ich Angst, wobei fühle ich mich wohl? Wo liegen meine Stärken, wo meine Schwächen? Was sind überhaupt meine Ziele? Ich erkannte auf diesem Weg zum Beispiel, dass ich noch immer eine große Verlustangst in mir trug. Dafür waren meine Anfangszeiten an der Börse verantwortlich, die ich noch immer nicht verarbeitet hatte. Wenn ich etwas nicht mit ansehen konnte, dann war das, Papiergewinne wieder schrumpfen zu sehen. Das tat mir mehr weh als ein glatter Verlust. So adaptierte ich meine Methode dahingehend, die Stopps so eng wie möglich nachzuziehen, um dieses Problem aus der Welt zu schaffen. Zusätzlich bemerkte ich, dass es mir nichts ausmachte, nicht recht zu haben. Auch diesen Umstand ließ ich in mein Gesamtkonzept mit einfließen. Eine weitere Schwäche von mir war, dass ich noch immer sehr viel Unbehagen beim Eröffnen neuer Positionen verspürte. Ich musste also auch dem Abhilfe schaffen und begann, mich stets in die Märkte »einstoppen« zu lassen. Die Plattform nahm mir also das »Kaufen« beziehungsweise das »Verkaufen« ab. Nach und nach fügte sich so Mosaikstein an Mosaikstein und meine Methode reifte immer weiter und was da so entstand, gefiel mir.

Die Zeit des Demo-Kontos war bald abgelaufen und nun ging es darum, mit einem »scharfen« Konto (also mit echtem Geld) erfolgreich zu sein. Das Ziel, das ich mir damals gesetzt hatte, war ein auf den ersten Blick nicht allzu großes. Ich wollte am Ende des Jahres keinen Verlust auf meinem Konto haben. Genau betrachtet war das ein sehr ehrgeiziges Ziel, denn die meisten Trader machen Verluste und verlieren ihren Einsatz schon nach wenigen Monaten. Jedenfalls ging ich recht zuversichtlich an die Sache heran und es klappte tatsächlich von Anbeginn – und wie!

Es lief dermaßen gut, dass sich auch mein Broker für meine Performance zu interessieren begann und wir wurden uns rasch einig, mein Wissen und meine Methodik in Seminaren an andere Trader weiterzugeben. Hier kam mir entgegen, auch in meinem Job als Trainer tätig zu sein, und ich wusste daher, wie man Vorträge abhält, Inhalte strukturiert aufbereitet und vermittelt. Darüber hinaus macht es mir großen Spaß, mit den unterschiedlichsten Tradern zu arbeiten und sie kennenzulernen.

Auch andere Medien traten durch dieses Outing nun an mich heran. Es folgten diverse Kolumnen, TV-Projekte und Fachartikel über mich, meine Gedanken und Methoden. Alle waren scheinbar an dieser Story vom »Selfmade Trader« interessiert. Immer wieder wurde mir gesagt, die Menschen hätten genug Geschichten von milliardenschweren Fondsmanagern und deren Handelsansätzen gelesen und die Nase gestrichen voll davon. »Traden wie Profis« oder »So werden Sie ein Master Trader« liest man oft in Büchern und hört man in den Medien. Wir alle sind aber keine Tradingprofis, wir sind normale Menschen mit Familie und Job und haben daher andere Bedürfnisse. Profi-Trader und deren Herangehensweisen können uns privaten Tradern daher nicht als Vorbild dienen, denn diese spielen in einer anderen Liga als wir und haben ganz andere Möglichkeiten. Was angehende Trader hingegen wollen sind Leute wie du und ich, die erfolgreich geworden sind und als Vorbilder dienen können – »Real Money & Real People« sozusagen und diese Nische konnte ich erfolgreich besetzen.

Mit diesem Buch, liebe Leser, will ich Ihnen vor allem eines sagen:

Man kann auch als Privatier erfolgreich und profitabel traden,
wenn man es richtig angeht.

Wenn ich es geschafft habe, dann können Sie es auch schaffen. Ich hatte weder irgendwelche Startvorteile noch besondere Talente und musste mir von Grund auf alles selbst beibringen. Niemand glaubte damals an mich und an mein Vorhaben, doch heute, einige Jahre später, kann ich sagen: Ich habe mein Ziel, allen Unkenrufen zum Trotz, erreicht. Ich war hartnäckig und wusste immer, was ich wollte. Ich möchte daher auch Sie ermuntern, es zu versuchen, denn Ihr Erfolg wartet vielleicht schon um die nächste Ecke.

Damit Sie ein erfolgreicher Trader werden, müssen Sie nicht Ihren Job aufgeben und sich von Ihrem Partner trennen, um sich nur noch den Märkten widmen zu können. Sie müssen auch nicht täglich zehn Stunden vor dem PC sitzen und 50 Geschäfte pro Tag oder mehr tätigen. Das sind alles Mythen, die wir – wie so viele andere auch – in diesem Buch noch entzaubern werden. Das richtige Handwerkszeug dazu, dieses »Traders' Coaching« Buch, halten Sie bereits in den Händen.

Teil I
Traders' Coaching
Trading schrittweise lernen

Einleitung

Ich habe in meinem Leben bisher weit mehr als 150 Bücher über Börse, Aktien, Investieren oder Trading gelesen. Nach der Lektüre dieser Werke fiel mir auf, dass die meisten Tradingbücher zwar von Experten geschrieben werden und vieles an Fachwissen beinhalten, zum Erlernen dieser Aufgabe aber oft unbrauchbar sind. Das liegt vor allem daran, dass die Autoren auf den Lernprozess »Trading« überhaupt nicht eingehen. Stattdessen werden dem angehenden Trader ohne Rücksicht auf Verluste die eigenen (möglicherweise erfolgreichen) Konzepte aufs Auge gedrückt. Niemand macht sich jedoch Gedanken darüber, dass es beim Erlernen des Tradings nicht um die Aufnahme von möglichst viel Fachwissen geht.

Wenn sich jemand für das Trading zu interessieren beginnt, dann packt er die Sache vermutlich so an, als ob er sich in ein x-beliebiges anderes Fachgebiet einarbeiten möchte. Auf die gleiche Art, wie er versuchen würde, sich zum Beispiel Knowhow über Buchhaltung oder Marketing anzueignen, beschafft sich der Interessent entsprechende Fachliteratur und legt auf eigene Faust mit dem Lernen los. Wenn er nach einiger Zeit bemerkt, dass er allein dasteht und nicht weiterkommt, besucht er ein erstes Fachseminar, um sein Wissen zu erweitern. Wird mehr daraus und das Interesse steigert sich, dann werden ganze Kursreihen oder Studien belegt. So wird der Aspirant über die Monate und Jahre zum absoluten Experten auf diesem Wissensgebiet. Doch nur mit Fachwissen wird man eine Tätigkeit wie das Trading nie meistern können. Trading bedeutet Praxis und Erfahrung. Vor allem bedeutet es auch, sich unter Kontrolle zu haben und selbstständig zu sein. Das sind Herausforderungen und Tugenden, die man nicht durch die Aufnahme von Fachwissen bewältigen kann.

Wenn Sie als angehender Trader jetzt verwundert sind, verspreche ich, dass Sie am Ende dieses Buches die vorhergehenden Sätze besser verstehen werden. Beim erfolgreichen Traden geht es zum Großteil um eine Änderung Ihres bisherigen Verhaltens. Fachwissen aufzusaugen, egal, welches Thema betreffend, ist nicht besonders schwierig. In den meisten Fällen braucht man bloß Ehrgeiz und Ausdauer dazu, manchmal auch ein wenig Talent. Eine Änderung des Verhaltens hingegen ist nicht leicht herbeizuführen. Fast alle Tradingbücher, die ich kenne, ignorieren diesen Umstand vollkommen. Hier liegt auch die Antwort auf die Frage, warum so viel Börsenliteratur unnütz ist und warum ein Trader sogar aus fachlich guten Werken oft nicht schlau wird.

In erster Linie kauft man ein Buch über das Trading deswegen, weil man erwartet, darin die so dringend ersehnten Antworten zu finden, die einen erfolgreich machen. Man denkt nicht darüber nach, dass diese Antworten doch nie in einem Buch stehen können. Auf der Welt gibt es mehrere Milliarden Menschen und wenn auch nur wenige davon Trader werden wollen, bedeutet dies doch, dass es genauso viele unterschiedliche Antworten geben müsste. Daher ist es verständlich, dass ein Börsenbuchautor diese Fragen nicht zur vollsten Zufriedenheit beantworten kann, was man ihm auch gar nicht vorwerfen darf. Erlaubt sei jedoch der Vorwurf, dass sich die meisten Autoren über diesen Umstand der Individualität der Menschen keinerlei Gedanken machen. Sie präsentieren dem Trader ihre (für sie passenden) Antworten und glauben, es seien auch die Antworten der anderen. Wenn wir die Sache aber anders angehen und hier einen Coaching-Prozess ins Spiel kommen lassen, besteht sehr wohl die Möglichkeit, die Bedürfnisse des Einzelnen zu berücksichtigen.

Allgemein geht es dem angehenden Trader zu Beginn doch darum, beraten zu werden. Wie kann so eine Beratung nun aussehen? Eine Variante wäre, sich bei Freunden oder Gleichgesinnten Rat zu suchen. Im Normalfall gibt es im Umfeld eines Menschen aber nicht viele Leute, die sich für das Trading interessieren; daher ist dieser Weg für die meisten Personen nicht zu beschreiten. Eine andere Möglichkeit bietet heute das Internet, wo in den letzten Jahren eine Flut an Blogs oder Foren entstanden ist, in denen man sich mit anderen Tradern austauschen kann. Leider führt die Anonymität des Internets oft dazu, dass die Diskussionskultur auf diesen

– teilweise auch sehr guten – Seiten katastrophal ist, was die meisten vernünftigen Menschen abschreckt. So bleiben für den angehenden Trader nur zwei Möglichkeiten: sich entweder individuell beraten zu lassen, was im Normalfall sehr kostspielig ist, oder die Sache selbst in die Hand zu nehmen.

Für die meisten angehenden Trader liegt daher der scheinbar einzig zu beschreitende Weg im »Do it yourself« und im Erwerb von einschlägiger Fachliteratur. Da es jedoch, wie oben beschrieben, beim Trading weniger um das Erlernen von Fachwissen als vielmehr um die Änderung des Verhaltens geht, nähern sich die meisten Trader diesem Unterfangen mit einer ganz falschen Vorstellung im Hinblick auf das, was es zu lernen gibt und was für den Erfolg ausschlaggebend ist.

Die Brücke zwischen der Übermittlung von Fachwissen und der Beratung soll mit diesem Buch nun geschlagen werden. Wäre es nicht ideal, wenn der angehende Trader sich nicht völlig allein durch die auf ihn zukommenden Herausforderungen kämpfen müsste? Wenn er jemanden hätte, der ihm die richtigen Fragen stellt und ihm im richtigen Moment so weit bringt, sich die angemessenen Ratschläge selbst zu erteilen? Genau jetzt sind wir beim Titel dieses Buches angelangt. *»Das Trader-Coaching«*.

Leider hat ein angehender Trader im deutschsprachigen Raum wenige Möglichkeiten, sich individuell coachen oder beraten zu lassen. Deswegen habe ich mich dazu entschlossen, mein Praxiswissen aus dem Trading heraus mit meinem Wissen um den Coaching-Prozess zu verknüpfen, um den Interessenten eine persönliche Tradingberatung anbieten zu können. Teile dieses Prozesses sind in diesem Buch enthalten. Mir und jedem anderen Fachmann ist klar, dass ein Buch kein echtes Coaching ersetzen kann, denn ein solches lebt vom Dialog zwischen dem Coach und dem Klienten. Dieser Dialog kann in einem Buch natürlich nicht stattfinden. Trotzdem kann man unter Berücksichtigung eines roten Fadens und mit der richtigen Fragetechnik den Klienten (den Leser) dazu bringen, sich mit den einzelnen Themenbereichen erfolgreich auseinanderzusetzen.

Exkurs – Was ist Coaching?

Den Begriff Coaching hören Sie heute an allen Ecken und Enden. Coaching verbindet man in erster Linie mit Sport. Es klingt nach Fußball, Golf, Tennis oder Fitnesscenter. Heute engagiert man sogar in Bereichen, die nichts mit Sport zu tun haben, Coachs. Führungskräfte im Management oder Politiker vertrauen immer mehr auf diese Art der mentalen Beratung. Manche Unternehmen beschäftigen sogar interne

Coachs, die im Normalfall im Bereich des Personalwesens angestellt sind und bei Bedarf herangezogen werden.

Um genau zu definieren, was mit Coaching gemeint ist, müssen wir uns dem Ursprung des Wortes zuwenden, der zunächst in der ungarischen Sprache zu finden ist: »kocsi« bedeutet Kutsche. Dieser Begriff fand in Form des Wortes »coach« mit derselben Bedeutung auch Eingang ins Englische. Mit einem Gedanken an dieses Vehikel lässt sich, wenn man es in die moderne Zeit transferiert, schon die Grundintention der Dienstleistung »Coaching« vermitteln. Der Coach kann mit einem Taxifahrer verglichen werden, der einen Fahrgast (den Klienten) an ein gewünschtes Ziel bringt. Dabei entscheidet der Klient, in welchen Wagen er steigt und wohin er möchte, wählt also das Ziel aus. Der Taxilenker (der Coach) entscheidet, wie rasch er fährt, wann und ob er Pause macht und ob er die Autobahn oder die Bundesstraße benutzt, welchen Weg er also wählt.

Ein guter Coach ist ein gleichberechtigter Partner, der lehrt und berät, der einfühlsam ist und zuhört und der Hilfe zur Selbsthilfe bietet. Coaching bedeutet »Beratung ohne Ratschlag« und die Aufgabe des Coachs ist es daher keinesfalls, Antworten zu geben, sondern dem Klienten dabei zu helfen, die für ihn passenden Lösungen selbst zu finden.

Gebrauchsanleitung zu diesem Kapitel

Wir werden in diesem Kapitel den Spieß einfach umdrehen und den Leser anstatt mit Lösungen mit einer Handvoll Fragen konfrontieren. Einige dieser Fragen werden im nachfolgenden Text weiter erörtert und vertieft, auf andere wird im Folgenden bewusst nicht weiter eingegangen und deren Beantwortung wird offen gelassen. Nimmt der Trader diesen Lernprozess ernst, wird er einige Recherchen anstellen müssen, um auf wirklich alle Fragen zufriedenstellende Antworten zu finden. An dieser Stelle des Buches ist daher der Leser besonders gefordert, weil er zur aktiven Mitarbeit aufgerufen wird.

Lesen Sie also zuerst die jeweiligen Abschnitte des Coaching-Teils in aller Ruhe durch und versuchen Sie am Ende des Buches herauszufinden, ob die in den nachfolgenden Kapiteln präsentierten Gedankengänge Sie in manchen Punkten zu einer Änderung oder Relativierung Ihrer bisherigen Glaubenssätze geführt haben. Damit will ich keinesfalls andeuten, dass meine Gedankengänge die einzig richtigen wären und Sie diese unbedingt und uneingeschränkt übernehmen müssten. Ich möchte Ihnen vielmehr alternative Betrachtungsweisen vorschlagen. Obwohl Sie diese Vorschläge nicht annehmen müssen, ist es wichtig, dass Sie sich diese Fragen stellen und dass Sie wissen, welche Meinung Sie zu einem bestimmten Thema haben.

In einigen Bereichen werden Sie jedoch nicht darum herumkommen, sich mit einem neuen Denken anzufreunden, weil Ihre bisherigen Glaubenssätze Sie nicht auf die Straße des Erfolges führen können. Sie müssen es in manchen Punkten schaffen, über den Tellerrand hinauszublicken, die Vielfalt an Theorien zu erkennen und sich dann das passende Menü daraus selbst zusammenzustellen.

Bei den gestellten Fragen kann es um die persönliche Entwicklung genauso gehen wie um Fachthemen. Andererseits werden Sie auch mit rein hypothetischen Inhalten konfrontiert werden, beispielsweise lautet so eine Frage: »Wie würde sich mein Leben verändern, wenn ich mein gewähltes Monats-, Wochen-, Tagesziel mit dem Trading erreichen würde?« Es ist unschätzbar wichtig, dass Sie sich Ihre eigenen Gedanken und Meinungen bilden, damit Sie Ihre Selbstreflexion in die richtige Richtung lenken und Lösungen zu den jeweiligen Einzelthemen entwickeln können.

Der angehende Trader muss sich darüber hinaus bewusst sein, dass es in diesem Prozess keine fix vorgegebene Route gibt. Obwohl wir Trader alle Ziele haben, ist der Weg nicht mit einer Urlaubsreise zu vergleichen, bei der man den gewünschten Ankunftsort in ein Navigationsgerät eingibt und der Computer dann die genaue Strecke vorgibt. Vielmehr handelt es sich um ein großes Puzzle, dessen einzelne Stücke derzeit noch chaotisch vor dem Trader liegen. Er betrachtet die verstreuten Teile und überlegt, wo er beginnen soll und was zusammenpasst. In den meisten Fällen haben die Antworten aus einem Bereich daher einen starken Einfluss auf einen anderen. Beispielsweise kann die Wahl des richtigen Brokers damit zusammenhängen, welche Underlyings Sie traden möchten. Oder die Frage, wie viel Zeit Sie für das Trading haben, wird Ihren Handelsansatz und vielleicht auch Ihre Stoppsetzungsstrategie stark beeinflussen.

Versuchen Sie, während Sie sich Ihre Gedanken machen, weitere Fragen aufzuwerfen. Je mehr Fragen Sie sich stellen, desto intensiver beschäftigen Sie sich mit dem Prozess »Trading« und mit sich selbst. Fragen Sie sich selbst das sprichwörtliche Loch in den Bauch. Wenn Sie das getan haben, werden Sie sehr gut über sich, über Ihre Neigungen und Ihre Ängste Bescheid wissen. Seien Sie sich darüber hinaus bewusst, dass dieser Fragen- und Evolutionsprozess niemals endet. Als Trader müssen Sie sich ständig mit den richtigen Fragen konfrontieren und gleichzeitig neue Fragen finden. Wenn Sie damit aufhören, haben Sie verloren, denn dann sind Sie selbstgefällig und träge geworden und werden scheitern.

Sie sehen schon, im Rahmen Ihres Tradingbusiness müssen Sie immer wieder als Ihr eigener Mentalcoach agieren und sich pausenlos mit sich selbst beschäftigen. Es ist Ihre Aufgabe, die Zielkriterien zu formulieren, zu überprüfen und gegebenenfalls an neue Umstände anzupassen. Wichtig ist vor allem eine lösungsorientierte Vorgehensweise, die mit konstruktiven Fragestellungen beginnt, Chancen oder Gefahren lokalisiert und Möglichkeiten aufzeigt. In den nächsten Kapiteln versuchen wir genau dort anzusetzen. Betrachten Sie die nachfolgenden Inhalte daher als Wegweiser für Ihre Tradingkarriere.

1   Der theoretische Teil

Im nachfolgenden Kapitel werden wir uns ein paar Gedanken über den Beginn der Reise machen. Wir sprechen darüber, warum Sie sich dieses Vehikel überhaupt ausgesucht haben, auf welchem Weg Sie an Ihr Ziel gelangen können und was Sie, wenn Sie es erreicht haben, dort eigentlich vorhaben. Beginnen wir ganz am Anfang und betrachten wir die Ursache Ihres Wunsches, ein Trader zu werden. Wir stellen uns folgende Frage:

1.1   Warum traden Sie?

Welche Fragen muss ich mir unter anderem selbst stellen?

→ Warum muss es Trading sein, warum werde ich nicht Eisverkäufer?
→ Wo liegen meine Stärken, wo meine Schwächen?

Die meisten Menschen, denen die Frage gestellt wird, warum sie traden, antworten: »Weil ich Geld damit verdienen will«. Diese Antwort ist sehr ehrlich und auf den ersten Blick das augenscheinlichste Motiv, doch in Wahrheit ist das Geld nicht der wahre Grund für dieses Bestreben. Auch ich war mir lange Zeit sicher, dass meine Motive darin lägen, Geld verdienen zu wollen. In den letzten Jahren hat sich meine Meinung jedoch grundlegend geändert. Dies geschah zu jenem Zeitpunkt, an dem ich es geschafft hatte, regelmäßig Gewinne aus den Märkten herauszuholen, egal, ob ich als Investor oder Trader agierte.

Warum behaupte ich, dass »Geld verdienen« keine echte Motivation für einen Trader ist? Wie lange motiviert Sie eine Gehaltserhöhung, die Sie in Ihrer Firma bekommen? Seien Sie ehrlich, ein paar Stunden oder Tage? Eine Woche? Viel länger wohl nicht. Danach nehmen Sie das höhere Gehalt als selbstverständlich hin und alles geht weiter wie bisher. Warum ist das so? Weil wir unseren Beruf nicht des Geldes wegen ausüben, sondern es uns vielmehr um die Befriedigung von Bedürfnissen geht. Je nachdem, wie gut Sie verdienen und welcher Art von Beschäftigung Sie nachgehen, kann das vom bloßen Selbsterhaltungstrieb bis hin zur Erwirtschaftung von Statussymbolen wie Autos oder Häusern reichen.

Vielleicht ist es die Tatsache, selbstständig tätig zu sein und auf eigene Rechung zu arbeiten, die einen Menschen antreibt. Ein Anderer möchte nicht mehr in der Organisationsstruktur eines Unternehmens gefangen sein und sich selbst verwirklichen, deswegen tradet er. Manche treibt der Wunsch voran, von den Mitmenschen anerkannt zu werden oder Ruhm zu ernten. Was ist es bei Ihnen?

Wenn ich andere Trader frage, warum sie sich das Vehikel »Trading« ausgesucht haben, um das Ziel »Geld verdienen« zu erreichen, herrscht meist betroffenes Schweigen. Fast niemand kann diese Frage beantworten. Ich möchte ehrlich sein, auch ich wusste es lange Zeit nicht. Ich hatte von der Existenz dieser Frage gar keine Ahnung, bis mich einmal ein Arbeitskollege darauf ansprach und mich fragte, warum es gerade Trading war, was mich angezogen hatte. Er meinte damals scherzhaft, ich könne doch genauso gut an einem Sonntag im Freibad Eistüten verkaufen, um etwas dazuzuverdienen. Seine Frage wischte ich damals mit einer abschätzigen Geste beiseite, aber in Wahrheit hatte er den Nagel auf den Kopf getroffen. Warum Trading?

Ich habe lange über diese Frage nachgedacht und konnte keine Antwort darauf finden, bis ich eines Tages mit meiner Lebensgefährtin einen fünfwöchigen Australienurlaub machte. Wir flogen damals von Wien nach Sydney und alles was in diesem Urlaub geplant war, war der Rückflug. Die restliche Zeit hatten wir vollkommen zur freien Verfügung. Wir hatten einen Leihwagen, konnten tun und lassen, was wir wollten, und an jedem Ort so lange bleiben, wie es uns gefiel. Als ich eines Tages in der Mitte des Urlaubs am Strand von Coolum Beach, nördlich von Brisbane, saß und auf den Pazifik blickte, machte es plötzlich »klick« in mir! Das war es also, was ich wollte – Freiheit! Und dieser Wunsch ist mit dem Trading realisierbar.

Diese Sehnsucht nach Freiheit bemerkte ich erstmals am Strand in Australien. Mir wurde plötzlich klar, dass ich als Trader von überall auf der Welt mein Geld verdienen könnte. Ich bräuchte nur einen Laptop, Strom und einen Internetzugang.

Als Eisverkäufer im Freibad wäre ich hingegen ortsgebunden, auf das Wetter und auf die Launen der Käufer und noch vieles mehr angewiesen. Das alles sind Faktoren, die beim Trading keine Rolle spielen, denn dort hängen die erzielten Ergebnisse nur von einem selbst ab.

Hinter dem Motiv »Geld verdienen mit Trading« stand bei mir also der Wunsch nach Freiheit und Unabhängigkeit. Daher habe ich mir wohl instinktiv das einzige Gewerbe der Welt ausgesucht, in dem Sie wirklich mit niemandem, mit absolut niemandem gut Freund sein müssen, um erfolgreich zu sein. Wo es zu 100 % auf Ihre eigene Leistung ankommt und absolute Fairness herrscht. Sind Sie gut, wird Ihnen gegeben, sind Sie schlecht, wird Ihnen genommen. Das sind die ganzen Regeln! Ich kenne kein anderes Business der Welt, wo diese Gerechtigkeit so ausgeprägt vorhanden ist wie beim Trading. Wenn Sie einen anderen Job wissen, der genauso funktioniert, die gleichen Freiheiten und finanziellen Erfolgsaussichten bietet, dann schreiben Sie mir bitte. Vielleicht sattle ich ja nochmals um!

1.2   Ziele

Welche Fragen muss ich mir unter anderem selbst stellen?

→ Wie würde sich mein Leben verändern, wenn ich mein gewähltes Monats-, Wochen-, Tagesziel mit dem Trading erreichen würde?
→ Welche Mittel, das angestrebte Ziel zu erreichen, stehen mir zur Verfügung?
→ Wie bemerke ich, ob das angestrebte Ziel erreicht wurde?
→ Was gebe ich auf, wenn ich mein Ziel erreiche?
→ Welche Etappenziele kann ich einplanen, um an mein Endziel zu gelangen? (Milestones)
→ Welche Alternativen bestehen, wenn ich das Ziel nicht in der geplanten Zeit erreichen kann?

Exkurs – Ziele (eine philosophische Kurzbetrachtung)

Genau genommen ist es kein vernünftiges Ziel für einen Trader, immer nur das Geld verdienen im Kopf zu haben. Ein Tennisspieler oder Formel-1-Pilot denkt auch nicht ständig an das Preisgeld, er will einfach das Match oder das Rennen gewinnen. Im Leben kann daher nur der Weg das Ziel sein, denn ist das Ziel einmal erreicht, dann endet auch das Leben. Das Ziel, das alle Menschen vorantreibt, muss daher ein erfülltes Leben sein. Das Ziel für einen Trader muss aus diesem Grund gutes Trading sein. Um seiner selbst willen. Saubere Technik, Kontinuität, Qualität. Der Wille dazu, der über allem steht, und die Ausdauer, die dafür benötigt wird.

Das Ziel können daher weder ein Ort noch materielle Dinge sein.

Es ist kein Haus in Hawaii und kein Ferrari. Das Ziel ist um einiges vielschichtiger zu definieren und man kann es auch nie zur Gänze erreichen. Kommt man ihm nahe, ist es so, als rücke es wieder einen Schritt weiter weg, und fordert dann vom Suchenden noch mehr Einsatz. Gelangt man auf Irrwege, strahlt es dafür umso heller, um ja nicht übersehen zu werden. Das Ziel führt den Suchenden zu sich – auf seine undurchschaubare und unbeschreibbare Art. Es leitet diejenigen, die es wirklich finden wollen!

Trader brauchen einen Plan und müssen sich Ziele setzen. Diese Ziele sollen sie motivieren und dahingehend kontrollieren, den eingeschlagenen Weg im Auge zu behalten. Mit den richtigen Fragen kann man jemanden dazu bringen, diese Ziele herauszuarbeiten, zu präzisieren und regelmäßig zu überprüfen. Dieser Prozess muss jedoch zuerst in strukturierte Bahnen gegossen werden. Das beginnt damit, die Ziele adäquat zu formulieren. Aber wie stellt man das an?

Um den besten Nutzen aus einer Zielsetzung herauszuholen, müssen Sie zuerst darauf achten, dass Sie Ihr Ziel positiv formulieren. Ziele wie »Ich möchte nicht …« sind negativ formuliert und wenig dienlich, weil Ihr Gehirn an ein »nicht« eben nicht denken kann. Versuchen Sie bitte, in der nächsten Minute nicht an einen rosa Elefanten zu denken. Sie werden bemerken, dass dies nicht möglich ist. Daher sollten Sie sich besser fragen: »Was will ich stattdessen?« Vielleicht möchten Sie lieber an einen blauen Elefanten denken? Das funktioniert schon besser, habe ich recht? An einen blauen Elefanten zu denken ist leichter, als nicht an einen rosa Elefanten zu denken! Wie kann man diese Erkenntnis nun in der Praxis nutzen?

Ein Trader, der zum Beispiel seine Ungeduld erkannt hat und weiß, dass er sich mit diesem Verhalten schädigt, sollte daher seine Ziele in der folgenden Art festhalten: »Ich möchte meine Trades länger laufen lassen, um die volle Bewegung aus dem Markt herauszuholen.« Mit dieser oder einer ähnlichen Formulierung schafft er eine positive Assoziation mit dem angestrebten Zielzustand, wogegen er dies mit einem Satz wie »Ich möchte meine Trades nicht immer vorzeitig glattstellen« nicht erreichen kann.

Ein weiterer Aspekt der Zielsetzung ist, darauf zu achten, ob das Ziel im Hinblick auf die Umwelt des Traders sinnvoll ist. Gemeint ist hier, dass der Trader sich die

Frage stellen muss, ob das Erreichen des Zieles für ihn auch unerwünschte Neben-wirkungen haben könnte. Diese Nebenwirkungen betreffen in erster Linie ihn selbst als Individuum, aber auch die Beziehung zu seiner Umwelt. Aus diesem Grund kann das Unterbewusstsein den Trader in seinen Handlungen negativ beeinflussen. Die Ursache dafür könnte eine im Hinblick auf seine Umwelt nicht vertretbare Zielset-zung sein, denn vielleicht ist sich der Trader der Konsequenzen seiner eigenen Hand-lungen gar nicht bewusst. Wegen seines Erfolgs könnte er den Neid seiner Freunde und Verwandten fürchten oder mit der Skepsis oder Ablehnung seines Lebenspart-ners konfrontiert werden. Zusätzlich wäre es möglich, dass die Ziele nicht mit dem Selbstwertgefühl des Traders korrelieren – er könnte nämlich meinen, die Gewinne nicht wirklich zu verdienen (dazu später mehr).

Der letzte Bereich der Zielsetzung ist der Frage gewidmet, ob das Ziel konkret messbar ist. Wenn wir an den rein sachlichen Bereich des Tradings denken, einen Betrag X im Monat oder Jahr erwirtschaften zu wollen, ist diese Zielsetzung ohne Schwierigkeit durchzuführen. Da das Geld beim Trading aber nur als Nebenprodukt sauberer Technik zu sehen ist, fällt einem Trader die Sache nicht so leicht, wie es auf den ersten Blick den Anschein haben mag.

Erfolgreiches Trading bedeutet in erster Linie, sich selbst unter Kontrolle zu ha-ben. Selbstkontrolle wiederum bedarf einer Verhaltensänderung und diese ist nicht einfach zu bewerten oder noch schwieriger zu messen. Daher ist es für einen Trader wichtig, den angestrebten Zustand so genau wie möglich zu beschreiben. Die Zielset-zung »Tradingfehler auszumerzen« ist als Ziel zu schwammig und muss konkretisiert werden: »Ich möchte in diesem Monat meine Stopps immer sauber am Tageshoch/-tief nachziehen« wäre eine Formulierung, die das Vorhaben weitaus besser beschreibt.

Sie kennen doch den Spruch »Ein Bild sagt mehr als 1000 Worte!« Besonders kreative Trader können auch versuchen, den angestrebten Zielzustand in einem Bild festzuhalten. Hier sind Ihren Ideen keinerlei Grenzen gesetzt, Sie können zeichnen, Grafiken einsetzen oder aus diversen Objekten Skulpturen herstellen. Alles ist er-laubt, solange es der Sache und Ihrem Lernfortschritt dient.

Versuchen Sie zum Beispiel, mit einer Strichzeichnung Ihren Gesichtsausdruck nach einem Fehltrade festzuhalten. Dabei müssen Sie gar nicht in den Spiegel sehen, skizzieren Sie mit wenigen Linien das, was Sie in diesem Augenblick gerade füh-len. Als Nächstes machen Sie eine weitere Zeichnung, in der Sie festhalten, wie Sie aussehen, wenn Sie einen positiven Trade abgeschlossen haben. Durch die Variation der Augen- und Mundpartien können Sie den Zeichnungen eine unterschiedliche Aussagekraft verleihen.

Ich würde einen angehenden Trader nach einem Fehltrade folgendermaßen skizzieren:

Und nach einer Serie von Fehltrades in Serie so:

Gelingt diesem angehenden Trader ein positiver Trade, wird er so oder ähnlich aussehen:

Erkennen Sie sich in diesen Gesichtern wieder? Wenn nein, wie sehen Sie aus, was meinen Sie? Und wie, glauben Sie, sieht hingegen ein Tradingprofi nach einem oder mehreren Fehltrades aus?

Sieht er so aus?

Oder eher so?

Oder gar so?

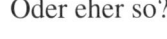

Abbildung 1 – 6   (alle Zeichnungen: Marianne Lindenthal)

Wie sieht ein reifer Trader andererseits nach einem Gewinn aus? Hier gebe ich Ihnen keine Grafiken vor, versuchen Sie es bitte selbst.

Falls Sie jetzt skeptisch sind und sich fragen, was das alles bringen soll, müssen Sie wissen, dass Sie sich durch diese Zeichnungen selbst von der Sache ein wenig distanzieren. Durch diesen Abstand schaffen Sie den notwendigen Raum für Veränderung, und Sie können darüber hinaus die Problemstellung zusätzlich mit einem

Augenzwinkern betrachten. So besteht für Sie die Möglichkeit, grafisch festzuhalten, wie Sie sich in fünf Jahren als Trader nach einem Fehltrade sehen. Wie sehen Sie aus beziehungsweise wie wollen Sie aussehen? Was hat sich an Ihrem Gesichtsausdruck in den Jahren geändert und was ist dazwischen geschehen, und vor allem – warum ist es geschehen? Sie können diese Zeichnungen noch mit Symbolen wie Blitzen, Glühbirnen oder Sprech- oder Gedankenblasen (wie man sie aus Comic-Heften kennt) ergänzen, um ihnen noch mehr Aussagekraft zu verleihen.

Wenn es um Ziele und Zielerreichung geht, gibt es noch eine interessante Frage, auf die die meisten Trader keine Antwort haben: Welche Wünsche oder Sehnsüchte kommen ans Tageslicht, wenn Sie davon ausgehen, vom Trading leben zu können? Denn ist dieses Ziel einmal erreicht, stellt sich danach die viel entscheidendere Frage:

Was wollen Sie dann?

Nehmen wir an, Ihre Grundbedürfnisse in finanzieller Hinsicht könnten Sie mit dem Traden locker erwirtschaften. Essen, Trinken, Wohnen und sogar die Mobilität werden mit Ihren Tradinggewinnen finanziert, und Sie bräuchten sich für einige Zeit keine Sorgen mehr zu machen. Was wären dann Ihre echten Beweggründe, was tun Sie mit dem erwirtschafteten Kapital? Ich kann Ihnen diese Frage nicht beantworten, dass müssen Sie selbst tun. Ich kann Sie nur auffordern, darüber nachzudenken, woher Ihre eigentlichen Motive stammen. Überlegen Sie, wenn Sie an das Geld denken, was Sie damit machen würden, wenn Sie es hätten. Die Antworten können ein größeres Haus, eine Wohnung, ein Auto oder ein aufwendiger Lebensstil sein. Wenn Sie diese Antworten erfasst haben, dann denken Sie darüber nach, warum Sie einen aufwendigen Lebensstil oder ein Haus haben möchten und was Ihnen das gibt. Ist es der Wunsch nach Unabhängigkeit, der Wunsch, in der Natur zu leben und die graue Großstadt hinter sich zu lassen?

Wozu brauchen Sie einen neuen Sportwagen, wollen Sie damit Aufmerksamkeit erregen? Warum wollen Sie Aufmerksamkeit? Wurden Sie als Kind von Ihren Eltern vernachlässigt oder wollen Sie Frauen erobern, weil Sie in Ihrer Jugend zu schüchtern waren und jetzt einen Nachholbedarf haben. Forschen Sie so lange, bis Sie Ihre wahren Gründe kennen, und dann müssen Sie prüfen, ob das Trading überhaupt das richtige Instrument ist, um diese Ziele zu erreichen. Auch wenn dieser Selbstfindungsprozess sehr aufwendig ist, ist er doch wichtig, denn Sie müssen sich unbedingt selbst besser kennenlernen. In Ihren Wünschen liegen auch Ihre Ängste verborgen und wenn Sie Ihre wahren Motive kennen, wissen Sie auch über Ihre Schwächen genau Bescheid. Meist haben Sie vor dem Gegenteil Ihrer Wünsche die größte Angst. So können Sie bei

Ihren Ängsten ansetzen, um Fehler zu erkennen, denn Ihre Schwächen werden Ihnen beim Trading sehr zu schaffen machen.

1.3 Allgemeines Fachwissen über die Kapitalmärkte

Welche Fragen muss ich mir unter anderem selbst stellen?

→ Was ist die Aufgabe einer Börse?
→ Welche Finanzinstrumente werden an den Märkten gehandelt?
→ Wie funktioniert die Kursbildung an der Börse?
→ Welche Börsenplätze gibt es und welche Bedeutung haben diese?
→ Was ist ein Future?
→ Was sind Spreads?

Wenn Sie noch wenig über die Kapitalmärkte wissen, sich aber trotzdem von der Materie angezogen fühlen und sich in den Kopf gesetzt haben, es mit dem Trading zu versuchen, müssen Sie zuerst einige allgemeine Fachbücher lesen. Darin sollte erklärt werden, welche Wertpapiere und Finanzinstrumente an den Märkten gehandelt werden und wozu es die Börsen überhaupt gibt. Machen Sie sich auch ein Bild darüber, wie die Kapitalmärkte von der technischen Seite her funktionieren (hier ist nicht die Technische Analyse gemeint).

Sie müssen weiterhin lernen, wer die einzelnen Marktteilnehmer sind, welche Börsenplätze auf der Welt existieren, wie wichtig diese sind und wie sie und die unterschiedlichen Assetklassen miteinander korrelieren. Informieren Sie sich darüber, was ein Future ist, was Spreads sind und wenn Sie Aktien handeln wollen, was Quartalsberichte, ein KGV und eine Dividende sind. Sie müssen auch wissen, was die Börsenkurse grundsätzlich steigen und fallen lässt, aber ich nehme an, dass die Mehrheit der Leser das bereits ohnehin weiß. Wir wollen uns daher nicht mit längeren Erklärungen aufhalten und springen gleich weiter zum nächsten Schritt.

1.4 Technische Analyse

Welche Fragen muss ich mir unter anderem selbst stellen?

→ Wie funktioniert die Technische Analyse vom Grundsatz her?
→ Was ist ein Chart?
→ Welche Arten von Charts gibt es?

→ Was ist ein Trend und was sind seine Bestandteile?
→ Welche Charting-Tools gibt es sonst noch?
→ Welche Zeiteinheiten gibt es?
→ Welche Indikatoren und Oszillatoren stehen zur Verfügung?
→ Wie kann ich dieses gesamte Wissen verknüpfen?
→ Habe ich alternative Möglichkeiten, mich den Märkten zu nähern?

Wenn Sie sich dieses Basiswissen des vorangegangenen Abschnitts über die Kapitalmärkte bereits angeeignet haben, beschäftigen Sie sich als Nächstes mit der Technischen Analyse. Sie müssen zuerst einen Chart lesen und interpretieren können sowie über den Trend und dessen Bestandteile Bescheid wissen. Die Begriffe »Bewegung« und »Korrektur« müssen Ihnen genauso geläufig sein wie »Unterstützung« und »Widerstand«. Ist das verinnerlicht, kommt der nächste Schritt. Dann lesen Sie sich in die japanischen Candlestick-Charts ein. Diese sind den herkömmlichen Liniencharts weit überlegen, weil mehr Informationen aus ihnen herausgeholt werden können. Dieses Wissen über Trends und Candlesticks kann man in der Folge auch schön verknüpfen.

Danach tauchen Sie noch tiefer in die Charts ein und setzen sich mit den unterschiedlichen Zeiteinheiten auseinander. Dann werden Sie langsam erkennen, wie die Dinge alle zusammenhängen. Als Nächstes beschäftigen Sie sich mit Indikatoren und Oszillatoren. Für den Anfang ist man jedoch gut beraten, hier an der Oberfläche zu bleiben, denn der angehende Trader braucht nicht alle Indikatoren und Oszillatoren zu kennen, die es gibt. Ein Basiswissen ist für ihn mehr als genug. Ob man dieses Wissen mit den Jahren dann vertieft und beim Trading einsetzt, ist jedem selbst überlassen. Für erfolgreiches Trading ist es jedenfalls keine zwingende Voraussetzung, denn anhand der Charttechnik bieten sich viele Möglichkeiten, die in diesem Evolutionsstadium mehr als ausreichend sind.

Exkurs – Fundamentale Analyse/Investing

Sie halten hier ein Tradingbuch in den Händen. Trotzdem sollten Sie sich darüber bewusst sein, dass man sich den Kapitalmärkten auf unterschiedliche Weise nähern kann. Sie haben stets die Wahl, ob Sie als Trader oder als Investor auftreten möchten. Obwohl bei manchen Handelsansätzen beide Segmente vermischt werden, verlangen sie im Regelfall jeweils eine ganz andere Herangehensweise, ein anders geartetes Fachwissen und unterschiedliche Tugenden und Talente. Wenn Sie daher nach einigen Jahren Trading immer noch auf keinen grünen Zweig gekommen sind und es einfach nicht schaffen, zum Beispiel Ihre Stopps einzuhalten, sollten Sie sich ernsthaft die Frage stellen, ob dieses Geschäft für Sie überhaupt das Richtige ist. Vielleicht sind Sie von Ihrem Talent her nicht dazu in der Lage, selbstständig zu arbeiten und die theoretisch erlernten Konzepte in der täglichen Handelspraxis umzusetzen. Sie müssen dann so ehrlich zu sich selbst sein und sich eingestehen, dass Sie einfach nicht die nötigen Voraussetzungen für dieses Business mitbringen.

Bevor Sie dann verbittert den Märkten für immer den Rücken kehren, denken Sie darüber nach, ob Sie es nicht auf einem anderen Weg, zum Beispiel als Investor, versuchen könnten. Es mag sein, dass Ihnen dieser Ansatz besser liegt. Auch vor dem Investieren brauchen Sie sich nicht zu scheuen. Sie müssen kein Diplom in Wirtschaftswissenschaften vorlegen, um an den Märkten erfolgreich zu sein. Warren Buffett zum Beispiel verwendet bei seinen Investitionsentscheidungen weitgehend seinen gesunden Menschenverstand, hat zudem die nötige Geduld, einen günstigen Kaufzeitpunkt abzuwarten, und Nerven wie Drahtseile. Diese Kombination macht das Geheimnis seines Erfolges aus. Natürlich können Sie es auch so wie ich machen und in beiden Bereichen parallel tätig sein. Den meisten Menschen liegt diese duale Vorgehensweise jedoch nicht und sie bevorzugen entweder den einen oder den anderen Handelsansatz.

1.5   Tradingsysteme und Money Management

Welche Fragen muss ich mir unter anderem selbst stellen?

→ Was sind R-Vielfache?
→ Was ist ein Profitfaktor und wie kann ich ihn für mein System nutzen?
→ Was bedeutet Einzelpositionsrisiko?
→ Was bedeutet Gesamtpositionsrisiko?
→ Was ist eine Trefferquote und welche Bedeutung hat sie im Trading?
→ Was ist der Unterschied zwischen Gewinn- und Verlustprogression?
→ Führe ich Backtests oder Simulationen aus?

Für einen Trader sind die Prinzipien der Technischen Analyse nur ein Mosaikstein, wirklich entscheidend für den Erfolg sind hingegen umfassende Kenntnisse über Tradingsysteme, Money Management und alles was sonst noch zu diesem Wissensgebiet dazugehört. Zu diesem Fachgebiet gibt es einige gute Bücher und stellvertretend seien hier die Werke von Van K. Tharp angeführt, der selbst als Trader seit Jahren an den Märkten agiert sowie als Berater und Autor tätig ist – er ist zu einer echten Koryphäe auf diesem Gebiet geworden. Man kann sich auch an die Bücher von Dr. Alexander Elder halten, der ebenfalls als hoch angesehener Fachmann in der Tradingszene gilt.

An dieser Stelle der Ausbildung lernt man unter anderem, das Risiko je Trade zu kalkulieren sowie ein effizientes Controlling und eine gute Buchführung zu betreiben. Außerdem erhält man Hinweise darauf, wie man einen vernünftigen Datenbestand aufbaut und was man dann als Trader damit alles tun kann.

Man liest über Kursziele und wie man sie ermittelt und man beschäftigt sich intensiv mit dem R-Vielfachen und dem Profitfaktor, der Komponente im Trading, die im Endeffekt über den Erfolg oder den Misserfolg eines Systems entscheidet. Man erfährt, dass Trefferquoten nicht die Relevanz besitzen, die ihnen von angehenden Tradern gerne nachgesagt werden, und hört auch erstmals etwas von Portfoliogewichtungen. Weiterhin lernt man etwas über die Slippage (schlechte Kursausführung) und wie sie die Performance schmälert sowie über die Rolle von Gebühren und Kosten, die entscheidenden Einfluss auf den Erfolg haben können.

An dieser Stelle der Ausbildung geht es dem Trader nicht darum, das System X zu finden, sondern darum, die allgemeinen Rahmenbedingungen und Gedankengänge rund um einen solchen Handelsansatz zu verstehen. Man verinnerlicht zuerst in der Theorie, wie man sich ein System auf den Leib schneidert, das langfristig gesehen zu einem passt und einen »positiven Erwartungswert« generieren kann. Zu guter Letzt beschäftigt man sich mit den Themen »Backtesting« oder »Systemsimulation«, um bei Bedarf die ersten selbst zusammengestellten Systeme genauer unter die Lupe nehmen zu können und diese zu testen. Dazu gilt es jedoch, einiges zu beachten:

Exkurs – Übung macht den Meister

In meinen Seminaren werde ich von den Teilnehmern immer wieder gefragt, ob ich ein System teste, bevor ich es anwende, indem ich Simulationen durchführe, oder ob ich »Papertrading« betreibe, wenn ich etwas Neues probiere. Meine Antwort darauf ist immer die gleiche: »Nein«. Ich möchte Ihnen nachfolgend meine Gedankengänge zu diesen Themen präsentieren und meine Gründe für diese Antwort erörtern. Machen Sie sich nach diesem Kapitel dann bitte Ihre eigenen Überlegungen und stellen Sie notfalls eigene Recherchen zu diesen Themen an.

Backtesting

Der Wunsch des Traders, ein System zu testen, bevor man es anwendet, ist nachvollziehbar. Wenn Sie bei einem Winzer eine Flasche Wein kaufen, werden Sie diesen vorher kosten wollen. Besonders dann, wenn es sich um einen teuren Tropfen handelt. Wenn Sie einen Anzug kaufen, werden Sie ihn vorher anprobieren, denn nur aufgrund der Größe ist nicht festzustellen, ob Sie gut darin aussehen und Ihnen der Schnitt passt. Ein Auto wird vorher probegefahren und bei den Tradingsystemen ist es ähnlich, man möchte schließlich einen Beweis sehen, dass es funktioniert. Daher will man die Methode auf Herz und Nieren prüfen, bevor man sein Geld hineinsteckt. Doch da beginnen einige Probleme, auf die ich Sie im Folgenden aufmerksam machen möchte.

Um Systeme zu testen, verwendet man eine große Menge historischer Kursdaten. Den meisten Tradern ist jedoch nicht bekannt, dass es viele Unzulänglichkeiten dieser Datenbanken gibt. Ein großes Problem liegt in der sogenannten »Survivorship Bias« – was so viel bedeutet wie, dass es in diesen Datenbanken nur noch Informationen zu jenen Unternehmen gibt, die bis heute existieren oder überlebt haben, wie der Name es schon ausdrückt. Firmen, die Bankrott gingen oder die fusioniert haben, fehlen in diesen Beständen. Durch diese Datenlücken werden die Ergebnisse der Auswertungen natürlich stark verfälscht.

Weiterhin berücksichtigen diese Tests Faktoren wie Transaktionskosten oder die Slippage nicht, was zu einer weiteren Unschärfe führt. Außerdem fehlt dem ganzen Testprozedere die psychologische Komponente des Tradings, die so ein System schnell kippen lässt. Der Computer geht natürlich immer davon aus, dass alle Trades perfekt ablaufen, was in der Praxis selbstverständlich eine Illusion ist. Diese Gleichung lässt daher so viele Variablen übrig, dass die Ergebnisse aus meiner Sicht nicht mehr zu gebrauchen sind.

***Der private Trader braucht sich mit dem
Thema »Backtesting« nicht zu beschäftigen.***

Meist wird er sich ohnehin diskretionär, also nach freiem Ermessen, den Märkten nähern und da macht ein solcher Test schon gar keinen Sinn! Auch wenn er mit einem vollautomatischen Handelssystem agieren möchte, sollte er die oben angeführten Unzulänglichkeiten kennen. Darüber hinaus braucht der Trader ein gehobenes mathematisches und analytisches Verständnis sowie die passenden Tools, die nicht jeder zur Verfügung hat.

Simulation

Zwischen einem Backtest und einer Simulation besteht ein großer Unterschied. Der Backtest nimmt eine beliebige Methode und prüft, wie diese in der Vergangenheit abgeschnitten hätte. Die Simulation hingegen versucht, die bisherigen Ergebnisse eines Systems in die Zukunft fortzuschreiben. Doch da tritt ein grundlegendes Problem zutage. Die Märkte gelten als nach vorne hin offene Systeme. Das bedeutet, dass die einwirkenden Variablen im Gegensatz zu anderen Systemen, wie zum Beispiel bei einem Glücksspiel wie Roulette, zu jedem gegebenen Zeitpunkt unbekannt sind. Beim Roulette kann immer nur eine von 37 Zahlen kommen, beim Trading ist jeder nur erdenkliche Kursverlauf zu jeder Zeit möglich. Daher können Sie nie die absolute Gewissheit haben, dass ein altbewährtes System auch in der Zukunft funktionieren wird.

Meist versucht ein Trader, ein System mithilfe eines Computers zu simulieren. Dazu kann man ein handelsübliches Tabellenkalkulationsprogramm verwenden. Falls Sie sich dafür interessieren und nicht wissen, wie man so etwas anstellt, finden Sie im Internet bestimmt ein paar Hinweise zu diesem Thema. Die Tücke liegt jedoch auch hier im Detail und auf den Trader kommt ein weiteres Problem zu. Computer arbeiten bekanntlich mit dem binären System, also mit einer Abfolge von Null und Eins. Damit werden alle nur erdenklichen Informationen dargestellt, egal, ob das Spiele, das Internet, Fotos oder Musik sind. Ein Rechner kennt immer nur die Begriffe »ja« oder »nein«, »richtig« oder »falsch«. Deswegen werden Computer auch »determinierte Maschinen« genannt. (Eine nähere Erläuterung zum Begriff »Determinismus« finden Sie in Teil II im Kapitel »Trading, worauf es ankommt«, 2.6.1 »Die grundsätzliche Marktanschauung eines Traders«.)

Das bedeutet, dass bei diesen Maschinen absolut nichts »zufällig« passiert. Computer können keine echten Zufallszahlen produzieren, auch wenn es für uns Menschen so aussehen mag. Diese Zufallsfolge wiederholt sich irgendwann wieder, je nach Rechenleistung kann dies sehr lange dauern oder relativ rasch geschehen, und ab diesem Zeitpunkt ist es mit der Zufälligkeit zur Gänze vorbei. Deswegen sind Computerfachleute heute dabei, immer längere Zufallsreihen zu ermitteln, um dem echten Zufall näherzukommen. Trotzdem, wenn der tollste Algorithmus unabhängig von seiner Länge zu Ende ist, geht die Zahlenreihe einfach von vorne wieder los. Der wirklich reine Zufall ist nicht zu programmieren, weil ein Computer ihn nie darstellen können wird. Diese Tatsache lässt die Aussagekraft computergestützter Simulationen in einem schlechten Licht erscheinen. Auf den Punkt gebracht bedeutet das:

Tradingsysteme können mit Computern nicht realitätskonform simuliert werden!

Wenn Sie jedoch alle diese Einwände nicht hören wollen und auf diesen Tests bestehen, weil es Ihnen dann besser geht, lassen Sie sich von mir nicht aufhalten. Birger Schäfermeier präsentiert in seinem Buch *»Die Kunst des erfolgreichen Tradings«*

einen Weg, wie man Systeme simulieren kann, und geht dabei auch auf manuelle Systemsimulationen – ohne Computer – ein. Der angehende Trader möge bei Interesse das entsprechende Kapitel dieses Buchs ab Seite 233 lesen.

Conclusio »Backtest/Simulation«

Seien Sie in jedem Fall darauf vorbereitet, dass Sie mit Ihrer Methode trotz bester Tests in der Praxis abweichende Resultate erzielen werden. Das können Sie aufgrund fehlender Daten oder aufgrund der Schwäche von Simulationen nicht verhindern. Wundern Sie sich daher nicht, dass das scheinbar perfekte System bei Ihnen in der Praxis nicht so gut funktioniert, wie es ein Test hätte vermuten lassen. Sie werden unter dem Strich ohnehin nur dann erfolgreich sein, wenn alle Parameter Ihres Handelsansatzes zueinander passen. Der private Trader muss nicht mit Kanonen auf Spatzen schießen, um die Beute zu erlegen.

Papertrading

Dem Papertrading sollten Sie ähnlich skeptisch gegenüberstehen wie den Backtests und den Simulationen. Jeder, der ein wenig Ahnung davon hat, was zum Börsenerfolg dazugehört, wird die Meinung vertreten, dass Papertrading verlorene Mühe ist. Der Börsenerfolg setzt sich zum Großteil aus psychologischen Komponenten zusammen. Nur ein kleiner Teil des Erfolges ist der angewendeten Methode zuzurechnen. Ein großer Part dieser Erfolgskomponente fällt daher weg, wenn man mit Spielgeld handelt. Sich mit einem Demo-Konto an die Regeln zu halten, bereitet keine Schwierigkeiten. Sie werden kein Problem damit haben, Verluste zu realisieren, und brav Ihre Stopps setzen und diese diszipliniert nachziehen. Auch auf ein voreiliges Glattstellen von Trades werden Sie verzichten und sogar das beliebte Nachlaufen einer Aktie unterlassen Sie – ohne Probleme. Verlusttrade Nummer acht in Serie ärgert Sie keine Spur und dass Ihr Spielkonto bald platt ist ebenso wenig. Wozu auch aufregen? War ja kein echtes Geld, was hier verloren wurde. Warum betreiben Sie dann Papertrading? Was wollen Sie damit lernen?

Der einzige berechtigte Grund, Papertrades auszuführen, liegt meines Erachtens darin, die Handelsplattform des Brokers besser kennenzulernen oder das Handling eines neuen Systems im Hinblick auf die Logistik zu üben. Trading lernen können Sie hingegen nur mit echtem Geld. Arbeiten Sie eine Weile mit einem Demo-Konto, wenn Ihr Broker das zulässt, und gewöhnen Sie sich an die Plattform. Manchmal müssen Sie sekundenschnelle Entscheidungen treffen und da ist es wichtig, dass Sie das Programm im Schlaf bedienen können. Belassen Sie es aber dabei, und betrachten Sie das Papertrading als eine EDV-Grundausbildung. Verwenden Sie es keinesfalls, um den positiven Erwartungswert eines neuen Systems zu bestimmen, denn wenn Sie das tun, belügen Sie sich selbst.

1.6   Die Handelsplattform – Der Broker

Welche Fragen muss ich mir unter anderem selbst stellen?

→ Welcher Broker passt zu meinem Handelsansatz?
→ Ist die Software übersichtlich und benutzerfreundlich?
→ Bietet der Broker Seminare und Workshops an?
→ Gibt es eine vernünftige Hotline und wie ist die Erreichbarkeit?
→ Besteht die Möglichkeit, mit einem Demo-Konto zu arbeiten?
→ Wie sieht die Gebührenstruktur aus?
→ Welche Ordermöglichkeiten gibt es?
→ Welche Instrumente werden zum Handel angeboten?

Wenn Sie sich ein Auto kaufen, werden Sie vermutlich sehr lange überlegen, welche Marke und welches Modell es werden soll. Die Entscheidung, die Sie treffen, wird in erster Linie mit Ihren Bedürfnissen zusammenhängen. Möchten Sie ein Stadtauto, wird es wahrscheinlich ein kleines, wendiges Auto sein, das auch in eine enge Parklücke passt. Fahren Sie mit dem Wagen eher dienstlich und noch dazu weite Strecken auf der Autobahn, werden Sie sich wohl für eine größere, bequeme Limousine entscheiden. Es sei denn, Sie sind ein eingefleischter Fan einer bestimmten Automarke und fahren seit Jahren immer den gleichen Wagen.

Wenn Sie vorhaben, ein Tradingkonto zu eröffnen, müssen Sie im Vorfeld ebenfalls einige Recherchen anstellen. Prüfen Sie akribisch, zu welchem Broker Sie gehen und ob er die richtigen Werkzeuge für Sie als Trader anbietet. Kontrollieren Sie auf der Homepage der Anbieter deren Gebührenstruktur, wie diese mit Ihrem Tradingstil harmoniert und ob der Broker sich mit seinem Angebot überhaupt an echte Trader wendet oder eher den Investor bedienen möchte. Informieren Sie sich darüber hinaus, welche Underlyings zum Trading angeboten werden. Die meisten Broker bieten heute den Handel von Aktien genauso an wie den Handel mit CFDs, Rohstoffen oder Devisen. Wie hoch ist die geforderte Mindesteinlage, wie werden die einbezahlten Kundengelder verwaltet und wie sieht es mit einer Einlagensicherung aus? Bietet der Broker Margin-Trading an? Wie hoch ist die zu hinterlegende Margin und haben Sie dafür überhaupt genügend Kapital zur Verfügung?

Wie hoch ist die Grundgebühr je Trade und was kostet Sie ein Round Turn – Kauf, Stopp, Verkauf – einer typischen Oder? Wenn Sie zum Beispiel mit sehr kleinen Positionsgrößen arbeiten, kann eine hohe Grundgebühr Sie Performance kosten oder Ihr System sogar kippen. Wenn Sie Daytrader sind und 20 Trades oder mehr pro Tag ausführen, müssen Sie auf jeden Cent achten, den Sie sparen können. Eine Differenz von 50 Cent je Order (Kauf oder Verkauf) macht bei 20 Trades schon 20 Euro am Tag aus. Die müssen Sie erst einmal verdienen. Werfen Sie bei Margin-Konten auch ein Auge auf die Finanzierungskosten. Wenn Sie Ihre Trades ein wenig länger laufen lassen, müssen Sie darauf aus sein, dass die zu zahlenden Zinsen nicht zu viel von Ihren Gewinnen auffressen.

Prüfen Sie als Nächstes das Handling der Plattform. Versuchen Sie, eine Demoversion vom Broker zu bekommen und nutzen Sie diese. Achtung: Nicht jede Software passt zu jedem Handelsansatz! Manche Programme reagieren eher träge und können für das Trading in kleinen Zeiteinheiten ungeeignet sein. Andere wiederum erlauben es nicht, mehrere Charts parallel zu beobachten. Machen Sie sich schlau, wie es mit der Kursversorgung bestellt ist. Werden Realtimekurse angeboten oder fungiert der Broker als Marketmaker und stellt seine eigenen Kurse? Die Tatsache, dass ein Broker bloß Neartimekurse anbietet muss nicht unbedingt ein Nachteil sein, wenn sich die Spreads in Grenzen halten und er bei der Kursstellung fair agiert. Zu große Spreads sind generell ein Ärgernis, bei bestimmten Handelsansätzen sind sie jedoch absolutes Gift und können für ein System den Todesstoß bedeuten. Im Regelfall sollten sich die Kursspannen bei den Blue Chips im Bereich weniger Cents bewegen, im Idealfall ist es ein Cent. Das hängt aber vor allem vom Kursniveau ab, zu dem ein Wertpapier notiert. Es macht einen Unterschied, ob eine Aktie zu einem Bid-/Ask-Kurs von 3,36/3,39 gehandelt wird oder zu 120,36/120,39. In beiden Beispielen beträgt der Spread 3 Cent, doch im ersten Fall machen diese 3 Cent fast 1 % Kursdifferenz aus, im zweiten Fall ist diese Spanne verschwindend klein und kann daher bei den meisten Handelsansätzen vernachlässigt werden.

Viele Onlinebroker bieten auch kostenlose Einführungsschulungen in ihre Software an. Nutzen Sie diese Angebote. Erstens bietet es sich dort an, Kontakte mit Gleichgesinnten zu knüpfen, zweitens lernen Sie das Handling der Plattform und vielleicht den einen oder anderen Trick, auf den Sie allein nie gekommen wären. Probieren Sie die Software bereits vor so einem Seminar in Ruhe daheim aus und notieren Sie sich alle Fragen, die Sie dazu haben. Lernen Sie unter anderem, wie man Orders oder Kettenorders eingibt, versuchen Sie, sich in die unterschiedlichen Charteinstellungen einzuarbeiten, und betrachten Sie Ihren Kontostand sowie Ihre eingegangenen Positionen. Sie müssen wissen, welche Positionen Sie offen haben, welche ausgestoppt wurden und welche noch auf die Ausführung warten und im System »schweben«. Es ist ärgerlich, am nächsten Morgen festzustellen, dass man eine Position vergessen hat, denn diese hatte sicher keinen Stopp im System, da Sie über deren Existenz ja gar nicht Bescheid wussten. Das kann ins Auge gehen, besonders bei einem Margin-Konto.

Wie steht es um das Charting-Tool, kommen Sie damit zurecht? Werden alle Indikatoren angeboten, die Sie benötigen und können im Chart auch Grafiken und Trendlinien eingezeichnet und gespeichert werden? Können Backtests ausgeführt werden und wie steht es um das Handling dieser Tests? Werden automatisierte Trailing Stopps (Stoppkurse, die an einem bestimmten Differenzwert ausgerichtet sind) angeboten? Wenn ja, in welcher Form? Brauchen Sie diese Stopps überhaupt für Ihre Methode oder kümmern Sie sich lieber selbst um das Trademanagement?

Sie sehen an den vielen Fragen in den letzten Absätzen, dass es bei der Wahl des richtigen Brokers sehr vieles zu beachten gibt. Wahrscheinlich werden Sie mehrere unterschiedliche Angebote testen müssen, um dann eine Entscheidung zu treffen. Im Internet existieren diverse gute, kostenlose Vergleiche zu diesem Thema. Sie müssen sich in jedem Fall einen Broker suchen, der zu Ihnen und zu Ihrer Vorgehensweise passt, denn alle Anbieter haben Vor- und Nachteile. Es gibt weder das perfekte Auto noch den perfekten Broker. Die »eierlegende Wollmilchsau« wurde auch in diesem Bereich leider noch nicht erfunden.

1.7   Börsenpsychologie

Welche Fragen muss ich mir unter anderem selbst stellen?

→   Was bedeutet das Gesetz von Angebot und Nachfrage?
→   Was unterscheidet die Börse vom Alltag und kann ich mit diesen Unterschieden umgehen?
→   Was bedeutet für mich Risiko?
→   Welche Sichtweise habe ich auf meine Verluste?
→   Bin ich bereit, Börsengewinne anzunehmen?

Nun kommt der für einen angehenden Trader schwierigste Teil an die Reihe, denn jetzt geht es um die Entwicklung des passenden Denkens. Leider gibt es nicht besonders viel gute Literatur zu diesem Thema und der Trader wird im Regelfall im Regen stehen gelassen.

Genau genommen sollte man den psychologischen Teil, was die Wichtigkeit betrifft, in der Ausbildung voranstellen. Wenn man heute jedoch einem angehenden

Trader rät, sich als Erstes mit der Börsenpsychologie zu beschäftigen, dann ist das sinnlos. Es fehlt ihm das grundlegende Verständnis für diese Problemstellungen, weil er viele der Ratschläge noch nicht umsetzen kann. Dieser Trader hat die meisten der geschilderten Situationen noch gar nicht am eigenen Leib erfahren und kann daher mit Hinweisen wie »Gewinne laufen lassen, Verluste begrenzen« nichts anfangen. Denn zwischen etwas »verstehen« und etwas »praktizieren« liegen Welten. Natürlich leuchtet auch einem Anfänger ein, dass man Verluste irgendwo abschneiden muss und Gewinne im Gegenzug maximieren soll. Doch kann er es in die Praxis umsetzen? Wohl kaum, denn der Trader muss zuerst bewusst in die Wüste geschickt werden, damit er danach ein Glas sauberes Leitungswasser würdigen kann.

Trotzdem rate ich einem Trader, sich mit diesen Fragen bereits am Beginn seiner Ausbildung vertraut zu machen und das entsprechende Fachwissen aufzusaugen. Es macht nichts, wenn er zu dem Zeitpunkt die eine oder andere Ansicht eines reifen Traders noch nicht teilen kann. Da er sich in diesem Lernprozess ohnehin pausenlos mit sich selbst beschäftigen muss, wird er zwangsläufig immer und immer wieder mit den oben angeführten Problemstellungen (und noch anderen) konfrontiert werden und so langsam die richtige mentale Einstellung zum Trading entwickeln.

Tatsächlich steckt in jeder Seite eines Buches von Altmeister André Kostolany mehr Wissen über die mentale Seite der Spekulation und mehr gelebte Praxis als in den meisten neuen Börsenbüchern über die Technische Analyse zusammen. Was es zum Thema Psychologie en masse gibt, sind Bücher, die in Richtung »Wie werde ich erfolgreich ...?« gehen, ohne sich speziell mit den Kapitalmärkten auseinanderzusetzen. Es gibt auch zahlreiche Motivationsbücher und/oder Schriften zum Thema positives Denken. Viele erfolgreiche Trader verwenden auch NLP-Ansätze, die sie in ihrer Entwicklung vorangebracht haben. Diverse Literatur zu den Themen »Selbstvertrauen« und »Selbstwertgefühl« ist ebenso zahlreich vorhanden und kann einen Trader bei seinem Vorhaben unterstützen, denn die Persönlichkeitsentwicklung ist die mit Abstand schwierigste Aufgabe für einen Trader. Doch man muss auf der Hut sein, denn es gibt in diesem Bereich auch sehr viel schlechte Literatur. Hier muss sich der Trader wohl in eine Buchhandlung begeben oder auf den einschlägig bekannten Internetseiten recherchieren und dort ein wenig im Angebot herumschmökern. Ich werde später im Literaturverzeichnis noch das eine oder andere Buch vorstellen, das mir gute Dienste erwiesen hat.

Bitte meiden Sie in jedem Fall Bücher von selbsternannten »Gurus«. Besonders von solchen, die ständig in diversen Medien auftreten oder große Hallen mieten, um den Leuten in diesen Massenveranstaltungen dann den grenzenlosen Reichtum zu versprechen. Wenn man so ein Event verfolgt, hat man das Gefühl, man sei in einer

Sekte gelandet. Die Teilnehmer hängen dem Vortragenden derart an den Lippen, dass es einem kalt über den Rücken läuft. Reich wird bei solchen Veranstaltungen meist nur der Referent selbst. Fallen Sie bitte nicht darauf herein, seien Sie skeptisch und benutzen Sie Ihren gesunden Menschenverstand. Alles, was zu gut klingt, um wahr zu sein, ist es dann schließlich auch.

2   Der praktische Teil

Sie haben nun den ersten Durchgang absolviert und von allen theoretischen Detailaspekten, die es für erfolgreiches Trading zu erlernen gilt, die grundlegenden Inhalte aufgesogen. Um eine Analogie mit der Führerscheinprüfung herzustellen: Sie kennen alle Verkehrszeichen sowie die Vorfahrtregeln und Sie wissen, wo sich alle Schalter und Instrumente in Ihrem Auto befinden. Sie haben die Theorie hinter sich gebracht und sind nun bereit für die erste Fahrstunde. Beim Trading gilt jedoch das Gleiche wie beim Autofahren: Sie können noch so viel über die allgemeinen Verkehrsvorschriften oder über den technischen Aufbau eines Motors wissen – um das Autofahren wirklich zu erlernen, müssen Sie Fahrunterricht nehmen, Sie brauchen also Praxis.

Mit dem Fahrunterricht allein ist es aber nicht getan. Wirkliche Praxis erhält man nicht in der Fahrschule, das wissen Sie alle aus der eigenen Erfahrung. Ein wirklich guter Autofahrer wird man erst mit den Jahren. Der Grund dafür ist nicht etwa, dass das Lenken des Fahrzeuges an sich so schwierig wäre, sondern dass ein guter Autofahrer Routine hat, und die kann man nicht erlernen, sondern nur erleben und erfahren. Diese Routine entwickelt man in den Stunden, in denen man hinter dem Steuer sitzt und genauso ist es auch beim Trading. Die Theorie ist schön und gut und ein bestimmtes Maß an Fachwissen ist wichtig, unersetzbar ist hingegen die tägliche Handelspraxis und die kann Ihnen kein Buch und kein Seminar vermitteln. Die müssen Sie erleben und zwar am eigenen Leib, immer und immer wieder!

Doch jetzt wollen Sie das Erlernte erstmals mit echtem Geld in die Praxis umsetzen. Sie wissen alles, was für einen angehenden Trader von Bedeutung ist, zumindest auf der theoretischen Ebene, sind voller Selbstvertrauen und wollen endlich loslegen. Wie gehen Sie es an und wie lernen Sie am besten das Trading in der Praxis?

Sie müssen nun damit beginnen, sich schrittweise ein erstes Tradingsystem auf den Leib zu schneidern. Das ist viel Arbeit und es wird einige Zeit vergehen, bis es so weit ist. Dieses Unterfangen nimmt deswegen so viel Zeit in Anspruch, weil es mit dem Zusammenfügen eines großen Puzzles zu vergleichen ist. Der Trader öffnet die Verpackung und sieht darin tausende Teile liegen, die in ferner Zukunft ein großes Ganzes ergeben werden. Doch wo fängt er an, welches Vorgehen ist richtig und welche chronologische Reihenfolge gilt es einzuhalten? Dem angehenden Trader muss klar sein, dass es hier keine zwingende Abfolge gibt, sondern nur Einzelteile, die nacheinander zusammengefügt werden. In diesem Buch muss natürlich eine bestimmte Reihenfolge abgedruckt werden, der Leser wird jedoch gebeten, den nachfolgenden Aufbau modular zu betrachten und ihn nach den eigenen Bedürfnissen in der für ihn richtigen Reihenfolge selbst zusammenzubauen.

2.1   Wie viel Zeit habe ich für das Trading?

Welche Fragen muss ich mir unter anderem selbst stellen?

→ Wie viel Zeit möchte ich meiner Familie widmen?
→ Kann ich meinen Beruf mit dem Trading verbinden?
→ Wie sehr fordert mich mein Job?
→ Bin ich fit genug für die Märkte?
→ Kann und will ich täglich an den Märkten agieren?
→ Welche Aufgaben möchte ich in meiner Freizeit sonst noch erledigen?

Komischerweise denken die wenigsten Trader über diese Frage nach, obwohl sie ausgesprochen wichtig ist. Wenn Sie Frau und Kinder haben, wird Ihnen Ihre Familie sehr wichtig sein, und dann können Sie das Trading von der Priorität her nicht so hoch ansiedeln, wie wenn Sie zum Beispiel Single sind. Eine weitere Rolle spielt natürlich der Job, den Sie ausüben. Wenn Sie kaum unter 60 Stunden die Woche arbeiten und sich jeden Tag dabei sehr anstrengen, sei es körperlich oder geistig, wird das die gewählte Handelsmethode stark beeinflussen. Ist das der Fall, sollten Sie mit Tages- oder Wochencharts operieren und Ihre Trades mittel- bis längerfristig anlegen. In diesen Zeitebenen können Sie abends nach dem Büro oder am Wochenende nach den passenden Einstiegen für den nächsten Tag oder für die nächste Woche suchen und Ihre Stopps bei den bereits offenen Positionen gemütlich nachziehen, auch wenn die Märkte geschlossen haben. Natürlich müssen Sie, was die Systemoptimierung betrifft, bei diesem eingeschränkten Zeitfenster ein wenig Abstriche machen; erfolgreiches Trading muss jedoch keinesfalls ein Fulltimejob sein.

Sie kommen vielleicht erst um 18.00 oder 19.00 Uhr dazu, Ihre Trades an den US-Börsen abzuwickeln, aber das macht weniger aus, als Sie denken. Auch ich handle erst abends an den US-Märkten, einem erfolgreichen Agieren tut dies jedoch keinen Abbruch. Trading kann man auch als Nebenjob erfolgreich ausüben, der investierte Zeitaufwand ist nicht entscheidend für den Erfolg.

Wenn Sie schon früher Zeit haben und am Nachmittag an die Märkte können, liegt es an Ihnen, ob Sie in Europa den Börsenschluss mithandeln möchten oder sich lieber auf die US-Märkte konzentrieren. Für die amerikanischen Börsen stünden Ihnen dann alle Möglichkeiten offen, denn die Handelszeiten gehen bis in den späten Abend hinein. Wenn Sie trotz Berufstätigkeit an den europäischen Börsen bleiben wollen, ist auch das zu bewerkstelligen. Mit ein wenig Logistik und strukturierten Abläufen kann man einen Fulltimejob, Familie und das Trading sehr gut unter einen Hut bringen. Sie müssen in diesen Fällen die Sache strategisch nur anders angehen. Obwohl Sie unter Umständen nur dann agieren, wenn die Märkte bereits geschlossen haben, können Sie mit einem adaptierten Regelwerk erfolgreich sein. Ein paar Tipps dazu folgen in Kürze.

2.2   Welche Zeiteinheit wähle ich?

Welche Fragen muss ich mir unter anderem selbst stellen?

→ Bin ich ein geduldiger Mensch oder bin ich ungeduldig?
→ Bin ich körperlich und mental fit genug für die gewählte Zeiteinheit?
→ Arbeite ich lieber mit dem »Risiko im Geld« oder mit dem »Risiko im Markt«?
→ Bevorzuge ich rasche Resultate?
→ Brauche ich Stress?
→ Überdenke ich eine Situation gerne länger?

Gehen wir davon aus, dass Sie weder auf Job noch Familie Rücksicht nehmen müssen. Für welche Zeiteinheit sollen Sie sich dann entscheiden? Um diese Frage zu beantworten, müssen Sie sich sehr gut selbst kennen. Welcher Typ sind Sie? Sind Sie geduldig oder ungeduldig? Sind Sie gar hyperaktiv? Überlegen Sie und tüfteln Sie gerne oder agieren Sie eher nach der »Hauruck-Methode«? »Try and Error« ist Ihnen am liebsten? Wollen Sie bald Resultate erzielen oder haben Sie keine Eile damit? All das sind Fragen, die Sie sich vorweg stellen müssen, um die für Sie ideale Zeiteinheit zu finden. Entscheiden Sie sich für eine kleinere Zeiteinheit, dann sollten Sie nicht dem Irrtum vieler angehender Trader verfallen, dass ein Trade im 15-Minuten-Chart in wenigen Minuten beendet sein müsste. Wenn Sie in diesem Zeitfenster zum Beispiel Trends handeln, kann so ein Trade durchaus über einen ganzen Tag oder darüber hinaus andauern. Sie müssen daher wissen, wie lange ein Trade überhaupt dauern »darf«, damit Sie ihn sauber abschließen können. Haben Sie nur zwei Stunden am Tag Zeit, wird ein Trendhandel im 15-Minuten-Chart sinnlos sein, denn der Trade kann sich in dieser kurzen Zeit nicht entwickeln. Sie können im Zeitfenster von zwei Stunden mit 15-Minuten-Charts aber durchaus »Bewegungen« oder »Korrekturen« handeln, denn die sind im Normalfall rascher abgeschlossen. Allerdings sollten Sie hier berücksichtigen, auf welche Art und Weise Sie Ihre Stopps nachziehen möchten, denn die Stoppsetzungsstrategie beeinflusst natürlich auch die Haltedauer eines Trades.

Experimentieren Sie am Anfang ein wenig in den unterschiedlichen Zeiteinheiten und probieren Sie mehrere Ansätze aus. Wenn Sie nach dem achten Trade im Stundenchart bemerken, dass Sie bei jedem Trade nach maximal zwei fertig ausgebildeten Kerzen unruhig werden und die Position glattstellen oder andere Tradingfehler begehen, wird das wohl nicht »Ihre« Zeiteinheit sein. Beobachten Sie sich und achten Sie auf Ihren »Wohlfühlfaktor« bei den Trades, denn wenn Sie sich nicht gut dabei fühlen, werden Sie auch keine Profite erzielen. Zumindest keine beständigen!

Exkurs – Ich bin berufstätig und entscheide mich für den Tageschart; wie kann ich trotzdem an den europäischen Märkten agieren?

Bei diesem Exkurs gehen wir davon aus, dass Sie nicht die Qual der Wahl haben. Sie sind berufstätig und haben Familie, trotzdem möchten Sie nebenbei traden. In diesem Fall müssen Sie Ihre Methode anpassen und dabei gilt es, ein paar Besonderheiten zu beachten. Auf den ersten Blick könnte man diese Umstände als Nachteile klassifizieren, doch bei näherem Hinsehen sind es gar keine Nachteile, wenn man es geschickt angeht.

Eines sei vorweg gesagt:

Sie können an den Börsen auch erfolgreich agieren, wenn Sie berufstätig sind.

Wenn Sie jedoch nur an die Märkte können, wenn diese schon geschlossen haben, wird es für Sie ein wenig schwieriger und Sie müssen improvisieren. Das Marktscreening der europäischen Aktien können Sie in Ruhe am Vorabend erledigen. Zu diesem Zeitpunkt sind Sie in der Lage, sich ohne die Ablenkung von sich ständig verändernden Kursen die passenden Werte herauszusuchen und Einstiege, Stopps und Positionsgrößen zu ermitteln. Was die Ordereingabe betrifft, sollten Sie diese aber nicht bereits am Abend davor durchführen, sondern so lang wie möglich zuwarten. Warum?

Aufgrund der Zeitverschiebung sind die US-Börsen bis 22.00 Uhr unserer Zeit geöffnet. Auch wenn Sie in Europa agieren, müssen Sie auf die Kursverläufe der anderen Börsen und Indizes achten, denn das Problem liegt in der Korrelation der Märkte. Wenn zum Beispiel die US-Börsen nach 17.30 Uhr, dem Xetra-Handelsschluss, eine starke Aufwärts- oder Abwärtsbewegung vollziehen, wird diese Bewegung erst am nächsten Tag zu Börsenbeginn in Europa »eingepreist«. Alle anderen Märkte holen also die Bewegung, die Amerika vollzieht, wenn die anderen Börsen bereits geschlossen haben, erst am nächsten Tag nach. Das führt dazu, dass die europäischen Werte manchmal mit leichten oder starken Kurslücken (Gaps) eröffnen. Wie stark diese Gaps ausfallen, hängt von der Heftigkeit der späten US-Kursbewegung ab.

Man könnte nun meinen, es wäre für den Trader eine praktikable Möglichkeit, einfach den Börsenschluss in den USA abzuwarten und erst gegen 22.10 Uhr die Orders für die europäischen Aktien ins System zu stellen. Hier muss man jedoch beachten, dass die Futures rund um die Uhr weiterlaufen. Der S&P 500, den man getrost als den Leitindex der ganzen Welt bezeichnen kann, bewegt sich die ganze Nacht hindurch, also sogar zu einer Zeit, in der die europäischen Trader alle schlafen. Wenn Sie Realtimekurse beziehen, können Sie diese nächtlichen Bewegungen in einer kleineren Zeiteinheit des S&P 500 sehr schön beobachten.

Darüber hinaus kommt es manchmal vor, dass Quartalsberichte einzelner großer US-Unternehmen wie »Microsoft« oder »General Electric«, die nach US-Börsenschluss gegen 22.00 Uhr oder später veröffentlicht werden, weltweit die Futures ganz gehörig in Bewegung versetzen. Daher ist es besser, Ihre Orders so spät wie möglich in das System einzustellen, weil Sie ungefähr abschätzen müssen, wie die europäische Börseneröffnung ausfallen könnte. »So spät wie möglich« bedeutet in diesem Fall: am nächsten Morgen, bevor Sie zur Arbeit gehen. Allerdings gilt es hier für den Trader, auf der Hut zu sein, denn manche Handelsmethoden harmonieren nicht mit dieser Vorgehensweise. Wir sehen uns an, worauf ich hinaus will und was man beachten muss:

Wenn Sie einen Tradingstil bevorzugen, in dem Sie lang- bis mittelfristig handeln, werden Sie, wenn alles gut läuft, in einem Wert für einige Wochen positioniert bleiben. Daher gehen Sie »moderate« Risiken ein, denn meist sitzt bei diesen Handelsansätzen der Stopp etwas weiter weg und der Trader spekuliert auf die größeren Bewegungen, die er mitnehmen möchte. Der punktgenaue oder auf den Tick genaue Einstieg ist bei solchen Handelsansätzen nicht von großer Bedeutung. Wenn Sie diese oder verwandte Methoden praktizieren, dann können Sie Ihre Orders bei geschlossenem Markt einstellen, selbst wenn auch dann ein gewisser Nachteil nicht wegzudiskutieren ist. Ich möchte aber in Erinnerung rufen, dass es trotzdem von Vorteil ist, wenn Sie auch bei dieser Vorgehensweise die Orders erst so knapp wie möglich vor der Börseneröffnung in das System stellen und sich zusätzlich die tagesaktuellen News zu den potenziellen Einzelwerten beschaffen.

Wenn Sie jedoch eine enge Stoppsetzungsstrategie bevorzugen, ist es sehr wichtig, so genau wie möglich zu jenem Kurs »in den Markt hineinzukommen«, den Sie vorweg geplant hatten, denn in diesem Fall sind Ihre Positionen auch größer. Daher ist jeder vom ursprünglichen Plan abweichend ausgeführte Kaufkurs problematisch, weil er Sie viel Geld kosten kann. Lassen Sie uns anhand eines Beispiels betrachten, warum das so wichtig ist.

Abbildung 7: Continental (Deutschland) – Tageschart

Sie beschließen abends nach Ihrem Marktscreening, den Wert »Continental« bei 57,65 »long« handeln zu wollen. Diese Kursmarke stellt das Vortageshoch dar, bei dessen Erreichen Sie auf weiter steigende Notierungen spekulieren möchten. Der Stopp wird mit einer »If Done«-Order bei circa 55,35 gesetzt. Aufgrund Ihres Money Managements haben Sie errechnet, dass Sie bei diesem Trade 43 Aktien kaufen dürfen. (Mehr dazu im Teil III »Money Management«, Kapitel »Wie hoch ist Ihr Einsatz? – Die Bestimmung der richtigen Positionsgröße«.)

Anmerkung

Welches Regelwerk genau hinter diesem Einstieg liegt, ist irrelevant. Es soll nur veranschaulicht werden, was so ein Gap anrichten kann.

In diesem Fall bewegten sich nachbörslich die Futures nach oben. Gute Unternehmensmeldungen aus den USA beflügelten weltweit die Kurse. Hauptverantwortlich waren aber Übernahmegerüchte bei Continental. Die Märkte bildeten daher am nächsten Morgen ein Aufwärts-Gap, das Sie am Vorabend um 19.00 Uhr, als Sie Ihre Signale suchten und die Trades platzierten, noch nicht vorhersehen konnten. Durch diese Gerüchte fällt das Gap bei »Continental« besonders stark aus. Da Ihre Order bereits seit dem Vorabend im System liegt und Sie die jüngsten Ereignisse nicht mitbekommen haben, werden Sie nicht bei Ihrem geplanten Kaufkurs von 57,65 sondern erst bei 68,75 in den Markt eingestoppt. Also um fast 20 % höher! Die Position ist für diesen Kaufkurs viel zu groß, denn Ihr Stopp, den Sie ebenfalls vor dem Trade bestimmt und mittels Kettenorder platziert hatten, liegt unverändert bei 55,35. Aufgrund der hohen Positionsgröße würden Sie bei diesem Trade um einiges zu viel riskieren. Ursprünglich sollte der Einstieg vom Stoppkurs nur circa 2,5 % entfernt liegen, doch jetzt sind es fast 20 % geworden. Bei diesem Abstand hätten Sie maximal sieben Aktien kaufen dürfen, was nicht einmal 20 % der ursprünglichen Positionsgröße ausmacht.

Sie riskieren also derzeit fast das Achtfache, ohne es zu wissen. Sie sitzen im Büro oder im Auto und denken, alles sei in Ordnung, und bemerken die Zeitbombe gar nicht, die unter Ihrem Hintern tickt. Abends, wenn Sie heimkommen, können Sie nur darauf hoffen, dass die Position im Gewinn ist oder nicht zu weit gegen Sie gelaufen ist. Wenn Sie die Handelsplattform starten und den ersten Schock überwunden haben, müssen Sie sofort prüfen, ob Sie den Stopp, sofern Sie im Plus sind, aus charttechnischer Sicht irgendwie sinnvoll nachziehen können. Ist das nicht der Fall, rate ich Ihnen, die Position sofort manuell glattzustellen. Egal zu welchem Kurs, denn der Trade ergibt in dieser Form überhaupt keinen Sinn mehr. Wenn Sie weiter engagiert blieben, würden Sie komplett außerhalb Ihres Regelwerkes agieren und sich nur noch auf Ihre Hoffnungen verlassen.

Bei diesem Beispiel wurde schon ein wenig auf das Kapitel »Money Management« vorgegriffen, doch es ist wichtig zu erläutern, warum der gewählte Handelsansatz die Zeit der Ordereingabe beeinflussen kann. Wie Sie sehen konnten, sollten Sie bei engen Stopps und hohen Positionsgrößen die Orders immer nur bei geöffneten Märkten platzieren, denn alles andere wäre fahrlässig. Ihr ganzes Trademanagement kann durch ein unerwartetes Ereignis in sich zusammenstürzen.

Welche Lösungsansätze bieten sich für dieses Problem?

In der heutigen Zeit steht dem Trader mobiles Internet zur Verfügung, womit er die Kurse stets live verfolgen kann. Es gibt auch Handelsplattformen, die über das Handy bedient werden können. So ist es möglich, die Eröffnungskurse von unterwegs aus abzurufen und die Orders dann erst bei geöffneten Märkten zu platzieren. Erkundigen Sie sich bei Ihrem Broker, ob er einen Service für Mobiltelefone anbietet, und fragen Sie Ihren Mobilfunkanbieter, ob Ihr Handy dafür infrage kommt. Sie könnten mit diesem Feature den Handel auch von unterwegs durchführen, es ist nur die Frage, ob Ihnen dieser Handelsstil zusagt. Dem Autor graut davor, die Orders über sein Telefon eingeben zu müssen. Seien Sie jedenfalls kreativ und versuchen Sie, eine für Sie passende Lösung zu finden.

Conclusio »Wahl der Zeiteinheit«

Alle aufgezeigten Möglichkeiten können nur als Anregung dienen, denn jede Situation ist individuell und verlangt eine ganz spezielle Herangehensweise. Dem angehenden Trader wird der gute Rat gegeben, sich entsprechend seines Handelsansatzes zu einer sicheren, vernünftigen Lösung durchzuringen. Wenn Sie unbedingt Swingtrading (Swingtrading bedeutet, die beiden elementaren Bestandteile eines Trends, die Bewegung oder die Korrektur zu handeln) mit großen Positionen durchführen wollen, handeln Sie nur an den Märkten, die für Sie im Hinblick auf Ihr freies Zeitfenster infrage kommen und geöffnet haben. Wenn Sie Schichtarbeiter sind und in der Nacht arbeiten, dann können Sie tagsüber in Europa handeln. Sind Sie im Gastgewerbe beschäftigt und am späten Nachmittag bis in die Nacht hinein an Ihrem Arbeitsplatz, bieten sich die asiatischen oder australischen Märkte an. Liegt Ihre Arbeitszeit zwischen 08.00 und 16.00 Uhr, sind die amerikanischen Märkte diejenigen, die Sie zuerst ausprobieren sollten. Manche Rohstoff- und Devisenmärkte sind überhaupt rund um die Uhr handelbar. Heute gibt es immer einen Markt, der gerade geöffnet hat. Außer am Wochenende. Niemand muss zu kurz kommen, Sie müssen sich nur an Ihre Möglichkeiten und an Ihr Umfeld anpassen.

2.3   Welche Werte und Märkte handle ich?

Welche Fragen muss ich mir unter anderem selbst stellen?

→ Welche Werte möchte ich handeln?
→ Welche Märkte sprechen mich an?
→ Welche Besonderheiten weisen diese unterschiedlichen Finanzinstrumente auf?
→ Wenn ich Aktien handeln möchte, bleibe ich bei den Blue Chips oder handle ich auch Nebenwerte?
→ Bietet mein Broker den Handel dieser Werte an?

Grundsätzlich ist es egal, wofür sich ein Trader entscheidet, er muss nur verstehen, dass alle Underlyings ihre Besonderheiten haben. Im Rohstoffhandel gelten andere Gesetze als zum Beispiel im Devisenhandel, obwohl vom Grundsatz her alle Märkte dem Gesetz von Angebot und Nachfrage folgen. Vor- und Nachteile weist der Handel mit jedem dieser Underlyings auf, manche Märkte sind extrem politisch, manche sehr volatil, andere wiederum haben sonderbare Handelszeiten oder reagieren sogar auf den aktuellen Wetterbericht. Dem Trader wird jedenfalls geraten, sich für den Anfang auf einen Markt zu beschränken und sein Wissen in diesem Bereich zu vertiefen.

Entscheidet er sich für die Aktienmärkte, wird ihm empfohlen, sich zu Beginn an die großen Blue Chips zu halten. Er könnte zum Beispiel die Werte des »Eurostoxx 50« für das Trading heranziehen, denn so hat er zum einen eine kleine regionale Diversifizierung und zum anderen kann er ohne zusätzliche Wechselkursschwankungen handeln. Selbstverständlich kann man sich auch für die großen Werte des jeweiligen Heimatlandes entscheiden, je nach Geschmack des Traders.

2.4   Mit welcher Tradingstrategie nähere ich mich den Märkten?

Welche Fragen muss ich mir unter anderem selbst stellen?

→ Habe ich gerne recht?
→ Kann ich Papiergewinne schmelzen sehen?
→ Bin ich geduldig oder hyperaktiv?
→ Bevorzuge ich »Risiko im Geld« oder »Risiko im Markt«?

Wikipedia definiert den Begriff Strategie folgendermaßen:

Eine Strategie ist ein längerfristig ausgerichtetes planvolles Anstreben einer vorteilhaften Lage oder eines Ziels …

Ein Trader muss sich daher die Frage stellen, wie er zu so einem Vorteil kommt. Was liegt ihm und welche Talente besitzt er? Was für eine Strategie lässt sich mit seiner Berufstätigkeit verknüpfen und wo liegen generell seine Stärken und Schwächen?

Will er lang- oder mittelfristig positioniert sein oder spricht ihn eine kurzfristige Haltedauer eher an? Das hängt natürlich unter anderem mit seiner Geduld und Ausgeglichenheit zusammen, denn beim Trendhandel zum Beispiel braucht ein Trader enorme Gelassenheit. Obwohl sich Anfänger von dieser Methode oft angezogen fühlen, ist sie nicht unbedingt für einen angehenden Trader geeignet. Wenn Sie auf rasche Resultate aus sind, ist diese Strategie ebenfalls nicht die richtige für Sie. Beim Trendhandel können Sie die Stopps oft erst nach einer langen Wartezeit nachziehen. Sie müssen den Trades viel »Raum« geben und mit ansehen können, wie erzielte Papiergewinne wieder zusammenschrumpfen. Können Sie das? Der Autor kann es nicht und ist daher ein schlechter Trendtrader. Können Sie mit ansehen, wie Sie schon 20 % vorne liegen und die Aktie mehr als die Hälfte davon wieder abgibt, weil der Trend in eine Korrektur hineinläuft? Wenn die Antwort hier ein »ja« ist, sind Sie beim Trendhandel zu Hause. Wenn es eher ein »nein« ist, müssen Sie sich etwas anderes suchen, eine Strategie, die Sie mehr anspricht.

Vielleicht sind es dann »Ausbrüche«, die Ihnen liegen, oder Sie handeln nur die nächste Bewegung, den nächsten Swing innerhalb eines Trends und halten die Position bis zum Erreichen eines neuen Bewegungshochs. All diese strategischen Fragen müssen von Ihnen als Trader geklärt werden.

Was Sie aus einer Strategie letztendlich herausholen, hängt davon ab, ob sie zu Ihnen passt, und um das herauszufinden, müssen Sie es vorsichtig ausprobieren. Bitte nehmen Sie dazu echtes Geld in die Hand und machen Sie keine »Papertrades«, sonst führen Sie sich selbst hinters Licht.

Haben Sie Ihre Vorgehensweise fürs Erste gefunden, müssen Sie sich Gedanken über die Feinheiten hinsichtlich der Abläufe und der Methodik des einzelnen Trades machen.

2.5   Welche Taktik wende ich im einzelnen Trade an?

Welche Fragen muss ich mir unter anderem selbst stellen?

→   Welche grundsätzliche Marktanschauung habe ich?
→   Wende ich ausschließlich die Charttechnik an?
→   Benutze ich zusätzlich Indikatoren und Oszillatoren, wenn ja welche?
→   Verwende ich gar keine Charts, sondern agiere ich anhand anderer Parameter?
→   Wie sieht meine Einstiegsregel aus?
→   Wie sieht mein Positions- und Risikomanagement aus?
→   Wie beende ich einen Trade?

Auch hier wollen wir uns wieder ansehen, wie Wikipedia den Begriff »Taktik« definiert und wo die Abgrenzung zur »Strategie« verläuft:

Strategie und Taktik hängen eng zusammen: Beide zielen auf den richtigen Einsatz bestimmter Mittel in Zeit und Raum, wobei sich Strategie im Allgemeinen auf ein übergeordnetes Ziel bezieht, während Taktik den Weg und die Maßnahmen bestimmt, kurzfristigere Zwischenziele zu erreichen. In politischen und wirtschaftlichen Kontexten beschreibt Taktik Maßnahmen und Handlungen, die mit den gegebenen Mitteln kurzfristige oder mittelfristige Ziele zu erreichen suchen.

Um Ihre Taktik zu bestimmen, müssen Sie sich zuerst Gedanken über die grundsätzliche Funktionsweise der Kapitalmärkte machen. Glauben Sie, die Kursverläufe mittels Technischer Analyse prognostizieren zu können, oder nähern Sie sich der Sache auf anderem Weg? Sie brauchen zu dieser Frage eine Meinung und dazu möchte ich Sie auf das Kapitel »Erfolg im Trading – worauf es ankommt« verweisen, wo Sie zu dieser Fragestellung – die übrigens zu den wichtigsten im Trading überhaupt gehört – eine detaillierte Erörterung finden.

Haben Sie diese Entscheidung fürs Erste getroffen, gilt es nun, ein Regelwerk darum zu bauen. Der Trader muss zuerst ein Signal finden, nach dem er in die Märkte eintaucht. Dabei muss er seine Trades so anlegen, dass er sie jederzeit anhand dieses Signals in einer anderen Situation wiederholen kann.

Sie können dazu die Charttechnik verwenden oder sich zusätzlicher Hilfsmittel der Technischen Analyse bedienen. Wenn Sie den Zugang über Indikatoren sympathischer finden, dann verwenden Sie diese zusätzlich. Mischen Sie die Charttechnik mit diesen Indikatoren und versuchen Sie, eindeutige Signale zu erhalten, die jederzeit zu duplizieren sind. Warum das so wichtig ist, werden Sie noch später erfahren.

Sie müssen sich auch in die Lage der anderen Marktteilnehmer hineinversetzen und überlegen, wo deren Stopps sitzen könnten. Dazu betrachten Sie die Charts und versuchen, alles, was Sie über den Trendaufbau und über Stopps gelernt haben, in die Praxis umzusetzen. Wie Sie sicher wissen, gibt es Punkte im Chart, wo die »Chance« gut steht, dass es zu einer Bewegung kommen »könnte«. Manches Mal handelt es sich nur um einen kurzen Schub, manches Mal beginnt an diesen Stellen jedoch eine scheinbar endlose Bewegung über mehrere Zeiteinheiten. An diesen Stellen ist der Ein- und Ausstieg in eine Position natürlich besonders lohnenswert. Der reife Trader sucht nach einer solchen Situation und wartet auf diese. Darüber hinaus gilt es, sich Gedanken über die richtige Positionsgröße zu machen. Details dazu finden Sie im Abschnitt »Wie viel Kapital riskiere ich in der Anfangsphase?«. Haben Sie für all das einen Plan entwickelt, müssen Sie sich Gedanken zum Trademanagement machen. Ziehen Sie Ihre Stopps nach, arbeiten Sie mit Kurszielen oder mischen Sie beide Lösungsansätze? Lassen Sie die Trades weitgehend in Ruhe laufen oder stellen Sie die Trades nach einer gewissen Zeit manuell glatt. Wie gedenken Sie, die benötigten »R-Vielfachen« am besten zu erzielen?

Im Abschnitt »Organisation und Logistik« werden wir im Bereich Trademanagement Teile des jetzt Aufgegriffenen nochmals behandeln, dort aber eher von der logistischen Seite her.

Anmerkung

Vieles, was es im Hinblick auf die Wahl der geeigneten Strategie und Taktik noch zu sagen gibt, werden wir an einer anderen Stelle des Buches noch im Detail ansprechen. An dieser Stelle geht es vorerst nur darum, beim Trader ein grundlegendes Verständnis dafür zu schaffen, dass beide Elemente (Strategie und Taktik) den Kern eines Tradingsystems bilden. Es ist daher essenziell, sich mit diesen Themen akribisch auseinanderzusetzen.

2.6 Wie strukturiere ich meine Marktbeobachtungen?

Welche Fragen muss ich mir unter anderem selbst stellen?

→ Wie viel Zeit habe ich für die Marktvorbereitung?
→ Wann führe ich diese Vorbereitungen durch?
→ Screene ich die Märkte diskretionär oder verwende ich dazu eine Software?
→ Welche Werte wähle ich aus, welchen Pool verwende ich?

Manche Trader konzentrieren sich auf den Handel von einigen wenigen Werten, während andere einen großen Pool – eventuell sogar den gesamten Markt – zur Verfügung haben. Beispielsweise handelt Trader A im 15-Minuten-Chart und hat sich entschieden, seine Beobachtungen ausschließlich auf die zehn umsatzstärksten Dax-30-Werte zu beschränken. Alle anderen Aktien interessieren ihn nicht. Für sein Trading hält er alle zehn Charts geöffnet und betrachtet sie auf zwei Monitoren parallel. Generiert einer dieser Werte ein Signal, eröffnet er manuell die Position und bleibt während der gesamten Haltedauer vor dem Bildschirm sitzen.

Trader B arbeitet am Tageschart, hat sich für den Eurostoxx 50 und den Trendhandel entschieden. Dort möchte er jeden Tag mit allen 50 Charts arbeiten, um eine adäquate Schlagzahl zu erreichen. Um die Abläufe zu reduzieren, baut er diverse Filter ein, die ihm das manuelle Screening erleichtern. Er entscheidet sich dafür, die Charts in drei Gruppen zu clustern, um so Ressourcen einzusparen, weil er manche Chartgruppen auf diese Art nicht täglich beobachten muss.

Eine »Watchlist 1« verwendet er für Werte, die gerade angefangen haben, einen Trend auszubilden und deren Korrektur fast abgeschlossen ist. Bei diesen Aktien ist das Einstiegssignal innerhalb der nächsten Handelstage zu erwarten. Diese Werte werden von ihm daher täglich geprüft. »Watchlist 2« ist den Aktien vorbehalten, die zwar in einem schönen Trendkanal verlaufen, derzeit aber noch mitten in einer Bewegung stecken, die noch nicht abgeschlossen ist. Da der Trader erst dann einsteigen möchte, wenn auch die daraufhin folgende Korrektur beendet ist, kann das noch ein bis zwei Wochen dauern. Diese Watchlist muss daher von ihm erst wieder in ein paar Tagen betrachtet werden. »Watchlist 3« dient ihm als Auffangbecken für jene Werte, die derzeit keinen klaren Trend aufweisen oder in einer Seitwärtsrange verlaufen. Diese Watchlist ist in den nächsten Wochen überhaupt kein Thema und er kann sie getrost für einige Zeit ausblenden.

Mit diesem Ansatz ist es für den Trader ohne Probleme möglich, jeden Tag die passenden Einstiegssignale ohne allzu großen Zeitaufwand herauszusuchen. Aus den 50 Eurostoxx-Werten werden so maximal fünf bis zehn Charts, die es jeden Tag zu prüfen gilt, und das sollte in aller Kürze erledigt sein. Die anderen Werte werden von ihm in einer ruhigen Stunde am Wochenende überprüft und gegebenenfalls von einer Watchlist in die andere transferiert.

Trader C hingegen ist Computerfachmann und macht sich sein EDV-Wissen zunutze, indem er zusätzlich zu der vom Broker mitgelieferten Chartingsoftware ein eigenes Tool verwendet. Dieses Programm führt jeden Tag kurz vor Börseneröffnung ein vollautomatisches Marktscreening durch und wirft nach einem kurzen Rechenprozess alle Einstiegssignale zu den infrage kommenden Werten mit den passenden Positionsgrößen aus. Dazu musste dieses Tool vom Trader entsprechend seinem Regelwerk programmiert werden, doch dieser einmalige Aufwand hat sich schon längst für ihn amortisiert. Weil dieser Ablauf nun vollautomatisch geschieht, kann er seine Signale aus tausenden Charts heraus generieren, ohne dass dabei seine Ressourcen belegt werden. Der Trader kann so aus dem Vollen schöpfen und alle Werte der US-Börsen in sein tägliches Marktscreening einbeziehen. Er braucht daher nur noch die Börseneröffnung abzuwarten und entsprechend den Vorgaben die Orders zu platzieren.

Anmerkung

Dem Autor ist bewusst, dass es darüber hinaus Software gibt, die auch den Prozess der Ordereingabe und sogar des gesamten Trademanagements maschinell und vollautomatisch ausführt. Diese Ansätze und Methoden sind jedoch den Tradingprofis vorbehalten und werden in diesem Buch nicht näher beschrieben.

2.7 Wie viel Kapital riskiere ich in der Anfangsphase?

Welche Fragen muss ich mir unter anderem selbst stellen?

→ Wie viel Gesamtkapital habe ich für das Trading zur Verfügung?
→ Kann ich mir den Verlust dieses Kapitals leisten?
→ Was passiert, wenn ich das ganze Kapital verliere?
→ Arbeite ich mit einem Margin-Konto?
→ Wie gehe ich mit einem Margin Call (Nachschusspflicht bei Erreichung der Mindestkontodeckung) um? Habe ich Reserven?
→ Welches finanzielle Risiko bin ich bereit, im einzelnen Trade konkret einzugehen?

Wir werden noch über den Begriff »Risiko« sprechen und was das aus psychologischer Sicht für einen Trader bedeutet. An dieser Stelle gilt es, vorab zu überlegen, welchen Betrag Sie pro Trade aufs Spiel setzen wollen. Es sollte fürs Erste keinesfalls mehr als 1 % des Ihnen zur Verfügung stehenden Gesamtkapitals sein. Später, im Kapitel »Money Management«, werden wir erfahren, dass das Risiko je Trade zum einen mit dem zur Verfügung stehenden Gesamtkapital korreliert und zum anderen mit Ihrer Performance. Aber so weit sind wir noch nicht, Berechnungen dieser Art können Sie erst anstellen, wenn Sie über eine gewisse Mindestanzahl von Trades hinausgekommen sind und Ihr System die erste Testphase überstanden hat.

Sind es nun 25, 50 oder 100 Euro? Bei welchem Betrag fühlen Sie sich noch wohl? Was können Sie »verschmerzen«? Was tut Ihnen nicht weh und welcher Verlust ist Ihnen weitgehend »egal«? Bitte überlegen Sie sich das gut, denn es ist für den erfolgreichen Start Ihrer Tradingkarriere sehr wichtig, sich hier die richtigen Gedanken zu machen. Falls Sie absolut keine Ahnung haben, würde ich Ihnen empfehlen, mit maximal 50 Euro je Trade zu starten, wenn das mit Ihrem Gesamtkapital und der 1%-Grenze noch aufgeht. Dieser Einsatz ist für den Fall reserviert, dass der Trade schiefgeht und Sie ausgestoppt werden, für den »Worst Case« sozusagen. Lassen Sie sich Zeit und beginnen Sie klein, denn Sie versäumen nichts. Die Märkte bewegen sich täglich, die Chancen versiegen nie und es läuft Ihnen nichts davon. Sie werden vielleicht sagen, dass Sie rascher mit vollem Risiko loslegen möchten, denn schließlich wüssten Sie schon so viel über das Trading, dass gar nichts mehr schiefgehen könne. Doch glauben Sie mir, hier ist eindeutig eine bedächtige Vorgehensweise angesagt. Sie brauchen zuerst ein bestimmtes Mengengerüst an abgeschlossenen Trades, um beurteilen zu können, ob Ihre Methode, Ihr System einen positiven Erwartungswert generieren kann. Daher müssen Sie dieses Mengengerüst mit dem geringsten möglichen »Schaden« erreichen. Vertiefende Gedanken dazu finden Sie gleich im nächsten Abschnitt.

2.8   Wie weiß ich, ob die Methode wirklich zu mir passt und ob sie erfolgreich ist?

Welche Fragen muss ich mir unter anderem selbst stellen?

→   Fühle ich mich bei meinen Trades wohl?
→   Kann ich meine Trades »sauber« ausführen?
→   Wie viele und welche Tradingfehler mache ich?
→   Sind es immer wieder die gleichen Fehler?
→   Aus welchen Gründen entstehen diese Fehler (Logistik, Psyche, Handling)?
→   In welcher Marktphase funktioniert meine Methode gut/schlecht?
→   In welcher Marktphase befinden wir uns?

Anmerkung

Für einen angehenden Trader ist es wichtig zu unterscheiden, ob eine Methode bloß zu ihm »passt« oder ob es sich auch um eine »erfolgreiche« Methode handelt. Beide Faktoren müssen nicht unbedingt übereinstimmen, denn Sie können ein an sich gutes System mit den falschen Entscheidungen (mit einer schlechten Technik) zum

Kippen bringen. Daher ist es wichtig zu verstehen, dass in dieser Frage, die der angehende Trader gerne im Paket stellt, zwei völlig unterschiedliche Antworten stecken können. Der erste Teil der Frage, ob eine Methode zu einem Trader passt, ist etwas rascher geklärt. Der zweite Teil der Frage wird hier nur kurz angerissen und dann in einem späteren Kapitel genauer behandelt.

Welches Regelwerk passt zu einem angehenden Trader? Hier gilt es als Erstes, die große Vielfalt auszublenden, denn diese unzähligen Methoden führen bloß zur Verunsicherung und der Trader weiß nicht mehr, woran er glauben soll. Der reife Trader nimmt die vielen Methoden hingegen gar nicht mehr wahr, weil er seinen Weg bereits gefunden hat. Ein Trader, der sich in Ausbildung befindet, ist naturgemäß noch unerfahren und muss sich daher fürs Erste einen relativ einfachen Einstieg suchen, der ihn anspricht, und dann mit einem für ihn passenden Risiko- und Trademanagement verknüpfen. Wenn eine Methode zu einem Trader passt, wird er seine Trades nach einiger Zeit bereits einigermaßen sauber ausführen können. Voraussetzung ist, dass diese Methode grundsätzlich mit seiner Marktanschauung und mit seiner Persönlichkeit harmoniert. Der Fehlerteufel wird natürlich vor allem bei den ersten Trades noch öfter zuschlagen, aber von Anbeginn an fühlt der Trader sich bei diesem Ansatz wohl. Schon nach kurzer Zeit sollte der Trader erkennen, ob ihm die gewählte Vorgehensweise vom Ansatz her liegt oder ob er damit gar nichts anfangen kann, und das sollte mit ein paar Dutzend Versuchen zu eruieren sein. Danach sollte der Trader eine erste Bilanz (hier ist nicht unbedingt die finanzielle Komponente entscheidend) ziehen und sich fragen, wie es ihm bei der Ausführung seiner Trades ergangen ist: Wie hat er sich gefühlt, als er eine Position eröffnet hat? Konnte er sie erfolgreich managen oder gab es Störgeräusche irgendwelcher Art? Wie ging es ihm bei den Fehltrades? War ihm das Risiko zu groß? War das Trading zu stressig? Wie hat er geschlafen? Musste er dauernd an die Märkte denken? Wie viele Tradingfehler hat er begangen? Wie hat er das Trading mit Familie und Job vereinbaren können? War die Logistik in Ordnung?

All das sind Fragen, die es nach dieser Probezeit zu klären gilt. Sind diese Fragen restlos geklärt, hat der Trader seine vorläufige Methode gefunden und darauf gilt es aufzubauen. Passt es für ihn hingegen noch nicht – und da genügt es schon, wenn nur einer der oben angeführten Punkte für ihn nicht stimmig ist – muss er etwas anderes probieren. In dieser Phase kommen Pioniergeist und Mut ins Spiel, denn der Trader steckt zu diesem Zeitpunkt in einer der kritischsten Phasen überhaupt. Hier ist er gut beraten, wenn er, statt ein Tradingbuch nach dem anderen nach Antworten abzusuchen, sich stattdessen mit sich selbst beschäftigt. Mit dem entsprechenden Durchhaltevermögen und einem Schuss Selbstvertrauen findet man schließlich alle Antworten und gelangt auf die Straße des Erfolges. Wurde diese Phase schlussendlich gemeistert, hat der Trader eine wichtige Etappe absolviert und kann stolz auf sich sein. An dieser Stelle werfen leider viele angehende Trader das Handtuch, weil sie denken, erfolgreiches Trading sei nur ein Mythos. Wenige andere beißen sich durch und wahren die Chance, etwas Besonderes und Großes entstehen zu lassen.

Anmerkung

Ein reifer Trader, der dies liest, wird vielleicht ein wenig verwundert sein. Er wird argumentieren, dass man mit derart wenig Trades unmöglich bereits die passende Methode gefunden haben könne, denn oft dauert es eine lange Zeit, bis man einen passenden Handelsansatz entdeckt hat. Dieser Einwand ist berechtigt, aber ich bitte zu bedenken, dass hier versucht wird, dem angehenden Trader bei der Wahl seines ersten Handwerkszeuges behilflich zu sein. Irgendwo hat der Anfänger ja anzusetzen und auf etwas muss er aufbauen können. Er kann nicht mit tausenden Trades oder mehr herumtüfteln und eine Variante nach der anderen nach ein paar Fehltrades über den Haufen werfen. Er muss stattdessen für den Anfang relativ rasch zu einer ersten Zwischenbilanz kommen. Um die Analogie mit einem Hausbau herzustellen: In aller Eile mauert er sich zuerst einen soliden Keller, und ist dieser fertiggestellt, können danach das Erdgeschoss und alle anderen Etagen daraufgesetzt werden. Es steht ihm frei, später noch anderweitige Adaptierungen am Keller vorzunehmen, doch es bringt nichts, jahrelang am Grundkonzept herumzudoktern und einen Entwurf nach dem anderen zur Seite zu legen. So wird er nie ein schützendes Dach über seinem Kopf haben. Daher muss der angehende Trader fürs Erste mit einer geringen Anzahl Trades bestimmen, ob die Methode sich mit seinen Neigungen deckt und ob er darauf aufbauen kann.

Wie bereits erwähnt, ist der zweite Teil der Frage, ob die Methode auch erfolgreich ist, etwas schwieriger zu beantworten. Nur weil sich der Trader bei einer Methode wohl fühlt bedeutet das nicht, dass sie einen »positiven Erwartungswert« generieren kann, dass sie sich also »rechnet«. Das kann man erst nach einer Abfolge von vielen Trades erkennen. Für weiterführende Infos möchte ich hier auf den Teil »Money Management« verweisen, wo wir dieses Thema im Detail behandeln werden.

Conclusio »Wahl der Methode«

Die Komponenten, die es für die Wahl der richtigen Methode zu beachten gilt, sind äußerst vielfältig. Um sich selbst ein passendes Tradingsystem auf den Leib zu schneidern, müssen alle der oben angeführten Fragen restlos geklärt werden. Sie müssen auf jeden Fall verstehen, dass diese Fragen niemand anders beantworten kann als Sie selbst. Angehende Trader suchen nach den Antworten häufig auch in Büchern wie diesem hier, dabei sollten sie lieber nach den richtigen Fragen suchen, die sie sich im Folgenden selbst beantworten müssen. In den Fragen, die oben gestellt wurden, liegt ein Teil des so verzweifelt gesuchten »Heiligen Grals« versteckt. Sie werden den Gral nie in einer beschriebenen Methode erkennen oder ihn sonst wo niedergeschrieben finden. Der »Heilige Gral« liegt ausschließlich in den Antworten auf die richtigen Fragen versteckt. In »Ihren« Antworten. Dieses Buch versucht, ihn mit den »richtigen« Fragen für Sie sichtbar zu machen. Hinsehen müssen Sie dann schon selbst!

2.9   Organisation und Logistik

Welche Fragen muss ich mir unter anderem selbst stellen?

→   Wie führe ich ein effizientes Backoffice (Verwaltung)?
→   Wie eröffne ich meine Positionen?
→   Wie schließe ich meine Positionen?
→   Wann und wie ziehe ich die Stopps nach?
→   Eröffne und schließe ich meine Positionen auf einmal oder schrittweise?
→   Was mache ich, während ich vor dem Ticker sitze?

Selbst wenn Sie ein stimmiges Handelssystem entwickelt haben, müssen Sie noch die passenden Routinen dazu entwickeln. Sie brauchen strukturierte Tagesabläufe, denn die Gefahr ist groß, dass sich der Trader morgens an den PC setzt, um schnell den einen oder anderen Trade zu machen, und dann gegen 18.00 Uhr feststellt, den ganzen Tag verpasst zu haben. Der Autor geht jedoch davon aus, dass die meisten Leser einem herkömmlichen Job nachgehen und erst abends an die Märkte können. Diese Trader müssen so wie der Autor dieses Buchs den Job, die Familie und das Trading unter einen Hut bringen. Da wir nicht viel Zeit haben, müssen wir die Abläufe rationalisieren und optimieren und dürfen uns bei nichts verzetteln.

Das Thema Logistik gehört zu einem Handelsansatz genauso dazu und geht über die Entwicklung eines Tradingsystems hinaus. Zur Frage, wie man sich am effizientesten durch die Charts wühlen kann, gab es ja schon einige Ratschläge, doch nun geht es nicht nur um den Kaufzeitpunkt eines Trades. Sie müssen sich unter anderem die Frage stellen, wie Sie aus logistischer Sicht in die Märkte hineinkommen und aus den Märkten hinauskommen. Lassen Sie sich einstoppen oder drücken Sie den Abzug manuell? Sind Sie in einer Position bereits engagiert, müssen Sie darüber nachdenken, wie Sie aus einem Trade wieder herauskommen. Verwenden Sie mentale Stopps (Stopps im Kopf) oder platzieren Sie diese im System. Oder Sie haben den Stopp bei

Eröffnung der Position gleich mit einer Kettenorder eingestellt und brauchen sich keine weiteren Gedanken mehr darüber machen.

Wann ziehen Sie Ihre Stopps nach? Gleich nach Eröffnung der nächsten Zeiteinheit oder etwas später? Wie viel später? **Verkaufen Sie einen Wert zu einem bestimmten Kurs,** arbeiten Sie mit Kurszielen oder lassen Sie sich ausstoppen? Verwenden Sie schrittweise Ein- und Ausstiege oder gehen Sie mit der gesamten Positionsgröße auf einmal in den Markt? Machen Sie Teilverkäufe oder lösen Sie lieber die gesamte Position auf? All das sind Faktoren, die es zu berücksichtigen gilt.

Wie bekommen Sie, wenn Sie Einzeltitel handeln, das Problem der »Quartalsberichte« in den Griff? Oder ignorieren Sie das, weil Sie die Positionen immer noch am gleichen Handelstag schließen? Wie bestimmen Sie Ihre Positionsgrößen? Verwenden Sie dazu ein Tool oder einen Taschenrechner? Oder praktizieren Sie überhaupt eine ganz andere Vorgehensweise? Wenn Sie Fremdwährungspositionen handeln möchten, wie kommen Sie an die aktuellen Wechselkurse heran und wie können Sie diese ohne großen Aufwand bei der Positionsgrößenbestimmung berücksichtigen?

Selbst derjenige Trader, der den ganzen Tag über handeln kann, muss Prioritäten setzen und seine Abläufe planen. Was tun Sie, wenn Sie vor dem Computer sitzen? Bilden Sie sich weiter in dieser Zeit und lesen ein Fachbuch oder lesen Sie einen Roman? Vielleicht handeln Sie auch nur die Markteröffnung und können den restlichen Tag mit ganz anderen Dingen verbringen? Für einen Trader gibt es so viel zu bedenken, dass man am Anfang eben nicht alles bedenken kann. Für all diese Fragen werden Sie über kurz oder lang noch die passenden Antworten finden. Auf manche der oben gestellten Fragen werden wir später noch eingehen, für manche würde der Umfang dieses Buches nicht ausreichen.

2.10   Mach mal Pause

Welche Fragen muss ich mir unter anderem selbst stellen?

→   Welche Drawdowns (Serie von Verlusten am Stück) produziert mein
     System im Regelfall?
→   Wie häufig kommen diese Drawdowns vor?
→   Kann ich mit einem Drawdown mental umgehen?
→   Brauche ich in so einer Situation eine Tradingpause?
→   Was tue ich in dieser Tradingpause, wie kann ich mich entspannen,
     um den Kopf frei zu bekommen?

Wenn ein Trader einen bestimmten Teil seines Gesamtkapitals am Stück verspekuliert hat, wird ihm von manchen Fachleuten angeraten, sich für eine Weile von den Märkten zurückzuziehen und eine Pause einzulegen. Die Begründung lautet, dass ein Trader in so einer Situation emotional angeschlagen sei und daher keine optimalen Entscheidungen mehr treffen könne. Handelte er weiter, würde er sich mit seinem Verhalten selbst schädigen, weil er nicht mehr in der Lage wäre, den psychologischen Stress des Tradings zu verkraften.

Grundsätzlich klingt das einleuchtend, weil sich der Börsenerfolg zum großen Teil aus psychologischen Faktoren zusammensetzt. Doch wie sieht die Sache aus Sicht des Autors aus, welche Vorgehensweise hält er für klug und welchen Ratschlag würde er einem Trader geben, der gerade in einer Drawdown-Phase steckt? Für mich drängt sich zunächst die Frage auf, ob hier überhaupt eine pauschale Antwort gegeben werden kann. Muss man die Sache nicht aus verschiedenen Blickwinkeln heraus betrachten und erst dann eine Entscheidung treffen? Und muss man sich auch hier nicht wieder die richtigen Fragen stellen? Hängt es nicht vor allem vom Evolutionsstadium des Traders ab, wie diese Entscheidung ausfallen wird? Betrachten wir diese Frage daher anhand zweier fiktiver Trader, deren Entwicklungsstadium unterschiedlich weit gediehen ist.

2.10.1 Ein Drawdown bei einem reifen Trader

Das System des erfahrenen Traders hat ihm gerade den zwölften Verlusttrade in Serie beschert. Darüber hinaus sind seine Gewinne in diesem Monat rar und von den absoluten Beträgen her gering. Der Markt vollzieht derzeit Bewegungen, die seinem Handelssystem nicht zugutekommen, denn in dieser volatilen Seitwärtsphase funktioniert sein Ansatz nicht so gut wie in trendstarken Phasen. Trotz der vielen Fehltrades bleibt der Trader jedoch gelassen, denn er hat schon mehrere solcher Zyklen in den letzten Jahren durchlebt. Er kennt diese Situationen genau und weiß, dass sich von einem Tag auf den anderen wieder ein ganz anderes, für ihn günstiges Marktumfeld einstellen kann.

Zu Beginn einer neuen Handelswoche sucht dieser Trader, ohne sich von den vergangenen Verlusten beeinflussen zu lassen, wie jeden Tag seine Einstiege und positioniert sich dementsprechend neu. Trade Nummer 13 und 14 entwickeln sich von Anfang an positiv und drei Tage später hat er mit diesen beiden und noch drei anderen Gewinntrades die Verluste, die der Drawdown in diesem Monat angerichtet hat, fast zur Gänze wieder ausgeglichen.

Beobachtet man die Sache von einer neutralen Position, dann bestand in dieser Situation kein Grund, warum dieser Trader eine Pause hätte einlegen sollen. Er hat noch immer eine exakte Technik angewendet. Das bedeutet, seine Trades verliefen streng nach Regelwerk, und obwohl er Fehltrade um Fehltrade produzierte, waren es keine Tradingfehler, denn seine Psyche kam mit den Verlusten noch immer klar. Der Trader wusste in dieser Situation natürlich nicht, wann sich der Markt zu seinen Gunsten verändern würde und wann die Zeit für seine Methode wieder reif wäre. Er konnte es nur immer und immer wieder versuchen, jeden Tag aufs Neue, so lange, bis es wieder klappte. Daher sprach in diesem Fall gar nichts für eine Tradingpause. Im Gegenteil, wie wir sehen konnten, tat dieser Trader gut daran dranzubleiben, da er sonst die Marktumkehr in die für sein System passende Phase hätte versäumen können.

2.10.2 Der unreife Trader

Als Nächsten betrachten wir einen noch eher unreifen Trader, der sein System vor kurzem gefunden hat und damit erste Erfolge vorweisen kann, in einer ähnlichen Situation. Von einem Tag auf den anderen ändert sich der Markt und sein System beginnt, einen Fehltrade nach dem anderen zu produzieren. Derzeit steht dieser Trader bei Fehltrade Nummer zehn in Serie. Eben wurde er wieder ausgestoppt und das ärgert ihn. Er ist sich keiner Schuld bewusst, seine Technik ist sauber, und er versteht nicht, was hier falsch läuft. Er versteht es deswegen nicht, weil er so eine Phase bisher noch nicht erlebt hat. Doch er will dranbleiben und steigt in Trade Nummer elf ein. Er beginnt, die Position ständig zu beobachten und den Ticker zu beschwören. Das Glück scheint ihn verlassen zu haben. Auch Trade elf läuft schief, und langsam wird er richtig sauer. Kochend vor Wut beschließt er, sich mit Trade zwölf alles zurückzuholen. Er denkt, dass nach elf Verlusten in Serie der nächste Trade ein Gewinner werden »muss«. Er verdreifacht daher im zwölften Anlauf seinen Einsatz, aber auch dieser Trade wendet sich gegen ihn, und die Position rutscht ins Minus.

Da er einen zwölften Fehltrade in Folge nicht mehr ertragen kann, löscht er seinen vorher platzierten Stopp und hofft, dass die Position noch dreht. Doch die Aktie fällt immer tiefer und sein Verlust wird immer größer. Der Trader sieht diesem Treiben fassungslos so lange zu, bis er das Leid nicht mehr erträgt, aus seiner Lethargie erwacht und sich aufrafft, die Position mit einem satten Verlust glattzustellen. Wie sieht es Ihrer Meinung nach bei diesem Trader mit einer Pause aus?

Natürlich ist dieser Trader gut damit beraten, sich eine Auszeit von den Märkten zu gönnen, denn er ist angeschossen wie ein wildes Tier und agiert vollkommen kopflos. Wenn er sich nicht selber stoppt, schadet er sich mit seinem Verhalten nur noch mehr. Seine Psyche kann mit dieser Verluststrecke nicht umgehen, und er kann diese Situation nicht verkraften. Dieser Trader sollte unbedingt für ein oder zwei Wochen den Märkten den Rücken kehren und sich anderen Interessen widmen, um den Kopf wieder frei zu bekommen. Gerade Anfängern oder leicht fortgeschrittenen Tradern fällt es besonders schwer, nach einer Serie von Fehltrades auch noch den nächsten Trade sauber auszuführen.

Anmerkung

Umgekehrt verhält es sich genauso: Unerfahrene Trader tun gut daran, nach einem besonders positiven Trade mit einem hohen Vielfachen genau darauf zu achten, dass die folgenden Trades sauber ausgeführt werden. In der Euphorie über den hohen Gewinn vergessen sie oft ihre Regeln, werden leichtsinnig und überschätzen sich. Bitte versuchen Sie, nach einem besonders großen Gewinntrade sich für die nächsten Trades noch exakter als davor an Ihr Regelwerk zu halten. Eröffnen Sie an diesem Tag am besten überhaupt keine neuen Positionen mehr, sondern fahren Sie den Rechner herunter und genießen Sie den gemachten Profit. Beobachten Sie sich in einer solchen Situation genau; es könnte sein, dass Sie der Gewinn »high« gemacht hat!

2.11   Der Tradingroom

Welche Fragen muss ich mir unter anderem selbst stellen?

- → Fühle ich mich an meinem Arbeitsplatz (Tradingroom) wohl?
- → Ist es gewährleistet, in Ruhe arbeiten zu können?
- → Wie sind die Licht und Luftverhältnisse in diesem Raum?
- → Ist meine Sitzgelegenheit bequem?
- → Welches technische Equipment brauche ich (PC, Laptop, Bildschirmgröße etc.)?

An dieser Stelle sollen auch ein paar Worte zu Ihrem Arbeitsplatz gesagt werden. Der Trader verbringt, je nach Technik, sehr viel Zeit vor seinem Computer und daher muss er danach trachten, sich dort wohl zu fühlen und in Ruhe arbeiten zu können. Dazu gehört, dass der Arbeitsplatz oder »Tradingroom« etwas abgeschieden von den anderen Räumen liegt. Im Idealfall sollte es sich um ein eigenes Zimmer handeln, bei dem die Tür geschlossen werden kann, wenn es in der übrigen Wohnung einmal etwas lauter wird. Ich kenne Trader, die ihren Schreibtisch aus Platzgründen im Wohnzimmer stehen haben. Sie handeln dann im Minutenchart, während die Kinder hinter ihnen herumtollen oder mit irrer Lautstärke Zeichentrickserien im Fernsehen ansehen. Dass dies nicht der ideale Arbeitsplatz, nicht die ideale Umgebung zum Trading ist, leuchtet ein. Ein Trader muss sich konzentrieren können, braucht Ruhe, muss nachdenken und unter Umständen schnelle Entscheidungen treffen. Er kann es sich nicht leisten, abgelenkt zu werden, denn eine Sekunde Unaufmerksamkeit kann den Verlust von viel Geld bedeuten. Lassen Sie es nicht so weit kommen!

Sitzen Sie gut? Diese Frage wird oft heruntergespielt oder belächelt, wenn ich sie anderen Tradern stelle. Wenn Sie jedoch sechs Stunden am Tag traden und einen unergonomischen Bürostuhl verwenden, kann sich das negativ auf Ihre Performance (und auf Ihre Bandscheiben) auswirken. Das »Sitzen« ist wirklich harte Arbeit und unserer Gesundheit keineswegs dienlich. Machen Sie es sich nicht noch schwerer, als es ohnehin schon ist. Kaufen Sie sich eine gute Sitzgelegenheit. Geben Sie ruhig etwas mehr aus, und sparen Sie an anderer Stelle. Ihr Rücken wird es Ihnen auf Dauer danken.

Können Sie die Charts deutlich erkennen? Die Wahl des geeigneten Monitors für das Charting ist nicht zu vernachlässigen. Sie brauchen nicht drei 26-Zoll-Bildschirme auf Ihrem Schreibtisch; wenn Sie aber einen alten 15-Zoll-Röhrenmonitor verwenden, dessen Bild bereits einen gewissen »Retro-Look« hat, werden Sie sich schwertun, die Farben der Kerzen beziehungsweise den Chart selbst zu erkennen. Investieren Sie in so einem Fall in einen vernünftigen neuen Flachbildschirm, denn diese Geräte sind heute nicht mehr teuer. Sie haben erstens mehr Platz auf Ihrem Schreibtisch und zweitens werden Sie die Charts besser erkennen können. Ich schlage dem angehenden Trader einen 22- oder 24-Zoll-Bildschirm vor – und zwar wirklich nur einen! Das sollte für den Anfang mehr als ausreichend sein.

Wie sind die Lichtverhältnisse in Ihrem Tradingroom? Ihre Augen sind Ihr wichtigstes Sinnesorgan. Das gilt nicht nur für das Trading. Neben einem geeigneten Monitor brauchen Sie gute Lichtverhältnisse, um die oft sehr kleinen Chartbilder erkennen zu können. Hat der Raum darüber hinaus ein Fenster, wo Sie Frischluft zuführen können? Verbrauchte Luft macht müde. Beim Trading kann jede Minute oder Sekunde entscheiden. Sie müssen immer hellwach sein, den ganzen langen Handelstag lang.

2.12   Der Katastrophenplan

Welche Fragen muss ich mir unter anderem selbst stellen?

→   Wie gehe ich mit außergewöhnlichen, exogenen Ereignissen um?
→   Wie manage ich eine Position, die voraussichtlich mit einem riesigen Gap gegen mich eröffnen wird?

→ Verfüge ich über ein Computer-Zweitgerät?
→ Habe ich ein zweites, unabhängiges Internet zur Verfügung
→ Ist die Telefonnummer des Brokers griffbereit?

Sie nehmen die Sache wirklich ernst und beherzigen alles, was bisher in diesem Buch geraten wurde. Sie machen Ihre Hausaufgaben und entwickeln ein perfektes System, bereiten sich gewissenhaft auf den Handelstag vor und wenden striktes Money Management an. Trotzdem lässt sich absolute Sicherheit und Gewissheit auch dadurch nicht erlangen, denn ein Restrisiko bleibt immer erhalten. Denken Sie an eine Aktie wie »Bear Stearns«. Was tun Sie, wenn Sie diesen Wert Mitte März 2008 auf der »Long«-Seite gehalten haben? Für alle Trader, denen »Bear Stearns« nichts sagt: Bei dieser Aktie handelte es sich um eine renommierte US-Bank, die im Zuge der Kreditkrise in den USA zusammengebrochen war. Die Aktie fiel innerhalb eines Monats von 90 Dollar auf 4 Dollar. An einem einzigen Tag fiel der Wert um circa 48% und am Tag darauf mit einem großen Gap um circa weitere 84%. Was tun Sie, wenn so eine Katastrophe zuschlägt? Sind Sie auf so etwas vorbereitet, haben Sie eine Exit-Strategie? Wie schaffen Sie es in einer ähnlichen Situation, die Verluste noch einigermaßen zu begrenzen? Bei »Bear Stearns« war jeglicher Versuch der Verlustbegrenzung wohl vergeblich, es kann aber Situationen geben, wo man noch etwas retten kann. Darauf müssen Sie vorbereitet sein und einen Plan entwickeln.

Was hätten Sie getan, wenn Sie um den 11. September 2001 herum »long« gewesen wären? Wie viel Zeit hätten Sie zum Reagieren gehabt und wie hätten Sie reagiert? Es muss gar nicht eine weltbewegende Katastrophe sein, die zuschlägt. Was machen Sie, wenn Ihr Computer den Geist aufgibt oder Ihr Internet sich plötzlich verabschiedet? Haben Sie einen »Plan B«? Haben Sie ein Ersatzgerät, auf das Sie ausweichen können? Wie gehen Sie damit um, wenn Sie eine Position eröffnen und Ihr Computer danach abstürzt und nichts mehr geht? Wie kommen Sie aus dieser Situation wieder heil heraus? Haben Sie ein zweites, unabhängiges mobiles Internet und einen Laptop als Ersatz? Je nach Handelsansatz müssen Sie darüber nachdenken, sich solche Hilfsmittel zuzulegen. Wie reagieren Sie, wenn Sie sich in Ihre Handelsplattform nicht mehr einloggen können? Haben Sie Ihr Handy oder Festnetztelefon zur Hand? Die Nummer Ihres Brokers ist hoffentlich eingespeichert oder zumindest griffbereit. Verstehen Sie, worauf ich hinaus will? Sie müssen einfach auf alles vorbereitet sein und die entsprechenden Vorkehrungen treffen.

Ihr »Überleben« als Trader kann davon abhängen, wie Sie in Extremsituationen reagieren.

Exkurs – Datensicherung

Aus eigener Erfahrung kann der Autor sagen, dass Sie gut daran tun, wenn Sie in regelmäßigen Abständen Ihre Tradingdaten sichern. Als Trader betreiben Sie ein Business und es wurde ein Datenbestand von Ihnen aufgebaut, den es zu schützen gilt. Zu diesem Zweck sollte sich der Trader eine externe Festplatte oder ein anderes unabhängiges Speichermedium zulegen. Im Idealfall kann diese externe Speicherquelle sogar ausgelagert werden. Ausgelagert bedeutet, die Festplatte wird nicht neben dem PC, sondern in einem anderen Raum oder im besten Fall an einer anderen Adresse aufbewahrt. Bitte nehmen Sie diese Ratschläge ernst. Es ist für einen Trader ärgerlich, wenn die Daten zu seinen letzten 2.428 Trades mit einem Schlag aufgrund eines Festplattencrashs vernichtet sind. Gewöhnen Sie sich an, diese Sicherungen an einem bestimmten Tag zumindest einmal in der Woche durchzuführen. Es wird die Situation kommen, wo Sie froh sind, alle Daten auf einem separaten Medium zur Verfügung zu haben. Es ist nur eine Frage der Zeit.

2.13   Aus- und Weiterbildung

Welche Fragen muss ich mir unter anderem selbst stellen?

→   Wie bilde ich mich als Trader weiter?
→   Möchte ich professionelle Aus- und Weiterbildungsangebote wahrnehmen?
→   Wie hoch ist der Betrag, den ich dafür im Jahr budgetieren möchte?
→   Wie erkenne ich seriöse Angebote?

Den »Beruf Trader« kann man in unserer Gesellschaft »regulär« nicht erlernen. Das bedeutet, jeder Mensch der sich in die Materie einarbeiten möchte, hat diese Aufgabe vorerst allein zu bewältigen. Nachdem nun einige Fachbücher gewälzt wurden, stößt der Trader irgendwann auf diverse Aus- und Weiterbildungsangebote. Das kann über das Internet geschehen, über manchen Buchverlag oder über ein Börsenmagazin. Auch die Broker selbst oder andere Institutionen bieten zahlreiche Veranstaltungen an und so sagt sich der Auszubildende, dass die Verluste der letzten Monate hoch genug seien und er sich endlich eine vernünftige Aus- und Weiterbildung gönnen möchte.

Da es für den Begriff »vernünftig« mangels genormter Richtlinien keine Definition gibt, muss der Trader sehr aufpassen, nicht an die gefürchteten »schwarze Schafe« zu geraten. Für den Interessenten ist guter Rat jedoch teuer. Wie kann er die Spreu vom Weizen trennen? Wie entlarvt man »Möchtegern-Gurus« oder andere Scharlatane und wie findet man im Gegenzug vernünftige Ausbildungsmöglichkeiten?

Am ehesten ist es hier ratsam, auf seinen gesunden Menschenverstand zu achten. Markenzeichen von »Scharlatanen« sind entweder unseriöse Versprechungen im Hinblick auf die garantierte Höhe der Gewinne, die sie ihren Klienten voraussagen, sowie besonders aggressive Werbesprüche und -methoden. Auch der Faktor »Zeit« spielt bei diesen unseriösen Angeboten eine Rolle. Wenn ein Anbieter den Interessenten in einem Seminar ernsthaft vorgaukeln möchte, er könne ihm und 22 anderen Teilnehmern in kürzester Zeit das Trading beibringen, ihn »sofort erfolgreich machen«, wie man oft liest, dann benutzen Sie bitte Ihren Verstand und seien Sie skeptisch. Nicht nur, dass dem Trader mit Veranstaltungen dieser Art die Zeit und das Geld gestohlen wird, nein, er wird sogar geistige Wunden davontragen. Da diese Referenten den Kunden mit geschönten Wahrheiten vollstopfen und gleichzeitig unseriöse Versprechungen hinsichtlich der möglichen Rendite machen, entsteht beim Klienten ein Trugbild, das er nur schwer wieder loswird. Vom angehenden Trader werden bei diesen Veranstaltungen Verhaltensmuster und Erwartungshaltungen verinnerlicht, die dem Fortschritt abträglich sind. Trading wird als kinderleicht präsentiert und der angehende Trader glaubt, er müsse das herumliegende Geld bloß noch einsammeln.

Natürlich gibt es zahlreiche seriöse Institute und Trainer, die sich wirklich um das Wohl ihrer Kunden bemühen, und es spricht nichts dagegen, diese vernünftigen Ausbildungsangebote anzunehmen. Das Problem dabei ist nur, dass die meisten angehenden Trader mit einer falschen Erwartungshaltung zu so einem Event kommen. Ich stelle oft fest, dass viele Seminarteilnehmer nicht einmal ein grundlegendes Marktverständnis entwickelt haben, aber erwarten, dass ich sie in diesem Seminar nun endlich »erfolgreich« machen würde. Doch da gibt es mehrere Probleme, die auf Trainer und Klienten zukommen. Da haben wir als Erstes wieder den Faktor »Zeit«, denn so wie Sie Tennisspielen nicht an einem Nachmittag erlernen können, geht das auch nicht beim Trading. Selbst bei einem guten Workshop wird kein Referent der Welt es schaffen, dem Trader in einer Tagesveranstaltung die richtige Einstellung zu vermitteln, auf die es beim Trading ankommt. Natürlich ist ein Tag viel Zeit, um den Seminarteilnehmer mit dem nötigen Fachwissen zu versorgen, doch liegt ein bisheriges Ausbleiben des Erfolgs beim Klienten meist nicht in einem diesbezüglichen Mangel begründet.

Das zweite Problem reiht sich gleich daran: Der Focus beim Erlernen des Tradings liegt eindeutig in der Praxis. Sogar in ein- oder zweiwöchigen Veranstaltungen, die oft in ausgezeichneter Qualität angeboten werden, kann der Trader nur die ersten Schritte einer langen Reise unternehmen. In guten Seminaren bekommt er das Kartenmaterial und die Ausrüstung übergeben. Er erhält weiterhin ein paar Tipps, was die mögliche Routenwahl betrifft, und Hinweise zu seinem Weg, doch die vorgeschlagene Route ist nur ein Weg zum Ziel. Oft ist dem Aspiranten das Ziel noch gar nicht bekannt, weil er sich über dessen Wichtigkeit noch nicht im Klaren ist. Am liebsten wäre ihm, wenn auch das Ziel vom Trainer vorgegeben würde (»Wie viel kann ich mit Ihrer Methode verdienen?«…). Doch so funktioniert das nicht! Mancher Trader geht so mit einer guten Grundausbildung, mit perfekter Ausrüstung und viel theoretischem Wissen auf den langen, weiten Weg und weiß gar nicht, wohin ihn dieser führen wird. Viele haben nicht einmal eine Vorstellung davon, ob sie überhaupt dazu bereit sind, diese lange Reise anzutreten. Sie stehen am Start, sehen, wie die Anderen losziehen, und sind sich unschlüssig, was sie tun sollen.

Vergessen Sie nicht, Trading ist aus mentaler Sicht eines der schwierigsten Geschäfte dieser Welt, und es nimmt niemand Rücksicht auf Sie als Neuling. Sie haben keine Schonfrist von einem halben Jahr oder Jahr, ab der ersten Sekunde werden von Ihnen Spitzenleistungen verlangt. Es gibt keine Entschuldigungen und keine Ausreden. Sie sind auf sich allein gestellt und niemand beschützt Sie. Sie müssen den Berg allein bezwingen. Informieren Sie sich vorher über das Gelände und das Wetter, und nehmen Sie gute Ausrüstung mit. Sie werden sie brauchen.

Teil II
Börsenpsychologie

Einleitung

Wie Sie bereits gehört haben, hat den größten Anteil am Börsenerfolg die psychologische Komponente, im Fachjargon »Behavioural Finance« genannt. Da haben wir jedoch schon die Crux. Obwohl es das mit Abstand wichtigste Thema ist, gibt es trotzdem sehr wenig gute Literatur darüber, und diejenigen Inhalte die es gibt, sind meist nicht zu gebrauchen. Da werden dann Phrasen wie »Gewinne laufen lassen und Verluste begrenzen« gedroschen, und »Der Trend ist dein Freund« oder »Greife nie in ein fallendes Messer« – ohne auf die mentale Seite des Tradings zu achten, die hinter diesen Sätzen verborgen liegt. Oft wird versäumt aufzuzeigen, wie diese Fehler überhaupt entstehen und durch welche falschen Glaubenssätze oder genetischen Veranlagungen des Menschen sie bedingt sind. Adam Smith alias George Goodman, ein bekannter amerikanischer Finanzmanager und Autor, hat folgenden interessanten Satz gesagt:

»Wenn Sie sich selbst nicht kennen,
ist Wall Street ein teurer Ort, um es herauszufinden!«

Dieser Gedanke wird uns durch das gesamte Kapitel begleiten. Viele Trader, die noch nicht erfolgreich sind, haben den »Heiligen Gral« in Wahrheit schon längst gefunden. Sie wissen es bloß noch nicht oder erkennen ihn nicht als solchen, obwohl er genau vor ihrer Nase steht. Versuchen wir daher, ihn in den nächsten Abschnitten gemeinsam sichtbar zu machen.

1   Worauf es beim Trading nicht ankommt

1.1   Anzahl der gelesenen Börsenbücher (Fachwissen)

Vor ein paar Jahren sagte meine Freundin an einem Samstagmorgen zu mir »Du liest in letzter Zeit gar keine Börsenbücher mehr!« Samstags bleiben wir meist ein wenig länger liegen und lesen gerne vor dem Aufstehen. Sie liest gerne Belletristik und ich meist Börsenliteratur. Ich entgegnete: »Ich brauche keine Börsenbücher mehr zu lesen, ich weiß schon alles, was da drinsteht. Zumindest war das bei den letzten fünf Büchern so.« Sie nahm meine Antwort unkommentiert zur Kenntnis und widmete sich wieder ihrem Buch, doch ich selbst war über meine eigene Aussage sehr erstaunt. War ich nun schon abgehoben? Was hieß, ich könne nichts mehr lernen? Man lernt nie aus – so lautet doch eine alte Redewendung, und jetzt behauptete ich, ich bräuchte keine Börsenbücher mehr zu lesen und ich wüsste schon alles. Das klang für mich irgendwie überheblich, doch je mehr ich darüber nachdachte, desto klarer wurde mir, dass ich nicht übertrieben hatte. Ich habe in meinem Leben schon so viele Börsenbücher gelesen und je mehr ich davon verschlang, desto weniger Neues konnte ich lernen. Natürlich war ein Wiederholungseffekt dem Lernfortschritt nicht abträglich, aber dafür musste man nur die alten Bücher wieder hervorholen. Da brauchte man keine neuen kaufen. Schade ums Geld und vor allem schade um die verschwendete Zeit.

Mit den heutigen Möglichkeiten können auch Kleinanleger wie Sie und ich alles handeln, wofür es einen Markt gibt. Egal, ob es Aktien, Schweinebäuche, Zinsen oder der Dollar sein soll. Deswegen gibt es auch für jedes Finanzinstrument Fachliteratur en masse zu erwerben. Natürlich haben alle Märkte ihre Besonderheiten, im Wesen sind sie jedoch alle gleich, denn es gilt überall das Gesetz von Angebot und Nachfrage. Egal, wofür sich der Trader entscheidet und welche Werte er auch handeln möchte, das zu lernende Wissen, das er für korrektes Trading benötigt, ist begrenzt. Wenn er zum Beispiel mit Ausbrüchen arbeitet, ist das kein wirklich schwer zu verstehendes Konzept und in allen Märkten in einer ähnlichen Form umzusetzen. Dieses Prinzip kann man einem 12-jährigen Kind in längstens fünf Minuten erklären, und ein Trader kann mit dieser Methode durchaus erfolgreich sein.

Natürlich sind die Finanzmärkte sehr komplex, und das bestreitet auch niemand. Das bedeutet aber nicht, dass Trading eine Geheimwissenschaft wäre, auch wenn das von manchen Systemtradern gerne behauptet wird. Betrachten wir ein einfaches Hilfsmittel der Technischen Analyse: Unterstützung und Widerstand. Hier ist das Regelwerk so simpel, dass viele nicht daran glauben wollen. Wir wollen es deswegen nicht glauben, weil wir Parallelen zu unserer Gesellschaft ziehen. Die Sache muss einen »Haken« haben. Erfolg kann doch nicht leicht sein, weder im Leben noch an der Börse. Erfolg bedeutet im Alltag jede Menge Fachwissen und harte Arbeit, und Erfolg hat nach unserer Weltanschauung »kompliziert« und »mühsam« zu sein. So lernen wir es von klein auf und so wollen wir es bestätigt wissen.

Wenn Sie heute beschließen, einen anspruchsvollen Beruf ausüben zu wollen, müssen Sie viel Fachwissen in sich aufnehmen. Wollen Sie Arzt oder Anwalt werden, müssen Sie ein Studium ablegen, und wenn Sie dann unzählige Fachbücher gelesen, zahlreiche Prüfungen bestanden und einige Jahre Ihres Lebens geopfert haben, haben Sie es wirklich geschafft. Sie können einen akademischen Abschluss vorweisen und Ihrer Leidenschaft nachgehen, den Menschen zu helfen. Doch dann geht es mit der Ausbildung erst richtig los, denn der Fortschritt ist enorm. Wenn Sie nicht ständig dazulernen, werden Sie irgendwann keine Kunden mehr haben, denn Sie müssen up to date sein, um mithalten zu können.

Wollen Sie das Trading erlernen, funktioniert dieser Prozess ganz anders. Natürlich brauchen Sie ein gewisses Maß an Fachwissen. Sie müssen wissen, wie die Kursbildung funktioniert, Sie sollten einen Chart lesen können, brauchen Kenntnisse zum Thema Money Management und sollten ein wenig über Controlling und Statistik Bescheid wissen. Außerdem wäre ein gewisses Grundwissen über das gehandelte Underlying auch nicht schlecht, denn wenn Sie zum Beispiel Aktien handeln möchten, müssen Sie wissen, was eine Aktie überhaupt ist und welche Ereignisse für die Bewegung einer Aktie relevant sein könnten.

Aber kommen wir zurück zur Tradingliteratur und dem darin beschriebenen, vermeintlich so essenziellen, hochkomplexen Fachwissen. Weil einfache Einstiege nicht funktionieren dürfen, suchen wir uns komplexere und weil die Nachfrage nach komplexen Handelssystemen immer größer wird, lebt davon heute eine ganze Industrie. Eine Unterstützungslinie allein kann nicht genug sein, da braucht der Trader zusätzlich die 200-Tages-Linie und eine 30-Tages-Linie, die diese dann durchkreuzt. Am besten von unten nach oben in einem ungefähren Winkel von 45 bis 55 Grad. Dann packen wir noch rasch einen Oszillator dazu und suchen noch nach einer Divergenz beim MACD und dann eröffnen wir die Position, wenn gleichzeitig noch im Radio unser Lieblingslied läuft. Das war jetzt natürlich besonders zynisch, doch hier wurde bewusst übertrieben, um Ihnen die Ironie zu zeigen, in der viele Trader gefangen sind.

Geschickte Menschen nutzen das aus und gaukeln diesen suchenden Tradern Kompetenz vor, indem sie die unterschiedlichsten, komplexesten Tradingsysteme entwickeln und verkaufen. Je komplizierter es klingt, desto besser wirkt das System auf den Laien, und er vermutet dahinter das gelobte Land. Mit diesen Systemen kann man wunderbar Bücher verkaufen und Vorträge halten. Man ist sich der Achtung des »gemeinen Fußvolkes« sicher, schreibt Autogramme und kann Auftritte als Guru in diversen Börsenshows im Fernsehen absolvieren, um so im Gespräch zu bleiben.

Leider schaffen diese Leute mit diesen Systemen aber nur noch mehr Verwirrung und noch mehr Unsicherheit, weil die versprochenen Resultate mangels flankierender Maßnahmen vom angehenden Trader nicht zu erreichen sind. Damit Sie mich nicht falsch verstehen: Ich will nicht sagen, dass diese komplizierten Systeme alle nicht funktionieren würden. Es ist jedoch eine Tatsache, dass es sehr viele Methoden gibt, die künstlich aufgeblasen werden und dass der Anfänger sich allzu leicht damit über den Tisch ziehen lässt. Sie können heute mit jedem Einstieg erfolgreich traden. Das liegt nicht daran, dass das Signal so perfekt ist, sondern dass Ihr Money- und Risikomanagement in Ordnung ist und Sie sich selbst unter Kontrolle haben.

Conclusio »Fachwissen«

In unserer modernen Gesellschaft sind einfache Lösungen nicht mehr gefragt. Alles, was nicht kompliziert ist, wird angezweifelt oder lächerlich gemacht. Der Trader kauft sich ein Buch über Technische Analyse und findet dort eine Einstiegsregel, die er ausprobieren möchte. Er eröffnet nach dieser Regel eine Position, doch der Trade läuft gegen ihn. Deswegen denkt der Trader, das Signal funktioniere nicht, und sucht sofort nach einem neuen Einstieg, einer besseren Regel. Mit diesem neuen Einstieg klappt dann der erste Trade sogar und der Trader ist zufrieden. Der zweite Trade nach der gleichen Regel funktioniert leider wieder nicht und so befindet er auch diesen Einstieg für nutzlos.

So springt er von Methode zu Methode, ohne ihr eine echte Chance zu geben, einen positiven Erwartungswert zu entwickeln. Er wechselt ständig das Regelwerk, ohne es wirklich zu verstehen. Das Wissen vieler Trader geht so immer mehr in die Breite anstatt in die Tiefe. Anstatt sich mit einer oder zwei Regeln wirklich vertraut zu machen, sie wirklich bis in den letzten Winkel zu verstehen, eilt der Anfänger von Methode zu Methode. Dabei fehlt dem angehenden Trader oft nur die Courage, wirklich sein Gehirn zu verwenden und etwas von Anfang bis Ende zu durchdenken, denn mit dieser Hast erreicht er gar nichts. Wenn Sie sich daher in den obigen Zeilen wiederfinden, halten Sie inne und verstehen Sie ein Regelwerk zur Gänze. Verinnerlichen Sie jedes Detail und passen Sie Feinheiten an Ihre Persönlichkeit an. So sieht der Erfolg aus und nur so kann es funktionieren.

1.2 Art der beruflichen Ausbildung (Status)

Manche Menschen glauben, weil sie in ihrem Job erfolgreich sind, sei es an der Börse nur noch ein Kinderspiel: »Wenn ich es schaffe, ein Unternehmen mit 50 Angestellten zu leiten, dann kann ich doch leicht ein erfolgreicher Trader werden, denn ich muss doch nur billig Aktien kaufen und später teurer verkaufen. Das steht so in jedem Börsenbuch und das schaffe ich auch.« Solche Gedanken haben manche von Ihnen sicher schon gehabt – so einfach ist das aber leider nicht. Die Eigenschaften, die Sie in Ihrem Berufsleben dorthin gebracht haben, wo Sie heute stehen, sind an der Börse größtenteils wertlos. Nicht alle, aber viele davon, und daher müssen Sie fast wieder bei null beginnen.

Beispielsweise verdient man in einem Business Geld meist damit, dass man etwas »tut« – mit einer bestimmten Handlung, mit Aktion. An der Börse verdient der Trader sein Geld jedoch mit »Warten« und mit Geduld. Ein Beispiel: Einen Trend laufen zu lassen, ist eine Kunst, die nicht jeder beherrscht, und bei diesem Ansatz gibt es für einen Trader oft tagelang nichts zu tun, außer abzuwarten.

Das leitet uns zu der folgenden essenziellen Aussage über, die eine wesentliche Erkenntnis des Tradings beschreibt:

Haben Sie Ihren Einsatz geleistet und sind in einen Trade eingestiegen, können Sie nichts mehr tun, um diesen zu beeinflussen.

Sie können den Trade nicht mehr beeinflussen und auch Warren Buffett könnte es nicht. Obwohl er natürlich kein Trader in unserem Sinne ist, sondern Investor. Trotzdem gelten für ihn die gleichen Regeln wie für uns, denn an der Börse sind alle Menschen gleich. Die Börse bevorzugt niemanden, sie hat weder Angst vor einer üblen Nachrede noch vor Macht- und Staralllüren.

Gerade Promis werden leicht Opfer von falschen Spekulationsentscheidungen, die sie ein Vermögen kosten. Diese Leute sind es nicht mehr gewohnt, in einer wirklich gerechten Umgebung zu agieren. Wenn man erst einen Namen in unserer Gesellschaft hat, geht doch alles leichter. Im Restaurant bekommt man einen besseren Tisch, ein Polizist drückt bei seinem Sportidol ein Auge wegen Schnellfahrens zu und in der Boutique ist ein Verkäufer nur für den Promi abgestellt. Alle liegen einem zu Füßen und man verliert den Sinn für die Realität. Da muss man gar kein Superstar sein. Es genügt schon, wenn der Chef eines Kleinbetriebes um die Ecke, der einen Mercedes fährt und ein dickes Bankkonto hat, nebenbei ein bisschen traden möchte.

Diese Menschen können mangels ehrlichen Feedbacks gar nicht mehr abschätzen, ob sie sich angebracht verhalten oder nicht. Wer sagt schon gerne seinem Chef ins Gesicht, dass er einen Fehler gemacht hat? Wer weist den Abteilungsleiter auf seine Schlampigkeit hin und sagt ihm, dass der ganze Bereich unter seiner Schwäche leidet und er sich doch bitte am Riemen reißen soll? Auch Manager, Politiker und Prominente müssen in den meisten Fällen ohne echtes Feedback ihrer Umgebung leben und weichen daher immer mehr auf Berater und Coachs aus, die diese Lücke füllen. Die meisten Trader engagieren jedoch keine Coachs, weil sie über die Wichtigkeit dieser Beratung nicht Bescheid wissen oder weil sie das Geld dafür nicht aufbringen möchten. Mit diesem Buch besteht für jeden Leser, unabhängig von seinem Geldbeutel und Status die Möglichkeit, sich bis zu einem gewissen Grad selbst zu coachen. Bitte nutzen Sie diesen Teil des Buches daher auch entsprechend.

1.3   Höhe des Intelligenzquotienten

Sie glauben, Sie seien nicht schlau genug für die Börsen? Das ist Ihnen alles zu hoch, denn Sie verstehen die ganzen Indikatoren nicht, und auch vor Tradingsystemen haben Sie generell einen Horror? Trösten Sie sich! Manchmal könnte man meinen, je weniger intelligent man ist, desto besser ist es für den Börsenerfolg. Altmeister Kostolany hat schon in einer seiner köstlichen Anekdoten erzählt, dass man früher in einer Familie mit mehreren Kindern die Gescheitesten an die Universitäten schickte, damit sie Arzt oder Anwalt wurden. Die sogenannten »schwarzen Schafe« schickte man an die Börse, wo sie Spekulant wurden, und diese Geschichte hat auf jeden Fall einen wahren Kern.

Sie werden jetzt fragen, was man können oder wissen muss, um an der Börse erfolgreich zu sein. Sie sollten in jedem Fall lesen und schreiben können. Spaß beiseite! Ein wenig Grundrechnen wäre angebracht. Einfache Prozentrechnungen im Kopf lösen zu können, ist ebenfalls nicht abträglich, und eine leichte Zahlenaffinität tut Ihnen als Trader gut. Schließlich sollten Sie noch Computerkenntnisse besitzen. Aber hier reichen die normalen Kenntnisse eines durchschnittlichen Anwenders aus. Sie müssen weder Programmierer noch EDV-Freak sein.

Das war es dann schon, mehr fällt mir nicht mehr ein. Weder zum Investieren noch zum Traden brauchen Sie einen hohen Intelligenzquotienten. Beim Investieren braucht man in erster Linie gesunden Menschenverstand und viel Geduld, beim Trading benötigt man strategisches Verständnis und vor allem ein paar bestimmte Charaktereigenschaften. Wenn es sich anders verhalten würde, wären alle intelligenten Menschen steinreich, was aber nicht der Fall ist. Im Gegenteil, es gibt hochintelligente Menschen, die so wenig verdienen, dass sie gerade so über die Runden kommen. Weil sie eben nur in einer Richtung intelligent agieren. Meist in ihrem abgesteckten Wissensgebiet.

Außerdem verleitet das Herdenverhalten der Menschen auch die Intelligentesten von uns dazu, Entscheidungen zu treffen, die fern jeder Logik sind, denn auch kluge Menschen können sich diesen Massenhysterien offenbar nicht entziehen. Stellvertretend sei die Börsenblase im Jahr 2000 angeführt oder die jüngsten Entwicklungen bei manchen Rohstoffen. Auch die Kurseinbrüche des Herbstes 2008 sind in diese Kategorie einzuordnen. Solch irrationales Verhalten tritt im Laufe der Geschichte immer wieder auf, denn die Menschheit ist nur bedingt lernfähig und macht im Prinzip immer wieder die gleichen Fehler. Auch für das einzelne Individuum hat diese Aussage Gültigkeit. Diese Fehler sind nur meist ein wenig anders verkleidet und von den Menschen daher nicht rechtzeitig wiederzuerkennen.

Leider bewahrt Sie daher auch übermäßige Intelligenz nicht vor diesen Fehlern. Im Jahr 1720 wurde zum Beispiel Sir Isaac Newton durch einen Börsencrash schwer angeschlagen und sagte seinen berühmten Satz: »Ich kann die Bahnen der Sterne genau berechnen, doch ich bin nicht in der Lage, das verrückte Verhalten der Menschen vorherzusehen.« In den 50er Jahren dachte der später berühmt gewordene Wissenschaftler Harry M. Markowitz über seine eigene Pensionsvorsorge nach. Er war Experte für lineare Programmierung und ein Profi darin, mit – drücken wir es vereinfacht aus – Portfoliogewichtungen zu arbeiten. Im Jahr 1990 erhielt Markowitz sogar den Wirtschaftsnobelpreis für seine Theorie, und er ist seitdem in der ganzen Finanzbranche bekannt und geschätzt. Trotzdem hatte er damals Angst, die Hausse am Aktienmarkt zu versäumen, und obwohl seine Berechnungen ganz andere Werte ergaben, entschied er sich, sein zur Verfügung stehendes Kapital jeweils zur Hälfte in Aktien und Anleihen aufzuteilen. Er versäumte es also, seine Theorie, die ihm immerhin den Nobelpreis eingebracht hatte, in die Praxis umzusetzen. Aus Angst und Gier! Und wenn es Markowitz schon nicht geschafft hat, wie schwer muss sich »Otto Normalverbraucher« dann tun, der vielleicht erst wenig Erfahrung hat und daher immer auf der Suche nach jemandem ist, der ihm sagt, was er tun soll?

Jeder weiß, an der Börse soll man billig kaufen und teuer verkaufen, und meist kaufen wir teuer und verkaufen billig. Eine Überschrift auf der Titelseite des Wirtschaftsteils einer großen österreichischen Tageszeitung vom 02.04.2008, lautete: »Auch Fonds im Bann der Krise.« In diesem Artikel wird geschildert, wie Anleger infolge der Kreditkrise, die im Jahr 2007 in Amerika begann und später bis nach Europa hinüberschwappte, ihr Geld aus den Fonds massiv abgezogen hatten. Hier ging es nicht nur um das Geld aus Aktienfonds, sondern um alle Bereiche, also auch um

Anleihen- oder geldmarktnahe Fonds. In früheren Krisen, also zum Beispiel beim Platzen der »Tech-Blase 2000« oder nach den Anschlägen vom 11. September, hätten die Anleger das Geld nur aus den Aktien-Fonds genommen und auf Anleihen umgeschichtet. Aber nun sei es anders, die Anleger flüchteten scharenweise aus den verschiedensten Anlageformen und legten ihr Geld wieder auf das Sparbuch. Ist dieses Verhalten sinnvoll? Jeder kluge Investor nutzt doch solche Einbrüche für Nachkäufe. Dazu hält er etwas Pulver trocken, um es zur rechten Zeit abzufeuern. Natürlich darf man nie versuchen, das Tief zu erwischen, und um das geht es gar nicht. An den Märkten geht es darum, Entscheidungen zu treffen, ohne sich von den eigenen Emotionen verrückt machen zu lassen. Doch das ist schwieriger als man denkt, denn unser Verstand spielt uns hier gewaltige Streiche.

Unser Gehirn ist so konstruiert, dass es in erster Linie versucht, unser Überleben zu sichern. Wir denken daher nach wie vor so, wie wir es in der Steinzeit getan haben. Das bedeutet, das Gehirn versucht alles zu vermeiden, was unser Leben bedrohen könnte. Wenn es ums Geld geht, ist es für das Gehirn das Gleiche, wie wenn es um das nackte Überleben geht. Daher verhalten wir uns bei Investmententscheidungen oft unlogisch – aber menschlich und emotional. Somit ist die oben beschriebene Verhaltensweise der Leute, die in einer schwachen Marktphase ihr Geld in vermeintlich sichere Anlageformen transferieren, nur allzu gut verständlich. Hier kommt der natürliche Fluchtreflex zum Vorschein. Trotzdem ist es genau der falsche Weg, derjenige, der nicht zum Wohlstand führt. Warren Buffett hat einmal den folgenden sehr intelligenten Satz gesagt »Sie müssen mutig sein, wenn alle anderen ängstlich sind, und ängstlich sein, wenn alle anderen mutig sind.« Das trifft den Nagel auf den Kopf. Mit Intelligenz allein können Sie an den Finanzmärkten daher nicht agieren. Weder als Trader noch als Investor. Mit Bauchgefühl allein auch nicht. Was Sie brauchen, ist eine Mischung aus vielen Talenten. Einige davon nenne ich Ihnen im nächsten Hauptkapitel. Haben Sie auf jeden Fall keine Scheu vor der Börse, sondern haben Sie Mut! Für den so ersehnten Erfolg brauchen Sie weniger Wissen, als Sie glauben, doch andererseits mehr Talente, als Ihnen lieb ist.

1.4   Wissen über sämtliche Schlusskurse (Halbwissen)

»Der Dax ist gestern um mehr als 6 % gefallen, hast du das mitbekommen?«, fragte mich ein Freund ganz aufgeregt erst vor kurzem am Telefon. Da ich die letzten Tage nicht zum Traden kam, wusste ich es nicht und es war mir auch egal. Ich wimmelte ihn freundlich, aber bestimmt ab, weil ich gleich einen wichtigen Termin hatte, und ich dachte daran, dass ich früher genauso gewesen war wie er. Ich wusste alle Kennzahlen auswendig und konnte jeden Tag alle Schlusskurse meiner Depotwerte heruntersagen. Bis auf den Cent genau. Dazu kannte ich täglich alle Schlussstände der einzelnen großen Indizes und wusste genau über den Euro-Dollar-Kurs und über den Ölpreis Bescheid. Und das an wirklich jedem Tag. Damals dachte ich, dass dieses Wissen notwendig sei, um erfolgreich zu sein. Man müsse sich schließlich informieren und auf dem Laufenden halten. Da ich natürlich keine Börsensendung im Fernsehen verpasste, sah ich diese Zahlen täglich mehrmals vor meiner Nase und ich hatte dadurch das Gefühl, kompetent zu sein.

Zu diesem vermeintlichen Fachwissen gehört für viele angehende Trader auch, dass sie sämtliche Wertpapierkennnummern aller großen Aktien auswendig kennen. Doch weder dieses Wissen noch das Wissen über sämtliche Schlusskurse ist von Bedeutung. Wahrscheinlich denken diese Menschen, die Börse belohne den Tüchtigen, doch in Wirklichkeit ist sie ungerecht und denkt nicht an Ihren Fleiß. Ob Sie täglich zehn Minuten oder zehn Stunden lang Ihre Werte beobachten, ist für den Erfolg nicht entscheidend. Der Börse ist es auch egal, ob Sie die Kurse oder die Wertpapierkennnummern alle auswendig kennen. Im Prinzip schadet es natürlich nicht, doch es handelt sich um ein sehr trügerisches Wissen, das genau genommen gar kein echtes Fachwissen ist. Sie glauben, sich auszukennen, doch das ist weit gefehlt, denn diese Kenntnisse sind unnütz. Vergessen Sie den ganzen Kram und machen Sie Ihren Kopf frei für die wesentlichen Dinge, die es zu erlernen gilt, und davon kommen noch einige auf Sie zu.

1.5 Anzahl der Monitore auf dem Schreibtisch (Trading Station)

Manche Menschen könnten ohne Statussymbole nicht leben. Ob es das neue Auto ist oder Markenkleidung und Schmuck. Nur das Teuerste ist gut genug. Beim Tradingroom ist es das Gleiche. Es müssen schon mindestens drei 26-Zoll-Bildschirme der neuesten Generation sein. Dort werden dann gleichzeitig unzählige Charts beobachtet und hinter dem Trader läuft das neue, zwei Meter große Plasma-TV-Gerät mit NTV oder Bloomberg. Der Rechner ist selbstverständlich brandneu und so schnell, dass der Trader damit die NASA neidisch macht; ebenso beneidet ihn um die Grafikkarte jeder CAD-Zeichner. Auf seinem Bildschirm blinkt es grün und rot, und er fühlt sich wie in Las Vegas. Dolby Surround inklusive!

Doch weniger ist mehr. Sie brauchen als Einsteiger oder Semi-Profi keine überdimensionierte Trading Station mit drei oder mehr Bildschirmen. Ich persönlich verwende einen 22-Zoll-Monitor und einen normalen PC ohne besondere Rechenleistung. Es kann schon sein, das es Tradingmethoden gibt, die mehrere Bildschirme erfordern. Dann müssten Sie jedoch ein professioneller Trader sein, der einen hochkomplexen Ansatz fährt. Meist beobachtet jedoch der Anfänger dutzende Charts und fühlt sich wie ein Spitzentrader. Sparen Sie sich das Geld und verwenden Sie es für sinnvolle Dinge. Oder traden Sie damit, allerdings bitte mit Bedacht und Umsicht, und lesen Sie bitte zuerst dieses Buch zu Ende!

1.6   Zeitdauer, in der der Chartverlauf beobachtet wird (Chart Watching)

Ein weit verbreiteter Fehler vieler Trader ist es, den ganzen Tag vor dem Computer zu sitzen und den Chart zu beobachten. Wobei abgesehen von der verlorenen Zeit das Beobachten an sich nicht das Problem wäre. Meist bleibt es jedoch nicht beim Zusehen allein. Die daraus resultierenden Fehler werden weiter hinten noch genauer besprochen. Fakt ist, die Märkte erwarten nicht von Ihnen, dass Sie sie ständig begleiten. Der Dax kommt auch ohne Ihren Beistand ganz gut durch den Handelstag. Ihre Sorgfalt in Ehren, doch ehrlich gesagt ist es den Märkten egal, ob Sie mit jedem Kurstick mitfiebern oder nicht. Ihre Performance wird nicht darunter leiden, wenn Sie die Märkte, nachdem Sie sich positioniert und abgesichert haben, nicht gebannt verfolgen.

Man hat jedoch oft den Eindruck, dass der Trader glaubt, die Märkte erwarteten von ihm, zu jeder Zeit den Kursverlauf zu beobachten. Sogar Kurse auf dem Handy gibt es schon – in Echtzeit. In manchen Büros läuft den ganzen Tag NTV und alles starrt dauernd auf das Kursband. Sogar im U-Bahn-TV sieht man zumindest die Schlusskurse der wichtigsten Indizes – man entkommt der Maschinerie gar nicht so leicht. Lösen Sie sich bitte davon, denn Sie machen sich sonst wahnsinnig. Ihre Performance wird durch diese Abnabelung sogar steigen, glauben Sie mir.

Conclusio »Worauf es beim Trading nicht ankommt«

Der »Heilige Gral« – alle Anfänger suchen ihn beim Trading oder haben ihn gesucht. Manche wurden fündig, doch die meisten suchen ihr Leben lang ohne Erfolg. Diejenigen, die ihn gefunden haben, fanden ihn nicht durch das Suchen. So ironisch das klingt. Irgendwann zeigte sich der Gral ihnen von ganz allein. Er war immer schon da, doch sie sahen ihn nicht, weil sie ihn an Orten suchten, wo er gar nicht sein konnte. Sie suchten ihn in Büchern, im Internet oder in den Charts. In Wahrheit war er in ihnen versteckt, in ihrer Psyche, und eines Tages waren sie reif dafür, ihn zu erkennen. Meist geschieht das zu einem Zeitpunkt, da man schon fast nicht mehr daran geglaubt hätte, und ab diesem Moment wird alles schlagartig anders.

2   Erfolg im Trading – worauf es ankommt

Im vorangegangenen Kapitel fanden Sie viele Hinweise zum Thema »Was brauche ich nicht für den Börsenerfolg?«. Es war mir wichtig, zuerst herauszuarbeiten, worauf es nicht ankommt, um gleich mit ein paar Mythen aufräumen zu können und dabei zu versuchen, Ihnen neue Denkansätze mit auf Ihren Weg zu geben. Sie wissen jetzt, dass Faktoren wie Intelligenz, Status oder Wissen keine Voraussetzung sind, um an der Börse erfolgreich zu sein. Sie wissen jetzt auch, dass sich die Märkte und unser Alltagsleben unterscheiden. Im Folgenden werden wir uns ansehen, welche Faktoren ausschlaggebend sind und was darüber entscheidet, ob Sie das Zeug zum erfolgreichen Trader haben oder nicht. Sie werden merken, dass es sich bei diesen Voraussetzungen in erster Linie um Charaktereigenschaften und weniger um Wissen an sich handelt. Das hat den Nachteil, dass diese Eigenschaften sich weitaus schwieriger erlernen lassen als reines Fachwissen.

Lernen können wir alle, denn das ist nur eine Frage des Wollens. Seinen Charakter und seine Denkweise zu ändern, ist zwar auch nur eine Frage des echten Wollens, aber es ist nicht ganz so einfach, wie wir schon im Coaching-Teil dieses Buches gelernt haben. Die Frage ist, ob »lernen« überhaupt das richtige Wort ist, denn man müsste vielmehr von einer generellen Verhaltensänderung sprechen. Wie immer man es ausdrücken mag, ich bin der festen Meinung, dass man sich diese Eigenschaften sehr wohl antrainieren kann. Ein paar Lösungsansätze wurden Ihnen mit diesem Buch schon präsentiert. Je nach Ihren Neigungen, Ihrer Erziehung, Ihrer Lebenserfahrung und der Tiefe Ihrer bisherigen Überzeugungen, die vielleicht gegenteiliger Natur sind, werden Sie sich mit der Umsetzung leichter oder schwerer tun. Anders als das reine Fachwissen, dessen Erlernen meistens mit einem finanziellen Aufwand verbunden ist, können die nachfolgenden Tugenden dafür kostenlos erworben werden. Daher haben alle Menschen auf der Welt auch die gleichen Chancen, erfolgreiche Trader zu werden.

2.1   Disziplin

Die aus meiner Sicht wichtigste Eigenschaft, die man für den Börsenerfolg benötigt, ist Disziplin. In erster Linie deshalb, weil man beim Traden auf sich allein gestellt ist und diese auf den ersten Blick sehr positive Freiheit nicht gewohnt ist. Im Alltag helfen uns bestimmte Umgangsformen, Gesetze oder unsere Erziehung und geben vor, wie wir uns in einer bestimmten Situation verhalten sollen. Egal, was wir tun, es hat seine Konsequenzen. Da wir das genau wissen, tun wir nicht immer das, was wir gerade möchten. Wir gehen zur Arbeit, weil wir die Konsequenzen fürchten, nicht hinzugehen, und tun das auch an Tagen, an denen es uns gar nicht freut und wir lieber im Bett bleiben würden. Wir werfen unsere alte Gefriertruhe nicht einfach in den Wald, sondern bringen sie auf die Deponie, weil wir wissen, dass wir sonst die Umwelt verschmutzen und angezeigt werden könnten. Wir haben zwangsläufig ein gewisses Maß an Disziplin entwickelt, weil wir es müssen.

Sie kennen doch, entweder aus eigener Erfahrung oder aus Ihrem Umfeld heraus, die Probleme mancher Menschen mit ihrem Gewicht, mit dem Rauchen oder mit dem Alkohol. Um sich eines dieser Laster abzugewöhnen, brauchen Sie sehr viel Disziplin. Das bedeutet, Sie müssen sich zu einem Verhalten zwingen, das Ihren derzeitigen Gewohnheiten und Überzeugungen entgegengesetzt ist. Nehmen wir den Fall an, dass sich ein Mensch das Rauchen abgewöhnen möchte. Natürlich weiß er, dass er sich damit einen Gefallen tun würde. Er weiß auch, dass er als Nichtraucher gesünder lebt, aber sein Unterbewusstsein ist davon noch nicht überzeugt, denn schließlich schmeckt ihm das Rauchen und es entspannt ihn. Das Unterbewusstsein wird ihm deshalb Signale senden, die ihn zum Weiterrauchen animieren. Der Raucher muss gegen diese Signale ankämpfen, und zwar so lange, bis das Unterbewusstsein wirklich restlos davon überzeugt ist, das Rauchen einzustellen.

Genauso ist das auch beim Trading. Sie basteln sich ein Regelwerk und wie immer dieses Regelwerk aussieht, müssen Sie die Disziplin aufbringen, danach zu handeln. Das gilt auch in Situationen, wo es angebracht erscheint, Ihre eigenen Regeln zu verletzen. Denn:

Wenn Sie denken, dieses Mal sei alles anders,
ist es doch in Wahrheit wieder genauso wie immer.

Bleiben Sie daher diszipliniert und bleiben Sie sich treu, komme da, was wolle! Schnappen Sie nicht nach jedem kleinen Gewinn. Es ist nicht gut, wenn der Trader seine Positionen vorschnell auflöst, nur weil sie ein wenig in seine Richtung gelaufen sind. Der disziplinierte Trader zieht seinen Stopp dem Regelwerk entsprechend nach und lässt den Dingen seinen Lauf. Er verkauft auch nicht in Panik, wenn sich die Aktie dem Stopp nähert. Er ist gelassen, voller Zuversicht und weiß, dass der Markt jederzeit drehen kann. Warum sollte er also seine Strategie verändern? Wegen einer Vorahnung? Der reife Trader sieht dabei zu, wie er ausgestoppt wird. Er kann es, weil er es über die Jahre hinweg gelernt hat. Doch glauben Sie bitte nicht, der reife Trader sei kalt wie ein Eisblock und habe überhaupt keine Gefühle und Emotionen mehr. Genau das Gegenteil ist der Fall. Nur kann dieser Trader mit seinen Emotionen besser umgehen. Er weiß, wie er sie empfindet, denn er hat sie schon tausende Male erlebt. Er kennt sich und seine Reaktion auf ein Ereignis. Sein Verhalten kann ihn daher nicht mehr überraschen. Seine derzeitigen Gedanken wurden von ihm bereits hundertmal davor gedacht. Der reife Trader reagiert gelassen und bestimmt, weil er sein Regelwerk kennt und danach handelt. Er tritt regelrecht aus sich heraus, beobachtet sich und kontrolliert sich dadurch selbst. Seien Sie daher diszipliniert und quälen Sie sich ein wenig. Diszipliniert zu sein ist harte Arbeit und tut oft richtig weh. Versuchen Sie als Übung, Ihre Disziplin in allen Lebenslagen zu verbessern. Fangen Sie klein an. Stehen Sie morgens auf, wenn der Wecker läutet und nicht erst, nachdem Sie ihn zum dritten Mal abgeschaltet haben. Gehen Sie an Ihrer Lieblingsbäckerei vorbei, ohne sich einen fetten Kuchen zu kaufen und dann in sich hineinzustopfen. Testen Sie Ihre Disziplin, Ihre Selbstkontrolle in vielen Alltagssituationen und Sie werden erstaunt sein, wie oft Sie sich gehen lassen. Ich habe zum Beispiel im letzten Jahr einiges an Gewicht verloren und komischerweise hat mir diese Herausforderung, den vielen Appetit und Hunger zu ertragen, bei meiner Disziplin fürs Trading sehr geholfen. Es ist schwierig, als Einziger keine Torte oder kein Eis zu essen, wenn alle anderen zulangen. Aber so trainiere ich meine Disziplin. Doch versteht man unter Disziplin mehr als die bloße Einhaltung von Regeln. Disziplin geht noch darüber hinaus und bedeutet zusätzlich, auf etwas zu verzichten.

2.2   Verzicht

Auf etwas zu verzichten, fällt uns Menschen heute schwerer denn je. Auch die jüngste Finanzkrise hat ihren Ursprung darin, dass Menschen nicht bereit sind, auf Dinge, die sie sich eigentlich nicht leisten können, zu verzichten. Es wäre nie zu so einer Flut an faulen Krediten gekommen, wenn die Leute mehr Disziplin und Geduld mit der Anschaffung neuer Immobilien gehabt hätten. Aber auch die Banker waren gierig und nicht bereit, auf noch mehr rasche Gewinne zu verzichten. Deswegen vergaben sie Darlehen, ohne auf ausreichende Sicherheiten zu achten. Unsere Gesellschaft ist generell dadurch gekennzeichnet, dass alles zu jeder Zeit zur Verfügung steht. Sie wollen im Herbst Erdbeeren kaufen? Kein Problem, im Spezialitätengeschäft um die Ecke gibt es bestimmt welche. Oder Steinpilze im Frühling – auch nicht unmöglich. Von irgendwoher eingeflogen werden sie bestimmt angeboten. Hier handelt es sich noch um harmlose Beispiele, die jedoch schon das Grundübel aufzeigen.

Schlimmer wird es, wenn man kein Geld für den nächsten Urlaub mehr hat und einfach zur Bank geht und trotz überzogenem Konto, einer hohen Leasingrate für den neuen Wagen und einem kleinen Gehalt ohne Probleme einen Kredit dafür bekommt. Weil wir immer alles sofort haben müssen und weil es uns in vielen Belangen einfach zu gut geht, schaffen es viele Menschen nicht mehr, auf irgendetwas zu verzichten. Dass Disziplin mit Verzicht zu tun hat, leuchtet ein. Was hat aber der Verzicht mit Trading zu tun, wird der Leser sich nun fragen.

Sehr viel sogar, denn als reifer Trader müssen Sie pausenlos Verzicht üben. Ganz allgemein betrachtet verzichtet man von Zeit zu Zeit auf eine »Chance«. Die Gründe dafür können vielfältig sein. Der Trader könnte bereits zwei »Long«-Positionen bei Dax-Werten eingegangen sein. Sein Regelwerk verbietet ihm nun die Eröffnung einer dritten Position, solange er mit den beiden anderen noch voll im Risiko ist. Ein anderer Trader hat sich vorgenommen, keine Nebenwerte mehr zu handeln, und trotzdem springt ihm ein Chart eines äußerst volatilen Internetwertes ins Auge. Er sieht einen möglichen Einstieg, das Chartbild wäre perfekt, aber aufgrund seiner Regeln verzichtet er darauf, den Trade durchzuführen. Ein weiterer Trader hat sich vorgenommen, nur noch zwischen 20.00 und 22.00 Uhr abends den S&P 500 zu handeln. Auswertungen seiner bisherigen Trades haben ergeben, dass seine Methode zu dieser Handelszeit am besten funktioniert und er am Rest des Tages fast nur Verluste macht. Er unterlässt es daher, im Bund-Future short zu gehen, auch wenn das Chartbild perfekt dafür wäre.

Verzicht beim Trading ist vielfältig, im Endeffekt ist es ein Verzicht auf mögliche Gewinne. Der Trader schränkt sich selbst ein, weil er weiß, dass es gut für ihn ist. Er widersteht den Verlockungen und bleibt diszipliniert bei seinem Regelwerk. Das ist für den angehenden Trader kein leichtes Unterfangen, denn er hat keinen anderen Trader neben sich, der ihm auf die Finger klopft, weil er jetzt doch im Konkurswert X mit voller Kontogröße »long« gegangen ist und auf ein Wunder hofft. Es ist niemand da, der ihn freundlich, aber bestimmt darauf hinweist, diesen Trade doch bitte bleiben zu lassen. Denn wenn die Sache schiefgeht, ist es ein Leichtes, sich selbst zu belügen und so zu tun, als hätte man den Trade gar nicht gemacht, als wäre er nie existent gewesen. Weil für den privaten Trader viele Kontrollmechanismen des Alltags nicht greifen, ist es wichtig, Verzicht zu üben.

Verzicht bedeutet andererseits auch Freiheit. Doch das verstehen viele Menschen nicht, denn dazu braucht man eine gewisse Reife. Die Freiheit liegt für den zum Verzicht Bereiten darin, wählen zu können, denn jemand, der das nicht kann, der muss agieren. Pausenlos. Jemand, der im Verzicht geübt ist, hat hingegen die Wahl. Obwohl Philosophen und Wissenschaftler darüber diskutieren, ob unser Gehirn wirklich frei wählen kann, ist es für uns als Trader nur von Bedeutung, dieses Gefühl zu besitzen. Es steht einem frei, den nächsten Trade vorüberziehen zu lassen, denn dadurch entsteht eine zusätzliche Gelassenheit. Bei diesen Tradern hat sich das Wissen gefestigt, dass die Chance auch morgen noch besteht. Verzicht bedeutet auch das Verschwinden des zwanghaften Verhaltens, immer und überall eine offene Position laufen zu haben, oder der Angst, etwas zu versäumen. Nichts ist für den angehenden Trader schlimmer als ein entgangener Gewinn. Einen Trade zu verpassen, bei dem er hätte dabei sein können, es aber nicht war. Am Anfang erzeugt das großen Frust. Im Lauf der Entwicklung ist dieses scheinbare Versäumen von Trades für einen Trader nicht mehr von Bedeutung. Man weiß um die ständig wiederkehrenden Möglichkeiten, die die Märkte einem bieten.

Conclusio »Disziplin und Verzicht«

Undiszipliniertes Verhalten und erfolgreiches Trading schließen sich gegenseitig aus. Sie können auf lange Sicht nur erfolgreich sein, wenn Sie diszipliniert agieren und mental ausgeglichen sind. Disziplin und Verzicht haben viele Gesichter. Ich rate Ihnen unbedingt zu analysieren, was die Gründe dafür sind, wenn Sie bemerken, dass Sie in einen oder mehreren Punkten ständig gegen Ihr Regelwerk verstoßen. Schließlich entsteht jedes Verhalten aus einer bestimmten Ursache heraus, und diese gilt es zu lokalisieren.

Disziplin kann man lernen. Jeder kann es, aber nicht jeder schafft es. Ein paar gute Ratschläge zum Thema »Wie kann ich als Trader meine Disziplin erhöhen?« gibt es übrigens in Birger Schäfermeiers Buch *»Die Kunst des erfolgreichen Tradings«*. Dort wird erläutert, wie man mit Methoden wie Veränderung der Körperhaltung oder durch die Veränderung von internen Repräsentationen sich mehr Disziplin antrainieren kann. Das Zeug zu einem disziplinierten Verhalten haben wir alle in uns, wir machen oft nur zu wenig daraus. Um Disziplin zu erlangen oder zu bewahren, brauchen Sie sehr viel Durchhaltevermögen. Diese Eigenschaft werden wir als Nächstes besprechen.

2.3   Durchhaltevermögen

Wenn Sie ein erfolgreicher Trader werden möchten, müssen Sie unbedingt »durchhalten«, denn es kommen schwere Zeiten auf Sie zu. Diese werden erfüllt sein von Trauer, Wut, Schmerz, Entbehrungen, Verzweiflung, Zorn, Hass, Selbstzweifel und noch vielem mehr. André Kostolany hat einmal gesagt: »An der Börse verdientes Geld ist Schmerzensgeld«, und er hat recht damit. Trader, die es geschafft haben, müssen bereit sein, sich selbst zu quälen und diese Schmerzen zu ertragen.

Als Trader müssen Sie alles andere diesem Wunsch, diesem Ziel unterordnen. Alles! Wenn Sie das tun, werden Sie es auch schaffen, und es ist nur noch eine Frage der Zeit. Sie müssen es so sehr wollen, dass es schon fast weh tut. Der Weg dahin ist lang und Sie werden ihn allein gehen müssen. Mit der Unterstützung Ihres Umfeldes können Sie nicht rechnen, denn fast alle werden Sie für verrückt halten. Sie werden sagen, dass Sie sich ordentlich vorbereiten und Ihre Hausaufgaben machen, doch trotzdem gelten Sie schnell als Spinner und werden belächelt. Wenn heute hingegen jemand mit 35 Jahren beschließt, auf dem zweiten Bildungsweg Marketing oder Jura zu studieren, werden wohl alle dieser Person auf die Schulter klopfen. Dieser Mensch wird Sachen zu hören bekommen wie »Toll, dass du das machst« oder »Ich würde auch gerne, aber mit Familie und Kindern ...« oder »Ich kann doch meinen Job nicht hinschmeißen und nebenbei schaffe ich das nicht, aber ich beneide dich. Mach es – unbedingt.« Keiner würde ihm davon abraten und ihn für verrückt erklären. Aber wenn man etwas machen möchte, was die Leute nicht verstehen, kommt gleich breite Ablehnung der Sache entgegen.

Doch egal, wie sehr Sie auch belächelt oder angefeindet werden, nichts darf Sie davon abhalten, Ihren Plan Schritt für Schritt in die Tat umzusetzen und die Sache zielstrebig voranzutreiben. Aber seien Sie vorgewarnt, denn es wird Zeiten geben, in denen Sie alles hinschmeißen wollen und die ständigen Verluste Sie fertigmachen. Sie werden manches Mal mit roten Augen um Mitternacht den PC herunterfahren, verzweifelt sein und die Welt nicht mehr verstehen. Sie werden vielleicht immer verbissener, und der Erfolg rückt immer weiter in die Ferne. Vielleicht setzen Sie sogar Ihren Job und Ihre Beziehung aufs Spiel, weil Sie vor lauter Trading Ihren Partner vernachlässigen und bei der Arbeit nur noch an die Märkte denken. Sie bekommen vom Leben nichts mehr mit und sind in Ihren Gedanken ständig bei Ihren offenen Positionen. Nur mit Disziplin schaffen Sie es schließlich, die Kurve zu kriegen, und dann geht es aufwärts, es kommen bessere Zeiten, in denen es wieder rosiger aussieht. Doch es ist ein ständiges Auf und Ab. Es wogt hin und her, jeder Verlust schmerzt Sie bis ins Mark und über jeden Gewinn freuen Sie sich wie ein Kind über Weihnachten. Sie sind, ohne es zu merken, zum emotionalen Spielball der Märkte geworden.

Durch all das müssen Sie durch. Vielleicht schaffen Sie es, wenn Sie die Ratschläge aus diesem Buch beherzigen, mit etwas weniger Leid und mit etwas weniger Schmerzen, doch Sie werden das Ziel nie erreichen, ohne zumindest einige der Qualen zu durchleben, die eben geschildert wurden. Jeder Erfolg ist mit einer gewissen Disziplin und mit gewissen Entbehrungen verbunden. Daher ist es eine enorm wichtige Charaktereigenschaft, über das nötige Durchhaltevermögen zu verfügen. Auch später noch, wenn Sie als Trader reifer geworden sind, werden Phasen kommen, in denen Sie den Glauben an sich und an Ihren Weg zu verlieren drohen oder ihn zumindest infrage stellen. Natürlich wissen Sie, dass dies nur eine kurze Emotion ist und die Welt bald schon wieder ganz anders aussieht. Trotzdem wird es Zeiten geben, in denen Sie nicht mehr an Ihr Handelssystem glauben und schon gar nicht daran, die vergangene Performance wiederholen zu können. Zeiten, in denen alles dunkel und ungewiss erscheint und Sie nie wieder etwas von der Börse wissen wollen. Diese Phasen dauern manches Mal nur wenige Stunden oder im schlimmsten Fall Tage. Dann richten Sie sich wieder auf und sagen sich »Du schaffst es«. Diese positiven Gedanken, gekoppelt mit dem nötigen Durchhaltevermögen, werden Sie dann auch wieder auf den richtigen Weg führen.

*Eine Eigenschaft, die unter dem Titel »Durchhaltevermögen«
zum Vorschein kommt, ist der Mut.*

Ein Trader ist ein Held! Wirklich. Wir alle sind wahre Helden. Trader sind mutig und heldenhaft, weil sie ihre eigenen Ideen umsetzen und weil sie ihren Weg allein gehen. Sie können das Trading weder an der Uni noch an der Schule lernen. Daher erfordert es viel Mut, an die Sache heranzugehen, sich zum Beispiel in eine Buchhandlung zu begeben und dort nach geeigneter Literatur zu suchen. Denn ein angehender Trader hat absolut keine Hilfsmittel und Anhaltspunkte, niemandem, der ihm sagt, tu dies oder lies jenes. Auch die Erstellung und Umsetzung des ersten Handelssystems verlangt Mut, Pioniergeist und Heldentum. Schließlich geht es um das eigene hart verdiente Geld, das ein Trader aufs Spiel setzt. Wir sind bereit, ein großes Risiko einzugehen, ohne besondere Sicherheiten zu erhalten, denn wir Trader haben kein Fangnetz. Wir betreten Neuland und müssen uns selbst orientieren. Wir haben zwar die Ausrüstung dabei und kennen unsere Ziele, haben aber vor allem am Anfang keine Ahnung, wie wir dort hinkommen können.

Selbst ein reifer Trader braucht Mut. Er kann sich nie auf seinem bewährten System und auf seinen Lorbeeren ausruhen. Kaum hat er seine Vorgehensweise festgelegt, gilt es schon wieder, alles zu analysieren, neu zu bewerten und gegebenenfalls umzubauen. Das verlangt Courage, denn er weiß nicht, was ihn an diesem neuen Ort erwartet. Jeder Trader hat den Mut, allein umherzuwandern, er kann nie rasten und er hat niemanden, der ihn führt oder beschützt. Er ist auf sich allein gestellt und hat gelernt, damit zu leben. Er weiß, dass er Stillstand nicht zulassen kann, und hat den Mut, ständig neue Wege zu beschreiten.

2.4   Selbstvertrauen

Jeder Trader kennt diese Zeiten, in denen er eine Serie von mehreren Fehltrades hintereinander produziert. Auch acht oder zehn Verluste am Stück sind – je nach System – keine Seltenheit. So etwas nennt man dann eine »Drawdown-Phase«. Diese Phasen sind unvermeidbar und kommen sogar in den besten Systemen immer wieder vor. Sie können sie als Trader nicht verhindern, und Sie sollten gar nicht erst versuchen, sie zu verhindern, denn Sie werden sonst zu übertriebenem Aktionismus neigen. Sie werden Ihr System ständig verwerfen und neu adaptieren, nur um mit ansehen zu müssen, wie auch die neue Methode in eine Drawdown-Phase hineinläuft und Sie so keinen Schritt vorangekommen sind. Durch dieses ständige Wechseln verlieren Sie jegliche Übersicht über Ihre Vorgehensweise. Sie müssen daher in so einer Situation das Selbstvertrauen haben, dass sich alles wieder zum Guten wendet.

Doch woher nehmen Sie diesen Glauben? Zugegeben, das ist natürlich kein leichtes Unterfangen und für einen angehenden Trader ist es doppelt und dreifach schwer, denn mit dem so wichtigen Selbstvertrauen kommen wir nicht automatisch auf die Welt. Wie wir uns heute sehen, ist bedingt durch unsere bisherigen Erfahrungen, unsere Erziehung und noch viele andere Einflüsse, die auf uns und unser Erinnerungsvermögen einwirken. Selbstvertrauen ist etwas, das tief in unserem Unterbewusstsein verankert ist. Hat man zu wenig davon, kann einem das im Leben sehr oft zu schaffen machen. Vielleicht liegt es aber gar nicht wirklich am Selbstvertrauen, wenn es bei Ihnen noch nicht klappt. Vielleicht ist es nur notwendig, etwas disziplinierter zu werden und sich am Riemen zu reißen. Möglicherweise versuchen Sie nur, sich hinter dem nicht vorhandenen Selbstvertrauen zu verstecken. Denken Sie bitte einmal darüber nach. Vielleicht schieben Sie das fehlende Selbstvertrauen nur vor, um nicht die Verantwortung für Ihr Verhalten übernehmen zu müssen, und sehen sich als Opfer, sind aber in Wahrheit bloß zu faul und zu träge, die Dinge anzupacken und zu verändern. Ich schreibe das bewusst so deutlich und so barsch, weil Sie sich wirklich einmal Gedanken machen müssen, warum es bisher bei Ihnen möglicherweise nicht klappt und was die Ursachen dafür sein können. Denn nur Mitleidsbekundungen und Schulterklopfen helfen nicht. Selbst die lapidare Aufmunterung »Das wird schon werden« ist dem Entwicklungsfortschritt abträglich. Vielleicht brauchen Sie nur jemanden, der Ihnen die Augen öffnet und vielleicht traut sich in Ihrem Umfeld aufgrund Ihres Status bloß niemand, Ihnen dieses ehrliche Feedback zu geben.

Sie müssen auf jeden Fall am ganzen Projekt »Trading« und an sich arbeiten. Nehmen Sie sich dazu den Coaching-Teil dieses Buches zur Hand und verwenden Sie ihn auch. Stehen Sie auf und machen Sie sich an die Arbeit. Der Erfolg wird einem nicht geschenkt, Sie müssen etwas dafür tun. Analysieren Sie sich und Ihre Vorgehensweise, stellen Sie sich die richtigen Fragen und arbeiten Sie alles systematisch auf. Halten Sie sich dabei an die Vorschläge aus diesem Buch, entwickeln Sie darüber hinaus Ihre eigenen Fragestellungen und coachen Sie sich auf diese Art selbst.

Die Entwicklung von Selbstvertrauen ist auf jeden Fall ein langwieriger Prozess und kein einmaliges Ereignis. Mit den im Kapitel »Sicherheit in einer unsicheren Umgebung« angesprochenen Visualisierungen wird eine Möglichkeit beschrieben, wie Sie Ihr Selbstvertrauen steigern können. Weiterführende Hinweise finden Sie in der einschlägigen Fachliteratur. Bitte stellen Sie hier Ihre eigenen Recherchen an.

Es ist auch von enormer Wichtigkeit, nicht in negativen Feedbackschleifen hängen zu bleiben, denn Gedanken wie »Ich schaffe es nicht« haben im Kopf eines Menschen nichts zu suchen. Erfolgreiche Menschen »denken« sich erfolgreich. Versager jammern und tun sich selbst leid. So hart es klingt: Sie sind kein Opfer. Sie werden zum Opfer Ihrer eigenen Gedanken. Machen Sie daher einen »Frühjahrsputz«, und kehren Sie die negativen Gedanken aus Ihrem Kopf. Sie selbst sind für Ihre Zukunft verantwortlich. Machen Sie etwas daraus!

2.5 Selbstständigkeit und Flexibilität

Sind Sie Teamplayer oder Einzelkämpfer? Fühlen Sie sich wohl, wenn Sie in die Organisationsstruktur eines Unternehmens eingebunden sind, oder arbeiten Sie lieber auf eigene Rechnung? Sind Sie ständig auf der Suche nach neuen Herausforderungen, oder lieben Sie die tägliche Routine? Auch diese Fragen spielen eine große Rolle dabei, ob Sie das Zeug dazu haben, ein erfolgreicher Trader zu werden. Dazu werden wir auf ein wissenschaftliches Modell zurückgreifen, das uns bei dieser Betrachtung unterstützen wird. Das sogenannte »Riemann-Thomann-Modell« nach Fritz Riemann und Christoph Thomann erklärt die verschiedensten persönlichen Verhaltensmuster eines Menschen anhand einiger typischer Charaktereigenschaften eines Individuums. Danach lassen sich vier gegensätzliche Grundausrichtungen bei einem Menschen in unterschiedlicher Intensität erkennen, und diese beeinflussen sehr stark das Verhalten dieser Person. Wir werden uns diese Grundausrichtungen nun anhand einer Grafik ansehen, um dann für das Trading die entsprechenden Rückschlüsse daraus ziehen zu können.

Abbildung 8: Riemann-Thomann-Modell

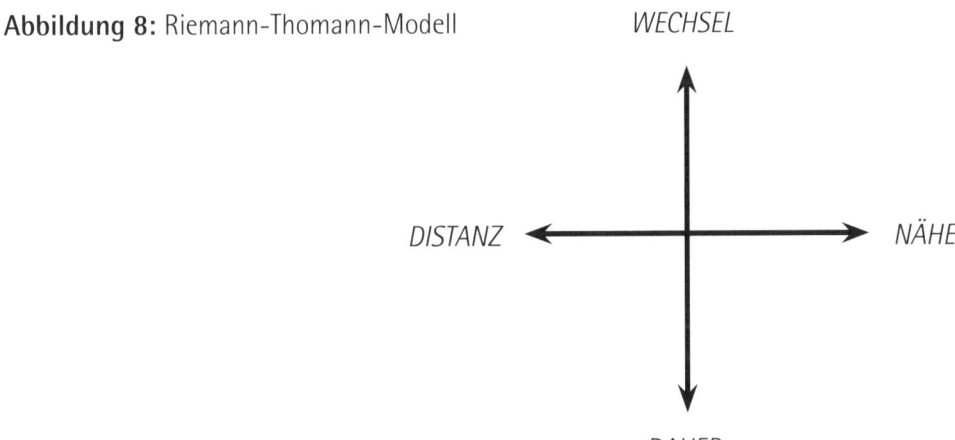

Wenn wir diese vier Grundbestrebungen im Folgenden grob erörtern, helfen sie uns dabei herauszufinden, wie qualifiziert ein Mensch dafür ist, den Beruf Trader auszuüben.

Distanz

Menschen, die das Bedürfnis nach Distanz in sich tragen, möchten sich von ihrem Umfeld des Öfteren gerne abgrenzen. Diese Leute streben sehr stark nach Unabhängigkeit und Freiheit. In einem Unternehmen fühlen sie sich am wohlsten, wenn sie einen eigenen Aufgabenbereich haben und ihre eigenen, autonomen Entscheidungen treffen können. Personen mit dem Bestreben nach Distanz scheinen manchmal für anders Denkende »komische Käuze« zu sein. Sie gelten oftmals als sonderbar oder schwierig und zeigen vielfach wenig oder keine Gefühle. Diese Menschen wirken unnahbar und manchmal sogar unfreundlich, doch bedarf es bloß eines gültigen »Zugangscodes«, um sich diesen Personen anzunähern.

Nähe

Diese Menschen sind genau das Gegenteil der Menschen, die Distanz benötigen. Sie suchen die Nähe zu den Mitmenschen, brauchen Harmonie, Bindung und Vertrauen. Sie haben eine soziale Ader und setzen stark auf Teamwork. In einem Unternehmen gelten sie als die idealen Kollegen, weil sie stets hilfsbereit sind und sich andererseits auch unterordnen können, wenn dies notwendig ist. Diese Menschen fühlen sich wohl dabei, wenn ihnen konkrete Aufgaben übertragen werden, die sie dann umsetzen können. Auf andere wirken sie sehr anhänglich und unselbstständig, doch in Wahrheit sind diese Menschen einfach nicht gerne allein.

Wechsel

Menschen, die diese Bestrebung in sich tragen, sind stets auf der Suche nach neuen Herausforderungen. Jegliche Routinen langweilen sie, und nichts fürchten sie so sehr wie die Monotonie. Diese Leute mögen es, an die Zukunft zu denken und Pläne zu schmieden. Sie sind sehr spontan, lieben es, Risiken einzugehen, sind kreativ und haben viele Ideen. Darüber hinaus sind sie neugierig und lernen gerne dazu, sind aber auch ungeduldig und werden von anderen als sprunghaft, chaotisch oder unzuverlässig erlebt.

Dauer

Für diese Menschen ist es sehr wichtig, sich in einer sicheren Umgebung aufzuhalten. Im Gegensatz zu den Leuten, die den Wechsel bevorzugen, sind sie zuverlässig, genau, verantwortungsbewusst, treu und bevorzugen Ordnung und Struktur. Diese Menschen besitzen großes Organisationstalent, sind sehr pflichtbewusst und haben ihre Grundsätze, von denen sie nur ungern abweichen. Auf andere wirken sie oft stur, pedantisch, ein wenig unflexibel und langweilig.

Conclusio »Grundausrichtungen«

Keine dieser Grundausrichtungen ist gut oder schlecht und niemand trägt nur eine Grundausrichtung in sich. In der Praxis kommt bei allen Menschen eine Mischung zum Tragen und aus dieser Mixtur heraus ist jeder für bestimmte Aufgaben besser oder schlechter geeignet. Wollen Sie den »Beruf Trader« ausüben, wird es Ihnen daher zugute kommen, wenn Sie zu bestimmten Grundausrichtungen mehr tendieren als zu anderen. Grafisch können wir, ohne viele Worte dazu verlieren zu müssen, sehr gut festhalten, wo im Idealfall ein erfolgreicher Trader von den Grundbestrebungen her angesiedelt sein sollte.

Abbildung 9: Riemann-Thomann-Modell für einen erfolgreichen Trader

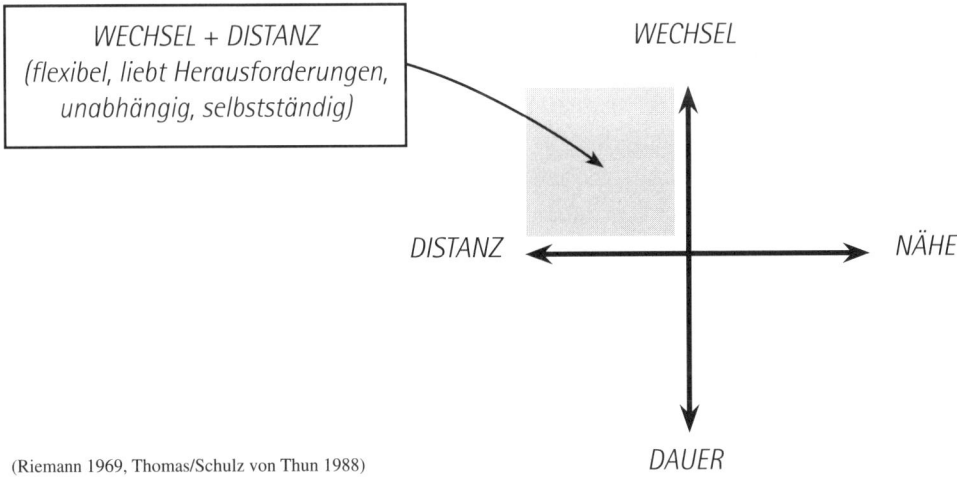

(Riemann 1969, Thomas/Schulz von Thun 1988)

Der »ideale Trader« tendiert in die Richtungen »Wechsel« und »Distanz«. Er braucht Kreativität, da Trading vor allem eine Kunst und keine Wissenschaft ist. Ein Trader muss auch flexibel und spontan sein, weil er auf die unterschiedlichsten Marktphasen rasch reagieren muss. Andererseits darf er aber nicht zu sprunghaft oder chaotisch sein, da er ein effizientes Backoffice zu führen hat und seine Handlungen eine gewisse Beständigkeit aufweisen müssen. Keinesfalls aber braucht er so pedantisch und genau wie ein Buchhalter zu sein, denn sonst sieht er beim Trading den Wald vor lauter Bäumen nicht mehr.

Ein erfolgreicher Trader muss vor allem eines sein: selbstständig. Diese Selbstständigkeit ist von großer Bedeutung, weil er im Regelfall allein arbeitet und seine eigenen Lösungen finden muss. Wenn Sie lieber Befehle empfangen, als sich eigene Gedanken darüber zu machen, was in einer jeweiligen Situation zu tun ist, sollten Sie gut darüber nachdenken, ob Trading das richtige »Business« für Sie ist. Sie müssen als Trader unbedingt Ihre eigenen Entscheidungen treffen und dürfen nicht darauf warten, Anweisungen zu bekommen. Wer soll diese Anweisungen geben. Der Partner? Ein Freund? Ein Kollege? Keiner dieser Menschen wird im Normalfall dazu in der Lage sein. Denken Sie darüber nach, wo Sie sich in der obigen Matrix einordnen. Im Idealfall finden Sie sich in dem oben schraffierten Bereich wieder. Erfolgreiche Trader sind unabhängig, lieben die Freiheit und tragen die Verantwortung für ihre eigenen Entscheidungen.

2.6   Eine Methode (entwickeln oder kaufen), die zu einem passt

Nachdem die wichtigsten Tugenden wie Disziplin, Durchhaltevermögen, Selbstvertrauen und Selbstständigkeit analysiert wurden, müssen wir uns nun erste Gedanken über das angewendete Werkzeug machen. Beim Trading ist das die gewählte Methode, mit der Sie an den Märkten agieren möchten. Zu beachten ist, dass eine Methode weit mehr beinhaltet als bloß den Einstieg in einen Trade. Angehende Trader haben einen solchen gefunden und glauben damit, eine Methode oder ein System entwickelt zu haben. In Wirklichkeit haben sie aber die meiste Arbeit noch vor sich.

Jeder erfolgreiche Trader hat hingegen lange gesucht und sie schlussendlich gefunden. Die Methode, die für ihn die passende ist und die mit seiner Mentalität und seinen Bedürfnissen harmoniert. Diese Methode sieht bei jedem Trader anders aus, denn es gibt so viele davon wie Sand am Meer. Bevor sich der Trader jedoch umsieht und bevor er sich Gedanken darüber macht, ob er Trends oder Ausbrüche traden möchte, muss er zuerst darüber nachdenken, welche grundlegenden Gedanken er über die Funktionsweise der Märkte hegt. Hierbei handelt es sich um einen der wichtigsten Abschnitte des ganzen Buches. Ich ersuche daher den angehenden Trader, die nachfolgenden Zeilen mit großer Aufmerksamkeit zu lesen und sich über die Inhalte unbedingt vertiefende Gedanken zu machen.

2.6.1 Die grundsätzliche Marktanschauung eines Traders

Über diese Frage oder über diese Problemstellung liest man in Tradingbüchern so gut wie nichts. Das mag daran liegen, dass sich die meisten erfolgreichen Trader bereits dem einen oder anderen Lager fest verschrieben haben. Sie sind von der einen Seite, von »ihrer« Seite so überzeugt, dass sie die andere entweder total ignorieren oder sich gar nicht mehr der Existenz einer anderen Seite bewusst sind. Doch holen wir an dieser Stelle noch ein wenig weiter aus. Zu wichtig ist dieser Grundgedanke, um ihn in ein oder zwei Absätzen abzuhandeln.

Der Grund, warum viele Trader scheitern ist, dass sie sich über dieses Thema keinen Gedanken machen. Sie können es gar nicht, weil sie diese unterschiedlichen Weltanschauungen als solche gar nicht wahrnehmen. Alle erfolgreichen Trader haben ihre Seite gefunden, auch der Autor bekennt sich zu einer der beiden, hat aber durch seine Schulungstätigkeit immer wieder Kontakt zu anderen Tradern, die ihn eines Besseren belehren möchten. Dabei gibt es gar kein »Besser« im herkömmlichen Sinn. Kein »Gut« oder »Schlecht«. Es gibt nur ein »Anders«.

Betrachten wir im Folgenden unser Dasein als Ganzes und schließen davon dann auf die Märkte und das Trading. In unserem Universum spielt der Begriff »Zufall« eine wichtige Rolle. Oder auch nicht. Das hängt davon ab, wie man es betrachtet. Es stellt sich nämlich von jeher die Grundsatzfrage, ob alles was passiert ist oder noch passieren wird, rein zufällig geschieht oder ob es für jedes Geschehnis eine oder mehrere Ursachen gibt. Hier scheiden sich die Geister der Wissenschaftler und der Philosophen, denn bei der Beantwortung dieser Frage kommen zwei wirklich komplett unterschiedliche Weltanschauungen zum Ausdruck. Die Fachbegriffe für diese beiden, nennen wir es vereinfacht, »Lager«, lauten »Determinismus« und »Indeterminismus«.

Exkurs – Determinismus

Die Verfechter des Determinismus gehen davon aus, dass alle Ereignisse im Universum durch eine mehr oder weniger bekannte Ursache bestimmt sind. Der Zufall spielt in dieser Weltanschauung keine Rolle. Genauer gesagt sieht ein Verfechter dieser Weltanschauung einen Zufall nur als ein Ereignis an, das man hätte vorhersehen können, wenn man alle Informationen kennen würde, die darauf einen Einfluss haben. Die Vertreter dieses Lagers behaupten, dass wir überhaupt alles vorhersehen könnten, wenn wir nur alle erdenklichen Informationen, die als kausal für das zu bestimmende Ereignis gelten, sammeln und auswerten würden.

Demnach wären Vorkommnisse, wie zum Beispiel Unfälle, die für uns alle unvorhersehbar scheinen, im Voraus sehr wohl zu erkennen, wenn man wüsste, wie sich zu einer gegebenen Situation zum Beispiel im Straßenverkehr alle Autofahrer und Autoinsassen, alle Fußgänger und Radfahrer, das Wetter, die Tiere und alle sonstigen Umstände verhalten würden, die in diesem Moment einen Einfluss auf das Geschehen ausüben. Auch müsste so im Roulette die nächste Zahl vorhergesagt werden können, wenn man wüsste, mit wie viel Schwung der Croupier die Kugel in die Schale wirft, mit wie viel Kraftanstrengung er die Schale dreht, wo deren Ausgangspunkt war und wie die klimatischen Bedingungen im Raum sind, in denen der Roulettetisch steht.

Sicher wirken in beiden Beispielen, sowohl beim Verkehr als auch beim Roulette, noch sehr viele andere Faktoren auf das Ergebnis ein, doch galt es nur, ein Grundverständnis für diese Materie zu schaffen, und daher soll es für unsere Zwecke nun genug mit der Erklärung dieser Weltanschauung sein.

Exkurs – Indeterminismus

Die andere Seite ist die des Indeterminismus. Die Anhänger dieser Lehre behaupten, dass in vielen Bereichen unserer Umwelt der reine Zufall regiere. Sie argumentieren, dass manche Ereignisse nicht mit Sicherheit vorherzusagen seien und diese daher rein zufällig geschähen. Demnach bewegen diese Zufälligkeiten sich in unbestimmbaren, aber doch genormten Verläufen und innerhalb gewisser statistischer Wahrscheinlichkeiten. Für die Anhänger dieser Lehre ist es daher als sehr wahrscheinlich anzusehen, dass ein Apfel der vom Baum herunterfällt, nicht in den Himmel aufsteigt, sondern tatsächlich auf den Boden fallen wird. Mit einer Wahrscheinlichkeit von 99,99xxx…%. Auch Unfälle im Straßenverkehr sind nach dieser Weltanschauung unmöglich vorherzusehen, weil einfach zu viele Variablen auf das Geschehen einwirken, sodass Unfälle als zufällig angesehen werden.

Wir werden weder mit diesem Buch noch mit unserem gesunden Menschenverstand die Frage beantworten können, welche der beiden Seiten recht oder unrecht hat. Im Übrigen ist dieser Streit schon uralt und wird auch nie einen Sieger hervorbringen. Doch kehren wir nach diesem Exkurs über die Weltanschauungstheorien zurück an die Märkte und zu den Tradern, die auf der Suche nach einer geeigneten

Methode sind. Ein Trader muss sich daher die grundsätzliche Frage stellen, wie seiner Meinung nach die Kapitalmärkte funktionieren.

2.6.2 Marktanschauung »Technische Analyse« (die Märkte sind prognostizierbar)

Glaubt der Trader, er könne durch das Sammeln von allen denkbaren Informationen errechnen, wie sich die Märkte in der Zukunft verhalten werden, und glaubt er, durch Technische Analyse ließe sich der richtige Zeitpunkt ermitteln, um einen Wert zu kaufen oder zu verkaufen? Ist er der Ansicht, dass sich analysieren lässt, wie weit sich eine Aktie in einem Stück bewegen kann, und dass es etwas bringt, sich mit Indikatoren oder der Charttechnik auseinanderzusetzen? Wenn er das glaubt, wird er in einer dieser Methoden sein Zuhause finden. Er wird unter anderem mit Trendkanälen arbeiten können, weil er die grundlegende Überzeugung in sich trägt, dass dieses Phänomen statistisch erfassbar ist. Auch die unterschiedlichen Chartformationen sprechen ihn an, und der Trader ist der Ansicht, er könne die Märkte damit vorhersagen. Überhaupt wird er sich in der gesamten Technischen Analyse heimisch fühlen und sich darum eine Methode auf den Leib schneidern, die zu ihm passen wird.

2.6.3 Marktanschauung »Zufallsverteilung« (die Märkte sind nicht zu prognostizieren)

Oder glaubt der Trader stattdessen an eine Zufallsverteilung in den Märkten, an eine grundsätzliche Chance von 50:50 für jeden gegebenen Trade? Dann wird er mit der ganzen Technischen Analyse nichts anfangen können. Natürlich verwendet auch dieser Trader irgendein Signal, irgendeine Regel für den Einstieg. Das tut er aber nur, um seine Trades duplizierbar zu machen. Grundsätzlich ist er der Meinung, dass ein Signal genauso gut tauge wie jedes andere. Er versteht die Trader daher nicht, die stundenlang über den Charts brüten und mit Bleistift und Lineal oder auf dem PC Linien und Kästchen einzeichnen und sich so die passenden Einstiege suchen. Der Trader, der an die Zufallsverteilung in den Märkten glaubt, ist sogar der Meinung, dass sich auch mit zufällig gewählten Einstiegen ein positives Ergebnis erzielen lässt.

2.7 Welche Unterschiede ergeben sich daraus für die Handelspraxis?

Wir wollen nicht darüber urteilen, welcher Zugang zum Markt der »bessere« ist. Es gibt keinen besseren oder schlechteren Zugang. Jeder Weg ist gut, solange man zum

einen überzeugt davon ist und zum anderen ein darauf abgestimmtes Regelwerk anwendet. Wenn der Trader von der Zufälligkeit der Märkte überzeug ist, wird er sich
schwertun, zum Beispiel Trends oder andere Chartformationen zu handeln. Anhänger
des Trendhandels sehen im Trend eine gewisse Prognostizierbarkeit, eine treibende
Kraft und sind auch der Ansicht, dass das Fortbestehen eines Trends umso wahrscheinlicher sei, je länger dieser andauere. Anhänger der Zufallstheorie sind hingegen der
Meinung, dass das, was ein Chartist als einen Trend erkennt und interpretiert, nur Ereignisse seien, die dem reinen Zufall entsprängen. Dass es sich um Muster handele, die
nur scheinbar aus einem gewissen Verhalten entstünden, in Wahrheit jedoch keinesfalls
vorhersagbar seien. Sie sehen auch in den Chartformationen keine Bedeutung und glauben, dass die Technische Analyse Muster erkenne, wo gar keine Muster existieren.

Es geht hier – nochmals gesagt – nicht darum, wer recht hat.

Es ist nur von immenser Wichtigkeit, dass sich der Trader entscheidet, welchen Ge-
dankengängen er mehr vertraut und wo er sich heimischer fühlt. Vielleicht kann sich
der Trader auch nicht zu 100 % für eine Seite entscheiden – auch gut. Er muss aber
in jedem Fall über diese grundsätzlichen Marktanschauungen Bescheid wissen. Er
muss wissen, dass sie existieren, und dann hat er eine Wahl zu treffen, um auf Basis
dieser Grundsatzentscheidung weiterforschen zu können. Denn erst nachdem diese Wahl von ihm getroffen wurde, kann der nächste Schritt erfolgen. Der Trader
macht sich dann seine Sicht über die grundsätzliche Funktionsweise des Marktes
zunutze und setzt darauf seine weitere Vorgehensweise auf. Die Methode und die
Marktanschauung müssen miteinander harmonieren, genauso wie die Methode und
die Charaktereigenschaften des Traders zusammenpassen müssen. Alle Dinge müssen ineinandergreifen und stimmig sein.

Egal, für welche Seite sich der Trader entscheiden mag, es sei ihm vorweg eine
wichtige Schlussfolgerung an die Hand gegeben. Die Anhänger der ersten Gruppe
haben einen großen Nachteil, denn durch den Versuch, die Märkte zu analysieren,
werden sie ständig mit Umständen oder Ereignissen konfrontiert, die nicht so sind,
wie sie es erwartet haben. Technische Analysten blicken in die Zukunft und geben
Prognosen ab. Sie erwarten ein bestimmtes Verhalten vom Markt und hoffen, dass
sie damit recht haben. Wenn jedoch das, was sie zu wissen glauben, so nicht eintritt,
kann die Enttäuschung groß sein. Einmal oder zweimal danebenzuliegen ist in Ordnung. Es tut weh, ist aber zu verkraften. Wie steht es aber um Trader, die zehnmal
hintereinander falschlagen, obwohl sie es zu »wissen« glaubten? Es ist verständlich,
dass diese Trader enttäuscht oder verbittert sind und glauben, nicht gut genug für
dieses Spiel zu sein. Bei ihnen entsteht so der Glaube, ein schlechter Trader zu sein,
weil sie es einfach nicht schaffen, eine richtige Prognose zu erstellen.

Was ist die Folge dieses vermeintlichen Mankos und was machen diese Trader, um es wettzumachen? Sie versuchen, in Zukunft mehr Informationen zu bekommen und diese noch akribischer auszuwerten, um dann bessere Vorhersagen machen zu können. Doch meist kommt dabei das gleiche bescheidene Ergebnis heraus. Egal, welchen Aufwand sie treiben, sie schaffen es kaum, in mehr als 50 % der Fälle richtigzuliegen, trotz der vielen Arbeit und der ganzen Analysen. Das ist auch der Grund, warum diese Trader ständig auf der Suche nach einer neuen Methode sind.

Die Trader, die mit einem zufälligen Ausgang eines jedes Trades rechnen, glauben, genau dieses Problem erkannt zu haben, und ersparen sich so das ganze Leid. Das dürfte auch der Grund dafür sein, warum die meisten erfolgreichen Trader Anhänger der Zufallstheorie sind. Die meisten erfahrenen Händler sind der Meinung, die Märkte seien nicht zu prognostizieren, und sie wollen daher gar nicht recht haben. Sie vertreten von Haus aus die Einstellung, sie wüssten nicht, ob der nächste Trade ein Erfolg wird oder nicht, und tun sich so leichter, mit den offenen Positionen umzugehen. Sie erleiden keine Schmerzen, wenn sie falschliegen, denn sie wollten ja gar nicht recht haben. Natürlich ärgern sie sich bis zu einem gewissen Grad über einen Fehltrade, aber sie nehmen den Verlust hin und marschieren weiter – auf zum nächsten Trade. So lange, bis das Gesetz der Wahrscheinlichkeit sie wieder zu einem Gewinn führt.

Auch der Autor dieses Buches wurde aus pragmatischen Gründen ein Anhänger des zweiten Lagers. Langfristig folgt der Kurs einer Aktie natürlich der Unternehmensperformance – würde ich anders denken, könnte ich nicht parallel als Investor auftreten. Das bedeutet, die Aktienkurse von guten Unternehmen steigen und die von schlechten fallen oder werden im Fall eines Unternehmenszusammenbruches sogar wertlos, was natürlich stark vereinfacht wiedergegeben ist. Kurzfristig jedoch bewegen sich aus meiner Sicht die Märkte rein zufällig und was morgen oder übermorgen passiert, kann heute niemand vorhersehen.

Mit diesem Glauben an die Zufälligkeit verknüpfe ich auch meinen Handelsansatz und sehe den einzelnen Trade wie einen Münzwurf: als ein Ereignis, bei dem die Wahrscheinlichkeit, ob Kopf oder Zahl kommt, ob der Trade ein Gewinner oder Verlierer wird, zunächst bei 50 % liegt. Lediglich die Kursmarke des Einstiegs ist für mich von Bedeutung, aber das werden wir an späterer Stelle des Buchs noch genau erörtern.

Diese Meinung über die Funktionsweise der Märkte hatte ich nicht schon immer, denn auch ich habe früher versucht, mit Technischer Analyse Vorhersagen zu treffen. Die Ergebnisse waren jedoch meist sehr schlecht; und vor allem ging es mir dabei nicht gut, denn ich lag äußerst selten richtig. Irgendwann erkannte ich die Sinnlosig-keit dieses Unterfangens und entwickelte eine Sichtweise, die das kurzfristige Markt-geschehen lediglich zufälligen Umständen unterordnet. Ab diesem Zeitpunkt wurde mein Trading lockerer und erfolgreicher.

Doch wenn Sie als Trader felsenfest an immer wiederkehrende Verhaltensmuster glauben und daran, dass sich Menschen in ähnlichen Situationen immer gleich ver-halten, und vor allem und viel wichtiger, dass dieses Verhalten im Chart oder in den Indikatoren erkennbar ist, dann sind Sie in der Chartanalyse zu Hause. Dann werden Sie mit diesem Ansatz auch Erfolg haben. Dabei ist es egal, ob man die Charts wirk-lich interpretieren kann oder nicht, denn in diesem Fall glauben Sie an sich, an Ihre Methode und an Ihr System. Dieser Glaube ist der Grundstein des Erfolges.

Probieren Sie daher bitte nicht irgendetwas von irgendjemandem aus, ohne darü-ber nachzudenken, ob es sich mit Ihrer Grundsatzphilosophie deckt. Sie dürfen auch nicht die von mir präsentierten Ideen einfach übernehmen, ohne Ihre eigenen Überle-gungen anzustellen. Sie müssen prüfen, ob meine Gedankengänge auch zu Ihren An-sichten über die Märkte passen. Wenn Sie unüberlegt ein System übernehmen, das auf einer anderen Marktanschauung beruht, werden Sie in der ersten Drawdown-Phase diesem System nicht mehr vertrauen. Sie werden es sprengen, indem Sie Signale auslassen oder anders traden, als es vorgegeben ist. Vielleicht werden Sie das System auch überhaupt nicht mehr anwenden und ihm so keine Chance geben, sich positiv zu entwickeln. Natürlich können Sie eine Strategie verwerfen, wenn Sie feststellen, dass diese nicht funktioniert. Bitte tun Sie das aber nicht schon nach den ersten fünf oder acht Fehltrades, denn das ist noch lange kein Grund zur Beunruhigung. Werfen Sie auch nicht gleich die Flinte ins Korn, wenn Sie einen Monat lang oder zwei Monate hintereinander Verluste produzieren. Auch das ist nicht ungewöhnlich. Entwickeln Sie ein System, definieren Sie Regeln und testen Sie das Ganze in der Praxis aus. Und dann entscheiden Sie in Ruhe, wie und ob es damit weitergeht.

2.8   Die Entwicklung der eigentlichen Methode

Zum Thema Systementwicklung gibt es einiges an guter Literatur. Darin werden viele Methoden präsentiert, die von anderen Tradern über mehrere Jahre oder Jahrzehnte hinweg angewendet wurden und einen belegbaren positiven Erwartungswert erzie-len. Der angehende Trader kann diesbezüglich auch im Internet recherchieren und wird dort sicher fündig. Die beste Lösung ist natürlich, wenn er seine eigene Me-thode entwickelt. Grundsätzlich ist die Quelle, woher die Methode stammt, nicht relevant. Ganz besonders wichtig ist es für den angehenden Trader zu erkennen, dass eine Methode oder ein System aus weit mehr als dem richtigen Einstieg in einen Trade besteht. Der Einstieg ist ein kleiner, meist überbewerteter Teil eines größeren Ganzen. Natürlich muss auch der gewählte Einstieg zu Ihnen passen, doch viel wichtiger als der Kaufzeitpunkt sind andere Kriterien, die wir in den Kapiteln weiter hinten im Buch noch besprechen werden.

Methoden oder Systeme sind auch nicht immer zu 100 % exakt, was keine Rolle spielt, denn das müssen sie nicht sein. Das werden wir im Teil »Einstiege« noch ansprechen. Der angehende Trader wird ohnehin kein vollautomatisches Handelssystem anwenden, das jedes Signal exakt ausführt, die Stopps setzt und nachzieht, die Exits auf den Cent berechnet und zusätzlich mit hochkomplexen Portfoliogewichtungen arbeitet. Natürlich gibt es solche Systeme, aber wenn Sie so handeln, dann sind Sie ein echter Profi oder traden vielleicht sogar institutionell. Selbst dem fortgeschrittenen privaten Trader sind solche Ansätze zu hoch. Er praktiziert ein einfaches System und entscheidet beim Einstieg meist diskretionär, was so viel wie individuell oder im Einzelfall bedeutet. Seine Methode ist zwar relativ exakt, lässt aber einen gewissen Interpretationsspielraum, und dieser Spielraum schadet wie gesagt auch nicht.

Wichtig ist die Erkenntnis für einen Trader, dass er überhaupt eine Methode, einen Plan braucht. Die meisten Anfänger haben nämlich gar keine und, was noch viel schlimmer ist, sie haben überhaupt keine Idee, was sie da tun. Sie agieren ohne Konzept, kaufen oder verkaufen einen Wert aus einer Laune heraus oder wissen oft gar nicht über ihre offenen Positionen Bescheid. Sie führen auch nicht Buch über ihre Trades und agieren vollkommen ohne Konzept. Traden kann man mit einer Schlacht vergleichen und in der Schlacht zählt neben den zur Verfügung stehenden Mitteln eine ordentliche Strategie und eine kluge Taktik. Diese müssen jedoch auf die vorhandenen Möglichkeiten abgestellt werden.

Sie brauchen daher eine Methode, die auf Sie und Ihre Bedürfnisse zugeschnitten ist. Grundsätzlich ist es egal, ob Sie Gaps oder Trends handeln oder lieber Swingtrading betreiben, ob Sie mit 15-Minuten-Charts oder im Wochenchart agieren; auch die gewählte Zeiteinheit spielt keine Rolle.

Viel wichtiger ist, dass die gewählte Methode mit Ihrer Persönlichkeit harmoniert!

Nehmen wir an, Sie sind ein ungeduldiger Mensch und haben noch dazu bemerkt, dass Sie nicht bereit sind, bereits erzielte Papiergewinne wieder abzugeben. Die Kombination aus dem Faktor Ungeduld und der Tatsache, Buchgewinne unbedingt behalten zu wollen, macht Sie zu einem schlechten Trend-Trader. Betrachten wir beide Umstände etwas genauer und gehen zuerst auf die Ungeduld ein.

Wenn Sie Trends handeln, muss Ihnen klar sein, dass es oft mehrere Wochen dauern kann, bis so ein Trade abgeschlossen ist. Zumindest auf Tageschartbasis, jener Zeiteinheit, in der die meisten angehenden Trader agieren. Selbst wenn Sie den idealen Einstieg erwischen, perfekt am unteren Ende des Trendkanals »long« gehen und die Aktie sogar vom ersten Tag an steigt, braucht es eine Weile, bis dieser Trade sich entwickelt, und für einen ungeduldigen Menschen kann das eine Ewigkeit sein. Deswegen wird er unruhig und stellt den Trade beim ersten nur erdenklichen Grund glatt. Wenn es keinen Grund gibt, findet er schon einen – weil der Ansatz, so lange auf ein Ergebnis zu warten, nicht zur Psyche eines ungeduldigen Traders passt und der Trader sich bei diesem System nicht wohlfühlt. Egal, ob diese Methode einen positiven Erwartungswert hat oder nicht, dieser Trader könnte damit nicht erfolgreich sein.

Nachdem das Problem der Ungeduld in diesem Zusammenhang nun abgehandelt wurde, sehen wir uns den Faktor an, dass ein Trader bereits erzielte Papiergewinne nicht mehr abgeben will. Ein Trend muss korrigieren und einer Bewegung auf ein Hoch (im Falle eines »Long«-Trades) folgt eine Korrektur, dann setzt eine neue Bewegung auf ein neues, höheres Hoch ein, und dann folgt wieder die Korrektur – und so weiter. Ein Trader muss sogar hoffen, dass die Position kurzfristig gegen ihn läuft, denn sonst könnte er den Stopp nicht unter die nächste Korrektur nachziehen. Wenn er nun darauf aus ist, erzielte Buchgewinne zu behalten, kann das nicht funktionieren, weil er dem Trade den Raum nimmt, sich zu entfalten. Der Trader würde die notwendige Korrektur mental nicht verkraften und in dieser Situation garantiert eine Dummheit begehen. In dieser Phase des Trades versucht der Trader vermeintlich zu retten, was übrig geblieben ist, und stellt die Position aus einer Emotion heraus glatt, nur um wenig später mit ansehen zu müssen, wie der Wert die Richtung des Primärtrends erneut aufnimmt und neue Hochs erklimmt. Um so ein unüberlegtes Handeln zu verhindern, ist es wichtig, dass der Tradingstil zu Ihrer Psyche passt. Sie werden daher als Trader mit den oben beschriebenen Eigenschaften den Handel eines Trends nie perfekt beherrschen. Das »Erlernen« selbst ist zwar nicht schwer, Sie werden dieses theoretische Wissen aber in der Praxis nicht umsetzen können, weil Sie, sobald nur leichter Gegenwind weht, sofort Ihr Engagement aufgeben werden.

Conclusio »Entwicklung der Methode«

Wahrscheinlich werden Sie als angehender Trader lange brauchen, um Ihren endgültigen Weg und Ihre Methode zu finden. Sie werden einige Varianten ausprobieren, bis Sie die finden, die Ihnen zusagt. Wenn Sie mit einem System nicht klarkommen und einen Tradingfehler nach dem anderen begehen, müssen Sie den Mut aufbringen, neue Wege zu beschreiten. Warum zwingen Sie sich zum Beispiel, nach einem System zu traden, das Ihnen vielleicht gar nicht liegt? Nur weil Sie davon in einem Buch gelesen haben und andere damit erfolgreich sind?

Immer, wenn das Regelwerk auf dem Papier stimmig ist und die Performance trotzdem zu wünschen übrig lässt, ist das ein Indikator dafür, dass Sie mit einer Methode handeln, die nicht zu Ihnen passt. Um das zu erkennen, bedarf es guter Aufzeichnungen und Sie müssen über genügend Datenmaterial zu Ihren Trades verfügen. Darüber werden wir an einer späteren Stelle des Buches noch genauer sprechen.

3   Trading und unsere Gesellschaft

Die Märkte funktionieren anders als unsere Gesellschaft und anders, als wir es aus unserem Alltagsleben gewohnt sind. Viele Verhaltensmuster und Überzeugungen, die wir von Kindheit an eingetrichtert bekommen, helfen uns, in der Welt, in der wir leben, lieben und arbeiten, zurechtzukommen. Wir lernen schon von klein auf, uns anzupassen und Rücksicht zu nehmen, um mit anderen Menschen auszukommen, und entwickeln so eine gewisse Form sozialer Intelligenz. An den Börsen hat Rücksicht jedoch keinen Platz, und der Schwächste ist das nächste Opfer, das unter die Räder kommt. Keiner kann ausschließen, dass Ihnen jemand eine Aktie verkauft und die Firma danach pleite geht. Niemand kann verhindern, dass Ihnen morgen jemand ein anderes Wertpapier abkauft, das sich daraufhin verdoppelt, weil ein Übernahmeangebot eines größeren Mitbewerbers vorgelegt wird.

Wenn Sie im Supermarkt faule Eier kaufen, werden Sie diese am nächsten Tag wieder zurückbringen. Wenn Ihnen jemand schlechte Aktien »angedreht« hat, können Sie diese nirgends mehr umtauschen. Außer vielleicht an der Börse selbst und wenn Sie Glück haben, finden Sie jemanden, der Ihnen die dann wertlosen Papiere abnimmt. Das ist aber unwahrscheinlich und wenn es so ist, werden Sie nicht mehr den Preis dafür bekommen, den Sie damals bezahlt haben, sondern deutlich weniger. Das heißt, Sie müssen sich gut überlegen, was Sie tun, denn Sie werden auf jeden Fall die Konsequenzen Ihrer Entscheidungen tragen.

Wir alle haben über die Jahre hinweg gelernt, mit unserem Verhalten unsere Mitmenschen und unsere Umgebung zu beeinflussen. Sogar kleine Kinder wissen schon, dass sie, wenn sie besonders laut weinen, Aufmerksamkeit und Zuwendung bekommen. Die Börse können Sie loben oder tadeln, so viel Sie wollen, das wird Ihnen nichts nutzen. Die Märkte kümmert weder Lob noch Kritik, sie existieren einfach nur. Sie als Trader treiben mit der Strömung, können aber jederzeit entscheiden, ob Sie das Wasser wieder verlassen oder ob Sie noch ein wenig drinbleiben möchten.

Trotz der vielen grundlegenden Unterschiede zwischen den Märkten und unserem Alltag gibt es auch einige Parallelen. Diese sind auf den ersten Blick jedoch nicht gleich erkennbar. Das liegt daran, dass diese Gemeinsamkeiten bei Ereignissen auftreten, die mit der Börse nicht einmal im Entferntesten etwas zu tun haben. Wir werden im Lauf des Buches immer wieder solche Fälle aufzeigen.

In den folgenden Abschnitten wird nun erklärt, warum der Börsenerfolg uns so leicht erscheint und doch so schwer zu erreichen ist. Wir werden uns ansehen, welche Gedankengänge und Überzeugungen in uns verborgen sind, die uns oft die Suppe versalzen. Viele dieser Probleme liegen in unserer Kindheit verborgen, denn die meisten Verhaltensmuster wurden uns anerzogen und schaden uns heute bei dem Versuch, an den Märkten zu agieren. Das Bestreben unserer Eltern war, uns so zu erziehen, dass wir in unserer Gesellschaft funktionieren und erfolgreich werden. Das ist natürlich gut so und für die meisten Menschen genau das, was sie benötigen. Nicht alle von uns wollen schließlich an den Börsen handeln, die hier als eigene Welt in unserer Welt zu sehen sind. Erfolgreiche Trader hat es daher viel Überwindung gekostet, diese Glaubenssätze über Bord zu werfen und neue Wege zu beschreiten.

3.1   Was einen »vernünftigen« Job ausmacht

»In der Schule lernst du fürs Leben« oder »Du lernst nur für dich«, das und Ähnliches haben viele Menschen als Kinder oder Jugendliche von ihren Eltern fast täglich gehört. So kommt es, dass die meisten Kinder in der Schule fleißig sind und später einen »vernünftigen« Job oder das, was wir in unserer Gesellschaft dafür halten, ausüben. Jedenfalls sind Berufe wie unter anderem Kellner, Tischler, Rechtsanwalt oder ein Sekretariatsjob »vernünftige« Jobs aus der Sicht unserer Mitmenschen. Bei ausgefallenen Beschäftigungen ist die Akzeptanz in einem gewissen Milieu jedoch nur noch eingeschränkt vorhanden. Als Künstler (der noch keinen Namen hat) oder als angehender Sportler, der gerne Profi werden würde und die Schule unterbrechen möchte, haben Sie es sehr schwer, Ihr Umfeld von der Richtigkeit Ihrer Entscheidung zu überzeugen. Es sei denn, Ihre Eltern haben eine Affinität zur Kunst oder zum Sport. Wie viele Jugendliche entdecken ihre Liebe zum Film, zum Theater oder zur Musik, werden dann jedoch Sachbearbeiter in einer Bank und vergeuden ihr Talent! Weil die Menschen aus ihrem Umfeld es ihnen so vorleben. Sie glauben sogar, es richtig gemacht zu haben, sind jedoch oft ihr Leben lang unglücklich in ihrem Job und wissen meist gar nicht, warum das so ist.

Der Beruf Trader ist sicher kein akzeptierter Beruf in unserer Gesellschaft. Da die meisten Leute nicht wissen, was wir Trader tun, und der Mensch generell dazu neigt, Dinge, die er nicht versteht, kategorisch abzulehnen, wird auch die Spekulation von Haus aus abgelehnt, obwohl doch einige zumindest ein gewisses Grundinteresse für Geld und Börse aufbringen. Das merkt man beim Smalltalk, wenn ein Gesprächspartner erfährt, dass man an den Börsen handelt. Da wird dann schnell über den Dow Jones oder über den Dax geredet, oder über die eine oder andere Einzelaktie. Die Leute wollen dann immer wissen, ob sie die »richtigen« Werte besitzen und wie die Märkte sich entwickeln werden. Da Sie als erfahrener Trader auf beide Fragen keine Antwort wissen, ist Ihr Gegenüber oft irritiert und sucht sich jemand anderen für seine Plauderei oder wechselt einfach das Thema.

Für die Menschen gelten Sie rasch als Spinner oder als jemand, der glaubt, mit Glücksspiel reich zu werden. Man wird Sie für einen Tagträumer halten, von dem man sich abwendet. Vernünftige Spekulation hat jedoch weder mit Glück noch Pech zu tun und auch nicht mit Träumerei, sondern ist eher einer Art Kunst gleichzusetzen – doch das können Außenstehende nicht begreifen. Dass erfolgreiche Spekulation eines der schwierigsten Unterfangen der Welt ist, auch dafür bringen die Menschen kein Verständnis auf. Uns Tradern sollte Achtung gebühren, wir ernten jedoch oft nur Ablehnung oder Zweifel.

Eines ist überhaupt paradox: Viele angehende Trader glauben selbst gar nicht an sich. Viele haben den Mythos des »vernünftigen« Jobs in ihrem Kopf. Der Mythos, der ihnen in ihrer Kindheit eingetrichtert wurde und den sie einfach nicht vergessen können. Sie denken, die Spekulation sei kein guter, kein redlicher Job. Spekulation sei schmutzig (Leerverkäufe sowieso) und schlecht. Mit dieser Einstellung wollen Sie es schaffen? Wenn Sie nicht einmal an sich selbst glauben, erwarten Sie Zuspruch aus Ihrem Umfeld? Erfolg entsteht in erster Linie im Kopf, das wissen Sie. Es kommt weniger auf das Talent als auf das Durchhaltevermögen an. Talent wird generell überbewertet. Über allem steht jedoch, dass Sie an sich glauben müssen. Zeigen Sie es allen, zeigen Sie den Zweiflern, dass Sie gut sind und dass Sie es schaffen werden.

3.2   Geld verdienen mit Nichtstun

Ergänzend zum Thema, was einen »vernünftigen« Job ausmacht, gibt es noch einen Mythos, mit dem nun aufgeräumt werden soll. Sie kennen doch Aussagen wie »Nur durch harte Arbeit erlangt man Wohlstand« oder »Erfolg muss man sich verdienen« oder »Dem Tüchtigen gehört die Welt« – oder am besten finde ich »Harte Arbeit schadet niemandem«. Bei all diesen Sätzen handelt es sich um Überzeugungen, die in den meisten von uns tief verwurzelt sind. Viele Menschen schuften daher 60 und mehr Stunden in der Woche. Im Laden um die Ecke, beim Friseur, auf dem Bau oder im Büro, denn wir müssen uns unser Geld ja erst »verdienen«. Fühlen wir uns krank, bleibt man doch nicht gleich zu Hause. Mit leichtem Fieber kann man auch im Büro sitzen, schließlich ist ein wichtiges Projekt abzuschließen und Termine sind einzuhalten. Vor lauter Stress hat man gar keine Zeit, an ein Krankwerden zu denken.

Stellen Sie sich im Gegenzug einen Trader vor, der Trends am Tageschart handelt. Da er nur wenig Zeit für das Trading aufbringen kann, begnügt er sich mit ein oder zwei eingegangenen Positionen in der Woche. In gewissen Zeiten erreicht er nicht einmal diese Anzahl, was ihn aber nicht weiter beunruhigt. Vor fünf Wochen wurde eine seiner Positionen eröffnet, vor drei Woche eine zweite. Die dritte Position wurde vor ein paar Tagen neu eingegangen. Da die Stopps bei diesen Trades relativ eng gesetzt wurden, ist die Positionsgröße hoch und dadurch werden die Gewinne entsprechend stark gehebelt.

Dann kommt es zu einer unerwarteten Zinssenkung der EZB und die Aktien legen an einem Tag weiter stark zu. Und zwar jede von den dreien, die er besitzt. Bei allen Werten ist er nun weit im Plus und hat die gute Chance auf zusätzliche Gewinne, weil die Märkte derzeit generell fest tendieren und seine Aktien keine Schwäche zeigen. Bis auf die Eingabe der Orders und das Nachziehen der Stopps hatte der Trader keinen Aufwand mit diesen Positionen. Er kontrolliert zwar täglich den Schlusskurs, greift aber in die Trades nicht weiter ein und lässt sie laufen. Ein großer Gewinn ist ihm bereits sicher, und das in bloß fünf Wochen bei scheinbar null Aufwand.

Bitte stellen Sie dieses Ereignis den Überzeugungen gegenüber, die wir vorhin besprochen haben. Wären Sie in dieser Situation und mit diesem Denken bereit, den Gewinn anzunehmen? Sie meinen jetzt, das sei eine komische Frage und natürlich wären Sie dazu bereit. Doch nochmals die Frage: Haben Sie sich die vielen Euros wirklich »verdient«? Für diesen Betrag schuften Angestellte in einem Supermarkt wahrscheinlich mehrere Wochen lang, jeweils zehn Stunden oder länger am Tag. Haben Sie sich das Geld mit diesen Trades wirklich verdient? Trotz vermeintlichem Nichtstun? Halten Sie bitte einen Augenblick inne und denken Sie darüber nach.

Ein Trader verdient auf den ersten Blick sein Geld mit dem »Handeln« selbst. Wenn man jedoch genauer darüber nachdenkt, verdient ein Trader sein Geld nicht mit Aktion, sondern mit Passivität. Mit dem »Nichtstun«, mit Stillhalten. Mit dem

Laufenlassen der Gewinne. Natürlich bringen Sie die Profite erst durch den Verkauf ins Trockene, Gewinne können aber nur durch Abwarten, »Nichtstun« und Beobachten entstehen. Das korrespondiert nicht unbedingt mit unserer Erziehung und darüber müssen Sie sich im Klaren sein. Dieser innere Konflikt ist oft der Grund, warum viele Trader am Beginn eines Beobachtungszeitraumes (egal, ob das der Tag oder der Monat ist) gut verdienen, diese Gewinne aber dann im Lauf der Periode wieder an die Märkte zurückzahlen. Weil sie sich den Gewinn nicht wert waren und weil sie dachten, ihn nicht zu verdienen.

Ergänzend zu dem eben Geschriebenen habe ich einen genialen Satz von Ronald Reagan, dem ehemaligen Schauspieler und Präsidenten der USA im Ohr. Der sagte einmal: »Harte Arbeit hat noch niemandem geschadet. Aber warum soll ich es riskieren?« Eine absolut geniale Aussage eines großen Mannes und sie leitet uns zum nächsten Kapitel über.

3.3   Kennen Sie jemanden, der durch harte Arbeit reich wurde?

Die Überschrift ist bewusst ein wenig provokant gewählt. Natürlich wird es Menschen geben, die ordentlich schuften und fleißig sparen und dann irgendwann ein wenig Geld auf der hohen Kante haben, aber diese Menschen meine ich nicht. Die meisten von uns werden niemanden kennen, der wirklich reich ist. Ich denke hier nicht an einen Arzt aus einem Krankenhaus und auch nicht an den Abteilungsleiter eines Speditionsunternehmens, der im Jahr 100.000 Euro netto verdient. Keine Frage, das ist ein sehr gutes Gehalt und damit kann man schon etwas aufbauen. Gemeint sind hingegen Leute, die wirklich reich sind. Die Frage ist: Wie viele dieser Personen haben ihren Wohlstand durch harte Arbeit im Schweiße ihres Angesichts erreicht? Natürlich bauten viele von ihnen einen Betrieb auf, gingen Risiken ein und bewiesen Unternehmertum oder zeigten Geschick. Manche haben das Geld aber vielleicht nur geerbt oder sie hatten eine einzige geniale Idee und verkauften diese dann für Millionen oder Milliarden. Einige waren auch einfach nur zur richtigen Zeit am richtigen Ort.

Ich habe mir vor Jahren einen Zeitungsartikel ausgeschnitten. Dessen Überschrift lautet »3 Millionen Euro für einen 90-Sekunden-Song«. Dieser Artikel handelt von einer amerikanischen Schauspielerin, die zu einem Kinofilm den Titelsong gesungen hat. Für die Aufnahmen zu diesem Lied wurde ein einziger Tag angesetzt. Diese drei Millionen Euro sind bisher übrigens der absolute Rekord, was die Gagen im Zusammenhang mit dem investierten Arbeitsaufwand betrifft. Besagten Artikel trage ich auch heute noch ständig bei mir und jedes Mal, wenn Zweifel in mir aufkommen, ob meine Psyche mit manchem Profit im Reinen ist, sehe ich mir diesen Zeitungsausschnitt an. Glauben Sie mir, dann bin ich bereit, jeden nur erdenklichen Profit mit einem Lächeln und ohne schlechtes Gewissen einzustreichen. Haben auch Sie keine Hemmungen, erzielte Börsengewinne zu akzeptieren! Auch wenn es ziemlich hohe Gewinne sein sollten. Sie verdienen sie – jeden Cent davon!

Conclusio »Gesellschaft«

Sie entscheiden selbst, ob Sie ein erfolgreicher oder ein erfolgloser Trader werden. Nur Sie können es entscheiden, denn sonst ist niemand da, der darauf einen Einfluss hätte. Weder Ihr Partner noch Ihr Broker noch die FED oder die Märkte an sich haben es in der Hand, Sie erfolgreich zu machen. Das Zeug dazu haben nur Sie selbst.

Doch manche Trader wollen den Erfolg gar nicht wirklich, wissen das aber nicht, weil diese Ablehnung tief in ihrem Unterbewusstsein verwurzelt ist. Wenn Sie sich den Erfolg selbst schon nicht gönnen, warum wollen Sie dann Anerkennung, Verständnis und Unterstützung von Ihren Mitmenschen erwarten? Da diese Dinge wahrscheinlich ausbleiben, müssen Sie an sich glauben, denn ich fürchte, Sie sind die einzige Person in Ihrem Umfeld, die die Möglichkeit dazu hat. Ziehen Sie es durch, egal, was kommt. Nehmen Sie Ihre Zukunft in die eigene Hand, und »arbeiten« Sie hart, wenn Sie wissen, was ich damit meine!

4   Die Psychologie hinter den Kursbewegungen

In der einschlägigen Fachliteratur wird immer wieder darauf hingewiesen, dass sich der Börsenerfolg zu 80 % aus psychologischen Faktoren und nur zu 20 % aus der angewendeten Methode zusammensetzt. Ein wenig dieser Psychologie soll nun im folgenden Kapitel etwas genauer unter die Lupe genommen werden. Es gibt viele Börsenbücher, die mit plakativen Überschriften wie »Die 7 Todsünden des Daytradings« oder »Die 5 Regeln für erfolgreiches Trading« aussagen wollen, worauf es beim Trading ankommt und was tunlichst vermieden werden soll. Für dieses Buch war ursprünglich ein ähnliches Kapitel geplant, doch kurzfristig wurde umdisponiert, weil mit den drei nachfolgenden Abschnitten alles gesagt werden kann, was es an dieser Stelle über das Marktverhalten und die Kursbewegungen zu sagen gibt. Sie werden bemerken, dass sich diese Grundsätze oft überschneiden, weil sie alle in irgendeiner Form zusammenhängen. Entscheidend für den Erfolg ist jedenfalls ein Verständnis für das größere Ganze, dem der interessierte Leser am Ende dieses Kapitels hoffentlich ein Stück näher gekommen ist.

4.1 Alles kann passieren

Erwarten Sie nichts von den Märkten und akzeptieren Sie alles, dann wird es Ihnen als Trader schlagartig besser gehen. Präzisieren wir diese Aussage gleich mit einem Beispiel: Sie sehen anhand eines Chartbildes eine Chance und eröffnen eine Position. Der Wert scheint nach ein paar Umkehrstäben wieder den Abwärtstrend aufzunehmen und Sie gehen daher »short«. Die Aktie sinkt nach Ihrem Leerverkauf und Sie sind zufrieden, denn es sieht gut aus. Ihre Position fällt weiter und hat in kurzer Zeit schon fast den Level erreicht, auf dem Sie nach Ihrem Regelwerk den Stopp nachziehen könnten. Doch kurz vor dieser Kursmarke dreht die Aktie und beginnt plötzlich zu steigen und Ihre Buchgewinne sind von einer Minute auf die andere verschwunden. Aber es kommt noch schlimmer. Die Aktie geht weiter hoch, Ihr Trade läuft ins Minus und schlussendlich werden Sie ausgestoppt. Vollkommen konsterniert fragen Sie sich, wie das passieren konnte, denn es hatte ja so gut ausgesehen. Ja, das hat es tatsächlich. Doch lassen Sie mich Ihnen hier eine weitere wichtige Lektion mit auf den Weg geben:

Egal, wie gut oder schlecht ein jeder Trade im gegebenen Moment gerade aussieht, sagt das nichts über seinen weiteren Verlauf aus.

Versuchen wir in die Feststellung »Alles kann passieren« noch ein wenig näher einzutauchen. Warum ist das wirklich so? Dazu müssen wir uns ansehen, wie die Kursbildung an den Märkten zustande kommt. Die Aufgabe der Börse ist es, Angebot und Nachfrage bestmöglich auszugleichen, und das wird in einem Chart grafisch dargestellt. Je nachdem, mit welcher Charteinstellung Sie arbeiten, sehen Sie entweder die mit einer Linie verbundenen Schlusskurse beziehungsweise bei der Verwendung von Bar- oder Candlestick-Charts darüber hinaus den Eröffnungs- und Schlusskurs sowie das jeweilige Hoch und Tief der gewählten Zeiteinheit.

Bei einem großen Standardwert, einem »Blue Chip«, ist das Handelsvolumen sehr hoch. Das bedeutet, dass an einem Tag sehr viele Aktien ihren Besitzer wechseln. Hinter jedem dieser Geschäfte stehen andere Motive und Strategien. Manche Marktteilnehmer verkaufen ihre Aktien ohne Limit, einige setzen sehr wohl eines. Andere platzieren einen Stopp, der gezogen wurde, und manche kaufen unlimitiert oder limitiert. Aus dieser Mixtur an Angebot und Nachfrage entsteht ein Kurs. Diese Kursstellung geschieht in Sekundenschnelle, mal geht der Kurs einen Cent nach oben, um in der nächsten Sekunde wieder zwei Cent nach unten zu fallen und so weiter.

Mit diesen Kursveränderungen ändert sich auch das Interesse der einzelnen Marktteilnehmer. Wenn ein Händler zum Beispiel zu 70,05 nicht kaufen will, weil ihm die Aktie hier noch zu teuer ist, er aber bei 69,95 zuschlägt, weil er dieses Preisniveau als adäquat betrachtet, dann hat die Änderung des Kurses um 0,10 eine Änderung des Verhaltens dieses einen Markteilnehmers bewirkt. Da sich die Kurse ständig bewegen, oft mehrere tausend Mal am Tag, ändern sich auch die Meinungen und das Verhalten der einzelnen Beobachter pausenlos. Da die Trader oft selbst nicht wissen, wie sich ihr Verhalten aufgrund eines derzeit noch unbekannten, in der Zukunft liegenden Kurses ändern wird, stellt sich die Frage, wie Sie das als technischer Analyst vorhersehen wollen.

Durch jede Kursstellung der Börse werden die Karten daher neu gemischt. Da Sie die Kräfte von Angebot und Nachfrage unmöglich erraten können, kann die Aussage von vorhin, dass jeder Trade zu jeder gegebenen Zeit seine Richtung komplett ändern kann, als absolut korrekt angesehen werden. Auch wenn ein Trade jetzt im Augenblick gerade sehr schlecht aussieht und ganz eng an Ihrem Stopp notiert, kann er sich ab der nächsten Sekunde zum größten Gewinner entwickeln, den Sie je in Ihrem Portfolio hatten. Umgekehrt funktioniert das natürlich genauso. Eine Aktie, die schon weit im Plus ist, kann plötzlich und ohne Vorwarnung drehen und alle Ihre Gewinne vernichten, wenn Sie es zulassen. Daher müssen Sie stets auf der Hut sein. Mit je weniger Erwartungshaltung Sie daher in einen Trade gehen, desto leichter tun Sie sich, die Position mental zu begleiten. Sie dürfen nicht einmal damit rechnen, dass Ihr Stopp der wirkliche Exit sein wird, denn Sie können im Worst Case mit einem großen Gap über Nacht am nächsten Morgen viel tiefer aus dem Markt hinausgeworfen werden, als es von Ihnen kalkuliert war.

Daher wird es für einen Trader, der über zu viel Fantasie verfügt, doppelt und dreifach schwer, denn in dieser Fantasie denkt er an die Zukunft. Er erwartet ein bestimmtes Ereignis und hofft, doch für diese Hoffnungen und Fantasien ist an der Börse kein Platz. Die Märkte funktionieren im kurzfristigen Rahmen rein zufallsbedingt. Ob eine Aktie morgen steigt oder fällt, hängt in erster Linie vom gesamten Marktumfeld ab, ist aber grundsätzlich nicht vorherzusagen. Da helfen auch wunderbare Chartanalysen nichts; was morgen passieren wird, ist heute noch unbekannt. Wenn es anders wäre, würde unser gesamtes Dasein keinen Sinn ergeben. Sobald Sie mit der Haltung an den Märkten agieren, dass Sie gar nichts »erwarten«, öffnen sich für Sie völlig neue Perspektiven, wie wir später noch vertiefen werden.

Wenn Sie andererseits bei einem Geschehen, das vom reinen Zufall bestimmt ist, pausenlos Erwartungen in sich tragen, werden Sie oft damit konfrontiert werden, dass nicht alles so eintritt, wie Sie es sich vorgestellt haben. In so einer Situation ist es dann nur allzu wahrscheinlich, dass Sie mentale Probleme bekommen. Der Kreis schließt sich, denn wenn das so ist, werden Sie ständig ein gewisses Unbehagen oder sogar Leid bei manchen dieser Kursbewegungen empfinden. Sie werden etwas Unangenehmes verspüren, das Sie in Zukunft lieber verhindern möchten. Da dies nicht möglich ist, weil Sie den Kursverlauf nicht beeinflussen können, werden Sie zwangsläufig in eine schlechte Technik verfallen, und diese schlechte Technik wiederum muss zu Verlusten führen.

Das Einzige, was Sie daher von den Märkten erwarten können ist, dass es nichts zu erwarten gibt und dass alles passieren kann. Zu jeder Zeit und in jedem gegebenen Moment. Betrachtet man die Ereignisse des Herbstes 2008, wird einem die Grundaussage dieses Abschnitts wieder besonders deutlich vor Augen geführt.

4.2   Jede Marktsituation ist einzigartig

Mit der Technischen Analyse versuchen viele Trader, anhand der historischen Kursverläufe eine Prognose über die Zukunft zu erstellen. Anhänger dieser Technik meinen, der Chart sei eine Abbildung des menschlichen Verhaltens, denn er dokumentiere alle Kauf- und Verkaufsentscheidungen der einzelnen Marktteilnehmer, und diese Entscheidungen seien im Kursverlauf ersichtlich. Weiterhin wird von den Chartisten argumentiert, dass Menschen sich in bestimmten Situationen immer gleich verhalten würden. Auf große Menschenmassen, wie sie an der Börse zusammenkämen, träfe das besonders zu, und diese Verhaltensmuster ließen sich anhand der Technischen Analyse vorhersagen. In der Statistik spricht man auch vom »Gesetz der großen Zahl«. Es besagt, dass das gesuchte Ergebnis umso wahrscheinlicher vorherzusagen ist, je größer die beobachtete Gruppe ist. Befürworter dieser Theorie gibt es viele, baut doch zum Beispiel die gesamte Versicherungsbranche mit ihrem Risikomanagement darauf auf. Doch kann man diese fundierte These einfach so auf das Trading übertragen? Sehen wir weiter.

Viele Trader sprechen bei den Chartverläufen von einer »sich selbst erfüllenden Prophezeiung«. Erkennt man nach dieser Theorie im Chart zum Beispiel einen Widerstand, sehen diesen Widerstand 1.000 oder mehr andere Trader, die auf diesen Chart blicken, ebenfalls, und daher kann man sich diesen Umstand mit etwas Geschick zunutze machen. Der erfahrene Trader weiß jedoch, dass das Ganze nicht so einfach ist, was wir im Folgenden betrachten wollen.

Dazu müssen wir uns zuerst die Frage stellen, was wir genau in einem bestimmten Chartbild sehen oder besser gesagt, wie wir es interpretieren. Sehen wir wirklich alle das Gleiche darin? Um diese Frage zu beantworten, müssen wir wissen, wer oder was beim Menschen überhaupt sieht. Sind es unsere Augen oder ist es unser Gehirn? Neueste Erkenntnisse der Gehirnforschung lassen darauf schließen, dass wir mit dem Gehirn sehen und nicht mit den Augen. Natürlich wissen wir alle, dass das Auge bloß die Reize aufnimmt und das Gehirn die Bilder daraus macht. Doch ist hier etwas ganz anderes gemeint, denn Forscher haben in den letzten Jahren noch viel Interessanteres herausgefunden. Die wichtigste Erkenntnis dieser Studien war jene, dass wir Menschen die Reize unserer Umwelt in unserem Kopf ganz nach unserem Geschmack interpretieren und zusammenbauen.

Wieso ist es sonst erklärbar, dass manche Menschen von bestimmten Gemälden fasziniert sind, andere hingegen nichts damit anfangen können? Warum findet eine Frau einen Mann attraktiv und eine andere nicht? Wie ist es möglich, dass Sie sich eine Krawatte kaufen, die niemandem außer Ihnen gefällt? Sehen die anderen denn eine andere Krawatte? Zweifelsohne ist das so. Man kann diese Tatsache aber nicht nur beim Sehen, sondern auch bei den anderen Sinnen feststellen. Wie kann es sein, das Ihnen das Wiener Schnitzel im Wirtshaus hervorragend schmeckt, während alle anderen angewidert den Teller zur Seite schieben? Warum gefällt Ihnen klassische Musik und Ihre Familie oder Ihre Freunde können damit gar nichts anfangen und hören lieber Rock-Musik? Bevor wir jedoch zu sehr abschweifen, wenden wir uns mit dieser Erkenntnis wieder dem Trading zu. Wenn das stimmt – ist dann der Chart, den Sie gerade betrachten, vielleicht ein ganz anderer Chart als der, den alle anderen Trader sehen?

Mir passiert es von Zeit zu Zeit, dass ich eine Aktie auf meiner Watchlist habe, die ich, sagen wir »long« traden wollte. Der Einstiegskurs wurde beim Screening notiert und die Börseneröffnung abgewartet. Wenn ich den Chart etwas später erneut lade und vor der Ordereingabe stehe, wundere ich mich manchmal, warum ich vorhin auf einen »Long«-Trade gekommen war, denn nun würde ich den Trade eher »short« machen wollen. Das bedeutet nicht, dass ich aus dem Bauch heraus handle und kein Regelwerk benutze. Ich arbeite jedoch rein diskretionär, sehe also ein Chartbild und treffe dann eine Entscheidung. Dieses »Chartbild« lässt mir also einen gewissen Interpretationsspielraum. Falls Sie sich jetzt fragen, wie das gehen soll, einmal »long«, ein anderes Mal »short« gehen zu wollen, muss ich Sie noch um etwas Geduld bitten. Genauer erklären werde ich dieses Beispiel noch im Kapitel »Einstiege«. Passiert so etwas, dann lösche ich die Aktie von meiner Watchlist, weil ich scheinbar keine klare Meinung zu diesem Trade habe.

Folglich kommt nun hier eine wichtige Grundregel zur Chartanalyse:

Mein Chart ist nicht Ihr Chart.

Es ist wissenschaftlich belegt, dass wir Menschen unsere eigene Welt sehen, fühlen, riechen oder schmecken. Genauso verhält es sich auch bei uns Tradern. Wir alle sehen unsere eigenen Charts, verzerrt durch Wünsche, Hoffnungen oder Ängste.

Versuchen wir, das Ganze noch ein wenig zu vertiefen. Glauben Sie tatsächlich, dass alle Trader an jedem Tag in der gleichen Gemütsverfassung sind? Es liegt wohl auf der Hand, dass das keinesfalls sein kann. Warum sollte dann ein besonders hartnäckiger Widerstand nicht beim vierten Anlauf gebrochen werden können? Nur deswegen nicht, weil die Aktie letzte Woche mehrmals daran abgeprallt ist? Gestern Abend war vielleicht ein wichtiges Fußball-WM-Match und aufgrund eines Sieges schlägt sich diese Euphorie auch auf das Trading durch. Alle Trader sind in euphorischer Stimmung und kaufen, und der vermeintliche Widerstand wird pulverisiert. Da Sie als Nichtfußballfan nicht einmal in Ansätzen über das Match und das Ergebnis Bescheid wussten, sind Sie auf dem falschen Fuß erwischt worden. Sie waren »short« positioniert und haben sich darauf verlassen, dass alle anderen Trader diesen Widerstand ebenfalls als unüberbrückbare Barriere ansehen. Doch Sie haben die Rechnung ohne den Wirt gemacht. Die anderen Trader sahen aufgrund ihrer Hochstimmung alles rosarot, und der vermeintliche Widerstand löste sich in Schall und Rauch auf.

Das ist zwar bewusst ein skurriles und einfaches Beispiel, doch natürlich ändert die Gemütsverfassung Ihren Tradingstil. Vor allem dann, wenn Sie sich nicht völlig unter Kontrolle haben, und die wenigsten Trader haben sich unter Kontrolle. Wo können noch weitere Unterschiede liegen? Zum Beispiel in den finanziellen Mitteln. Die Börsen sind gestern stark gestiegen, weil viele Marktteilnehmer Aktien gekauft hatten. Die Mehrheit kann daher gar nicht mehr weiter zukaufen, weil ihr das Kapital derzeit fehlt. Die meisten sind voll investiert. Auch dieser Umstand wird, wie noch viele bisher ungenannte, variieren, und all diese unterschiedlichen Bedingungen machen eine scheinbar gleiche Situation zu einer ganz anderen.

Conclusio »Psychologie«

Auch wenn das Chartbild sehr große Ähnlichkeit mit dem vor zehn Tagen oder einem halben Jahr besitzt – an der jetzigen Situation sind andere Menschen beteiligt. Weiterhin sind andere Stimmungen und Gemütszustände oder geänderte finanzielle, wirtschaftliche oder politische Rahmenbedingungen vorhanden. Häufig wird behauptet, Menschen verhielten sich in vergleichbaren Situationen ähnlich. Das mag zutreffen, wenn die Situationen tatsächlich vergleichbar sind. Sie sind es aber nicht, wie oben festgestellt wurde. Lassen Sie sich daher nicht auf das Glatteis führen und sorgen Sie für den Fall vor, dass der Markt nicht so möchte, wie Sie es von ihm erwarten. Ergreifen Sie Ihre Chance, aber sichern Sie sich ab, wenn sich die Dinge anders entwickeln als geplant, was so viel bedeutet wie: Setzen Sie immer einen Stopp, egal, wie »sicher« Sie sich sind.

Exkurs – Gurus

Der Autor kann es sich nicht verkneifen, hier einen kleinen Seitenhieb auf »Wahrsager« und »Gurus« zu machen, die uns pausenlos an ihrem vermeintlichen Wissen über die Zukunft teilhaben lassen möchten. Wenn Sie als privater Trader nach der Lektüre dieses Buches immer noch glauben, die Märkte prognostizieren zu können, wird sich niemand über Sie lustig machen und jeder wird Verständnis für Sie aufbringen. Die meisten erfolgreichen Trader dachten zu Beginn ihrer Laufbahn ebenso, haben es aber geschafft, irgendwann den Entwicklungsschritt in eine andere Richtung zu vollziehen.

Wenn sich diese selbsternannten Gurus nun aber vor die Fernsehkamera stellen und zu Jahresbeginn eine Prognose abgeben, wo der Dax am 31.12. stehen wird, fehlen mir einfach die Worte. Ich bin deswegen sprachlos, weil ich diese Dreistigkeit nicht nachvollziehen kann. Bei dieser Vorhersage wären so viele unbekannte Variablen zu erfassen, dass man doch nicht allen Ernstes so einen Schwachsinn öffentlich verbreiten kann. Vergessen Sie daher die Leute, die vorhersagen, wo Silber am Jahresende stehen wird, was die Allianzaktie in den nächsten zwei Wochen tun wird und wie sich der Ölpreis bis Ende der Woche entwickelt. Wer soll das heute schon wissen? Ich frage mich immer wieder, warum diesen Menschen eine Plattform geboten wird, um diesen Unsinn zu verbreiten. »Erfolgreiche Trader sind keine Wahrsager« und »Gurus und Wahrsager sind keine erfolgreichen Trader«. So einfach ist das!

Werden daher in einem Zeitungsartikel oder in einer Fernsehsendung lauthals solche Prognosen verkündet, sollten Sie am besten nicht mehr weiterlesen oder den Kanal wechseln. Sie werden keinen erfolgreichen Trader finden, der sich in die Öffentlichkeit stellt und Prognosen abgibt. Das macht kein Trader, weil er zu gut weiß, es nicht wissen zu können. Weil er gelernt hat, dass einfach alles passieren kann. Gurus bedienen mit ihrer Arbeit jene Menschen, die so gerne wüssten, was passieren wird. Glauben Sie an Horoskope oder legen Sie Karten? Nein? Warum hören Sie dann auf diese Wahrsager?

Die Sehnsucht, in die Zukunft blicken zu können, steckt in uns allen. Sie ist so alt wie die Menschheit selbst, doch leider oder zum Glück hat es noch niemand geschafft. Komischerweise denken sogar hochintelligente Menschen, dass es gerade an den Finanzmärkten möglich sei, und versuchen daher krampfhaft, mittels Technischer Analyse den Beweis anzutreten. Der Glaube daran ist grundsätzlich nichts Schlechtes, wenn Sie es schaffen, trotz Ihrer Prognosen emotionslos zu bleiben. Dann »dürfen« Sie glauben, den Markt vorhersagen zu können. Meist lässt sich beides jedoch nicht vereinen.

4.3   Die einzelnen Trades unterliegen einer reinen Zufallsverteilung

Ein erfahrener Trader weiß, dass er nicht in die Zukunft blicken kann, und betrachtet die einzelnen Trades daher als eine Serie von Events mit ungewissem Ausgang. Als Zufallsprodukt mit einer Wahrscheinlichkeit von 50:50, dass die Aktie um einen Wert X steigt oder fällt. Da diese Aussage für einen angehenden Trader noch etwas unglaublich klingen mag, versuchen wir diese These nun mit Fakten zu untermauern.

Gehen wir davon aus, dass Trader A. einen Wert handelt, den er rein zufällig ausgewählt hat. Er entscheidet also ohne Recherche oder Analyse, welche Aktie er tradet und ob er einen »Long«- oder »Short«-Trade ausführt. Er hat sich vorher keinen Chart angesehen und weiß auch nicht, wie der restliche Gesamtmarkt heute bisher verlaufen ist. Es ist 10.00 Uhr Vormittag und er platziert diesen Trade. Gehen wir weiterhin davon aus, dass er die Commerzbank ausgewählt hat und »long« gegangen ist. Rein zufällig, mit einem Dartwurf auf die ausgedruckten und an die Wand gehängten Dax-30-Werte und mit einem Münzwurf, was die Auswahl hinsichtlich der Handelsrichtung des Trades, also »long« oder »short« betrifft. Er eröffnet die Position und wartet. Da er keine Analyse betrieben hat, hat er keine »Meinung« zu diesem Trade und er weiß auch nicht, was passieren wird. Er sieht dem Trade einfach dabei zu, wie er sich zu entwickeln beginnt. Anfangs hat er Glück und die Aktie steigt ein halbes Prozent. Dann werden die Gewinne wieder abgegeben und die Position pendelt um ihren Kaufkurs herum. Später fällt sie sogar ein wenig, doch noch immer nimmt er das Geschehen gelassen hin. Natürlich wünscht er sich, dass der Trade klappt, aber er versucht unter diesen Voraussetzungen nicht, recht zu bekommen.

Wenn ein anderer Trader B. denselben Trade hingegen mit der vorgefassten Meinung durchführt, diese Aktie »muss heute steigen«, denn schließlich befände sich der Wert zum Beispiel in einer Korrektur und notiere ganz in der Nähe einer Unterstützung, dann wird es für diesen Trader schwieriger werden. Warum ist er sich mit seiner Prognose so sicher? Es braucht doch nur einen Marktteilnehmer, um eine Kettenreaktion auszulösen, und die Aktie rauscht durch diese Unterstützung, dass ihm das Hören und Sehen vergeht. Trotzdem, er hat diesen Wert analysiert und sich eine »Meinung« über den zukünftigen Kursverlauf gebildet, daher will er auch recht bekommen. Was passiert bei einem Menschen, der etwas annimmt, was dann nicht eintritt? Es weckt negative Emotionen und Enttäuschungen in ihm. Ein Trader, der den Kursverlauf analysiert und danebenliegt, wird mit negativen Gemütszuständen konfrontiert, wenn sich seine Erwartungen nicht erfüllen, und dagegen möchte er etwas unternehmen. Wenn man es hingegen rational und emotionslos betrachtet, können wir absolut nichts mehr für einen Trade tun, den wir bereits laufen haben, egal, wie sehr wir uns das auch wünschen. Wir können nur Fehler begehen und diese Fehler sind leider vielfältig.

Wir ertragen es vielleicht nicht, erneut ausgestoppt zu werden, und löschen daher den Stopp. Wir sind uns scheinbar »sicher« (weil wir wieder als Wahrsager auftreten), dass der Stopp-Level erreicht wird, und stellen die Position manuell glatt, ohne das Ende des Trades abzuwarten. Wir »wussten« schließlich, wir würden ausgestoppt, obwohl wir eine halbe Stunde vorher, als wir die Position eröffnet hatten, »wussten«, der Trade würde klappen. So müssen wir mit ansehen, dass der Wert doch noch gedreht hätte, bevor unser Stopp erreicht wurde, und ein großer Gewinner geworden wäre.

Trader, die versuchen, über Vorhersagen an den Märkten zu agieren, erleiden daher pausenlos negative Gefühle, weil sie sehr oft nicht recht bekommen werden, und darunter wird ihre Technik leiden. Natürlich werden diese Trader manchmal recht bekommen, doch versuchen Sie sich zum Vergleich in den Trader hineinzuversetzen, der die Ergebnisse seiner Positionen als zufällige Ereignisse ansieht. Dieser Marktteilnehmer tradet unbeschwerter, weil er keine Meinung zum einzelnen Trade hat. Er weiß nicht, ob ihm nun ein Gewinner oder ein Verlierer ins Haus steht. Er sieht diesen Trade wie einen Münzwurf, der entweder Kopf (Gewinner) oder Zahl (Verlierer) wird. Klappt dieser Trade nicht, dann klappt der nächste, es macht keinen Unterschied für ihn.

Sobald Sie lernen, Ihre einzelnen Trades als Zufallsereignis zu sehen, werden Sie alle Signale gleichermaßen traden, ohne sie nochmals zu hinterfragen oder zu filtern. Sie führen jeden Trade aus, egal, was Ihr Bauchgefühl vorher sagt. Es gibt immer Trades, die sich gut anfühlen, und solche, die sich schlecht anfühlen. Das sagt aber nichts darüber aus, welcher Trade (der sich gut anfühlende oder der sich schlecht anfühlende) der Gewinner wird. Oder ob es beide werden oder gar keiner. Sie können es gerne ausprobieren und Ihre Stimmungen vor der Eröffnung jeder neuen Position festhalten. Dabei werden Sie erkennen, dass diese Emotionen in den seltensten Fällen mit dem Endergebnis korrelieren.

Erfolgreiche Trader denken alle in Wahrscheinlichkeiten, weil sie genug davon haben, das ständige Leid zu ertragen. Weil es ihnen darüber hinaus egal ist, recht zu haben oder zu bekommen. Begriffe wie »richtig« oder »falsch« haben im Trading keine Bedeutung mehr für sie, weil sie wissen, dass nur die Performance über einen längeren Zeitraum hinweg zählt. Der einzelne Trade macht da keinen Unterschied. Kommen fünf Verlierer in Serie, stehen auch bald wieder zwei oder drei Gewinner vor der Tür, und die Verluste sind so mehr als ausgeglichen.

Glauben Sie jetzt bitte aber nicht, dass Trader, die in Wahrscheinlichkeiten denken, vollkommen planlos in die Märkte einsteigen. Das ist nicht der Fall. Natürlich gibt es Trader, die wirklich rein zufällig die Handelsrichtung und die Underlyings auswählen. Ed Seykota zum Beispiel, ein berühmter US-Trader, beschreibt im Buch von Jack Schwager »*Stock Market Wizards*«, dass er seine Trades weitgehend ohne festes Regelwerk platziert. Er druckt sich lediglich den Langfristchart eines Unternehmens aus, hängt ihn an die Pinnwand und sieht sich diese Grafik von der anderen Zimmerseite her an. Wenn ihm sein »Gefühl« dann sagt, das werde ein guter Trade, dann steigt er in die vorherrschende Trendrichtung ein. Und dieser Ed Seykota ist schließlich nicht irgendwer, sondern ein sehr erfolgreicher, in der Szene weltbekannter Trader. Trotzdem misst er dem Einstieg so gut wie keine Bedeutung bei.

Dieses Beispiel ist natürlich eher die Ausnahme. Die meisten professionellen Trader verwenden sehr wohl ein genau definiertes Regelwerk, das sie immer und immer wieder anwenden. Das hilft ihnen, die unendlichen Möglichkeiten, die die Märkte ihnen bieten, zu filtern, und sie wissen, was in der gegebenen Situation zu tun ist. Auf diese Art ist gewährleistet, dass die Trades auch leichter wiederholt werden können, denn wenn Sie wissen, was Sie gestern gemacht haben, dann können Sie den Erfolg auch heute unter Anwendung der gleichen Vorgehensweise duplizieren. Natürlich wissen Sie, dass jede Marksituation einzigartig bleibt, aber trotzdem macht für Sie als Trader diese Duplizierbarkeit einen großen Unterschied. Sie wissen zwar auch dann noch nicht, was passieren wird, aber Sie wissen, wie Sie sich verhalten werden.

Das eigene Verhalten ist daher der einzige Umstand, den ein Trader wirklich beeinflussen kann. Alles andere ist für ihn nicht zu kontrollieren. Der reife Trader macht daher sehr wohl seine Hausaufgaben, bevor er in die Märkte eintaucht und einen Trade platziert. Er erkennt als Erstes eine Chance in einem vertrauten Chartbild. Dann definiert er als Nächstes sein Risiko, bestimmt den maximalen Verlust und die

Positionsgrößen und danach wartet er. Entwickelt sich der Markt nach seinen Vorstellungen, eröffnet er die Position und ab diesem Zeitpunkt weiß er nur, dass von nun an alles passieren kann – zu jeder Zeit.

Richtig! Wir haben ja noch den offenen Commerzbank-Trade von vorhin und unsere beiden Trader, den Anhänger der Zufallstheorie und den technischen Analysten. Es war ein »Long«-Trade und die Aktie pendelt nach einigen Schwankungen um ihren Kaufkurs herum. Leider kommen nun in den USA gegen 14:30 Uhr sehr schlechte Arbeitsmarktdaten heraus, mit diesen Daten drehen die Märkte nach »Süden« (in den Verlustbereich) und die Trader werden ausgestoppt. Welcher Trader, glauben Sie, wird sich mehr über den Verlust ärgern? Trader B., der mittels Technischer Analyse auf die Commerzbank gesetzt hat und »wusste«, sie würde steigen, oder Trader A., der einfach ein Signal bekommen und ausgeführt hat. Welcher Trader hat mehr verloren, glauben Sie? Von den absoluten Beträgen her haben beide natürlich den gleichen Verlust realisiert, doch Trader B. hat zusätzlich an Ego eingebüßt, was ihn bei seinen nächsten Trades belasten könnte. Trader B. hatte unrecht, wohingegen Trader A. weder unrecht noch recht hatte. Er erleidet bloß einen Fehltrade und der Verlust stört ihn nicht weiter, denn er ergreift sofort die nächste Chance. Trader A. ist daher mit weniger »Gesamtschaden« aus der Position herausgekommen, und das könnte sich bei den nächsten Trades unter Umständen positiv bemerkbar machen.

Exkurs zum Begriff »Chance«

Obwohl der reife Trader an die zufällige Verteilung im Hinblick auf die Anzahl von Gewinnern und Verlierern glaubt, geht er meist nicht willkürlich Positionen ein, sondern sucht nach einer besonderen »Chance«. Nach welcher »Chance«, werden Sie jetzt fragen, wenn es doch aus Sicht des Autors so gut wie egal ist, wann und wie man in einen Trade einsteigt. Wenn doch die Erfolgswahrscheinlichkeit eines Trades ohnehin nach einer reinen Zufallsverteilung von 50 : 50 zu betrachten ist? Korrekt ist, dass man die Märkte nicht prognostizieren kann, und es ist auch wahr, dass der Einstieg in einen Trade von untergeordneter Bedeutung ist, doch nie wurde behauptet, dass er gänzlich zu vernachlässigen sei.

Denn trotz dieser Zufallsverteilung gibt es klug gewählte Einstiegspunkte im Chart, die die Chance, dass sich der Trade in die gewünschte Richtung bewegt, um einen kleinen Faktor vergrößern. Die Betonung liegt hier auf den Worten »um einen kleinen Faktor«, aber über eine Abfolge von 1.000 oder 2.000 Trades kann das einen gewaltigen Unterschied ausmachen. Daher ist es wichtig, charttechnisch markante Punkte zu finden, an denen sich ein Einstieg lohnt, und deswegen sprechen wir von einer »Chance«, wenn erfolgreiche Trader auf so eine Situation geduldig warten. Wo diese Stellen liegen, werden wir im Kapitel »Einstiege« behandeln.

Auf eine »Chance« zu warten stärkt zusätzlich die Disziplin des Traders und erfordert Verzicht von ihm. Beides sind Eigenschaften, die, wie wir wissen, für erfolgreiches Traden essenziell sind. Trotzdem gilt es, die Kirche im Dorf zu lassen und die Einstiege nicht überzubewerten. In ihnen liegt zweifelsohne nicht der Schlüssel zum Tradingerfolg versteckt.

5 Einige typische Fehler und die dahinterliegenden Ursachen

Schämen Sie sich nicht für Ihre Fehler, denn wir sind alle nur Menschen, und unsere Fehler machen uns genauso einzigartig wie unsere Stärken. Lassen Sie Ihre Fehler für sich arbeiten und lernen Sie aus ihnen. Im folgenden Kapitel werden wir über einige dieser Fehler nun genauer sprechen. Wir werden uns ansehen, wie sie überhaupt entstehen, um dann die dahinterliegenden Verhaltensmuster besser begreifen zu können und den Ursachen dieser Fehler letztendlich auf den Grund zu gehen. Zu guter Letzt werden wir versuchen, Wege aufzuzeigen, wie wir es schaffen können, diese Fehler zukünftig ein wenig seltener zu begehen oder sie ganz auszumerzen. Beginnen wir daher mit dem größten Fehler, der einem Trader passieren kann.

5.1 Kein Stopp-Loss

Anmerkung

Dem Autor ist bewusst, dass es fortgeschrittene Tradingansätze gibt, die ohne herkömmliche Stopps arbeiten. In diesem Buch gehen wir aber davon aus, dass einfache Handelssysteme zur Anwendung kommen und diese daher zwingend einen Stopp verlangen.

Wir alle wissen es und wir alle haben es schon in dutzenden von Tradingbüchern gelesen. Setzen Sie immer einen schützenden Stopp! In diesem Kapitel kommt es nicht darauf an, wo und wie man die Stopps richtig setzt. Dazu kommen wir noch an anderer Stelle. Es geht um die Tatsache, dass es wichtig ist, überhaupt einen Stopp zu setzen oder warum man es eben nicht tut. Wenn wir davon ausgehen, dass alle Trader um die große Wichtigkeit des Stopps wissen, stellt sich die Frage, warum dann trotzdem so viele darauf verzichten. Warum setzt man keinen Stopp, obwohl man es besser weiß?

Die erste Erklärung ist die, dass man sich unbewusst Schaden zufügen möchte. Das wurde in einem anderen Kapitel bereits angeschnitten. Das Unterbewusstsein des Traders ist scheinbar der Meinung, die Profite nicht zu verdienen. Deswegen will er sich selbst nichts Gutes und verzichtet daher auf einen Stopp. Gehen wir aber weiterhin davon aus, dass der Trader sehr wohl der Meinung ist, die Gewinne zu verdienen. Warum setzt mancher dann trotzdem keinen Stopp?

Die Antwort ist ganz einfach. Der Trader glaubt, dass dieser Trade klappt, und er verzichtet daher auf den Stopp, denn er meint, ihn gar nicht zu brauchen. Doch wie kann er wissen, ob der Trade funktioniert? Niemand kann das! Das wurde im Kapitel »Die Psychologie hinter den Kursbewegungen« bereits genau beschrieben. Ohne Sicherungen, ohne Seil und Steigeisen auf einen 8.000er zu klettern – das machen nur Leichtsinnige oder Wahnsinnige. Es ist in jedem Fall wichtiger, sein Kapital zu schützen, als Profite zu machen. Im Zweifel ist es daher richtig, einen Trade vorüberziehen zu lassen, wenn es zu »heiß« wird oder wenn man nicht genau weiß, wie der Chart zu interpretieren ist. Neben dem Setzen eines Stopps empfehle ich Ihnen auch, folgenden wichtigen Ratschlag zu befolgen:

Setzen Sie niemals mentale Stopps!

Geben Sie den Stoppkurs immer ins System ein. Warum? Sehen wir es uns anhand eines fiktiven Beispiels an. Man steigt in einen Wert »long« ein und sagt sich, bei dem Kurslevel X verkauft man, wenn der Trade nicht funktionieren sollte und die Aktie wider Erwarten fällt. Einige Zeit später ist trotz bester Technischer Analyse mit zwei Unterstützungen (die nicht gehalten haben) das X erreicht und der Trade hat nicht geklappt, doch wer jetzt nicht verkauft, sind Sie! Sie haben es sich zwar vorgenommen, aber Sie tun es nicht. Warum tun Sie es nicht? Weil es möglich wäre, dass der Markt wieder dreht, und darauf bauen Sie. Die Kurse können, wie wir wissen, pausenlos ihre Richtung ändern.

Vielleicht verkaufen Sie aber auch nicht, weil Sie noch eine weitere Unterstützung gefunden haben, die etwas tiefer liegt, und Sie wollen dem Trade daher noch »mehr Raum« geben. Die Möglichkeiten sind unendlich und man findet schließlich immer einen Grund, wenn man nur lange genug sucht. Weil das so ist, setzen Sie das X (den

Stopp) bei diesem Trade nun einfach weiter weg. Natürlich wieder nur mental. Und dann nochmals weiter weg. So wird Ihr kleiner, anfangs genau kalkulierter Verlust von Minute zu Minute oder von Tag zu Tag größer, und Sie sitzen wie gelähmt vor dem Ticker und können nicht mehr eingreifen.

Sie waren sich einfach zu »sicher«, dass diese Unterstützung halten würde, und haben noch dazu den Fehler gemacht, den Stoppkurs nicht ins System zu stellen. Als Gegenargument hört man oft, dass sich die »Big Boys« bei den großen Fondsgesellschaften, die tieferen Zugang zu den Handelssystemen haben, Ihre Stopps »holen« und Sie so abzocken würden.

Manche Trader sind weiterhin der Meinung, dass der Markt immer genau an ihrem Stopp drehe, und betrachten ihn als gieriges Monster, das es immer nur auf sie abgesehen habe. Doch wenn man genau darüber nachdenkt, ist das doch blanker Unsinn. Wenn Sie das wirklich glauben, hat Ihnen früher sicher die Serie »Akte X« gefallen, wo es um Außerirdische und Verschwörungstheorien ging. Mir hat die Serie sehr gut gefallen, an die Verschwörung mit den Stopps glaube ich trotzdem nicht. Natürlich wird der Markt Ihren Stopp manchmal triggern und gleich danach wieder drehen. Wenn das passiert, war das eben Pech oder eine schlechte Stoppsetzung. Das ist das Spiel. Nichts ist perfekt! Die Stopps gehören trotzdem in jedem Fall ins System und nirgends sonst hin. Unbedingt und ausnahmslos! Nur ein ausgefuchster Profi hält diesem mentalen Druck stand, die Stopps wirklich manuell auszuführen, wenn der entsprechende Kurslevel erreicht wurde. Als Anfänger brauchen Sie noch Jahre dazu. Außerdem müssten Sie so die ganze Zeit vor dem Ticker sitzen, was nicht gut ist, wie wir noch sehen werden. Verzichten Sie daher nie auf einen Stopp und geben Sie ihn immer ins System ein. Ist der Stopp einmal platziert, dann heißt es »Hände weg« davon, denn er bleibt ausnahmslos dort, wo er ursprünglich geplant war. Ohne Ausrede!

5.2   Zögern beim »Abdrücken«

Dieses Phänomen wurde in Ansätzen schon beim Stoppkurs beschrieben, doch jetzt geht es nicht mehr um den Ausstieg, sondern um den Einstieg in eine Position, und das ist aus mentaler Sicht nicht genau das Gleiche. Vergegenwärtigen wir uns wieder ein Beispiel, um die Unterschiede herauszuarbeiten. Sie sehen einen Widerstand im Chart und planen den Einstieg so, dass Sie eine »Long«-Position eingehen, wenn dieser um 0,5 % durchbrochen wird. Der Stopp ist vorher von Ihnen genau definiert und liegt unter dem Vortageshoch, was aus charttechnischer Sicht heraus auch Sinn ergibt. Die Positionsgröße wurde ebenfalls errechnet und Sie sind bereit für diesen Trade.

Die Börsen eröffnen und Sie warten zuerst nur ab. Nach circa 50 Minuten ist es dann so weit. Die Märkte tendieren heute generell fest, Ihr ausgesuchter Wert durchbricht den Widerstand und erreicht Ihren Kaufkurs. Das Orderticket mit der richtigen Positionsgröße ist vorbereitet und der Mauszeiger steht über dem »Kaufen«-Button. Doch Sie können nicht draufklicken. Sie wollen, aber Sie können es nicht. Was hindert Sie? Sie haben Angst! Sie wollen diesen Trade ausführen und Sie haben im Vorfeld alles richtig gemacht – die Analyse und das Money Management. Jetzt müssen Sie diesen Trade nur noch platzieren, aber Sie können nicht auf den Auslöser drücken, denn Sie fürchten sich. Während Sie so dasitzen, steigt die Aktie weiter, und mit jedem Tick nach oben schwitzen Sie mehr. Bis die Aktie schließlich so weit gestiegen ist, dass die von Ihnen gewählte Positionsgröße nicht mehr zu rechtfertigen wäre und Ihr striktes Money Management Ihnen diesen Trade verbietet. Es ist aus und vorbei. Dieser Trade ist gelaufen und Sie sind nicht dabei. Sie haben eine Chance erkannt, Ihre Hausaufgaben gemacht und dann haben Sie es nicht geschafft, den Abzug zu drücken. Warum?

Dieses Zögern resultiert aus einem versteckten Wunsch nach Sicherheit. Sie trauten sich nicht, manuell einsteigen, weil Sie vor einem möglichen Verlusttrade Angst hatten. Sie wollten mehr Sicherheit und Sie wollten »wissen«, dass dieser eine Trade ein Gewinner wird. Mit dem Zögern haben Sie versucht, sich vor einem möglichen Verlust zu schützen. Sie hätten gern noch mehr »Beweise« gehabt, dass dieser Trade klappen wird. Vielleicht beginnen Sie sogar in dem Moment, in dem Sie einsteigen sollten, nach einer zusätzlichen Bestätigung zu suchen, prüfen noch kurz einen Oszillator und fühlen sich dann besser. Oder Sie packen noch einen zusätzlichen Indikator dazu, trotzdem bleibt es so, wie es vorhin beschrieben wurde. Wirklich schlauer werden Sie immer erst nach dem Trade sein. Sie können nur Ihren Einsatz leisten und es ein wenig später herausfinden.

Wie kann man das Problem des Zögerns lösen? Am besten, wenn Sie es genauso handhaben wie bei den Stopps. Geben Sie die Kaufkurse immer in das System ein. Lassen Sie sich »einstoppen« in die Märkte oder arbeiten Sie mit einer »Limit Order«. Es spielt keine Rolle, ob es ein »Long«- oder »Short«-Trade ist. Vermeiden Sie manuelle Einstiege genauso wie manuelle Ausstiege. Überlassen Sie diese Arbeit der Handelsplattform. Sie ersparen sich auf diesem Weg viel Ärger und Stress. Machen Sie sich das Leben leichter als Trader, es ist ohnehin schon schwer genug. Belasten Sie sich nicht noch mit dem »Drücken des Abzugs«. Beherzigen Sie diesen Ratschlag, er wird Sie in Ihrer Entwicklung voranbringen!

5.3   Einer Aktie nachlaufen

In diesem Kapitel werden wir gleich beim vorhin beschriebenen Fall anknüpfen. Sie wollten bei einem Wert nach Überwindung eines Widerstandes »long« gehen, doch Sie haben gezögert. Die Aktie ist daraufhin weiter gestiegen und Sie waren nicht dabei. Das ist sehr ärgerlich und es schmerzt, doch der Trade ist vorbei. Sie konnten, aus welchen Gründen auch immer, Ihre »Chance« nicht wahrnehmen.

Jetzt sitzen Sie wie ein begossener Pudel vor dem Computer. Sie ärgern sich über sich selbst und sind zornig. Sie haben alles richtig gemacht und im Endeffekt doch alles falsch und müssen mit ansehen, wie die von Ihnen auserwählte Aktie steigt – ohne Sie! Das ist das Schlimmste, was einem angehenden Trader aus mentaler Sicht passieren kann, denn es tut mehr weh, bei einer steigenden Aktie nicht dabei zu sein, als einen glatten Verlust zu erleiden. Und die Märkte sind heute leider nicht gnädig mit Ihnen. Die Aktie, die Sie vorhin verpasst haben, explodiert nun förmlich nach oben. Es sind schon fast +5 % heute. In Gedanken zählen Sie bereits das nicht verdiente Geld. Sie halten es letztlich nicht mehr aus und kaufen die Aktie. Sie können der Versuchung nicht widerstehen. Weil Sie zusätzlich noch die Gier übermannt, verwenden Sie die ursprünglich errechnete Positionsgröße. Natürlich ist die Position daraufhin viel zu groß, denn die Stückzahl hätte ja für einen um fast 5 % geringeren Kurswert gegolten. Aber Sie hatten Angst, diesen Trade zu versäumen. Sie dachten, diese Aktie werde wahrscheinlich bis in den Himmel steigen, und das konnten Sie nicht zulassen, Sie mussten einfach dabei sein.

Doch genau zu dem Zeitpunkt, zu dem Sie eingestiegen sind, stockt die Aufwärtsbewegung. Die Aktie beginnt zu schwächeln. Noch kann sie die hohen Kurse einigermaßen halten, aber der Anstieg ist beendet. Dazu kommt, dass Sie kurz nach einem runden Kurslevel eingestiegen sind. Diese runden Werte wie 10, 15, 20, 30 und so weiter muss man als eine Art psychologische Barriere für viele Trader und Investoren sehen. Aktien prallen daher an diesen Kurslevels oft ab. Zurück zu dem Trade: Sie haben kurz nach diesem runden Kurslevel gekauft, weil Sie zu gierig waren. Daraufhin ist die Aktie ins Stocken geraten und nach einiger Zeit beginnt sie sogar zu sinken. Zuerst nur ein wenig, doch dann immer rascher. Sie trauen Ihren Augen nicht. Sie sind schon fast 2 % im Minus und das ist noch lange nicht das Ende. Der Wert gibt weiter nach. Natürlich haben Sie keinen Stopp ins System eingegeben. Vor lauter Hektik und Gier haben Sie daran gar nicht gedacht. Doch wohin jetzt mit dem Stopp? Sie wissen, Sie brauchen einen, aber Sie haben keine Zeit zum Nachdenken, denn die Aktie fällt weiter und Ihre Aufmerksamkeit richtet sich nur noch auf den Chart.

– 3 %! Wenn man die Positionsgröße bedenkt, sollten Sie schon längst glattgestellt haben. Ihre Risikotoleranzgrenze wurde überschritten und das wissen Sie. Jetzt manuell auszusteigen, schaffen Sie mental aber nicht mehr. Der Verlust wäre zu groß. Sie »hoffen« daher auf eine Marktumkehr. Doch die Aktie sinkt weiter wie ein Stein im Wasser. – 4 % – wohin nur mit dem Stopp? Das Tagestief ist zu weit entfernt, das sind fast 6 %. In der Zwischenzeit herrscht bei Ihnen nackte Panik. Sie sind schweißgebadet und Ihr Puls rast.

Nachdem die Aktie nach einer weiteren halben Handelsstunde schließlich sogar ins Minus dreht, sind Sie mit Ihren Nerven am Ende. Sie schaffen es endlich, sich zu überwinden, und stellen den Trade glatt. Sie haben einen satten Verlust eingefahren und verstehen nicht, wie das passieren konnte. Sie haben ein System entwickelt, bei dem Sie pro Trade nicht mehr als 100 Euro riskieren, doch im konkreten Fall haben Sie fast 6 % liegen lassen. Der Verlust liegt so nicht bei 100, sondern bei 400 Euro und das tut weh! Es war ein unnötiger Verlust, das wissen Sie. Doch was ist aus mentaler Sicht hier passiert und warum sind Sie der Aktie nachgelaufen?

Vermutlich wollten Sie sich wieder als »Guru« betätigen. Als jemand, der weiß, dass dieser Trade funktionieren wird. Sie waren sich sicher, dass der Trade aufgeht, da die Aktie sehr rasch über den Widerstand ging und weiter stieg. Sie konnte aus Ihrer damaligen Sicht nur noch weiter steigen, und daher haben Sie es vernachlässigt, sich Gedanken über die Stoppsetzung zu machen. Sie wurden ein Opfer der »selektiven Wahrnehmung«. Diesem Phänomen begegnet man, wenn sich Menschen in einer starken Emotion nur noch auf eine Seite eines Ereignisses konzentrieren können. Sie sehen entweder nur noch die möglichen Gefahren oder im Gegenzug nur noch die vorhandenen Chancen und ignorieren die jeweils andere Seite komplett.

Doch selbst wenn ein Trade fürs Erste gut aussieht, kann man nie wissen, was weiter noch daraus wird. Lassen Sie die Aktie daher ziehen. Es wird andere Trades geben. Die Märkte haben auch morgen noch geöffnet und die Gelegenheiten sind ständig vorhanden. Sie versäumen es nicht, denn Sie können schließlich während Ihres ganzen restlichen Lebens noch traden. Was macht da ein verpasster Trade für einen Unterschied?

Ein Trader kann natürlich auch sauber eine Position eröffnen, selbst wenn das Signal bereits von ihm versäumt wurde. Er prüft, ob er anhand des ursprünglichen Regelwerks noch positioniert wäre und ob der Trade sich noch im Rahmen seines Gesamtsystems bewegt. Ist dies der Fall, kann man auch nach dem Verpassen eines Signals eine Position sauber eröffnen. Jeder Trader ist angehalten, darüber nachzudenken, ob er diese Vorgehensweise praktizieren möchte.

Ein Aspekt, diesen Trade betreffend, wurde noch nicht angesprochen. Sie haben den Einstieg verpasst und deshalb sind Sie zornig auf die Märkte und auf sich selbst. Wenn Sie nicht aufpassen, machen Ihnen Ihre Emotionen einen zusätzlichen Strich durch die Rechnung, denn plötzlich wollen Sie sich revanchieren! Sehen wir uns das genauer an.

5.4 Aus Rache traden

Sie haben den Trade versäumt und Sie kochen vor Wut. Sie sind der Meinung, dass der Markt Sie um Ihren sicheren Gewinn betrogen hat und dass es Ihr Geld ist, was Ihnen vorenthalten wird. Daher versuchen Sie, sich jetzt am Markt zu rächen. Vergessen Sie aber eines nicht: Die Kurse werden nicht von einem »Herrn Markt« bestimmt.

Nehmen wir ein Beispiel, um diesen Irrglauben zu verdeutlichen. In der Zeit, in der Sie den idealen Einstieg verpasst haben, gab es hohe Umsätze in dieser Aktie. Es wurden insgesamt 475 Geschäfte getätigt. Jedes Geschäft erfordert zwei Geschäftspartner, einen Verkäufer und einen Käufer. Bleiben wir für dieses Beispiel bei dieser einfachen Rechnung. Das macht unter dem Strich 950 Personen, die zu der gegebenen Zeit dafür verantwortlich sind, dass die Aktie sich auf genau diese Art und Weise verhalten hat. An welcher dieser 950 Personen wollten Sie sich eigentlich rächen?

An Herrn Müller, der die Aktie aufgrund eines Tipps von einem Freund gekauft hat und sie Herrn Maier abgekauft hat? Herr Maier hat das Geld für seinen Urlaub gebraucht und musste daher einen Teil seiner Aktien verkaufen. Oder wollen Sie sich an Herrn Muster rächen, der ein paar seiner Aktien etwas vorschnell und ohne Limitorder veräußert hat, weil er Gewinne realisieren wollte? Oder richtet sich Ihre Rache doch lieber gegen Frau Berger, die eine Erbschaft gemacht hat, aber mit Aktien nichts zu tun haben möchte und ihren Bankberater gebeten hat, alle Aktien sofort und egal zu welchem Kurs zu verkaufen? Welche dieser Personen ist Ihnen recht? An wem würden Sie sich gerne rächen? Wer ist »schuld«? Verstehen Sie, worauf es hinausläuft? Sie können sich am Markt nicht rächen. Der Markt bildet nur das Verhalten der dahinterliegenden Individuen ab. Der Markt als Einheit ist unschuldig an seinem Verhalten, denn er hat kein eigenes Verhalten. Oder möchten Sie sich allen Ernstes an Frau Berger rächen?

In Wahrheit steckt hinter Ihrem Wunsch nach Gerechtigkeit nicht die Rache an einer anderen Person oder am Markt als Ganzem. Es geht darum, dass Sie es sich unbewusst selbst heimzahlen wollen. Sie sind auf sich zornig und wollen sich an sich selbst rächen. Das wäre so auch logisch, denn nur Sie haben es verbockt. Sie saßen allein vor dem Computer und haben die Handelsplattform bedient (oder deren Bedienung unterlassen wie beim verpassten Kauf). Daher können nur Sie allein die Verantwortung tragen. Das wollen Sie sich bewusst zwar nicht eingestehen, doch Ihr Unterbewusstsein lässt sich nicht täuschen. Deswegen möchten Sie sich selbst schaden – weil Sie von sich enttäuscht sind und diese Rache und den daraus resultierenden Verlust zu verdienen glauben.

Was man dagegen tun kann? Als Erstes müssen Sie zu dem gemachten Fehler stehen. Wenn Sie das tun, besteht die Möglichkeit, daraus etwas zu lernen. Sie sollten daher Aufzeichnungen führen, in denen Sie solche Vorkommnisse festhalten. Wenn Sie den Fehler, den Sie gemacht haben, akzeptieren, dann müssen Sie als Nächstes mit sich selbst nachsichtig sein. Sie können sich bestrafen, wenn Sie möchten und falls das Ihrer Psyche etwas bringt. Tun Sie es aber nicht, indem Sie unsinnige Trades machen und einer verpassten Aktie nachlaufen. Verzichten Sie auf das Abendessen oder joggen Sie eine Stunde statt einer halben oder tun Sie sonst etwas, bei dem Sie Verzicht üben müssen, aber schaden Sie sich nicht selbst, in dem Sie schlechte Trades ausführen. Schalten Sie in so einem Fall am besten den Computer aus, bevor Sie an Rache denken.

5.5   Den »perfekten« Trade verpassen

Wir kennen das alle. »Hätte ich nur…« oder »Wäre ich nicht…«. Der Trader sieht sich dutzende Charts täglich an und die vermeintlichen Chancen oder die »perfekten« Trades sind überall. Man sehnt sich danach, nur einmal ganz unten in einen Trend eingestiegen und bis ganz oben dabei gewesen zu sein. Es wäre »der perfekte Trade« geworden. Sie prüfen nach und stellen sogar fest, Sie wären mit Ihrer Methode nie ausgestoppt worden und hätten die ganze Bewegung mitgemacht. Ein Plus von 68 % in zwei Monaten. Wahnsinn! Mit etwas Glück hätten Sie sogar das Tageshoch erwischt und hätten die Performance auf 72 % steigern können. »Hätte ich nur…«

Eines muss Ihnen klar sein. Auch wenn Sie »hätten«, dann »hätten« Sie nicht wirklich. Den »perfekten Trade« gibt es nur auf dem Papier. Die perfekten Trades sind immer die, die man nicht gemacht hat, ist Ihnen das schon einmal aufgefallen? Wenn Sie einen guten Trade laufen haben, liegt es an Ihnen, was Sie daraus machen. Trades, die Sie nicht gemacht haben, sehen immer perfekt und einfach aus. Diesen Trades fehlt jedoch etwas Entscheidendes. Es fehlen die psychologischen Faktoren wie Angst oder Gier, die bei einer Position, die Sie nur fiktiv besitzen, keine Rolle spielen. Wenn Sie daher den scheinbar »perfekten Trade« verpasst haben, dann halten Sie sich vor Augen, dass Sie gar nichts verpasst haben. Sie berücksichtigen nicht alle Variablen der Gleichung, denn Sie vergessen Ihre Emotionen, und die machen den Großteil des Erfolges aus, wie wir bereits wissen.

5.6 »Dieser Trade macht mich reich«

Das Problem, das im Folgenden beschrieben wird, ist mit dem vorigen, dem »perfekten Trade« verwandt. Doch die »Nebenwirkungen« sind andersartig gelagert. Sie sehen eine »Chance«, eröffnen eine Position und dann geben Sie in Gedanken das viele Geld bereits aus. Sie rechnen nach, was Sie mit den Gewinnen alles anstellen werden, denn Sie nehmen an, die Aktie stiege wie eine Rakete und verdoppele sich in kurzer Zeit. Warum sollte sie das tun? Nur weil Sie in den Trade eingestiegen sind? Natürlich kann ein Investor ein kleines Unternehmen entdecken und wenn er dann ganz viel Glück hat, kann sich die Aktie mit den Jahren vervielfachen. Immer wieder versuchen die Marktteilnehmer, die »nächste« Microsoft-, Starbucks- oder Ebay-Aktie zu finden. Lassen wir bitte die Kirche im Dorf! Die Chancen, dass dies geschieht, stehen schon beim Investieren ziemlich schlecht.

Beim Trading ist dieses Unterfangen so gut wie aussichtslos. Wenn Sie mit sauberer Technik arbeiten, werden Sie es in erster Linie schaffen, Ihre Verluste so gering wie möglich zu halten. Das ist wichtig, denn nur so können Sie im Spiel bleiben und Ihr Kapital schützen. Die meiste Zeit wird Ihr Kontostand im besten Fall unverändert bleiben. Ein oder zwei Gewinnern folgen drei oder vier Verlierer. Die Gewinner übersteigen, vom absoluten Betrag her, hoffentlich Ihre Verlierer, aber die wirklich großen Profite lassen oft lange auf sich warten. Vor allem, wenn Sie mit richtiger Technik handeln, denn durch die Anwendung dieser Technik werden Sie auch das Gewinnpotenzial eines jeden Trades streng limitieren – schließlich gehört es zu einem System dazu, die Stopps nach gewissen Regeln nachzuziehen. Zumindest erfordern die meisten Handelssysteme in der einen oder anderen Art das Nachziehen von Stopps. Es sei denn, Sie arbeiten mit Kurszielen – dann ist das Kursziel das Limit und dort wird die Position glattgestellt. Durch das Nachziehen der Stopps oder durch das Arbeiten mit Kurszielen sichern Sie Ihre Gewinne und machen Ihr System profitabel. Sie limitieren aber andererseits damit die möglichen Gewinne, weil Sie die Bewegungsfreiheit der Werte einschränken. Früher oder später werden Sie daher ausgestoppt, denn kein Trend oder keine Bewegung läuft ewig. Der einzelne Trade wird Sie daher nie reich machen können.

Der Gedanke an den Hauptgewinn hat noch einen entscheidenden Nachteil. Weil der Trader so denkt, versäumt er es, sich über sich und sein System Gedanken zu machen. Der Glaube an diesen Mythos hindert den Trader daran, nach »Veränderungsmöglichkeiten« Ausschau zu halten. Sei es die mentale Veränderung, was der Schaffung eines neuen Denkens gleichkommt, oder die Veränderung und Weiterentwicklung seines Handelsansatzes. Der »Jackpot« scheint ihm vor jedem neuen Trade möglich, und weil er möglich wäre, dreht sich der Trader immer in einer Spirale aus Angst, Hoffnung und Schmerz. Er läuft seinen Weg immer mit der Karotte des »Hauptgewinns« vor der Nase, wie sonst der Esel, der einen Wagen zieht.

Dieses Warten auf den Hauptgewinn stiehlt dem Trader jedoch nur wertvolle Zeit und Geld. Es kommt nämlich darauf an, dass Sie Ihre Profite langsam, aber stetig kumulieren und Ihr Eigenkapital vergrößern. Das funktioniert nur mit kleinen Verlusten und im Verhältnis dazu größeren Gewinnen. Es gibt zwar die »Home Runs« – das sind die Trades, die Ihnen ein hohes »R-Vielfaches« sichern und diese sind für den Erwartungswert Ihres Systems von großer Bedeutung –, aber es gibt nicht den »Hauptgewinn«. Wenn ein Trader ihn tatsächlich erreicht, dann geschieht das nur deswegen, weil er einfach Glück hatte. Schielen Sie daher bitte nicht mehr nach dem »einen« Trade, der Sie reich machen wird. Der wird ewig auf sich warten lassen. Wenn Sie auf »Hauptgewinne« scharf sind, dann spielen Sie Lotto. Sagen Sie es mir, wenn Sie in 1,24 Millionen Jahren bei »6 aus 45« den Sechser gemacht haben, was der statistischen Wahrscheinlichkeit im Hinblick auf den Zeitrahmen entspricht. Ich komme dann auf ein Glas Sekt bei Ihnen vorbei und wir feiern ordentlich!

5.7   Geld zählen

Dieser Fehler ist vor allem unter jenen Tradern verbreitet, die selten oder gar keine Gewinne machen. Sind sie dann einmal in einem Gewinntrade, wird ständig nachgerechnet, wie viel Plus sie schon gemacht haben. Die nicht realisierten Gewinne machen sie wahnsinnig und sie können nur noch an das Geld denken, das sie in Kürze verdienen werden. Sie sehen sich in Gedanken schon die Position glattstellen und die Gewinne einstreichen. Wenn Sie sich daran ein Beispiel nehmen und so über den einzelnen Trade denken, werden Sie es nicht schaffen, Ihre Profite zu maximieren, denn wenn Sie mit etwas größeren Positionen arbeiten, sind 1 % auf oder ab schon eine Menge Geld.

Versuchen Sie daher nicht, an das Geld »dahinter« zu denken. Bei richtiger Technik kommt es von allein, denn es ist nur ein Nebenprodukt von sauber ausgeführten Trades. Natürlich ist das leichter gesagt als getan. Versuchen Sie, es so zu halten wie in Ihrem herkömmlichen Job. Dort werden Sie auch nicht ständig ausrechnen, wie viel Geld Sie mit dem Schreiben des letzten Workshopprotokolls oder mit der Anfertigung eines Werkstückes verdient haben, denn die Abrechnung, Ihren Lohn oder Ihr Gehalt bekommen Sie am Monatsersten. Falls Sie doch darüber nachgedacht haben, sollten Sie übrigens einen Jobwechsel in Erwägung ziehen.

Exkurs – Das Erlernen der richtigen Technik vs. Profite

Konzentrieren Sie sich am Anfang vor allem auf die richtige Technik!

Dem angehenden Trader fällt es am Beginn seiner Karriere am schwersten, diesen Ratschlag in die Praxis umzusetzen. Er will von Anfang an Gewinne machen und hat wenig Geduld mit sich selbst. »Profit« ist für ihn wichtiger als »Technik«, denn er misst seine Fortschritte nur anhand seiner Eigenkapitalentwicklung. Das ist verständlich, aber leider vollkommen falsch. Sie müssen zuerst einen sauberen Tradingstil entwickeln, bevor Sie über das »Geldverdienen« nachdenken können, denn alles falsch Gelernte kann man sich nur sehr schwer wieder abgewöhnen.

Wenn Sie dann versuchen, Ihre ersten echten Trades auszuführen, werden Sie erkennen, wie schwierig das psychologisch ist. Mit einem Demo-Konto und Papertrades war das alles einfach, doch wenn Sie in der freien Wildbahn auf sich allein gestellt sind und zwischen Ihnen und den Raubtieren kein schützender Zaun vorhanden ist, werden Sie erkennen, dass es viel Mut und Kraft kostet, nicht kopflos zu agieren, und wie wichtig Disziplin und Selbstvertrauen sind. Sie werden viele Fehler machen und manchmal alles hinwerfen wollen. Sie werden Stunden der Freude und Stunden der Trauer und des Leids durchleben, doch mit dem, was Sie in diesem Buch noch lernen werden, wissen Sie, dass Sie 90 % der angehenden Trader bereits einen Schritt voraus sind. Der Anfänger glaubt, er eröffne ein Konto bei einem Onlinebroker und trade ein wenig herum. Dazu lädt er einen Chart eines bekannten Index oder einer ihm vertrauten Aktie und setzt gleich das halbe zur Verfügung stehende Kapital in einem einzigen Trade aufs Spiel. »Hauruck« und ab geht die Post. Dass diese Person eher ein Spieler und kein Trader ist, liegt auf der Hand und dass diese Person rasch scheitern wird, ebenso.

Wie schaffen Sie es, beim Trading nicht dauernd an das Geld zu denken? Verzichten Sie unbedingt darauf, ständig Ihren Kontostand zu beobachten und blenden Sie ihn aus. Sie dürfen auch nicht darauf achten, wie viel Gewinn Sie mit der einen oder anderen Position im Detail gemacht haben. Wenn das technisch möglich ist, blenden Sie auch diese Anzeige aus, denn darüber müssen Sie nicht zu jeder Sekunde informiert sein. Sie haben Ihren Stopp und den ziehen sie nach, wenn es Ihnen von Ihrem System vorgegeben wird, und Sie sehen den Chartverlauf der offenen

Positionen. Mehr brauchen Sie nicht. Wenn Sie den Trade glattstellen oder wenn Sie ausgestoppt werden, erfahren Sie noch rechtzeitig, wie groß der Gewinn oder Verlust genau war. Ich persönlich trage meine Trades immer erst, nachdem sie komplett abgeschlossen wurden, in mein Handelsjournal ein. Und weil ich mehrere Positionen gleichzeitig laufen habe, vergesse ich die genauen Positionsgrößen. Weil ich eben nicht mehr genau weiß, wie hoch der ursprüngliche Einsatz jeder Position war, weiß ich auch nicht genau, wie viel Euro ich mit dem einzelnen Trade gemacht habe, was einen gewissen Druck von einem Trader nehmen kann.

Sie dürfen auch keinesfalls Ihre Jahres- oder Monatsperformance permanent überprüfen. Vereinbaren Sie mit sich selbst, den Kontostand einmal in der Woche oder einmal im Monat zu checken. Wenn Sie »Hardcore Daytrader« sind und zahlreiche Intradaytrades durchführen, können Sie das auch täglich machen. Trotzdem müssen Sie zu einem angemessenen Controlling kommen, sonst werden Sie verrückt und nervös, verlieren die Objektivität und opfern Ihre Gelassenheit. Sie werden verkrampft und Ihre Technik wird unsauber. Kontrolle ist wichtig, zu viel davon lähmt! Übertreiben Sie es nicht!

5.8   Nach der Ursache einer Kursbewegung suchen

»Ich stehe Statistiken etwas skeptisch gegenüber.
Denn laut Statistik haben ein Millionär und ein armer Kerl
jeder eine halbe Million.«

(Franklin D. Roosevelt)

Wenn heute auf der Welt etwas geschieht, was das Interesse der Allgemeinheit auf sich zieht, dauert es nicht lange, bis sich eine Frage in den Vordergrund drängt: »Warum ist das geschehen«? Wir wollen die Gründe für dieses und jenes erfahren, alles analysieren und ganz genau wissen. Wir verfügen über hunderte von Statistiken und wissen über alle Zusammenhänge bestens Bescheid. Wir glauben es zumindest. Dieses vermeintliche »Wissen« ist aber trügerisch, weil wir uns dabei nur allzu oft an der Nase herumführen lassen. Wir wissen, dass man nicht für alle Geschehnisse Erklärungen finden kann, doch damit geben wir uns nicht zufrieden.

Missbräuche der Statistik sind so zahlreich, dass es sogar Bücher darüber gibt. Die Ursachen reichen von Dummheit bis hin zu Betrug. Man denke nur an Werbung und Politik, aber selbst in anderen Bereichen muss man auf der Hut sein. Mit der Kausalität von Ereignissen werden nämlich oft böse Spiele gespielt, und es wird bewusst

Korrelation mit Kausalität vertauscht. Nicht nur an den Finanzmärkten. Beispielsweise findet man in Wikipedia einen interessanten Hinweis zu diesem Thema:

So kann es durchaus eine Korrelation zwischen dem Rückgang der Störche im Burgenland und einem Rückgang der Anzahl Neugeborener in Österreich geben, diese Ereignisse haben aber nichts miteinander zu tun – weder bringen Störche Kinder noch umgekehrt. Das heißt, sie haben kausal allenfalls über eine dritte Größe etwas miteinander zu tun, etwa über die Verstädterung, die Nistplätze vernichtet.

Auch an den Börsen will man es ganz genau wissen und die Medien versorgen uns mit scheinbar kausalen Zusammenhängen, wohin man nur schaut. Die Schlagzeilen lauten des Öfteren so oder ähnlich:

»Der Dax ist heute aufgrund des hohen Ölpreises um 2 % gefallen«
»Aufgrund einer Zinssenkung ist der Dollar heute zum Euro um 1 % gefallen«
»Die amerikanische Wirtschaft ist im dritten Quartal um 5 % gewachsen. Das beflügelt die Aktienkurse weltweit und der Dow Jones steigt auf ein neues Allzeithoch«

Der Trader oder Investor liest diese Zeilen und denkt sich nichts weiter dabei. Er sagt sich »Ja, stimmt.« Schließlich klingt das logisch. Ein hoher Ölpreis ist schlecht für die Wirtschaft und wenn es der Wirtschaft schlecht geht, weil die Unternehmen mit mehr Kosten belastet werden, verdienen sie weniger. Daher ist es richtig, dass die Kurse aller Aktien – mit Ausnahme der Firmen, die von einem höheren Rohölpreis profitieren – fallen. Das versteht jeder, denn schließlich gilt 1 + 1 = 2.

Doch ist das wirklich so einfach? Verhält es sich tatsächlich so, dass diese Ereignisse für die Kurse verantwortlich sind, oder ist es nicht eher so, dass Journalisten und Autoren sich die Kursbewegungen ansehen und dann die passenden Nachrichten dazu basteln? Wenn das so wäre, stellt sich die Frage, warum sie das tun. Das ist leicht erklärt. Stellen Sie sich einfach die erste Schlagzeile in einer anderen Form vor: »Der Dax ist heute um 2 % gefallen, weil es mehr Verkäufer als Käufer am Markt gab«

»Was soll denn das jetzt sein?«, werden Sie denken. Der Dax ist gefallen, weil mehr Leute Aktien verkauft als Aktien gekauft haben? Wie wir aber bereits gelernt haben, gleicht die Börse das Angebot mit der Nachfrage aus. Ist daher ein Überangebot auf einer der beiden Seiten in Wahrheit nicht der einzige Grund, warum die Märkte steigen oder fallen? Natürlich ist es das, doch damit lassen sich schlecht Zeitungen verkaufen. Das Interesse an einer Wirtschaftsnachrichtensendung im TV wäre auch nicht besonders groß, wenn man Ihnen dort diese Schlagzeile präsentieren würde.

Eine wichtige Regel, um zu verstehen, wie die Börse funktioniert, ist, dass eine Aktie nicht aufgrund von Tatsachen steigt oder fällt. Sie bewegt sich nicht aufgrund von Nachrichten, egal, ob sie gut oder schlecht sind.

Eine Aktie bewegt sich nur aufgrund von Angebot und Nachfrage, genauer gesagt durch einen Überhang einer der beiden Seiten.

Im vorhin geschilderten Fall waren mehr Leute bereit zu verkaufen, und der Überschuss an Verkäufern konnte nur durch das Herabsetzen der Preise kompensiert werden. Diese Aussage gilt natürlich für jedes Underlying, von den Rohstoffen bis hin zu den Währungen. Es läuft immer auf Angebot und Nachfrage hinaus. So funktioniert ein wirklich freier Markt und die Börse ist ein freier, unregulierter Markt. Lassen Sie sich bitte nicht für dumm verkaufen. Die Kurse machen die Nachrichten und nicht die Nachrichten die Kurse. Oft kommt eine Nachricht heraus, die im Grunde positiv ist, und die Märkte fallen ins Bodenlose. Relevant ist nicht die Nachricht an sich, sondern wie die Marktteilnehmer darauf reagieren. Wie sie darauf reagieren, hängt unter anderem davon ab, was sie vor dem Bekanntwerden der Nachricht erwartet haben oder wie die Rahmenbedingungen gerade aussehen.

Wenn Sie eine Aktie zum Beispiel »shorten« und der Wert dreht plötzlich nach oben und Sie werden ausgestoppt, ist die erste Reaktion von noch unerfahrenen Tradern, nach dem »Warum« zu fragen. Aber ist das »Warum« nicht egal? Warum wollen Sie das »Warum« kennen und was nützt es Ihnen? Sie haben einen Fehltrade produziert. Er ist sauber abgeschlossen worden und weiter geht es zur nächsten Chance. Was hilft es Ihnen, wenn Sie erfahren, dass Ihr Pharmaunternehmen heute gefallen ist, weil das Medikament X keine Marktzulassung bekommen hat? Für einen Investor sind solche Nachrichten interessant und wichtig. Als Trader kann es Ihnen egal sein. Sie wollten die Aktie ohnehin nicht bis zu Ihrer Pensionierung halten. Achten Sie nicht auf diese Störgeräusche und blenden Sie diese aus. Sie lenken nur vom Wesentlichen ab, und das sind die Kursbewegungen. Als Trader müssen Sie sich nicht fundamental über die dahinterstehenden Unternehmen informieren, das ist ein grobes Missverständnis. Wir setzen allein auf die Kursveränderung der Werte. Was sich dahinter verbirgt, ob es die VW-Aktie oder Gold ist, hat keine Bedeutung für uns.

Conclusio »Kursbewegung«

Wenn Sie das nächste Mal eine solche Schlagzeile wie vorhin angeführt lesen, in der die Ursache einer Kursbewegung aufscheint, so ist das in den meisten Fällen ein gut geschriebenes Märchen. Eine Geschichte, die sich ein Redakteur einer Zeitung oder einer Fernsehsendung zurechtgelegt hat. Nicht weil er ein Märchenonkel wäre und Sie gern anschwindeln würde, sondern weil auch bei diesem Prozess das Gesetz von Angebot und Nachfrage gilt. Die Nachfrage nach den Ursachen einer Kursbewegung ist vorhanden und daher wird auch das Angebot dafür geschaffen. Es geschieht, weil wir die Ursache von allem und jedem kennen wollen, auch wenn das gar nicht möglich ist. Wir werden angelogen, schlafen aber scheinbar besser.

5.9   An einen Trade sein Leben hängen

Apropos schlafen – schlafen Sie gut beim Traden oder liegen Sie nächtelang wach und denken an Ihre offenen Positionen, hoffen oder beten, dass sie steigen oder fallen? Wenn Sie sich dabei ertappen, in jeder freien Minute nach den aktuellen Börsenkursen zu schielen, oder wenn Sie schlecht schlafen, gehen Sie ein zu hohes Risiko mit Ihren Positionen ein. Es ist eine Sache, das Verlustrisiko eines Trades bei 100 oder 150 Euro anzusetzen. Eine andere Sache ist es, eine offene Position mit einer Größe von zum Beispiel 12.000 Euro in ein Wochenende zu nehmen. Mit einem Feiertag am Montag, wenn die Märkte geschlossen haben. In dieser Zeit kann in unserer Welt viel geschehen. Doch es muss gar kein bevorstehendes Wochenende sein, es genügt schon das normale »Übernachtrisiko«. Wenn Sie psychologisch gesehen nicht in der Lage sind, mit solchen großen Positionen umzugehen, müssen Sie diese im ersten Schritt auf die Hälfte oder noch weiter reduzieren, um sich an diese kleineren Beträge zu gewöhnen. Erst dann steigern Sie schrittweise die Größe wieder, solange es mit Ihrem Money Management und mit Ihrer Risikokontrolle zu vereinbaren ist und solange Sie sich wohl dabei fühlen. Sie merken ohnehin, wie weit Sie gehen können. Sobald Sie dazu neigen, die Positionen ständig beobachten zu wollen, oder dauernd an diese denken, sind Sie zu stark engagiert.

Da diese Lektion eine ganz wichtige ist, wird sie hier nochmals wiederholt:

Um eine stetige Performance zu erzielen,
um das Eigenkapital langsam und kontinuierlich zu steigern,
muss der einzelne Trade unbedeutend sein.

Unbedeutend gilt nicht nur für den Fall eines Verlusts. Auch bei Gewinntrades muss der einzelne Gewinn ohne Bedeutung sein. Die Summe aller Trades liefert die Performance, die Sie sich herbeisehnen, nicht der einzelne Trade. Es ist sehr wichtig, das zu verstehen, denn ein Mosaikstein ergibt auch kein ganzes Bild. Es ist die Summe der einzelnen Teile, die das große Ganze ausmacht.

5.10   Ständig vor dem Ticker sitzen

Der Ticker hat es uns Tradern angetan. »Ticker« ist eine alte Bezeichnung für den Kursschreiber, der früher verwendet wurde. Man muss sich das als eine Art Fernschreiber vorstellen, mit dem die Kurse damals durch die Lande gesendet wurden. Diese Geräte gaben richtige Tickgeräusche ab, und manche Leute konnten die Börsenkurse sogar »hören«, weil sie wie eine Morsesprache klangen. Die Kurse wurden von dieser Maschine dann auf den Tickerstreifen, ein Papierband, übertragen und danach von einem Assistenten an eine Tafel geschrieben. Von daher stammt die Bezeichnung »Ticker«. Heute gibt es natürlich andere technische Möglichkeiten, das Internet beziehungsweise Software, die die Kurse in Echtzeit darstellt und die Charts aktualisiert, oder im Fernsehen das berühmte Kurslaufband.

Egal, mit welchem Medium gearbeitet wird, die Motivation, die hinter dem Verfolgen der Kurse steht, ist bis heute die gleiche geblieben. Man will zu jeder Sekunde über den letzten, den aktuellen Kurs informiert sein. Mir kommt es jedoch so vor, als würde dieser Grund nur vorgeschoben, denn das Beobachten der Kurse hat in Wahrheit andere Ursachen. Man hat so das Gefühl, die Märkte zu kontrollieren und auf den Chartverlauf »aufzupassen«. Man will dabei sein, wenn etwas passiert. Deswegen kann man auch nicht vom PC weggehen, wenn man eine Position laufen hat. Doch seien Sie ehrlich: Nennen Sie mir einen vernünftigen Grund, der Ihre Anwesenheit vor dem Bildschirm erfordert, wenn Sie einen Trade offen haben. Und hier meine ich, solange die nächste Zeiteinheit, in der Sie handeln, noch nicht abgeschlossen ist. Was erfordert, wenn Sie eine Position am Tageschart handeln, nach dem getätigten Einstieg und dem gesetzten Stopp Ihre Anwesenheit vor der Eröffnung des nächsten Zeitabschnitts, in diesem Fall also dem nächsten Tag? Rein gar nichts! Warum sitzen Sie dann den ganzen Tag vor dem Rechner? Glauben Sie, dass Ihre Performance besser wird, wenn Sie die ganze Zeit zusehen, wie der Markt rauf- und runtergeht? Wollen Sie den Ticker wie eine Schlange beschwören oder ihn gar hypnotisieren? Sagen Sie sich vielleicht, Sie würden nur aufpassen für den Fall, dass etwas passiert? Was soll denn passieren? Sie haben Ihren Stopp gesetzt, sind sich des Risikos bewusst (dazu später mehr) und haben alles getan, was Sie tun können. Es gibt keinen Grund, den Chartverlauf weiterhin zu beobachten. Zumindest keinen vernünftigen. Wenn etwas passiert, werden Sie ausgestoppt und erfahren es ohnehin noch rechtzeitig. Verstehen Sie mich nicht falsch. Wenn Sie mit Ihrer Zeit nichts Besseres anzufangen wissen, dann schauen Sie dem Dax zu, wie er steigt und fällt und wieder steigt und dann noch mehr fällt.

Das Problem dabei ist, dass das Beobachten des Tickers gerade unerfahrene Trader zu Fehlern verleitet. Zu spontanen emotionalen Handlungen, die Ihnen nicht unterlaufen würden, wenn Sie nicht alles mitbekämen, was im Laufe eines Tages so passiert. Ein unerfahrener Trader wird mit jedem Kurstick versuchen, seine Position neu zu bewerten. Liegt er um ein paar Ticks vorne, war der Trade für ihn »richtig«, fällt der Wert ein wenig zurück, stellt er ihn infrage. Kann vernünftiges Trading so funktionieren? Sagt jeder Tick etwas über einen Trade aus? Warum soll selbst ein Gewinntrade nicht kurz ins Minus laufen? Wer sagt, dass die Gewinner von Anfang an Gewinner sein müssen? Eine Aktie kann an einem Tag tausendmal ihren Wert um diese Ticks verändern, und nicht jeder Veränderung ist eine Bedeutung beizumessen.

Vergegenwärtigen Sie sich folgende Situation. Sie sind in einen Wert »long« eingestiegen, und der Stopp wurde ins System eingegeben. Die Aktie steigt weiter und läuft in den Gewinnbereich. Sie sitzen vor dem Bildschirm und freuen sich. Die Märkte tendieren fester und mit ihnen geht auch Ihre Position weiter nach oben. Sie sind schon gut 3 % im Plus, doch plötzlich stockt Ihre Aktie und verharrt auf diesem hohen Niveau. Die Märkte steigen weiter, doch Ihr Wert geht nicht mehr mit dem allgemeinen Trend nach oben. Im Gegenteil, die Aktie beginnt zu sinken und gibt einen Teil der Gewinne wieder ab. Sie werden nervös und beginnen zu überlegen, was Sie »tun« können.

Das Wort »tun« an sich ist schon eine Ironie, deswegen wurde es auch hervorgehoben. Was sollen Sie bitte »tun«? Sie könnten jetzt entnervt verkaufen, um den verbliebenen kleinen Gewinn noch ins Trockene zu bringen, oder Sie könnten den Stopp nachziehen, obwohl das Ihr Regelwerk verbietet. Meist ziehen Sie den Stopp jedoch zu eng nach, weil Sie Angst haben, die Gewinne wieder zur Gänze abzugeben, und müssen dann mit ansehen, dass die Aktie nur eine kurze Korrektur durchlaufen hat und wieder in Ihre Richtung läuft. Welchen Fehler machen Sie am öftesten?

Beim nachfolgenden Anstieg der Aktie sind Sie jedenfalls nicht mehr dabei, weil Sie sich von Ihren Emotionen haben leiten lassen. Sie haben die Nerven weggeworfen und sind ausgestiegen. Wenn Sie diese Kursbewegungen alle live vor dem Bildschirm miterleben, ist die Wahrscheinlichkeit sehr groß, genau das Falsche zu tun. Denn es handelt sich um eine Reaktion, die von Angst oder Panik gesteuert wird. Entscheidungen, die von unseren Emotionen beeinflusst werden, sind in den seltensten Fällen überlegt und richtig.

Ein unerfahrener Trader, der den Markt den ganzen Tag beobachtet, durchlebt Stunden des Glücks und Stunden der Enttäuschung. Diese Emotionen schwanken von einem Extrem zum anderen in Minuten oder Sekunden, und das Adrenalin spielt verrückt. Natürlich gibt das einen gewissen Kick, aber dem Tradingfortschritt dient es nicht. Der Anfänger leidet, wenn eine seiner Aktien gesunken ist, und wenn sie wieder steigt, freut er sich wie ein kleines Kind über ein Eis. Bis man irgendwann gelernt hat, sich seine Befindlichkeiten nicht mehr von den Märkten diktieren zu lassen. Sie ersparen sich viele Schmerzen und einige psychische Schäden, wenn Sie nicht dauernd auf die Kurse starren. Noch dazu wird sich Ihre Performance schlagartig verbessern.

Das soll auf keinen Fall bedeuten, dass Sie sich um Ihre offenen Positionen nicht zu kümmern brauchen. Es ist sehr wichtig, bei der Sache zu bleiben und Ihre offenen Trades zu betreuen. Damit ist jedoch nicht das pausenlose Beobachten der Kursverläufe gemeint, denn wenn Sie traden, sollten Sie einen strategischen Plan haben. Sie haben Ihre Order eingegeben und diese wurde ausgeführt. Im Idealfall haben Sie diese als Kettenorder ins System gestellt und mit der Ausführung wurde gleich der Stopp gesetzt. Wenn Sie das so machen, werden Sie danach vor dem Ticker nicht mehr gebraucht.

Ich gebe Ihnen den guten Rat, wenn alle Orders im System sind, schalten Sie den PC ab und widmen Sie sich wichtigeren Dingen im Leben. Sehen Sie ruhig von Zeit zu Zeit nach, was sich an den Märkten tut und wie es Ihren offenen Positionen geht. Vermeiden Sie es aber unbedingt, den ganzen Tag jeden Kurstick zu verfolgen. Sie werden sich nur zu ungewollten Aktionen hinreißen lassen. Das Schlachtfeld ist nicht der ideale Ort, um die Strategie zu hinterfragen.

Es gibt Leute, die so verbissen beim Trading sind, dass sie die Augen nicht vom Monitor nehmen können. Sie starren die ganze Zeit darauf und leiden bei jedem Kurstick. Viele Menschen sind sich nicht bewusst, dass erfolgreiches Trading fad und langweilig ist. Viele Menschen wüssten gar nicht, was sie mit ihrer Zeit anfangen sollten, wenn sie nicht die Börsenkurse beobachten würden, und sitzen einfach nur aus Langeweile vor dem Chart. Spielen Sie lieber eine Partie Schach, wenn Sie schon vor dem Computer sein möchten, oder bilden Sie sich im Internet weiter und lesen Sie die Inhalte guter Tradingseiten, wie zum Beispiel meiner Seite »www.tradingredaktion.at«. Gehen Sie in ein Restaurant oder besuchen Sie mit Ihrem Partner oder mit Freunden ein Theater oder Kino. Verbissenes Trading führt, wenn man nicht aufpasst, ganz schnell in eine Isolation. Spielen Sie Fußball, Karten, Golf oder Tennis, aber spielen Sie nicht an der Börse.

Auch ich war früher vom »Chartwatching« sehr angetan, und es war regelrecht mein Hobby geworden, denn ich betrieb es tagaus, tagein und lebte fast dafür. Als ich erkannte, dass ich mir damit mehr schadete als nützte, wehrte ich mich anfangs gegen diese Erkenntnis. Ich wusste, es wäre besser, künftig darauf zu verzichten, aber ich wollte es nicht wahrhaben. Ich hatte nämlich keine Ahnung, was ich stattdessen tun sollte, und war dem Beobachten der Kurse derart verfallen, dass ich süchtig danach geworden war. Mich interessierte sonst gar nichts mehr, weder andere Menschen noch andere Hobbys. Es gab nur noch die Börse, die Aktien und deren Kursbewegungen. Jeden Tag. Machen Sie es besser als ich damals, machen Sie sich nicht zum Sklaven der Aktienkurse. Das Leben hat so viel mehr zu bieten!

6 Verlustbetrachtung im Trading

Erfolgreiche Trader sind in erster Linie deswegen erfolgreich, weil sie sich den Märkten mit einem anderen Denken, einer anderen Einstellung nähern als die Trader, die ständig zu den Verlierern gehören. Ein wesentlicher Aspekt dabei ist der richtige Umgang mit Verlusten. Reife Trader haben gelernt, die Verluste als das zu akzeptieren, was sie sind. Als etwas Unvermeidliches. Erfolglose Trader schaffen das hingegen nicht und versuchen, Verluste zu verhindern. Mit teilweise verheerenden Konsequenzen.

In den folgenden Ausführungen werden wir daher versuchen, diese Verluste von den verschiedensten Seiten her zu betrachten. Um das zu tun, müssen wir ein wenig ausschweifen und uns ansehen, welche Gemeinsamkeiten das Tradingbusiness und ein herkömmliches Unternehmen aufweisen.

6.1 Die Gewinn-und-Verlust-Rechnung

6.1.1 Bei einem herkömmlichen Unternehmen

Ob Sie als selbstständiger Masseur arbeiten, einen Eissalon betreiben oder eine Anwaltskanzlei leiten, all diese Geschäfte erfordern unterschiedliche Talente, und jedes von ihnen ist ganz anders zu führen. Trotzdem haben sie aber einige Gemeinsamkeiten. Alle Unternehmen erzielen zum einen Umsätze, denn ohne Einnahmen überlebt kein Business. Diese Umsätze manifestieren sich in den Rechnungen des Masseurs, in den verkauften Eisbechern oder in den Honoraren des Anwalts. Das sind jene Beträge, die die Kunden für die Waren oder für die Dienstleistungen dieser Firmen bezahlen.

Eine weitere Gemeinsamkeit dieser Unternehmen ist es, dass alle Kosten getragen werden. So unterschiedlich die Kosten der einzelnen Geschäftsmodelle auch sein mögen, vom Grundsatz her ist eines immer gleich: Damit das Unternehmen langfristig überleben kann, müssen die Einnahmen größer sein als die Ausgaben. Es muss also unter dem Strich ein Gewinn herausschauen. Diese Spanne zwischen Umsatz und Gewinn nennt man auch Marge oder Umsatzrendite und je nach Art des Geschäfts und der Branche – aber auch je nach Geschick der Unternehmensleitung – sind diese Margen unterschiedlich hoch, je höher, desto besser natürlich für die Eigentümer! (In dieser sehr einfach gehaltenen Erklärung lassen wir die Steuern und andere Kostenfaktoren einfach weg, da sie nichts zum Verständnis beitragen.)

Stellvertretend sehen Sie die Gewinn-und-Verlust-Rechnung der Firma »Lexmark«, eines amerikanischen Druckerherstellers. Ganz oben in der ersten Zeile unter »Revenue« sehen Sie die Umsätze des Unternehmens. Im Jahr 2007 erzielte Lexmark hier einen Betrag von 4.973.900.000 Dollar. Darunter werden diverse Kosten abgezogen, bis das operative Ergebnis (»Operating Income«) von 321.300.000 Dollar ausgewiesen wird, jenen Betrag, den das Unternehmen aus seiner eigentlichen Geschäftstätigkeit heraus erwirtschaftet. Ganz am Ende finden Sie dann die »Net Earnings«, den Gewinn, der abzüglich aller sonstigen Kosten und abzüglich der Steuer am Ende des Jahres übrigbleibt, was bei »Lexmark« für das Jahr 2007 einem Betrag von 300.800.000 Dollar entspricht.

Item 8. FINANCIAL STATEMENTS AND SUPPLEMENTARY DATA

Lexmark International, Inc. and Subsidiaries
CONSOLIDATED STATEMENTS OF EARNINGS
For the years ended December 31, 2007, 2006 and 2005
(In Millions, Except Per Share Amounts)

	2007	2006	2005
Revenue	$4,973.9	$5,108.1	$5,221.5
Cost of revenue	3,410.3	3,462.1	3,585.9
Gross profit	1,563.6	1,646.0	1,635.6
Research and development	403.8	370.5	336.4
Selling, general and administrative	812.8	761.8	755.1
Restructuring and other, net	25.7	71.2	10.4
Operating expense	1,242.3	1,203.5	1,101.9
Operating income	321.3	442.5	533.7
Interest (income) expense, net	(21.2)	(22.1)	(26.5)
Other (income) expense, net	(7.0)	5.3	6.5
Earnings before income taxes	349.5	459.3	553.7
Provision for income taxes	48.7	120.9	197.4
Net earnings	$ 300.8	$ 338.4	$ 356.3
Net earnings per share:			
Basic	$ 3.16	$ 3.29	$ 2.94
Diluted	$ 3.14	$ 3.27	$ 2.91
Shares used in per share calculation:			
Basic	95.3	102.8	121.0
Diluted	95.8	103.5	122.3

Abbildung 10: Gewinn-und-Verlust-Rechnung der Firma Lexmark

Jede Firma versucht heute mehr denn je, Kosten zu sparen, und bei »Lexmark« ist das sicher nicht anders. Da bei Aktiengesellschaften der Druck der Aktionäre auf das Management besonders groß ist, muss die Geschäftsleitung mit den Ausgaben extrem sparsam umgehen, vor allem in schlechten Zeiten. Wie oft liest oder hört man in den Medien, dass wieder 500 Arbeiter einer Fabrik entlassen wurden, weil die neue Fertigungsanlage nun vollautomatisch läuft und nur noch von einem Zehntel der Belegschaft bedient werden muss. Oder dass die Firma XY ihre Produktion nach China verlegt, weil es trotz der hohen Transportkosten von Asien nach Europa immer noch billiger kommt, im Fernen Osten zu produzieren.

Doch Kosteneinsparungen hin oder her, gänzlich ohne Ausgaben kann kein Business der Welt existieren, auch wenn man sich das als Geschäftsführung natürlich wünschen würde. Denn ohne Fixkosten oder ohne Vertrieb und Marketing geht es nicht. Das weiß auch das Management und so nimmt man den Kostenfaktor als unvermeidbar zu Kenntnis und versucht daher bloß, die Ausgaben in Zaum zu halten.

6.1.2 Bei einem Tradingunternehmen

Im Gegensatz zu den oben beschriebenen Geschäftsmodellen sehen wir uns nun einen privaten Trader an. Ein großer Vorteil des Tradings ist es, dass die Fixkosten gering oder fast gar nicht vorhanden sind. Büro brauchen Sie kein eigenes, denn Sie können von zu Hause aus traden. Was Sie brauchen, ist ein Computer, entsprechende Textverarbeitungsprogramme und eine Tabellenkalkulation. Dazu kommen ein Drucker und herkömmliches Schreib- und Büromaterial. In jedem Fall benötigen Sie einen Internetzugang. Da es heute mobile Internetzugänge oder Trading auf dem Handy gibt, brauchen Sie nicht einmal mehr einen fixen Netzzugang. Sie können sich im Sommer auf die grüne Wiese setzen, Ihren Laptop aufklappen und traden. Sonstige Kosten fallen ebenfalls kaum an, denn Personal haben Sie sicher keines. Sie beziehen vielleicht den einen oder anderen Börsenbrief oder zahlen monatliche Kosten für eine vernünftige Chartingsoftware und Realtimekurse, aber mehr Fixkosten sind für einen Trader nicht auszulegen. Im Gegensatz zu anderen Unternehmen sind die laufenden Betriebskosten eines Traders jedenfalls auffallend gering.

Doch wurde hier nicht etwas Entscheidendes vergessen? Eine Komponente der Kostenseite haben wir noch nicht angesprochen. Kommen Sie von selber drauf? Es ist ein Umstand, den der angehende Trader nicht als Kostenfaktor, sondern als Ärgernis sieht. Es sind die Verluste! Es sind Ihre Fehltrades, die noch nicht betrachtet wurden.

Liebe Trader, Ihre Hauptkosten sind Ihre Verluste!

Umgelegt auf die Gewinn-und-Verlust-Rechnung eines »normalen« Unternehmens bedeutet das Folgendes: Die Umsätze, die verkauften Eistüten, um bei den Betrieben von vorhin zu bleiben, sind Ihre Gewinntrades. Die Kosten für Waren, Personal oder Strom, die bei herkömmlichen Unternehmen anfallen, das sind bei Ihnen als Trader die Verlusttrades. Am Schluss muss jedes Unternehmen seine Gewinne versteuern, auch Sie als Trader. Erst was nach Abzug der Steuern übrigbleibt, ist der Gewinn!

In der nachfolgenden Abbildung können Sie das deutlich erkennen. Posten, die sich beim Business-Trading und bei einem herkömmlichen Business decken, wurden mit Pfeilen verbunden. Bei der Gewinn-und-Verlust-Rechnung auf der linken Seite handelt es sich um die US-Einzelhandelskette »True Religion Apparel«, rechts sehen Sie stark vereinfacht, wie so eine Rechnung bei einem privaten Trader aussehen könnte.

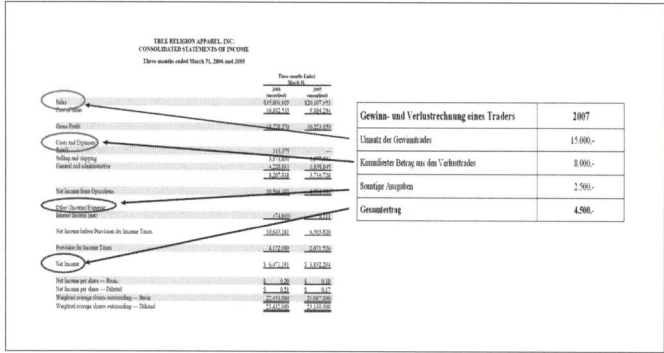

Abbildung 11: Gegenüberstellung Gewinn-und-Verlust-Rechnung einer Einzelhandelskette und eines Traders

Was bedeutet das in der Praxis und wie hilft Ihnen das für Ihr Verständnis weiter? Als Trader müssen Sie lernen, Verluste als normale Geschäftskosten zu sehen. Als eine Zeile in Ihrer Gewinn-und-Verlust-Rechnung, die nicht zu verhindern ist. Es wurde schon erwähnt, dass kein Business der Welt seine Kosten zur Gänze verhindern kann. Jede Firma versucht, diese Belastungen so knapp als möglich zu halten und zu sparen, doch kein Unternehmen kann sie gänzlich ausschalten. Da Trading in diesem

Sinne ein Geschäft wie jedes andere ist, kann auch ein Trader seine Kosten – die Verluste – nicht verhindern. Es klappt nicht, wenn Sie in Ihren Gedanken rechnen: Tradingumsatz = Tradinggewinn oder Gewinntrades = Gesamtgewinn. Sie haben die Verlusttrades vergessen, die Ihre Geschäftskosten darstellen. Sie müssen langfristig danach streben, dass die Umsätze die Kosten übertreffen. Wenn Sie dann noch die richtige mentale Einstellung diesen Verlusten gegenüber entwickeln, dann können Sie auf lange Sicht gut mit dem Trading und vom Trading leben. Wie Sie das erreichen, sehen wir uns im Folgenden an und beginnen mit einer interessanten Feststellung.

6.2 Der richtige Umgang mit Verlusten

6.2.1 Erfolgreichen Tradern sind herkömmliche Verluste egal

Diese Behauptung mag zunächst sehr überraschend und unglaubwürdig klingen. Vor allem für einen angehenden Trader ist dieser Gedanke überhaupt nicht nachzuvollziehen. Schließlich tradet er, um Gewinne zu machen. Doch infolge eines Evolutionsprozesses entsteht beim Trader nach und nach ein Umdenken. Nach einigen Jahren Markterfahrung stellt der gereifte Trader fest, dass er seine Verluste nun fast emotionslos zur Kenntnis nehmen kann. Er wird aus einer Position ausgestoppt und verspürt keinen Zorn und keinen Frust mehr, weder auf die Märkte noch auf sich selbst. Warum sollte er auch? Er hat verinnerlicht, dass Verluste nicht zu verhindern sind. Sie gehören zum System wie die Butter auf das Brot.

Es gibt natürlich hartnäckige Drawdown-Phasen, wo auch der fortgeschrittene Trader mehrere Verlusttrades in Serie produziert und daher ein wenig an sich und an seiner Methode zweifelt. Da er jedoch gelernt hat, mit diesen Phasen umzugehen, kann ihn ein Drawdown nicht aus der Bahn werfen und schon gar nicht ein einzelner Fehltrade. Mit dem Wort »egal« in der Überschrift des Kapitels ist daher nicht gemeint, dass beim Trader vollkommene Teilnahmslosigkeit und Apathie vorherrschen würde. Selbstverständlich prüft der reife Trader seine Verluste genau. Er analysiert jeden seiner Trades, den Einstieg, das Positionsmanagement und den Ausstieg. Er überprüft seine Technik, weint aber den Euros nicht nach, die er verloren hat. Ihn ärgert ein begangener Fehler sehr wohl, doch er lernt daraus und macht es das nächste Mal besser.

Jeder Mensch braucht eine Zeit, um seine Emotionen in den Griff zu bekommen. Eine Zeit, um die nötige Stabilität zu entwickeln. Der eine ist schneller beim Lernen, der andere braucht länger. Mancher Trader hat oft furchtbar schlechte Laune, weil die Aktien, die er »long« gehalten hatte, heute gefallen sind. Genau genommen ist es unglaublich, sich wegen so etwas den Tag vermiesen zu lassen, doch diese Person kann zu diesem Zeitpunkt nicht anders. Seine Persönlichkeit, seine mentale Verfassung erlauben ihm derzeit kein anderes Verhalten. Er ist in seinen eigenen Gedanken gefangen und er denkt, jeder Verlust bringe ihn ein Stück weiter weg von seinem Ziel, ein erfolgreicher Trader zu werden. Einige Jahre später weiß er, dass genau das Gegenteil der Fall ist, und er hat verinnerlicht, dass jeder sauber ausgeführte Fehltrade ihn seinem Ziel ein Stückchen näher bringt, am Ende ein Sieger zu werden, denn der nächste Gewinntrade lauert bereits um die Ecke. Daher ärgern ihn Verluste heute nicht mehr. Diese Erkenntnis kommt aber erst mit den Monaten und Jahren des täglichen Handelns.

Wenn ein Trader es geschafft hat, normale Verluste weitgehend emotionslos hinzunehmen, hat sich auch seine Einstellung zu den Gewinntrades drastisch geändert. Bei einem Anfänger fühlt sich ein Gewinn fast wie etwas Verbotenes an, so als hätte man etwas bekommen, was einem nicht gehört. Man freut sich so sehr, das man es kaum fassen kann. Man denkt, man sei Superman und nichts und niemand könne einem etwas anhaben. Der reife Trader nimmt hingegen alles so, wie es kommt. Gewinne wie Verluste. Dieses Verhalten hat nichts mit Überheblichkeit oder Selbstüberschätzung zu tun. Ganzheitlich betrachtet freut es den reifen Trader sehr, erfolgreich geworden zu sein. Ein Traum ging für ihn in Erfüllung. Dafür verspürt er tiefe Dankbarkeit und Genugtuung. Er weiß, dass es angenehm ist, gutes Geld mit seiner Leidenschaft zu verdienen. Gedanklich hat er sich aber in eine andere Richtung entwickelt. Wirkliche Freude erzielt er heute mit Dingen wie einer sauberen Technik und diszipliniertem Verhalten. Eine Begleiterscheinung dieser Verhaltensänderung ist, dass das Trading in gewisser Weise weniger aufregend für ihn wurde, denn diese Achterbahnfahrt an Gefühlen, die er früher oft durchlebt hat, gehört nun endgültig der Vergangenheit an. In früheren Zeiten war jede Börseneröffnung ein Adrenalinschub für ihn. Heute bereitet er sich in der gewohnten Art und Weise Tag für Tag auf die Märkte vor, wartet die Eröffnung ab und gibt dann in Ruhe seine Orders ein. Alles geschieht ohne Hektik oder Stress, ohne Angst oder Gier. Sein Verhalten wurde ruhiger, seine Handlungen wurden beständiger und das Trading ist weitgehend zu einer Routine geworden. Einer Routine, die zwar nach wie vor großen Spaß bereitet, die aber den extremen Reiz der Anfangsjahre verloren hat. Was geblieben ist, das ist Kontinuität und Professionalität, und das ist der Weg zur wahren Meisterschaft.

6.2.2 Verlusttrades sind keine Tradingfehler

Unsere Gesellschaft verachtet Fehler. Wir alle versuchen, ständig perfekt zu sein oder dem Bild anderer zu entsprechen. Wir scheuen uns oft zuzugeben, etwas falsch gemacht zu haben, denn Fehler machen nur schwache Menschen, und wir sind doch stark.

Beim Trading müssen Sie lernen, dass Verluste Sie nicht zu einem schwachen Trader machen, sondern dass diese zu Ihrem Tradingsystem dazugehören. Auch Spitzentrader erleiden Verluste und Drawdowns, doch sie haben das richtige Denken entwickelt, um mit diesen Verlusten umzugehen. Auch Sie als privater Trader müssen lernen, Verluste zu akzeptieren, denn wenn Sie es schaffen, einen Fehltrade nicht mehr als Tradingfehler zu betrachten, werden Sie die wirklichen Fehler, die Ihnen passieren, zu unterscheiden lernen. Sie werden dann genau analysieren können, wo Ihre Schwächen liegen, und diese ausmerzen, wenn Sie daran hartnäckig arbeiten.

Kommen wir wieder zurück zur Überschrift des Abschnitts, dass ein »Fehltrade« gar kein »Fehler« sei. Sie werden keine Tätigkeit der Welt erlernen, ohne dabei Fehler zu begehen. Seien Sie darauf vorbereitet, aber tolerant zu sich und verstehen Sie den feinen Unterschied zwischen etwas Unvermeidlichem und etwas Entbehrlichem. Wenn Sie einen Trade genau nach Plan ausführen und ein Verlust daraus wird, haben Sie einen Fehltrade produziert. Das ist normal und sollte Sie nicht weiter beunruhigen, denn Sie haben keinen Fehler gemacht. Wenn Sie hingegen einen Trade nach Regelwerk platzieren, die Position jedoch aus einer Emotion heraus glattstellen, weil Sie vielleicht Angst davor haben, einen Papiergewinn wieder zu verlieren, dann haben Sie einen Tradingfehler begangen. Trotz eines eventuellen Gewinns, denn der Ausgang des Trades von der finanziellen Seite her tut nichts zur Sache.

Es ist wichtig, diese Unterschiede zu verstehen. Ein Trade ist nur dann in die Kategorie »fehlerfrei« einzuordnen, wenn Sie nichts falsch gemacht haben. Alles muss nach Regelwerk geschehen sein. Der Einstieg und das gesamte darauf folgende Trademanagement. Umgekehrt ist es egal, ob Sie mit einem Trade einen Gewinn machen. Sobald die Technik unsauber war, handelt es sich auf jeden Fall um einen Tradingfehler.

Echte Tradingfehler kann man ebenfalls als Kosten klassifizieren. Es handelt sich jedoch um eine andere Art von Kosten, als es die herkömmlichen Verluste sind. Verlusttrades sind Geschäftskosten. Tradingfehler sind hingegen Kosten für Ihre Aus- und Weiterbildung. Natürlich müssen Sie im Rahmen Ihres Geschäftsmodells auch an Ihre Weiterbildung denken. Der Eissalonbesitzer von vorhin besucht vielleicht einschlägige Fachmessen, der Anwalt ist auf Tagungen oder Kongressen vertreten, um sich über Neuerungen zu informieren und sich weiterzubilden. Der Trader lernt nur aus seinen Fehlern.

So wie es Unternehmen tun, müssen Sie als Trader daher einen gewissen Betrag für die Aus- und Weiterbildung budgetieren. Am besten tun Sie das am Beginn eines Beobachtungszeitraumes. Sie müssen wissen, wie viel Sie bereit sind, in Ihre Ausbildung als Trader zu investieren, sonst läuft die Sache schnell aus dem Ruder. Es bringt nichts, wenn Sie Ihr Konto mit waghalsigen Trades in einem Monat plattmachen und sich selbst einreden, das seien nur Ausbildungskosten gewesen. Irgendwann müssen Sie auf die Bremse treten und sich sagen, dass es nun genug ist. Sonst haben Sie kein Geld mehr, einen Haufen Schulden und trotzdem nichts gelernt. Wenn Sie es nicht schaffen, erfolgreich zu werden, dann lassen Sie das Traden eine Zeit lang sein oder suchen Sie sich professionelle Hilfe, denn eines muss Ihnen klar sein:

Bezahlen müssen Sie für Ihre Tradingausbildung.
Sie entscheiden, ob es anhand von Verlusten geschieht
oder durch professionelle Aus- und Weiterbildung.

6.2.3   Ein Tradingfehler bedeutet nicht unbedingt einen Verlust (und warum das gar nicht gut ist)

Nehmen wir an, Sie haben einen Tradingfehler begangen. Sie haben einen Trade genau geplant, den Einstieg analysiert, die Positionsgröße berechnet und den Stopp gesetzt. Der Trade wird ausgeführt und Sie sind im Markt »long« positioniert. Leider wendet sich die Aktie gegen Sie und beginnt zu fallen. Ihr Stopp ist fast erreicht und dann begehen Sie einen schweren Fehler. Sie entschließen sich dazu, den Stopp aus dem System herauszunehmen, um der Aktie »mehr Raum« zu geben, und die Aktie fällt tatsächlich unter Ihren Stopp. Etwas später dreht der Gesamtmarkt und mit ihm auch Ihre Aktie. Sie steigt und steigt und in zwei Stunden sind Sie wieder im Plus. Drei Tage später stellen Sie den Trade mit einem fetten Profit glatt. Sie freuen sich riesig über den schönen Gewinn, doch gibt es hier tatsächlich Grund zur Freude?

Was haben Sie wohl mit diesem Verhalten Ihrem Unterbewusstsein signalisiert? Sie haben eine Regel verletzt und mit diesem Fehler sogar noch Geld verdient. Sie haben Ihrem Unterbewusstsein eine vollkommen falsche Schlussfolgerung geliefert. Sie haben ihm beigebracht, dass es gut sei, die Regeln zu brechen, denn mit diesem Regelverstoß wurde ja ein Gewinn erzielt. Sie haben unbewusst verinnerlicht, es sei in Ordnung, den Stopp herauszunehmen und abzuwarten, dass alles von selbst wieder gut wird, und es sei richtig, darauf zu setzen, dass die Aktie wieder drehen wird. Vielleicht haben Sie Ihrem Unterbewusstsein sogar suggeriert, das Sie gar keine Stopps mehr zu setzen brauchen. »Hat es einmal geklappt, klappt es wieder«, denkt es nun. Jetzt können Sie argumentieren, dass hier schamlos übertrieben werde. Was ist denn dabei, es war Glück und ist gut gegangen, werden Sie sagen. Unterschätzen Sie bitte nicht die Macht Ihres Unterbewusstseins. Solche falsch gelernten Verhaltensmuster sind schwer wieder zu ändern.

Auch wenn Sie sich in einer zukünftig ähnlichen Situation zusammenreißen und den Stopp dort belassen, wo er hingehört, es wird in jedem Fall schwer für Sie werden, Ihr Unterbewusstsein von der Richtigkeit dieser Aktion zu überzeugen. Es wird sich wehren, so gut es kann, und immer versuchen, Sie zu überzeugen, es nochmals auf diese Art und Weise zu versuchen. Es gilt die Devise: »Warum etwas ändern, was funktioniert?« Doch was im vergangenen Beispiel einmal gut gegangen ist, wird das nächste Mal vielleicht schlimm enden. Die Aktie wird dann vielleicht nicht mehr drehen, sondern immer weiter fallen. Bis der Verlust so groß ist, dass Sie einen Großteil Ihres Kapitals in einem einzigen Trade verlieren. Ein altes Sprichwort sagt: »Lieber ein Ende mit Schrecken als ein Schrecken ohne Ende.« Daher ist das Festhalten an den Stopps, wie an anderer Stelle bereits beschrieben wurde, so essenziell.

Aus diesem Grund ist es nicht wünschenswert, wenn Sie einen Tradingfehler begehen und damit auch noch Geld verdienen.

Sie haben einen Kredit von den Märkten bekommen,
den Sie etwas später mit hohen Zinsen wieder zurückzahlen müssen.

Seien Sie daher tolerant, wenn Sie einen Fehler beim Traden machen. Verwechseln Sie diesen Tradingfehler nicht mit einem Fehltrade. Hoffen Sie, dass Sie durch einen Fehler wenigstens Geld verlieren, denn alles andere würde falsche Botschaften an Ihr Unterbewusstsein senden. Wenn Sie Glück haben, kostet Sie der Tradingfehler nicht mehr als ein normaler Fehltrade. Wenn es etwas mehr sein sollte, wäre das immer noch besser, als mit einem Tradingfehler Geld zu verdienen. Das ist das Schlimmste, was Ihnen passieren kann. Vor allem, wenn Sie über ein besonders mächtiges Unterbewusstsein verfügen.

6.2.4   Verluste können und sollen nicht vermieden werden

Trading ist ein Spiel mit Wahrscheinlichkeiten. Es geht nicht darum, etwas zu prognostizieren oder etwas vorherzusagen. Es geht darum, ein System anzuwenden, das Ihnen im Durchschnitt mehr Profite bei Gewinntrades als Kosten bei Verlusttrades beschert. Nehmen wir einen Münzwurf her, um das zu veranschaulichen. Die Chance, ob »Kopf« oder »Zahl« kommt, steht 50:50. So weit wird dem jeder Mensch ohne Einwand zustimmen. Wie sieht es nun beim nächsten Wurf aus? Sagen wir, beim ersten Wurf kam »Kopf«. Ist es nun wahrscheinlicher, dass »Zahl« kommt, weil vorher »Kopf« an der Reihe war? Natürlich nicht. Die Chancen stehen wieder 50:50. Tatsächlich, es kommt wieder »Kopf«. Jetzt kommt der dritte Wurf! Ist jetzt »Zahl« wahrscheinlicher, weil schon zweimal hintereinander »Kopf« kam? Nein, die Chancen stehen erneut 50 : 50 und das geht so weiter bis in alle Ewigkeit. Insgesamt kommen »Kopf« und »Zahl« natürlich gleich oft, aber das gilt erst, wenn Sie ein gewisses Mengengerüst an Würfen für diese Beobachtung heranziehen. Das Gleiche gilt beim Trading.

Ich möchte im Folgenden erläutern, wie man mit Wahrscheinlichkeiten in der Praxis auch kläglich scheitern kann, wenn man ein zu kurzes Zeitfenster dafür heranzieht. Bei der letzen Fußball-EM 2008 in der Schweiz und in Österreich hatten wir im Büro ein Tippspiel veranstaltet. Für den richtigen Ergebnisstipp (nach 90 Minuten) gab es drei Punkte, wurde die Tendenz (Sieg oder Unentschieden) richtig erraten, gab es einen Punkt. Da ich nicht über die Spielstärke der Mannschaften Bescheid wusste, ging ich die Sache mit Systematik an. Ich informierte mich zuerst darüber, welches Ergebnis aus statistischer Sicht im Fußball am häufigsten vorkommt. Wissen Sie es? Dieses Ergebnis ist ein 2 : 1. Dieses Resultat konnte ich jedoch nicht verwenden, weil ein 2 : 1 eben für beide Mannschaften möglich wäre und ich so noch den Sieger erraten müsste. Der logische Tipp war daher ein Unentschieden – ein 1 : 1 –, was darüber hinaus das zweithäufigste Ergebnis eines Fußballspiels darstellt.

Gesagt getan, ich tippte alle Spiele auf 1 : 1 und wähnte mich bereits als sicheren Sieger, obwohl beim Fußball natürlich der Zufall eine geringere Rolle spielt als beim Trading oder bei einem Münzwurf, denn es entscheidet vor allem die Stärke einer Mannschaft das Spiel. Doch auch hier sind sehr viele Variablen wie verletzte Spieler, Schiedsrichterentscheidungen, Witterung etc. zu berücksichtigen, dass man dieses Wettspiel auch auf ähnliche Weise anlegen kann.

Im Endeffekt wurde ich mit meinem Tipp Vorletzter, obwohl ich von der Wahrscheinlichkeit her das Ergebnis getippt hatte, das mir im statistischen Mittelwert die meisten Punkte hätte bringen müssen. Hier kristallisierte sich deutlich heraus, dass zwar die Wahrscheinlichkeit auf meiner Seite war, die Spiele aber genauso wie die Trades als Einzelereignisse zu sehen sind, deren Ausgang nicht vorherzusagen ist. Hätte die EM aus 1.000 oder mehr Spielen bestanden, wäre ich vermutlich Sieger geworden. So aber war der Zeitausschnitt zu kurz und das Gesetz der Serie und des Zufalls konnte hier nicht greifen.

Was soll damit gesagt werden und was hat das alles mit dem Trading zu tun? Betrachten Sie die Gewinntrades als »Zahl« und die Verlusttrades als »Kopf«. Sie haben nun zehn Verluste in Folge produziert. Ist das System deswegen schlecht? Nein, natürlich nicht. Das ist das Gesetz des Zufalls und der Serien. Es wäre fatal, wenn Sie vor dem Trade versuchen wollten herauszufinden, ob nun »Kopf« oder »Zahl« an die Reihe kommt, ob der Trade also ein Gewinner oder ein Verlierer wird.

Sie können das vorher nicht wissen. Wenn Sie trotzdem versuchen, Einstiegssignale, die Ihnen Ihr System liefert, zusätzlich zu hinterfragen und zu filtern, werden Sie erst recht scheitern. Wenn Sie denken, o. k., den einen Trade mache ich doch lieber nicht, obwohl Sie ein eindeutiges Signal bekommen, und im Gegenzug einen anderen Trade ausführen, weil Sie sich dabei besser fühlen, dann sprengen Sie Ihr System. Dann kann es passieren, dass Sie die Trades auslassen, die vom Gesetz der Serie her dazu bestimmt gewesen wären, große Gewinner zu werden. Ein Gewinntrade kommt nicht her und sagt Ihnen »Nimm mich, ich werde ein großer Gewinn in den nächsten Tagen für dich«.

Gewinn- und Verlusttrades sehen gleich gut oder gleich schlecht aus,
wenn Sie eine neue Position eröffnen.

Auf ein »Gefühl« können Sie keine vernünftige Strategie aufbauen. Man glaubt nach manchen Trades rückblickend tatsächlich, man hätte es vorher kommen sehen, doch in Wahrheit können wir alle nicht in die Zukunft blicken. Nehmen Sie daher alle Signale, die Sie bekommen und handeln Sie danach. Egal, was Ihnen Ihr Bauchgefühl sagt. Bauchgefühle beim Trading sind genauso erwünscht wie Tauwetter beim Schifahren. Sie werden nie herausfinden, ob »Kopf« oder »Zahl« an der Reihe ist, und Sie wissen auch nicht, ob der nächste Trade ein Gewinner oder ein Verlierer wird. Egal, wie viele Gewinn- oder Verlusttrades Sie in Serie vorher produziert haben. Es steht wieder alles 50:50 beim nächsten Wurf, beim nächsten Trade.

Manche Trader glauben, durch eine Tradingpause diese Serie außer Kraft setzen zu können – also wieder »von vorne« anfangen und den »Reset-Knopf« drücken zu können, was aber natürlich unmöglich ist. Unendlich betrachtet gleichen sich »Kopf« und »Zahl«, also Gewinner und Verlierer aus, aber wer von uns hat schon die Zeit, bis in alle Unendlichkeit Fußballresultate zu tippen oder zu traden?

7   Risiko und was das genau bedeutet

Dem angehenden Trader wird an anderer Stelle noch umfangreiches Wissen zum Thema Money Management vermittelt. Bevor es jedoch um Einstiege und Stopps, um Handelssysteme oder Profitfaktoren geht, muss der Begriff »Risiko« noch näher definiert und zerlegt werden. In diesem Kapitel werden wir uns ansehen, wie viele unterschiedliche Bedeutungen er für einen Trader haben kann.

Wir haben bereits über Verluste gesprochen und wie ein Trader damit umgehen soll. Der Begriff »Risiko« muss ein wenig anders gesehen werden als der Begriff »Verlust«. Natürlich kann das eingegangene Risiko schlussendlich zu einem Verlust führen, doch der Reihenfolge nach gesehen muss der Trader zuerst bereit sein, ein »Risiko« einzugehen. Was daraus schlussendlich entsteht, ist am Anfang des Trades noch unbekannt. Wir werden aufschlüsseln, was mental passiert, wenn der Trader etwas »riskiert« und eine Position eröffnet und wie dieses eingegangene Risiko das Verhalten des Traders im laufenden Trade beeinflusst. Der Begriff »Risiko« wird daher im Folgenden in den verschiedensten Zusammenhängen betrachtet.

7.1   Risiko des Verlusts von X Euro

Gehen wir für diesen Abschnitt davon aus, dass der Trader sein Risiko je Trade mit 100 Euro festgesetzt hat. Wie dieser Betrag zustande gekommen ist, tut nichts zur Sache und kann vernachlässigt werden. Der Trader muss wirklich bereit sein, diese 100 Euro zu riskieren, und er muss mit diesem Betrag klarkommen. Wenn er dazu nicht in der Lage ist, wird er unsauber traden. Sind diese 100 Euro zu viel, wird ihm angeraten, dieses Risiko auf 80,50 Euro oder noch weiter zu reduzieren, bis er sich mit dem aufs Spiel gesetzten Geldbetrag wirklich anfreunden kann. Dann erst wird er mit dem eingegangenen Risiko auch wirklich umgehen können.

Doch riskiert ein Trader, wenn er eine Position eröffnet, wirklich nur den tolerierten Maximalverlust oder ist es mehr? Die Antworten »Slippage«, »Gebühren« etc. sind natürlich richtig, aber diese Begriffe sind hier nicht gemeint und daher für dieses Kapitel nicht von Bedeutung. Wenn wir den Begriff »Risiko« durchleuchten, müssen wir uns für die nächsten Seiten dieses Buches vom rein finanziellen Aspekt lösen und die psychologischen Fallen aufzeigen, die sich dahinter noch verstecken können. Beginnen wir daher mit dieser Aufarbeitung und beschäftigen wir uns als Erstes mit dem Ego des Traders.

7.2   Das Risiko, »nicht recht zu haben«

Wenn ein Trader eine Position eröffnet, läuft er immer Gefahr, dass sich die Position gegen ihn wendet, und weil das passieren kann, verwendet er einen schützenden Stopp. Nähert sich ein Trader über die Schiene der Technischen Analyse den Märkten, ist er aufgrund einer erwarteten Kursbewegung in diesen Trade eingestiegen. Er geht aber trotz seiner Analyse das Risiko ein, sich zu irren und unrecht zu haben. Vielleicht kommt bei einem konkreten Wert erschwerend hinzu, dass der Trader am letzten Traderstammtisch mit seiner Analyse zu diesem Wert etwas vorgeprescht ist. Er hat dort den Anderen »versichert«, diese Aktie werde steigen, wenn dieses oder jenes passiere. Zwei Tage später ist es dann so weit, die Position wird von ihm eröffnet und seine Erwartungshaltung ist groß. Für den Trader existiert nun ein latentes Problem, nämlich dass er sich geirrt haben könnte. Da die meisten Menschen ein großes Ego haben und Fehler von unserer Gesellschaft nicht oder nur eingeschränkt toleriert werden, kann durch einen potenziellen Fehler seine Psyche angeknackst werden.

Natürlich betrachtet ein technischer Analyst einen Fehltrade als »seinen« Fehler. Es schmerzt ihn und er fühlt sich wie ein Versager. Ganz zu schweigen davon, wie er jetzt vor seinen Tradingfreunden dastehen wird. Sie werden an seinen Fähigkeiten zweifeln und ihn in Zukunft vielleicht weniger ernst nehmen mit seinen Prognosen. Das bedeutet, mit jedem Trade, den ein Trader eingeht, läuft er Gefahr, nicht recht zu haben. Vor allem, wenn er sich intensiv mit der Technischen Analyse beschäftigt. Das Risiko, nicht recht zu haben, ist für viele Trader daher um einiges größer, als sie es wahrhaben möchten.

7.3   Das Risiko, »einen Tradingfehler zu begehen«

Der Trader hat in diesem Beispiel bereits ein gewisses Entwicklungsstadium erreicht. Seit Monaten führt er seine Aufzeichnungen penibel und erfasst alle Daten zu seinen Trades. Er ist mit seinem Fortschritt zufrieden, doch bei den wöchentlichen Analysen stellt er fest, dass er noch immer einige vermeidbare Fehler begeht. Da er die volle Verantwortung für sein Handeln übernimmt, setzt er sich zum Ziel, diese Fehler nacheinander auszumerzen.

Sein Hauptfehler liegt darin, die Gewinne nicht lange genug laufen zu lassen und die Positionen oft aus einer Emotion heraus glattzustellen. Sein System weist zwar einen positiven Erwartungswert auf, er lässt aber regelmäßig Geld liegen und diese entgangenen Gewinne fehlen ihm bei den Verlustserien, um besser »über die Runden« zu kommen. Sein Ziel für den kommenden Monat ist es nun, diesen – seinen häufigsten – Fehler zu vermeiden und in den Trades länger engagiert zu bleiben.

Wir haben nun fast das Ende des Monats erreicht und der Trader blickt zufrieden auf sein Handelsjournal. Sein Profitfaktor ist gestiegen, weil er es geschafft hat, diesen Fehler zu unterdrücken und die Gewinne laufen zu lassen. Doch der Trader hat ein latentes Problem, denn mit jedem noch neu eingegangenen Trade in diesem Monat läuft er Gefahr, dass ihm dieser Fehler doch noch einmal oder mehrmals unterläuft.

Als Folgeerscheinung könnte es nun passieren, dass der Trader aus Angst davor, einen Fehler zu begehen, vor neuen Trades komplett zurückschreckt. Natürlich kann man ohne Trading auch keine Tradingfehler begehen, aber diese Passivität kann nicht im Sinne eines Traders sein. Daher muss auch diese Risikokomponente von ihm voll in Kauf genommen werden. Er muss bereit sein, jederzeit Fehler zu begehen, denn auch wenn ihm so ein Malheur passieren sollte, bricht die Welt deswegen nicht zusammen. Hier kommt ebenfalls der weiter vorne beschriebene »Mut« ins Spiel. Der Trader muss den »Mut« aufbringen, in so einer Situation einfach weiterzumachen wie bisher, auch wenn es bedeutet, denselben Fehler erneut zu begehen.

7.4   Das Risiko, diese eine Aktie zu traden

Die meisten erfahrenen Trader handeln nur liquide Aktien mit engen Spreads. Sie meiden marktenge Nebenwerte, vor allem dann, wenn sie mit hohen Positionsgrößen arbeiten. Versuchen wir uns nun in einen Trader hineinzuversetzen, der über die grundlegenden Marktprinzipien Bescheid weiß, ein gutes System entwickelt hat, jedoch in manchen Fällen noch ein wenig undiszipliniert agiert. Eines Tages geschieht es, dass seine Aufmerksamkeit auf eine sehr volatile Solaraktie des »TecDax« fällt. Er beobachtet den Wert ein paar Tage lang und sieht, dass diese Aktie jeden Tag um 4 bis 6 % steigt oder fällt. Nun gehen die Pferde mit ihm durch und er eröffnet am nächsten Handelstag aufgrund eines Signals eine »Long«-Position. Der ganze Trade bewegt sich streng nach dem Regelwerk unseres Traders, bis auf die Tatsache, dass es ein Nebenwert ist.

Der Trader ist von seinem Ansatz her kein reiner Daytrader, sondern hält die Werte für gewöhnlich drei bis fünf Tage. Er ist sich bewusst, mit diesem Trade gegen seine Regeln zu verstoßen, und hat deswegen ohnehin ein wenig Bauchweh. Am meisten fürchtet er sich bei Nebenwerten vor Gaps und leider neigt diese Aktie zu einer besonders starken Gapbildung, was zusätzlich ein mulmiges Gefühl bei ihm verursacht.

Der Trader hat jedoch Glück und die Aktie steigt gleich nach dem Kauf. Etwas später dreht der Wert jedoch und rutscht leicht ins Minus. Das beunruhigt den Trader, und er beginnt, die Position zu beobachten. Er weiß zwar, dass er am Kursverlauf nichts ändern kann, und er weiß, dass er die Werte nicht ständig zu beobachten braucht, doch er kann nicht anders, weil er es mit der Angst zu tun bekommt. Er ist von diesem Trade nicht mehr so überzeugt, wie er es noch vor ein paar Stunden war, und wünscht sich in diesem Moment, die Position nie eröffnet zu haben. Der Aktie ist das jedoch egal, und sie fällt noch ein weiteres Stück. Obwohl der Trader seinen

Stopp im System hat, beunruhigen ihn die Ereignisse in der Zwischenzeit so sehr, dass er sein Mittagessen vergessen hat. Für ihn gibt es jetzt nur noch diesen Wert und diesen Chart.

Da der Stopp beim Einstieg eng gesetzt wurde, ist die Positionsgröße entsprechend hoch. Die Aktie verharrt unterdessen circa 1 % unter dem Kaufkurs und der Stopp ist noch circa 0,35 % entfernt. Die nächsten Stunden passiert wenig und der Börsenschluss nähert sich in großen Schritten. Eine Stunde vor Handelsschluss fällt die Aktie weiter und ist nur noch ein paar Ticks vom Stopp entfernt. Die Unruhe des Traders steigt von Minute zu Minute, und seine Sorgenfalten werden immer tiefer. Er hat Angst davor, dass die Aktie knapp an seinem Stoppkurs schließen und die Eröffnung am nächsten Tag mit einem großen Gap gegen seine Handelsrichtung ausfallen könnte. Aufgrund der hohen Positionsgröße wäre der Verlust dann riesig, viel größer als kalkuliert. Der Trader beginnt daher darüber nachzudenken, die Position noch vor Handelsschluss manuell glattzustellen.

Es sind noch gut 20 Minuten, bis die Börsen schließen, doch nun geschieht Folgendes: Im Zuge eines drehenden Gesamtmarktes steigt die Aktie plötzlich stark an. Erleichtert betrachtet er den Chart und schwört sich, so einen Trade nie wieder einzugehen. Wenn er da noch einmal heil herauskäme, würde er nie wieder so einen volatilen Nebenwert handeln. Die Position steigt weiter und triggert den ursprünglichen Kaufkurs. Der Trader ist so erleichtert darüber, keinen Verlust gemacht zu haben und nicht mit dem Albtraum eines Gaps über Nacht konfrontiert zu sein, dass er die Position sofort manuell glattstellt und den eingegebenen alten Stopp aus dem System löscht. So steigt er nur mit dem Verlust der Gebühren aus diesem Trade wieder aus und schwört sich, zukünftig besser auf sein Regelwerk zu achten.

Was ist passiert und warum war der Trader so aufgebracht und ängstlich? Der Grund dafür war, dass er das Risiko, diese eine Aktie zu traden, nie richtig akzeptiert hatte, obwohl der Trade in allen anderen Belangen innerhalb seines Regelwerkes verlief. Der Einstieg, das Money Management, die Stopps – alles war perfekt, nur der ausgewählte Wert war es nicht. Daher kamen dieses Unbehagen und diese Angst. Wenn sich der Trader aber nicht vollends mit einem gehandelten Wert identifiziert, wenn er nicht das ganze Risiko auf sich nimmt, dann wird er den Trade nicht sauber ausführen können, wie wir eben gesehen haben. Sobald von irgendwoher nur leichter Gegenwind weht, wird ihm sein Fluchtreflex und sein urzeitlicher Selbsterhaltungstrieb dieses Geschäft gehörig vermasseln. Wir leben zwar nicht mehr in der Steinzeit, unsere Gene sind aber noch die gleichen wie damals, und das bedeutet wiederum, dass wir uns beim Trading zwingen müssen, uns manchmal unnatürlich zu verhalten.

Der oben beschriebene Trader war übrigens ich selbst und diesen Trade habe ich vor einiger Zeit genauso ausgeführt. Es war die »Solarworld«-Aktie, die ich unbedingt handeln musste, obwohl ich, wie man oben gesehen hat, mental nicht bereit dazu war. Das war übrigens das letzte Mal, dass ich diesen Wert gehandelt habe, denn die damaligen Vorkommnisse waren mir eine Lehre. Der Vollständigkeit halber sei noch erwähnt, dass die Aktie in den nächsten drei Tagen um circa 12 % stieg …

7.5 Das Risiko, unter eine bestimmte Zielgröße zurückzufallen

Der Trader hat sich zum Ziel gesetzt, im Monat 2 % Profit zu machen. Anhand seiner derzeitigen Kontogröße entspricht das einem Betrag von 2.000 Euro. Der Monat ist bisher recht gut verlaufen und das Eigenkapital des Traders ist gleichmäßig angewachsen. Die Verluste wurden ordentlich begrenzt und die Gewinne konnten in einigen Trades sehr schön maximiert werden. Wir schreiben nun den 28. des Monats und mit den letzten drei »Shorttrades« hat der Trader es geschafft, seine Performance auf 2.250 Euro hochzupushen. Dies geschah an einem Freitag und der Trader geht zufrieden ohne offene Positionen in ein Wochenende. Am darauffolgenden Montag, dem letzten Handelstag des Monats, bereitet er sich wie immer auf die US-Börseneröffnung vor. Die Märkte eröffnen und er platziert infolge einer starken Aufwärtsbewegung drei »Long«-Trades.

Doch die Aufwärtsbewegung findet bald ein jähes Ende, und er wird bei einem der drei Trades mit einem Verlust von 150 Euro ausgestoppt. Die beiden anderen Trades laufen noch und sind derzeit leicht im Minus. Die Stopps sind noch nicht in Gefahr, doch der Trader macht sich große Sorgen. Warum? Er hat sich für diesen Monat doch vorgenommen, eine Zielgröße von 2.000 Euro Profit zu erreichen. Er hatte 2.250 Euro am Beginn des letzten Handelstages. Der eine Verlusttrade bedeutet 150 Euro weniger. Bleiben noch 2.100 Euro. Wenn nun einer der beiden letzten Trades heute noch ausgestoppt wird, fällt er unter sein anvisiertes Monatsziel zurück, und das will er um jeden Preis verhindern. Da er bereits positioniert ist, weiß er, dass er es nicht verhindern kann, und das beunruhigt ihn sehr.

Die Märkte geben noch weiter nach und so beschließt er aus einer Emotion heraus, die restlichen beiden Trades einfach manuell glattzustellen. Damit schafft er es, bei beiden Positionen nur einen kleinen Verlust hinnehmen zu müssen, der ihn sein Monatsziel gerade noch erreichen lässt. So beendet er den Handelsmonat mit einem Profit von 2.022 Euro und ist zufrieden. Doch diese Zufriedenheit hält nicht lange an. Am nächsten Tag ist er über seine eigene Dummheit sehr verärgert, denn er hätte von den drei Trades gleich die Finger lassen sollen. Er hatte Angst davor, sein Monatsziel zu verfehlen, und konnte sich daher nur noch auf die möglichen Verluste konzentrieren. Er übersah die Chance, dass diese Trades auch Gewinner hätten werden können. Er wurde ein Opfer der bereits beschriebenen »selektiven Wahrnehmung« und führte somit das herbei, was er am meisten fürchtete. Verluste! Er hat sein Ziel zwar erreicht, ist aber trotzdem unzufrieden, und das ist verständlich. Er hat sich dazu hinreißen lassen, die Positionen zu eröffnen, obwohl er nicht bereit war, das Risiko zur Gänze einzugehen.

Hier sei ebenfalls erwähnt, dass es sich um einen autobiografischen Auszug des Autors gehandelt hat. Geändert wurden nur die Beträge, die in diesem Beispiel vorkamen. Ich war tatsächlich vor einiger Zeit in der Situation, mein Monatsziel um jeden Preis erreichen zu wollen. In diesem Fall wäre ich bei den beiden anderen Trades tatsächlich mit vollem Maximalverlust ausgestoppt worden und hätte daher mein Monatsziel verfehlt. Der Fehler lag aber nicht in den Trades selbst, denn diese wurden streng nach Regelwerk durchgeführt. Der Fehler war, die Trades überhaupt noch einzugehen, denn mental war ich dazu nicht bereit.

Conclusio »Risiko«

Wie man aus den obigen Beispielen unschwer erkennen kann, ist das Risiko, das ein Trader mit jedem Trade eingeht, weit mehr als das rein finanzielle Risiko. Zu den oben bereits angesprochenen Risiken kommen noch viele andere hinzu, die hier nicht genannt werden können. Sicher hat jeder Trader andere Ängste, und diese Ängste stellen für jeden einen Risikofaktor dar. Natürlich müssen Sie sich zuerst darüber im Klaren sein, wie viel Risiko Sie in absoluten Beträgen in Ihren Trades eingehen möchten. Das ist jedoch nur ein kleiner Teil des gesamten Risikos, das Sie auf sich nehmen müssen. 100 Euro als Betrag sind dem Trader vielleicht egal, sein angepeiltes Monatsziel von 1.000 Euro will er aber um jeden Preis erreichen oder erhalten – je nachdem. Der Trader muss daher lernen, alle Risikokomponenten zu beachten, und er muss ganzheitlich denken.

Dazu muss er zuerst alle Komponenten des Begriffes Risiko kennen und dazu wiederum muss er sie zuerst erleben. Wenn er sie dann kennengelernt hat, gilt es, sie zu analysieren und mit sich selbst zu vereinbaren, ob er sie auf sich nehmen möchte. Erst wenn der Trader es schafft, alle Detailaspekte des Begriffes Risiko zu akzeptieren, wird er einen lockeren Tradingstil entwickeln. Sobald nur eine Komponente existiert, die nicht im Einklang mit seinen Bedürfnissen steht, wird das Trading unrund und verkrampft, und der Erfolg schwindet. Seien Sie sich daher des Risikos vollständig bewusst! Wählen Sie die Werte nach diesen Kriterien aus, und passen Sie

Ihr System an Ihr Risikoverständnis entsprechend an, dann haben Sie ein weiteres Puzzleteil für den Erfolg gefunden.

8   Sicherheit in einer unsicheren Umgebung

Nachfolgend soll die fiktive Geschichte eines angehenden Traders erzählt werden. Stark verkürzt wird der Reifungsprozess geschildert, den alle Trader am Anfang ihrer Karriere durchleben. Diesen Weg muss jeder gehen, es gibt keine Abkürzungen. Alles Wissen kann man sich zwar theoretisch anlesen, erleben und erfahren muss man es aber selbst. Nur so werden aus den Erfahrungen der Anderen die eigenen Erfahrungen, und nur dann kann man auf der Entwicklungsleiter nach oben steigen. Lassen Sie uns so eine Evolution gemeinsam in aller Kürze betrachten.

Exkurs – Der Reifungsprozess eines Traders

Wenn jemand mit dem Trading beginnt, weiß er meist noch nicht, dass man dafür einen ausgereiften Plan benötigt. Da die Zutrittsbarrieren gering sind, wirkt Trading auf einen Laien ausgesprochen einfach. Man arbeitet sich also ein wenig in die Handelsplattform ein, und dann geht es auch schon los. Werte werden nach Belieben gekauft oder verkauft und alle damit verbundenen Handlungen sind von den beiden Hauptemotionen gezeichnet, die an der Börse vorherrschen: Angst und Gier! Der Trader wird gierig, wenn eine Aktie steigt und kauft. Wenn sie zu fallen beginnt, wird er ängstlich und verkauft. Dieser Kreislauf wiederholt sich unzählige Male, immer auf die gleiche Art und Weise. In dieser Phase ist der Trader mit einem Lemming zu vergleichen, der allen Anderen nachläuft und irgendwann ins Verderben stürzt. Manche Trader erkennen nach den ersten herben Verlusten, dass es so doch nicht funktionieren kann. Ein Plan muss also her, und zwar rasch.

In diesem Entwicklungsstadium besteht für den Trader der vermeintliche Plan nur aus dem richtigen Einstieg in einen Trade. Geht man in eine Buchhandlung und sieht sich Literatur zum Thema Trading an, stößt man unausweichlich auf die »Technische Analyse«. Die Regale sind übervoll damit und so kauft der angehende Trader die entsprechenden einschlägig bekannten Fachpublikationen. Er lernt zuerst etwas über bestimmte Chartformationen, dann über Trends, über Candlesticks und Indikatoren und glaubt daraufhin, der benötigte Plan, der vorher erwähnt wurde, sei gefunden. Er denkt, alles was er bräuchte, läge allein in den Charts versteckt. Wenn er es schaffen würde, die Charts richtig zu lesen und zu interpretieren, könnte er die Aktienkurse vorhersagen und damit Geld verdienen.

Eines der ersten Symbole, das bei den japanischen Candlesticks sofort auffällt, ist der sogenannte »Doji«. Wenn laut Lehre ein »Doji« in der Nähe eines Bewegungstiefs oder bei einer Unterstützung auftritt, ist die Umkehr eines Wertes wahrscheinlich (für echte Chartisten ist diese Erklärung wohl ziemlich dürftig, aber für dieses Kapitel reicht es zunächst). Der Trader sucht also in den Charts diese »Dojis«, findet sie und handelt entsprechend der Lehre, doch meist wird das so einfach nicht klappen. Er hat nun vermeintlich einen tollen Plan entwickelt, in Wahrheit jedoch bloß ein Einstiegssignal gefunden, das seiner Meinung nach nicht einmal besonders gut funktioniert.

Natürlich probiert er nun auch andere Candlestick-Muster aus, aber der Erfolg ist ebenfalls bescheiden. Er zweifelt daher an dieser Lehre und beginnt, sich mit komplexeren Chartmustern sowie Indikatoren und Oszillatoren auseinanderzusetzen. »Denn da muss noch mehr sein«, denkt er. Daher lernt er, so viel er kann, über gleitende Durchschnitte, Reversal Times, den RSI und den MACD. Er beachtet das Momentum und Divergenzen und versucht, beim Durchkreuzen von verschieden langen Tageslinien in einen Trade einzusteigen. Auf diese Art entwickelt er mühsam einen neuen, komplexeren Einstieg, weil derjenige mit den Kerzen allein nicht gut genug erschien. Voll bewaffnet und neu motiviert glaubt dieser Trader nun, einen besseren Plan gefunden zu haben, und stürzt sich damit erneut in die Schlacht.

Doch obwohl in der Literatur Einstiege über die Kombination verschiedenster Indikatoren als erfolgversprechend präsentiert werden, macht der Trader auch jetzt so gut wie keine Gewinne. So denkt er, dass es Zeit wird, sich erneut einen anderen Einstieg zu suchen, um seinen Plan noch weiter zu verbessern. Der Trader springt also von Methode zu Methode, wobei er sich dabei immer noch auf das richtige Timing konzentriert. Von anderen Faktoren, wie einer sinnvollen Stoppsetzung, Positionsgrößenbestimmungen, Portfoliogewichtung, Trademanagement und der psychologischen Komponente beim Trading, hat er in diesem Stadium seiner Entwicklung noch nie etwas gehört. Er versteht daher (noch) nicht, warum er den perfekten Einstieg einfach nicht finden kann.

So werden im Lauf der Monate seine Einstiegsmethoden immer komplexer, und bald sind seine Charts derart vollgemalt mit Signalen, Linien und anderen Zeichen, dass die eigentlichen Kursverläufe fast nicht mehr auszumachen sind. Diese Charts kann man eher als Kunstwerke an die Wand hängen, als damit zu traden. Alle Hilfsmittel ändern jedoch nichts daran, dass er immer wieder Fehltrades produziert, und da er keine vernünftige Risikokontrolle verwendet, sind seine Verluste sehr groß. Seine Methode funktioniert daher nicht und sein Kontostand wird immer kleiner.

Was dieser Trader in der eben beschriebenen Situation tut, ist, nach einer absoluten Sicherheit und Stabilität zu suchen. Er will die Garantie, dass jeder Trade funktioniert, und er versucht mit allen zur Verfügung stehenden Mitteln, diese Sicherheit zu erlangen. Der Mensch ist grundsätzlich sehr sicherheitsorientiert. Man sucht den vermeintlich sicheren Job, die sichere Beziehung und wählt vorzugsweise jene Restaurants aus, die man bereits kennt und wo man weiß, dass einem das Essen schmeckt. Auch der Trader sucht nach dieser Sicherheit, doch so sehr er sich auch anstrengt, die Verluste kann er nicht verhindern. Das will er nicht akzeptieren, und das ist der Grund, warum er Signale, die ihm sein System liefert, zu hinterfragen beginnt und schlussendlich gar nicht mehr handelt. Er kann es nicht mehr, weil er in dem Moment, da er auf »Kaufen« klicken sollte, versagt hat. Er wollte um jeden Preis die Sicherheit vor dem Trade, doch leider gibt es diese nur nach dem Trade.

Falls dieser Trader in der Zwischenzeit seine Tradingambitionen nicht an den Nagel gehängt hat, wie es viele Andere in dieser Phase tun, lernt er in den Monaten und Jahren, dass diese extrem komplizierten Tradingsysteme nur aus einem Grund existieren: weil die Menschen verzweifelt auf der Suche nach dieser angesprochenen Sicherheit sind. Vielen Tradern genügt es nicht, mit Unterstützung und Widerstand zu arbeiten, Indikatoren oder Oszillatoren sind ein »Muss«, je mehr, desto besser. Doch je länger dieser Trader sich mit den Märkten beschäftigt hat, desto einfacher werden seine Einstiege wieder. Er reduziert das Regelwerk so lange, bis schließlich nur noch die Charttechnik übrigbleibt, und seine Einstiege sind um nichts besser oder schlechter als früher. Nach wie vor liegt er in nicht einmal 50 % aller Fälle richtig, aber da er in der Zwischenzeit gelernt hat, wie man ein System mit »positivem Erwartungswert« generieren kann, und darüber hinaus die richtige mentale Einstellung entwickelt hat, ist aus ihm in all den Jahren ein erfolgreicher Trader geworden.

Die Grundaussage des vorangegangenen Exkurses kann man in folgendem Satz zusammenfassen:

Man kann zwar mit komplexen Methoden der Technischen Analyse erfolgreich traden, aber auch zehn gleichzeitig eingesetzte Indikatoren bieten keine Sicherheit für den nächsten Trade.

Da der Mensch alles zu kontrollieren versucht, sind wir für das Chartlesen so anfällig. Wir fühlen uns scheinbar mit dieser Weltanschauung wohler, als wenn wir in den

Märkten von einer zufälligen Gewinn- und Verlustverteilung ausgehen. Der Ansatz über die Technische Analyse spricht die Menschen wohl deswegen mehr an, weil uns dieser Zugang seriöser und vernünftiger erscheint als der »50:50«-Gedanke, denn dieser hat für viele zu sehr Ähnlichkeit mit einem Glücksspiel. Da niemand als Spieler gelten will, versuchen wir es mit Analyse und meinen, Muster zu erkennen, wo es keine Muster gibt. Wir suchen nach Ordnung im Chaos und finden sie scheinbar, doch in Wirklichkeit produzieren wir dadurch noch mehr Chaos. Wir verwechseln Korrelation mit Kausalität und hinterfragen das nicht. Stellen Sie sich vor, Sie prüfen das Wetter der letzten drei Jahre, um dann zu entscheiden, ob Sie heute einen Regenschirm mitnehmen! Würden Sie das tun? Achten Sie bloß darauf, ob wir Sommer oder Winter haben, und passen Sie Ihre Kleidung dementsprechend an.

Auch Larry Williams warnt in seinem Buch *»Die Erfolgsgeheimnisse des Kurzfrist-Tradings«* davor, die Chartformationen mit kollektiver Intelligenz zu verwechseln. Doch was bleibt dem Trader, wenn das vorhin Geschriebene stimmt? Was bleibt, wenn die Märkte wirklich nicht zu prognostizieren sind, der Ausgang jedes einzelnen Trades ungewiss ist und man den Markt nicht manipulieren kann? Was kann der Trader dann tun außer gar nichts? Das ist eine interessante Frage, die wir gleich beantworten werden:

Das Einzige, was ein Trader kontrollieren kann, ist sein eigenes Verhalten!

Obwohl das nicht nach viel aussieht, ist es doch eine ganze Menge. Nur Sie haben Einfluss darauf, ob und wohin Sie den Stopp setzen, ob, wann und wie Sie ihn versetzen und ob, wie und wann Sie schlussendlich zur Kasse gehen, die Position also glattstellen. Das ist viel mehr, als es auf den ersten Blick den Anschein hat. Dieses Verhalten entscheidet, ob Sie erfolgreich werden, nicht der Einstieg in einen Trade – der ist zu vernachlässigen.

Exkurs – Wie kann ein Trader sein Verhalten ändern?

Warum ist eine Verhaltensänderung so schwierig, nicht nur im Trading, sondern generell? Die Antwort ist: weil die meisten Abläufe des täglichen Lebens von uns unbewusst durchgeführt werden.

Wenn Sie von der Arbeit nach Hause gehen, kommen Sie quasi wie von Zauberhand einige Zeit später daheim an und wissen meist nicht mehr, was dazwischen geschehen ist. Das ist deshalb möglich, weil diese täglichen Routinen in Ihrem Gehirn – vereinfacht ausgedrückt – fest eingeprägt sind. Durch die ständigen Wiederholungen sind diese Abläufe so tief verwurzelt, dass sie bewusst von Ihnen gar nicht mehr wahrgenommen werden. Die Mehrheit der Eindrücke wird von Ihrem Unterbewusstsein nicht an Ihr Bewusstsein durchgelassen, um einen Teil des Gehirns für andere Aufgaben zu schonen. Sie werden sich mit Sicherheit nicht mehr daran erinnern, welche Personen, Autos oder anderen Eindrücke, Geräusche oder Gerüche Sie wahrgenommen haben, während Sie das letzte Mal auf dem Nachhauseweg waren. Bei ähnlichen, immer wiederkehrenden Situationen des Alltags verhält es sich genauso.

Wenn Sie ein Auto durch den Verkehr lenken, werden die meisten Handlungen von Ihrem Unterbewusstsein ausgeführt. Sie können bewusst und zur gleichen Zeit nicht die Pedale bedienen, lenken, schalten, in den Rückspiegel sehen, die Straße vor sich beobachten und nebenbei eine Zigarette rauchen, das Radio umstellen und mit Ihrem Beifahrer sprechen. Wenn Sie alle Aufgaben bewusst ausführen müssten, würde Ihr Gehirn »durchbrennen«, weil es überfordert wäre. Daher werden die meisten Tätigkeiten vom Unterbewusstsein übernommen und Ihr Bewusstsein hat die Zeit, sich mit anderen Fahrzeuginsassen zu unterhalten, die vorbeiziehende Landschaft zu betrachten oder einfach nur nachzudenken.

Auf das Trading umgemünzt bedeutet dies, dass Sie es sich zum Beispiel zu einer schlechten Angewohnheit gemacht haben, Aktien nach einem kleinen Kursgewinn zu verkaufen. Irgendwann hat sich dieses Verhalten in Ihr Gehirn eingebrannt, und die Gründe dafür können Sie heute gar nicht mehr nachvollziehen. Sie wissen, dass Sie sich damit schaden, doch Sie können nicht anders. Sie schaffen es nicht, eine Verhaltensänderung herbeizuführen, und Sie haben nicht die Kraft, Ihr Unterbewusstsein zu besiegen. Solche fixen Gedankengänge, diese geistigen Trampelpfade, gibt es zu tausenden in Ihrem Gehirn. Aus diesen Pfaden entstanden mit den Monaten richtige Straßen, und diese Straßen entwickelten sich über die Jahre zu breiten Autobahnen. Bereits existierende Wege sind für einen Menschen ohne Mühe zu beschreiten, neue Pfade zu errichten kostet Zeit und Kraft. Das ist der Grund, warum wir uns so schwertun, unser bisheriges Verhalten zu ändern und neue Vorgehensweisen an den Tag zu legen.

Man lernt jedoch nicht nur, indem man etwas direkt erlebt, sondern auch, indem man sich etwas vorstellt und dadurch sein Gehirn überlistet. Mit den im Fachjargon sogenannten »Visualisierungen« kann man versuchen, einen gewünschten Sollzustand herbeizuführen, indem man zukünftige Ereignisse, ohne sie real erlebt zu haben, in Gedanken vorwegnimmt. Dieses Verhalten kann man zum Beispiel sehr gut bei Sportlern beobachten. Skirennläufer versuchen bereits vor dem Rennen, den Lauf gedanklich zu absolvieren. Sie schwingen mit ihrem Körper im Rhythmus der Slalomtore hin und her und versuchen, die Bewegungsabläufe einzustudieren. Mit diesem Verhalten programmieren sie ihren Geist und Körper auf das Rennen. Sie erleben in einer Art Trancezustand, wie sie durch die Tore fahren, und bevor diese Sportler das eigentliche Rennen bestreiten, sind sie den Hang schon unzählige Male in ihren Gedanken abgefahren. Sie haben sich auch bereits dabei gesehen, wie sie durch das Ziel gekommen sind und den Lauf gewonnen haben. Das Gehirn kann nicht unterscheiden, ob diese Bilder real sind oder bloß ihrer Fantasie entspringen. Das Gehirn glaubt, was es »sieht«. Oder besser gesagt, was es zu sehen glaubt. Diese Fiktion wird daher für sie zur Realität, wenn sie diese »Visualisierungen« nur oft genug wiederholen.

Machen Sie sich diesen Umstand zunutze und visualisieren Sie zum Beispiel jeden Abend vor dem Einschlafen, wie Sie voller Selbstvertrauen in Ihrem Tradingroom sitzen. Wie Sie überlegt die Märkte beobachten und souverän und gelassen nach Ihren Einstiegen suchen. Dann »sehen« Sie, wie Sie geduldig die Börseneröffnung abwarten, um dann in aller Ruhe Ihre Orders zu platzieren. Sie führen alle Handlungen so aus, wie es ein erfolgreicher Trader tun würde. Sie beobachten entspannt den Markt, realisieren anhand Ihres Systems die Gewinne und nehmen die Verluste ohne weitere Emotionen hin. Sie »sehen« auch, wie Ihr Eigenkapital stetig anwächst, und dann vergegenwärtigen Sie sich, wie Ihr Leben in einigen Jahren aussehen wird, wenn Sie weiterhin diszipliniert an Ihrem Fortschritt arbeiten. Tag für Tag kommen Sie so Ihrem Endziel, ein selbstsicherer, disziplinierter Trader zu werden, immer näher. Schreiben Sie auf, wie so ein Handelstag in fünf oder zehn Jahren aussehen wird, und lesen Sie sich diese Zeilen immer und immer wieder durch, bis sie zu Ihrer Realität geworden sind.

Conclusio »Börsenpsychologie«

Der angehende Trader mag an dieser Stelle des Buches ein wenig ratlos sein, denn vieles, was er bisher als »richtig« betrachtet hat, wurde auf den vergangenen Seiten stark angezweifelt oder gar zu widerlegen versucht. Zum Beispiel könnte ein Anfänger derzeit in einer Phase stecken, in der er sich mittels Papertrading ein System auf den Leib zu schneidern versucht und mit dieser Herangehensweise erste Fortschritte macht. Seine Technik reift und er glaubt an den Erfolg, doch jetzt wird behauptet, er solle kein Papertrading durchführen, weil es nichts bringe. Das verwirrt ihn und er weiß nicht mehr, woran er glauben soll.

Manch anderer, technisch affiner Trader wird versuchen, ein von ihm neu entwickeltes System zu testen, bevor er es anwendet. Er hat sich gerade ein Regelwerk gebastelt, bei dem erste Tests ein sehr zufriedenstellendes Ergebnis in Aussicht stellen. Doch dieses Buch behauptet, Backtesting habe so viele Schwächen, dass man es getrost bleiben lassen könne. Wiederum andere Trader haben sich der Technischen Analyse verschrieben und brüten seit Monaten über den Charts, um einen »besseren« Einstieg zu finden. Auch hier werden in diesem Buch konträre Ansichten präsentiert. Es wird sogar behauptet, der Einstieg in eine Position würde generell überbewertet und Technische Analyse sei fast schon Kaffeesatzleserei. Den Glauben mancher Trader erschüttert zusätzlich noch die These des Autors, dass man für einen Trade nichts mehr »tun« könne, wenn man bereits positioniert sei, und dass man auch mit rein zufällig gewählten Einstiegen profitabel traden könne. Wozu sitzt der Trader dann den ganzen Tag vor dem PC und beobachtet die Kurse, und was täte er, wenn er es nicht mehr tun würde?

All das wird für einen Trader, der sich auf der Suche befindet, ziemlich entmutigend klingen. Mit einigen dieser Aussagen wird ihm regelrecht der Boden unter den Füßen weggezogen und sein bisheriges Weltbild kommt ins Wanken. Seine Überzeugungen, die er in den letzten Monaten oder Jahren aufgebaut hat, werden in diesem Buch mit wenigen Argumenten derart infrage gestellt, dass er nun komplett verunsichert ist. Für diesen Trader mag das bisher Gesagte fast so klingen, als ob sowieso alles egal wäre – als würde es keinen Sinn machen, das Trading zu »erlernen«, weil es gar nichts zum Erlernen gäbe, und als könnte er alle Bücher über Technische Analyse verbrennen und sein Geld im Wettbüro durchbringen, denn dort wären wenigstens die Getränke gratis. Und falls er es doch nicht lassen könnte mit dem Trading, wäre es legitim, planlos Werte zu kaufen oder zu verkaufen, weil ja auch Einstiege ohne jegliche Technische Analyse gewinnbringend sein können.

Falls der angehende Trader wirklich so denkt, hat er es bisher versäumt, zwischen den Zeilen zu lesen. Selbstverständlich gibt es beim Trading einiges zu lernen, doch dieses Wissen ist anders geartet, als der Anfänger es vermuten mag. Trading kann man lernen, es ist aber kein leichtes Unterfangen. Um den Prozess des Lernens zu optimieren, erhalten Sie in den folgenden Kapiteln einen groben fachlichen Leitfaden, der Ihnen zeigen soll, wie Sie es vernünftig angehen können und was Sie alles bedenken müssen. Eines sei Ihnen jedoch gleich vorweg gesagt: Es handelt sich bloß um eine grobe Skizze, einen groben Plan, den jeder auf sich selbst abstimmen muss. Wir Menschen sind zu unterschiedlich für ein einheitliches Patentrezept. Mein Plan kann nie Ihr Plan sein, vergessen Sie das bitte nicht!

Teil III
Money Management

Die Börse hat Wettelemente.
Aber sie ist nicht alles oder nichts.
Sie bietet differenzierte Chancen und Risiken.
Nur wer Risiken begrenzt, kann viele Chancen wahrnehmen!

(Jünemann & Imbacher: »Money Management –
die Formel für Ihren Börsenerfolg«, Seite 19)

Einleitung

Das Thema Money Management und alles, was unmittelbar dazugehört, ist Fachwissen, das für den Tradingerfolg von größter Bedeutung ist. Daher sind die Inhalte, die in den nächsten Abschnitten vermittelt werden, jene Faktoren, die über Ihren Sieg oder über Ihre Niederlage als Trader entscheiden werden. Das Verstehen und Umsetzen der nachfolgenden Gedanken und Regeln ist dafür verantwortlich, ob Sie erfolgreich werden oder nicht.

Beim Money Management geht es vereinfacht ausgedrückt darum, Ihr Risiko zu managen. Etwas zu managen bedeutet, sich Gedanken über eine Sache zu machen. Als erfahrener Trader machen Sie sich viele dieser Gedanken schon vor dem eigentlichen Vorhaben, einen Trade zu platzieren. Die meisten unerfahrenen Trader handeln hingegen nur aus einer Emotion heraus. »Ah, das sieht gut aus« – klick, und er ist »long« positioniert. Mit maximaler Kontraktzahl! Ohne Stopp und ohne Risiko-management. Natürlich kann so ein Trader kurzfristig Erfolg haben, zwei oder drei Gewinntrades hintereinander produzieren und seinen Kontostand erhöhen. In diesem Fall hat jedoch nur der Zufall zugeschlagen und nicht das Können des Traders. Daran denkt er aber nicht und glaubt, er wisse nach drei Trades bereits genau, wie die Märkte funktionieren. Beim vierten Trade geht dann mangels Risikokontrolle alles schief und die ganzen Gewinne sind auf einen Schlag wieder weg. Jeder, der Trading ernsthaft als Business ansieht, wird erkennen, dass mehr dazugehören muss, als im richtigen Moment »long« oder »short« zu gehen.

Beginnen wir nun mit dem angesprochenen Risikomanagement und stellen uns folgende Frage: Was ist die oberste Maxime eines jeden Traders? Worauf muss er achten, um langfristig erfolgreich zu sein? Möglicherweise haben Sie jetzt falsch gedacht!

Das Wichtigste in diesem Business ist der Kapitalerhalt!

Sie müssen Ihr Kapital beschützen, denn der Kapitalschutz ist wichtiger als die Profite. Ein reifer Trader weiß dies längst. Es ist aber auch für einen noch unerfahrenen Trader wichtig, diesen Gedankengang zu verstehen. Wenn Sie Ihr Kapital vernichten, ist es aus und vorbei, und dann können Sie Ihre Tradingambitionen »an den Nagel hängen«! Daher versuchen erfolgreiche Trader in erster Linie, ihr Kapital zu schützen. Wenn Ihnen das gelingt, stellen sich die Profite von allein ein. Damit es gelingen kann, braucht der Trader ein gutes Risikomanagement, denn gute Trader sind einfach nur gute »Risk Manager«.

1   Wie hoch ist Ihr Einsatz? – Die Bestimmung der richtigen Positionsgröße

Wir haben im Coaching-Teil dieses Thema schon angesprochen, doch ging es in diesem Kapitel darum, dem Anfänger zu zeigen, wie er bei seinen ersten Trades eine geeignete »Risikoprämie« findet, ohne echtes Money Management dahinter. Nun tauchen wir in die Sache etwas tiefer ein. Um die Frage »Wie hoch ist Ihr Einsatz« beantworten zu können, müssen Sie zuerst eine Bilanz machen. Sie müssen feststellen, wie viel Kapital Ihnen zum Trading zur Verfügung steht. Sie wissen, Sie sollten nur mit Geld traden, dessen Verlust Sie sich leisten können (selbst wenn es wehtut). Definieren Sie im ersten Schritt das Ihnen zur Verfügung stehende Kapital, und versuchen Sie aus mentaler Sicht, es als Startkapital für Ihr Tradingbusiness zu betrachten. Gehen wir weiterhin davon aus, dass Sie ein Margin-Konto eröffnet haben und Ihnen 10.000 Euro zur Verfügung stehen. Die 10.000 Euro gelten also im Folgenden als Ihr Tradingstartkapital.

Im nächsten Schritt gilt es zu überlegen, wie viel Sie von den 10.000 Euro pro Trade riskieren möchten, wenn Sie falschliegen. Sie machen sich daher nun Gedanken zum Worst-Case-Szenario, für den Fall, dass der Trade von Anfang an gegen Sie läuft und Sie keine Chance haben, den Stopp auch nur ein einziges Mal nachzuziehen. Das kommt übrigens öfters vor, als Sie denken, und sogar mehrmals in Serie. Wie viel wären Sie bereit zu riskieren? Wahrscheinlich sind Sie nun ein wenig ratlos, aber ich kann Sie bei dieser Überlegung unterstützen, denn diese Rechnung stellt man nicht aus dem Bauch heraus an, sondern man verwendet dazu eine Formel.

Der Trader ermittelt sein Gesamtkapital und geht dann von einem bestimmten Prozentsatz aus, den er im einzelnen Trade riskiert. Von der Lehre her gibt es unterschiedliche Auffassungen, welcher Wert der richtige sei. Die Empfehlungen für einen privaten Trader reichen von 0,5 % bis 3 %. Im Folgenden werden wir mit 1 % Risiko je Trade kalkulieren, was einem konservativen Mittelwert entspricht. Sie kennen also derzeit Ihr zur Verfügung stehendes Kapital, und Sie wissen, je Trade setzen Sie maximal 1 % davon aufs Spiel, was unter dem Strich 100 Euro ausmacht.

Einfacher Rechenschritt: 10.000 x 1 % = 100

Der Einfachheit halber berücksichtigen wir in den folgenden Rechenbeispielen und Annahmen keine Gebühren und keine Slippage. Wenn Sie einen vernünftigen Broker suchen, der eine Plattform und eine Gebührenstruktur bietet, die auf das Trading zugeschnitten ist, sind die Gebühren für Privatanleger heute kein Hindernis mehr, da diese Kosten in den letzten Jahren stark geschrumpft sind. Natürlich beeinflussen sie die Performance, aber wenn Sie ein gutes System anwenden, sollten die Gebühren es auf keinen Fall »kippen« können.

Wir haben bisher definiert, wie groß das Risiko je Trade ist, abgestellt auf Ihre Kontogröße und auf Ihre Risikotoleranz. Gehen wir nun davon aus, Sie haben einen X-beliebigen Wert, in unserem Beispiel die Aktie von BMW, entdeckt und sehen eine Chance im Chartbild, einen »Long«-Trade einzugehen. Der Einstieg liegt bei 34,23 – was wir ebenfalls völlig fiktiv einmal annehmen. Da Sie 10.000 Euro Startkapital zur Verfügung haben, ein Margin-Konto verwenden und bei diesem ersten Trade nicht gleich alles riskieren wollen, gehen Sie nun her und kaufen 100 Aktien von BMW zum Kurs von 34,23 – richtig? Falsch!

Zum jetzigen Zeitpunkt haben Sie noch nicht genügend Informationen gesammelt, um die richtige Positionsgröße zu bestimmen. Sie wissen noch nicht, wie viele Aktien Sie kaufen können. Warum wissen Sie das nicht? Weil Sie Ihr Risiko noch nicht definiert haben. Wie macht man das? Um das Risiko zu errechnen, müssen Sie zusätzlich zum geplanten Einstiegs- auch den Stoppkurs festlegen. O. K., werden Sie jetzt denken, dann kaufe ich 100 Stück zu 34,23 und der Stopp liegt bei 29,25. Den Stopp wählen Sie vermeintlich »schlau« unter dem runden Kurslevel von 30. Doch ist diese Vorgehensweise wirklich so schlau? Die Frage nach der »Schlauheit« zielt hier weniger auf den Stopplevel an sich als auf die Positionsgröße und das damit verbundene Risiko ab. Versuchen wir, es herauszufinden, und rechnen gemeinsam, wie viel Sie bei diesem Trade riskieren würden:

Die Differenz zwischen Ihrem Kaufkurs von 34,23 und dem Stopp bei 29,25 ist in Euro gerechnet wie groß?

$$34{,}23 - 29{,}25 = 4{,}98$$

Sie riskieren daher 4,98 Euro je gekaufter Aktie. Sie haben vorhin aus dem Stegreif heraus entschieden, 100 Aktien zu kaufen. Da Sie je Aktie 4,98 Euro riskieren und 100 Stück davon kaufen wollen, rechnen wir weiter.

$$4{,}98 \times 100 = 498$$

Es sind 498 Euro, die Sie bei diesem Trade aufs Spiel setzen würden! War da nicht etwas von 100 Euro je Verlusttrade? Wir haben zu Beginn festgelegt, nicht mehr als 100 Euro riskieren zu wollen, und jetzt sind es plötzlich 498 Euro. Aus dem 1 % Risiko je Trade, den 100 Euro, wurden fast 5 %, also das 5-fache, weil wir kein vernünftiges Money Management angewendet haben. Sie verstehen sicher, dass dieses Risiko zu groß ist, und so klappt das also nicht. Wie klappt es dann? Sie müssen es anders herum angehen. Sie müssen den Betrag, den Sie zu riskieren bereit sind, durch den Betrag dividieren, den Sie im gegebenen Trade je Aktie aufs Spiel setzen. Wir sehen uns diese Rechnung anhand eines Beispiels näher an. Sie waren bereit, 100 Euro zu riskieren. Da Sie mit diesem Einstieg (34,23) und dieser Stoppsetzung (29,25) je Aktie 4,98 riskieren, errechnen wir, wie viele Aktien Sie kaufen dürfen, um Ihr vordefiniertes Risiko nicht zu überschreiten.

$$100 : 4{,}98 = 20$$

Es sind 20 Aktien, die Sie kaufen dürfen, und keine einzige mehr! Um die Sache zu vertiefen, rechnen wir den gleichen Trade mit einem etwas engeren Stopp. Es ist erneut die BMW-Aktie, mit der Sie »long« gehen möchten. Der Einstieg liegt wieder bei 34,23, doch der Stopp wurde diesmal bei 32,15 platziert. Sie riskieren je Aktie also:

$$34,23 - 32,15 = 2,08$$

Das Risiko wurde ebenfalls mit 100 Euro je Trade festgesetzt, und so kommt jetzt noch folgender Rechenschritt:

$$100 : 2,08 = 48$$

In diesem Fall dürfen Sie mehr Aktien kaufen als beim ersten Beispiel: 48 Stück. Geht der Trade schief und Sie werden ausgestoppt, verlieren Sie nicht mehr, als Sie vorher bereit waren zu riskieren. (2,08 x 48 = 99,84) vs. (4,98 x 20 = 99,60). Es sind in beiden Fällen rund 100 Euro und Ihre Rechnung ist voll aufgegangen. Eine erste wichtige Grundregel beim Money Management lautet daher:

Sie müssen die passenden Positionsgrößen bestimmen, bevor Sie einen Trade eingehen!

Was sagt uns diese Herangehensweise noch?

Bevor Sie eine Position eröffnen, müssen Sie bereits wissen, wo Ihr Stopp sitzt!

Können Sie diese Schritte nachvollziehen? Es ist wichtig, diese Regeln zu verstehen, weil es Grundlagenwissen ist, das hier vermittelt wurde. Ohne die Faktoren Einstiegs- und Stoppkurs können Sie die oben beschriebenen Rechenvorgänge nicht durchführen. Wir fassen das Bisherige also zusammen:

Beispiel 1 a		Beispiel 2 a	
Wert/Richtung	BWM long	Wert/Richtung	BMW long
Kaufkurs	34,23	Kaufkurs	34,23
Stopp	29,25	Stopp	32,15
Risiko je Aktie	4,98 Euro	Risiko je Aktie	2,08 Euro
Anzahl Aktien	20	Anzahl Aktien	48
Positionsgröße	684,60	Positionsgröße	1.643,04
Max. Risiko in Euro	Ca. 100 Euro	Max. Risiko in Euro	Ca. 100 Euro

Tabelle 1: Maximales Risiko bei unterschiedlichen Stoppsetzungen und Positionsgrößen

Sie riskieren, wie Sie in der Tabelle 1 erkennen können, in beiden Fällen 100 Euro, falls der Trade schiefgeht. Betrachten wir nun, was passiert, wenn der Trade klappt und in Ihre Richtung läuft. In beiden Fällen verkaufen wir die Aktie bei 40. Wie sieht es dann mit der Performance aus?

Beispiel 1 b		Beispiel 2 b	
Wert/Richtung	BWM long	Wert/Richtung	BMW long
Kaufkurs	34,23	Kaufkurs	34,23
Anzahl Aktien	20	Anzahl Aktien	48
Verkaufskurs	40	Verkaufskurs	40
Gewinn je Aktie	5,77 Euro	Gewinn je Aktie	5,77 Euro
Gesamtgewinn	115,40 Euro	Gesamtgewinn	276,96 Euro

Tabelle 2: Gesamtgewinne bei unterschiedlichen Positionsgrößen

Sie sehen in Tabelle 2 nun Folgendes: In beiden Beispielen riskieren Sie gleich viel – 100 Euro. Da in Beispiel 2 der Stopp enger sitzt, können Sie auch mehr Aktien kaufen, und dadurch hebeln Sie Ihren möglichen Gesamtgewinn. Achtung: Der prozentuelle Gewinn und der Gewinn je Aktie sind in beiden Beispielen gleich groß. Es sind da und dort nicht ganz 17 % oder 5,77 Euro. Da Sie in Beispiel 2 aber mehr als doppelt so viele Aktien im Depot haben wie in Beispiel 1, ist der mögliche Gesamtgewinn auch mehr als doppelt so groß. Keinesfalls dürfen Sie jetzt annehmen, dass im Beispiel 2 der »bessere« Trade verborgen läge. Das ist nicht der Fall, denn Sie werden in Beispiel 2 auch wahrscheinlicher ausgestoppt. Das Risiko bei Trade Nr. 2 ist größer, daher sind auch Ihre Gewinnchancen höher.

2   Erste Gedanken zur Entwicklung eines Handelssystems

Sie wissen jetzt, wie Sie fürs Erste Ihre Positionsgrößen ermitteln, und nun folgt der nächste Schritt. Wir wenden uns jetzt vorläufig von der Betrachtung des Einzeltrades ab und blicken auf ein erstes, einfaches Handelssystem mit einer Serie von mehreren Trades. Hier gilt es nun zu prüfen, wie viel Gewinne Sie insgesamt machen müssen, damit sich ein System überhaupt rechnet. Das mag auf den ersten Blick unverständlich sein, lassen Sie es uns daher aufarbeiten.

Sie haben – um beim Beispiel von vorhin zu bleiben – die BMW-Aktie gekauft und sind »long« gegangen. Gehen wir nun davon aus, die Chancen stehen 50:50, dass diese Aktie um 2, 3 oder 10 % steigt oder um 2, 3 oder 10 % fällt. Diese Erfolgswahrscheinlichkeit von 50:50 nehmen wir nun fiktiv auch gleich für Ihre nächsten 100 Trades an. Das bedeutet, Sie haben in Folge 50 Gewinntrades und 50 Verlusttrades vor sich. Wie schaffen Sie es, nach 100 Trades unter dem Strich positiv zu bilanzieren und einen Gewinn auszuweisen, obwohl Sie gleich viele Gewinner wie Verlierer haben werden?

Manch angehender Trader wird nun vermuten, der Schlüssel zu einem profitablen Handelssystem läge darin, die Trefferquote zu erhöhen. Theoretisch ist das korrekt, praktisch haben Sie darauf jedoch keinen Einfluss. Natürlich kann man die Trefferquote beeinflussen, indem man die Stopps weiter weg setzt, aber dann würden Sie am Regelwerk Ihres Systems herumschrauben. Im Rahmen eines bestimmten Handelssystems, im Rahmen eines bestimmten Regelwerks haben Sie auf die Trefferquote keinen Einfluss. Wenn man auf die Trefferquote keinen Einfluss hat, wie klappt es dann?

Es funktioniert, indem Sie anstreben, bei den 50 Gewinntrades im Durchschnitt mehr zu verdienen, als Sie bei den 50 Verlusttrades verlieren. Da Sie, wie wir wissen, im Rahmen dieser 100 Trades 50 Verlusttrades vor sich haben und jedes Mal 100 Euro riskieren, kosten Ihre Verluste Sie insgesamt 5.000 Euro. Ganz schön viel, Ihnen stehen tatsächlich circa 5.000 Euro hohe Verluste ins Haus. Es gibt aber auch eine gute Nachricht: Die verbleibenden 50 Trades werden Gewinner und diese werden die Verluste wettmachen, wenn Sie es geschickt anstellen. Wie viel Profit je Gewinntrade sollten Sie daher machen, um die schwarze Null zu erreichen? Richtig: ebenfalls 100 Euro. Wenn wir wieder an die »50:50«-Chance denken, an die reine Zufallsverteilung, dann sollte das auch klappen. Zieht man von den 5.000 Euro Gewinn nun die 5.000 Euro Verlust ab, ergibt das genau Null.

Anmerkung: Die Gebühren und die Slippage werden für diese Demonstrationszwecke weiter nicht berücksichtigt!

Eine schwarze Null ist für einen angehenden Trader nach 100 Trades übrigens ein ausgezeichnetes Ergebnis. Wir wollen für diese Rechnung aber Gewinne machen und müssen berücksichtigen, eventuell gar keine Trefferquote von 50 % zu erzielen. Vielleicht steht es nach 100 Trades aufgrund der Zufallsverteilung 53:47 für die Verlusttrades? Was machen wir dann? Wir verwenden die uns bereits bekannte Methode und schneiden jeden Verlusttrade weiterhin bei 100 Euro ab. Im Gegenzug lassen wir die Gewinntrades so lange laufen, bis sie höhere Profite abwerfen, als die Verlusttrades uns Kosten verursachen. Wir streben daher an, mehr als 100 Euro je Gewinner zu verdienen. Wenn Sie das tun, nennt man das in ersten Ansätzen »ein System mit positivem Erwartungswert« generieren. Doch so einfach ist es nicht, denn wir müssen dabei noch ein paar zusätzliche Dinge beachten: Die Möglichkeiten, diesen Erwartungswert zu erreichen, sind für einen Trader vielfältig. Das sehen wir im folgenden Abschnitt.

3   Das »R-Vielfache« und Kursziele

Vielleicht haben Sie schon einmal den Begriff »R« oder »R-Vielfaches« gehört. Den Buchstaben »R« kann man als »Risiko« übersetzen und »1 R« steht für eine Einheit dieses Risikos. Wenn Sie je Trade daher 0,5 % oder 1 % riskieren, entsprechen diese Werte jeweils dem Wert »R«. Diese Bezeichnung steht also für eine Variable, die das eingegangene Risiko je Trade einem Wert (nämlich 1) zuordnet. Der Begriff »R-Vielfaches« wird von Tradern dazu verwendet, um auszudrücken, wie ein einzelner Trade in der Praxis abgeschnitten hat. Auf diese Art wird festgehalten, was der Trade im Rahmen eines praktizierten Systems erwirtschaftet oder was er verloren hat, um dann daraus ein effizientes Controlling abzuleiten.

Keine Angst, das klingt schwieriger, als es ist, und um es aufzulösen, verwenden wir wieder als Referenz den gleichen BMW-Trade von vorhin. Ihr Einstieg war bei 34,23. Sie haben 20 Aktien im Depot, Ihr Stopp liegt bei 29,25. Die Differenz, die Sie riskieren, die 4,98 Euro, entsprechen der Einheit »−1 R«. Aufgrund des eingegangenen Risikos von »−1 R« versuchen manche Trader nun, ein Kursziel anhand der Relation zu diesem eingegangenen Risiko zu definieren. Es kann zum Beispiel die Strategie eines Traders sein, das Risiko immer auf »−1 R« zu begrenzen (was in unserem Fall 100 Euro wären) und auf jeden Fall »+2 R« (= 200 Euro) verdienen zu wollen. In diesem Fall will der Trader daher das Doppelte von dem einnehmen, was er bereit ist zu riskieren. Er hat sich also ein konkretes Ziel für seine Trades gesetzt. Um mit diesen Kurszielen zu arbeiten, gibt es auch wieder mehrere Möglichkeiten.

Entweder der Trader definiert das Kursziel rein systematisch, oder er benutzt die Charttechnik oder andere Hilfsmittel der Technischen Analyse dazu. Sehen wir uns beide Möglichkeiten an.

3.1   Methode A – Kurszielbestimmung anhand reiner Systematik

Wenn der Trader es rein systematisch angeht, strebt er bei jedem eingegangenen Trade automatisch ein Vielfaches an Gewinnen in Relation zum eingegangenen Risiko an. Beispielsweise könnte er versuchen, bei jedem Trade auf jeden Fall »+ 2 R« oder »+ 3 R« zu erreichen. Dieser fix vorgegebene Wert dient ihm dann als sein Kursziel.

Agiert der Trader nach dieser Herangehensweise, eröffnet er in der Praxis eine Position, setzt seinen Stopp bei »– 1 R« und plant den Ausstieg bei »+ 2 R«. Danach überlässt er die offene Position sich selbst. Er greift nicht mehr ein und lässt den Trade so lange laufen, bis er entweder bei »– 1 R« ausgestoppt wird oder der Trade sein Ziel bei »+ 2 R« erreicht. Für diese Kurszielbestimmung führt er keine Chartanalyse durch, er definiert diesen Wert rein nach System.

3.2   Methode B – Kurszielbestimmung anhand der Technischen Analyse

Wenn der Trader seine Kursziele festlegt, indem er versucht vorherzusehen, wie viel der Trade im Einzelfall »schaffen kann«, verwendet er eine Form der Technischen Analyse dazu. Um diese Annahme zu treffen, wird der Chartverlauf betrachtet und abgewogen, ob dieser Trade das geplante Kursziel von zum Beispiel »+ 2 R« schaffen kann oder nicht. Dazu könnte der Trader Widerstände oder lokale Bewegungshochs im Chart lokalisieren und darauf seine Annahme aufbauen. Er kann auch diverse Indikatoren oder Oszillatoren einsetzen, aber an sich ist die Art und Weise der Zielbestimmung nicht von Relevanz. In jedem Fall wiegt der Trader so im Einzelfall ab, ob er diese Position eröffnet oder nicht und ob der Trade für ihn überhaupt einen Sinn ergibt. Doch drängt sich hier eine Frage auf:

Wie »weiß« der Trader, wie viel ein Trade »machen« kann? Wie weiß er, wie weit eine Aktie steigen oder fallen wird? Nämlich diese eine Aktie in diesem einen Trade? Was tut ein Trader, wenn er das Kursziel mit der Charttechnik oder mit anderen Hilfsmitteln der Technischen Analyse bestimmt? Dämmert es Ihnen, was hier geschieht und was faul ist? Der Trader begeht mit seinem Verhalten einen schweren Denkfehler denn er wird erneut zum »Wahrsager«. Er versucht, die Zukunft vorwegzunehmen, indem er anhand der Technischen Analyse etwas herleitet, und schaut dabei in die Sterne. Er ist sich vielleicht bewusst, Trades – was den Einstieg betrifft – nicht vorhersagen zu können, und glaubt grundsätzlich an die Zufallsverteilung an den Märkten. Er begeht dann aber den Fehler, diese Überzeugung für die Ermittlung von Kurszielen aufzugeben, denn diese Vorhersage anhand der Technischen Analyse durchzuführen ist das Gleiche, wie in die Zukunft blicken zu wollen. Wie wir jedoch wissen, gibt es in der Zukunft zu viele Variablen, um eine fundierte Annahme tätigen zu können, und dabei ist es unerheblich, wie weit diese Zukunft entfernt liegen mag. Die Ermittlung von Kurszielen anhand der Charttechnik ist daher ein sinnloses Unterfangen, weil der Trader nie wissen kann, wie weit die Bewegung einer Aktie gehen wird, egal, was die Charts ihm auch vorgaukeln möchten.

3.3   Die Berechnung von Kurszielen

Sobald der Trader in einem einzelnen Trade ein höheres R-Vielfaches an Gewinnen in Relation zum eingegangenen Risiko anstrebt (zum Beispiel »+ 2 R« Gewinn vs. »– 1 R« Verlust) stehen die Chancen nicht mehr 50 : 50, was den Ausgang dieses Trades betrifft, denn eine Aktie wird sich eher um »– 1 R« bewegen als um »+ 2 R«. Das ist allein deshalb schon anzunehmen, weil der Stopp näher sitzt als das angepeilte Kursziel. Das sagt einem der gesunde Menschenverstand, da braucht man keine mathematische Analyse durchzuführen. Es spielt auch keine Rolle, ob der Trader Methode A oder B der vorangegangenen Abschnitte anwendet, ob er also die Kursziele anhand der Technischen Analyse ermittelt oder diese systematisch festsetzt. Obwohl die Chancenverteilung (Trefferquote) sich mit dieser Herangehensweise zu unseren Ungunsten hin verschiebt, kann man trotzdem mit dieser Methode bereits einen positiven Erwartungswert erzielen, wenn man bei den Trades flankierende Maßnahmen beachtet.

Rechnen wir, um das bisher Gelernte zu vertiefen, nun gemeinsam ein Kursziel aus. Wenn Sie »+ 2 R« im obigen BMW-Trade machen wollen, dann rechnen Sie wie folgt:

Risiko je Trade = 4,98
4,98 = – 1 R
Da Sie »+ 2 R« erzielen wollen, ist dann noch zu rechnen:
4,98 x 2 = 9,96 (+ 2 R)

Die Aktie muss also um 9,96 Punkte steigen, um »+ 2 R« zu erzielen. Da Sie bei 34,23 »long« gegangen sind, ist nun folgende Rechnung anzustellen, um das Kursziel festzulegen:

34,23 + 9,96 = 44,19

Sie müssen die Aktie in jedem Fall so lange halten, bis sie entweder auf 29,25 fällt und Sie »– 1 R« verlieren (Ihr vordefiniertes Risiko) oder bis sie auf 44,19 steigt und Sie »+ 2 R« gewinnen (Ihr vordefiniertes Kursziel). Alles, was dazwischen passiert, kümmert Sie nicht. Sie müssen die Aktie auch nach dem Einstieg nicht mehr beobachten, denn Sie haben bei diesem Trade eine »OCO Order« im System. OCO bedeutet »one cancels the other«. Das ist de facto eine Doppelorder, die einerseits die Reißleine bei 29,25 zieht und dort den Stopp aktiviert oder andererseits bei 44,19 die Aktie verkauft. Diese Order führt jenes der beiden Ereignisse aus, das zuerst eintritt. Welches das sein wird, können wir bekanntlich nicht vorhersehen und erfahren es erst anhand der Kontoauszüge unseres Brokers oder durch einen Depotcheck in ein paar Tagen oder Wochen. Dieser Ansatz verlangt daher so gut wie kein Positionsmanagement und ist ideal, wenn Sie nur wenig Zeit für das Trading aufbringen können. Wenn Sie nicht gern ausgestoppt werden, ist dieser Weg ebenfalls von Vorteil für Sie, da Sie den Trade weitgehend »in Ruhe lassen«, ihn nicht durch ein Nachziehen der Stopps weiter einengen und so auch länger in einer Position engagiert bleiben.

Exkurs – Ein Vorgriff auf das Gesamtpositionsrisiko

Bei den meisten Handelssystemen wird der Trader jedoch nicht nur eine offene Position zur gleichen Zeit laufen haben. Es kann vorkommen, dass Sie zum Beispiel aufgrund haussierender Märkte in fünf oder mehr Positionen parallel »long« positioniert sind. Wenn Sie täglich handeln und neue Positionen eröffnen, kumulieren sich einerseits Ihre laufenden Trades und andererseits dauert es einige Zeit, bis eine Aktie das Kursziel erreicht oder bis Sie ausgestoppt werden. Da Sie zwischendurch nicht in die Positionen »eingreifen« und immer neue Trades dazukommen, setzen Sie Ihr Konto so unter Umständen einem hohen Gesamtrisiko aus. Da es nicht »gesund« sein kann, aufgrund einer heftigen Marktumkehr in einem Schlag »– 10 R« (jeweils »– 1 R« x 10 Trades) zu verlieren, müssen Sie dagegen etwas unternehmen. Sie müssen daher beim Trading neben dem »Einzelpositionsrisiko« noch ein »Gesamtpositionsrisiko« beachten. Ohne nun näher auf die Berechnung dieses Risikos einzugehen, begnügen wir uns zunächst damit festzuhalten, dass Sie sich mit Ihrem Konto nicht zu sehr exponieren, sich also nicht zu sehr in eine Marktrichtung »hinauslehnen« dürfen.

Um dieses Risiko einzugrenzen, ist es nötig, dass der Trader die eine oder andere Position »aus dem Risiko« nimmt. Dazu zieht er die Stopps zu den offenen Trades, sofern es bereits möglich ist, zumindest auf den Einstiegskurs nach. Welche Möglichkeiten ein Trader dazu genau hat und was die Vor- und Nachteile dieser Möglichkeiten sind, lernen Sie in Kürze. Für diese Stelle hier müssen Sie nur wissen, dass dieses Risikomanagement wichtig ist, denn unter Umständen können Sie aus allen zehn Positionen ausgestoppt werden, in einigen Fällen vielleicht sogar fast zeitgleich. Daher dürfen Sie das Trading mit Kurszielen nur im Zusammenhang mit den Ratschlägen des Kapitels 10 »Gesamtpositionsrisiko« betreiben. Wenn Sie diese Inhalte später durchgearbeitet haben, gehen Sie bitte an diese Stelle des Buches zurück, und lesen Sie die vorigen Zeilen und Absätze noch einmal. Mit dem weiter hinten aufgebauten Verständnis im Hinblick auf das Gesamtpositionsrisiko können Sie diesen Exkurs hier besser verstehen und die Wichtigkeit dieses Ratschlags noch deutlicher erkennen. Der Autor wollte nur deshalb ein wenig vorgreifen, damit der angehende Trader sich nicht über die scheinbar konträren Aussagen ein paar Seiten weiter hinten im Buch wundert und damit er erkennt, wie die Dinge alle zusammenhängen. Unabhängig vom Gesamtpositionsrisiko gibt es bei Verwendung von Kurszielen noch einen weiteren Nachteil, egal, mit welcher Technik Sie arbeiten. Der liegt darin verborgen, dass Sie mehr Kapital benötigen werden, weil manche Positionen nicht so schnell in die eine oder andere Richtung laufen. Es entstehen Ihnen daher in jedem Fall gewisse Opportunitätskosten, weil Ihr Geld durch die längere Haltedauer länger in einer Position gebunden bleibt.

Exkurs – Zeitstopps

Was Sie gegen diese Opportunitätskosten tun können ist, »Zeitstopps« einzusetzen. Manche Trader geben einem Trade daher nur einen gewissen Zeitraum, um das gewünschte Ergebnis zu erreichen. Je nach Methodik kann das ein Tag, eine Woche, ein Monat oder jede andere Zeiteinheit sein. Der Plan des Traders sieht so aus, dass er eine Aktie, die sich weder nach oben noch nach unten bewegt, einfach wieder abstößt, wenn diese »Unschlüssigkeit« des Wertes zu lange andauert. Man verhindert somit, hohen Opportunitätskosten ausgesetzt zu sein und zu viel Kapital zu binden. Bitte beachten Sie, dass der gewählte Zeitstopp zu Ihrem Handelsansatz passt. Wenn Sie Ausbrüche am Tageschart handeln, können Sie ruhig Zeitstopps von einer Handelswoche ansetzen. Beim Trendhandel am Tageschart würde der gleiche Zeitraum wenig Sinn ergeben, denn dieser Trade benötigt von Haus aus etwas länger, um die gewünschten Resultate zu erzielen.

4   Das »R-Vielfache« und das Nachziehen von Stopps

In einer weiteren Abart der vorhin beschriebenen Methode können Sie auch einen Handelsansatz entwickeln, indem Sie in den Ablauf der einzelnen Trades etwas mehr eingreifen. Sie managen Ihre Position aktiv, indem Sie die Stopps nachziehen, und zwar nicht nur auf den Einstiegskurs, sondern darüber hinaus. Welche Lösungsansätze es hier für einen Trader gibt, sehen wir im Folgenden:

4.1   Nachziehen der Stopps anhand der Charttechnik

Bei dieser Methode eröffnen Sie eine neue Position und nach Abschluss der aktuellen oder nächsten Zeiteinheit ziehen Sie den Stopp, wenn das möglich und sinnvoll ist, erstmals in Ihre Handelsrichtung nach. Im Fachjargon spricht man dann von einem Trailing Stopp. Wird diese Technik angewandt, muss sich der Trader die Frage stellen, ob der neue (nachgezogene) Stopp auch einen »Sinn« ergibt, also nicht zu knapp bemessen ist. Was hier als »zu knapp« zu bezeichnen ist, muss offen gelassen werden, da es keine Patentlösung für diese Problemstellung gibt.

Für das Nachziehen der Stopps kann man, wenn man dazu die Charttechnik einsetzt, bei einem »Long«-Trade entweder das Tief der aktuellen oder der vergangenen Zeiteinheit verwenden und den Stopp jeweils knapp darunter platzieren. Bei einem »Short«-Trade verfahren Sie bei dieser Methodik genau umgekehrt und ziehen den Stopp über das Hoch der ausgewählten Zeiteinheit nach. Wenn Sie die aktuelle Zeiteinheit heranziehen, mit Ihren Stopps also ganz knapp am aktuellen Marktkurs dran sind, müssen Sie noch entscheiden, zu welchem Zeitpunkt Sie den Stopp versetzen. Das liegt wiederum vor allem an Ihrer Aggressivität als Trader.

Handelt man hingegen Trends, können die Stopps jeweils unter das Tief der letzten Korrektur (im Falle eines »Long«-Trades) oder über das Hoch der letzten Korrektur (bei »Short«-Trades) nachgezogen werden.

Egal, welchen Ansatz Sie anwenden, Sie folgen dem Wert mit Ihren Stopps so lange, bis Sie ausgestoppt werden. Sie riskieren am Anfang des Trades immer »– 1 R«, wissen aber vorher nicht, wie viele »+ R« Sie mit dieser Position verdienen werden. Sie nehmen das, was der Markt Ihnen in der jeweiligen Situation gerade anbietet, schwimmen also ein Stückchen mit dem Strom und werden aus jeder Position ausgestoppt, stellen den Trade daher nie manuell glatt.

4.2   Nachziehen der Stopps bei am Stück
erreichten besonders hohen R-Vielfachen

Ein Trader muss unbedingt darüber nachdenken, wie er mit einem am Stück erreichten besonders hohen R-Vielfachen umgeht, und sich diesbezüglich ein Regelwerk zulegen, denn diese großen Gewinne gilt es unbedingt ins Trockene zu bringen. Doch wie stellt man das am besten an, ohne die Position manuell glattzustellen und sich danach zu ärgern, weil die Aktie weiter in die richtige Richtung gelaufen wäre?

Die Möglichkeit, den Stopp im Tagesverlauf einfach extrem eng nachzuziehen, kommt wohl nicht infrage, weil Sie schon allein aufgrund des »Marktrauschens« ziemlich sicher ausgestoppt werden. Zum anderen steigt die Gefahr, dass Sie bei zu eng nachgezogenen Stopps, die den aktuellen Handelstag tatsächlich überstehen, am nächsten Tag in ein Gap laufen und so mehr an die Märkte »zurückgeben«, als Sie eigentlich vorhatten.

Einen noch unerfahrenen Trader können in einer emotionalen Situation eines hohen und darüber hinaus unerwartet rasch entstandenen Vielfachens die zur Verfügung stehenden Möglichkeiten erschlagen. Aufgrund der Vorfreude auf den großen Gewinn kann es sein, dass er nicht mehr objektiv an die Sache herangeht, und daher braucht er für solche Trades ein Regelwerk. Er muss vorher wissen, wie er mit einem Trade umgeht, der heute zum Beispiel von »+4 R« auf »+8 R« gestiegen ist, oder wie er einen Trade managt, der an einem einzigen Tag volle »+8 R« gemacht hat. Hat er hingegen kein Regelwerk, wird ihn seine Vergangenheit einholen und den aktuellen Trade beeinflussen.

Exkurs – Wie die Vergangenheit des Traders den aktuellen Trade beeinflusst

Das Ergebnis unserer offenen Trades liegt zwar vor uns unbekannt in der Zukunft, doch leider beurteilt unser Gehirn die zukünftigen Gewinnchancen anhand unserer letzten Trades. Wenn Sie zum Beispiel acht Verlusttrades in Serie produziert haben und der neunte Trade ist ein »+8 R«-Trade, dann werden Sie diese Gewinne auf jeden Fall realisieren wollen. Aufgrund des Drawdowns sind Sie »ausgehungert« nach Profiten, lecken derzeit gerade Ihre Wunden und können gar nicht anders, als nach dem Gewinn zu schnappen. Wenn Sie aber in den letzten Tagen eine sehr gute Performance erzielt haben und Ihre Profitkurve steil nach oben zeigt, werden Sie vermutlich auch mit einem »+8 R«-Trade gelassen umgehen. Solange Sie noch nicht über die nötige Reife verfügen, sind Sie immer geneigt, den aktuellen Trade rückblickend zu beurteilen, obwohl das Resultat noch vor Ihnen in der Zukunft liegt. Ihre Vergangenheit, Ihre letzten Trades werden Sie dabei stark beeinflussen.

Es ist jedoch keinesfalls ratsam, in ein und derselben Situation einen Trade einmal so und einmal so auszuführen, je nachdem, wie Ihre vergangene Performance gerade ausgesehen hat. Das wäre kein Regelwerk, das ist Trading aus der Hüfte heraus. Daher brauchen Sie einen Leitfaden, der Ihnen sagt, was Sie in so einem Fall zu tun haben. Sie müssen wissen, wie, ob und wohin Sie den Stopp nachziehen, oder Sie belassen ihn gar, wo er ist, und warten auf den Abschluss der Zeiteinheit. Fragen über Fragen – und dadurch kommt eine weitere interessante Tatsache an die Oberfläche:

Für einen Trader ist es einfacher, mit einer Aktie umzugehen, die gegen ihn läuft.

Wenn ein Trade in den roten Bereich rutscht, sitzt zur Verlustbegrenzung irgendwo Ihr Stopp, der Ihnen alle weiteren Entscheidungen abnimmt. Wird dieser Stopp getriggert, ist der Trade zu Ende, Sie sind draußen und haben »– 1 R« verloren. Das ist einfach und erfordert von Ihnen keine Eingriffe. Diese Trades bereiten dem Trader daher die wenigsten Kopfschmerzen. Haarig wird es, wenn der »Faktor Mensch« ins Spiel kommt und wenn Sie Entscheidungen treffen müssen. Jetzt sind wir bei der Aussage angelangt, die im Teil »Börsenpsychologie« angeschnitten wurde. Diese Feststellung wurde vielleicht zu Beginn des Buches von einem angehenden Trader noch nicht verstanden. Hier zeigt sich nun aber der Wahrheitsgehalt dieser Aussage: Jeder Trader generiert seine eigenen Resultate, und jeder Trader entscheidet, ob er Gewinne oder Verluste aus den Märkten herausholt. Es entscheidet sich vor allem beim Trademanagement, entweder durch überlegte oder durch unüberlegte Handlungen.

Beim Nachziehen der Stopps in einer Ausnahmesituation (»+ 8 R« an einem Tag – was bei einer engen Stoppsetzung durchaus möglich ist) wird der Sinn dieser Aussage auf einmal besonders deutlich. Ziehen Sie den Stopp zu eng nach, agieren Sie ängstlich und führen so wahrscheinlich das herbei, was Sie am meisten fürchten. Sie werden ausgestoppt und lassen Geld liegen, weil der Markt danach wieder in Ihre Richtung gehen kann. Sind Sie zu sorglos und lassen dem Trade zu viel Raum, geben Sie unter Umständen wieder einen Großteil der Gewinne ab. Um nicht aus einer üblen Laune heraus eine Entscheidung treffen zu müssen, empfiehlt es sich, ein Regelwerk zu haben, das auf so einen Umstand vorbereitet ist. Wie kann so ein Regelwerk nun aussehen?

4.3 Nachziehen der Stopps unter Zuhilfenahme einer kleineren Zeiteinheit

Ein Lösungsansatz besteht darin, ab einem Plus von »+ x R« auf die nächstkleinere Zeiteinheit hinunterzuschalten. Das »X-Vielfache« soll jedenfalls ein Wert sein, den Ihr System nur selten erreicht. Der Trade muss wirklich etwas Besonderes, muss außergewöhnlich sein. Gehen wir davon aus, Sie traden im Tageschart, und der Wert macht aufgrund eines unvorhersehbaren Ereignisses »+ 8 R« bereits am ersten Tag. Da Sie so einen Trade bisher noch nie hatten, ist das zweifelsohne eine außergewöhnliche Situation. Sie sitzen auf einem schönen Papiergewinn und haben Angst, diesen wieder abzugeben. Die gehandelte Aktie ist heute aufgrund von unerwarteten fundamentalen News sehr volatil und schwankt wild hin und her. Sie könnten daher den Stopp »irgendwohin« nachziehen, da aber »irgendwohin« eine schlechte Regel ist, die noch dazu nicht dupliziert werden kann, beschließen Sie, auf den Stundenchart zu wechseln. Ihr Notfallregelwerk, Ihr »Plan B« tritt sodann in Kraft. Dort sehen Sie anhand des veränderten Chartbildes eine Möglichkeit, die im Tageschart nicht zu erkennen war. Sie können den Stopp nun so nachziehen, dass es von der Charttechnik her auch einen Sinn ergibt. Im Stundenchart könnte sich zum Beispiel eine Unterstützung oder ein Widerstand finden, bei dem der Stopp platziert werden kann, oder es verläuft ein Trendkanal bei einem bestimmten Chartpunkt, und auch dort könnte der Stopp hinkommen. Wenn der Stundenchart keine Anhaltspunkte bietet, können Sie noch tiefer in die Zeiteinheiten hinuntersteigen. Es wären hier der 30-Minuten-Chart oder der 15-Minuten-Chart denkbar. Weiter nach unten sollte man aus Sicht des Autors nicht mehr gehen, denn alle Einheiten, die unter 15 Minuten liegen, gelten als extrem kleine Zeiteinheiten, in denen die Bewegungen oft sehr chaotisch und unrund verlaufen.

Betrachten wir ein Beispiel, um das bisher Gelernte zu festigen. Sie sind im NASDAQ-Wert MBIA »short« gegangen. Die Aktie ist daraufhin am ersten Tag ein wenig gefallen. Der Stopp (Stopp 1) sitzt über dem Tageshoch des ersten Tages. Am

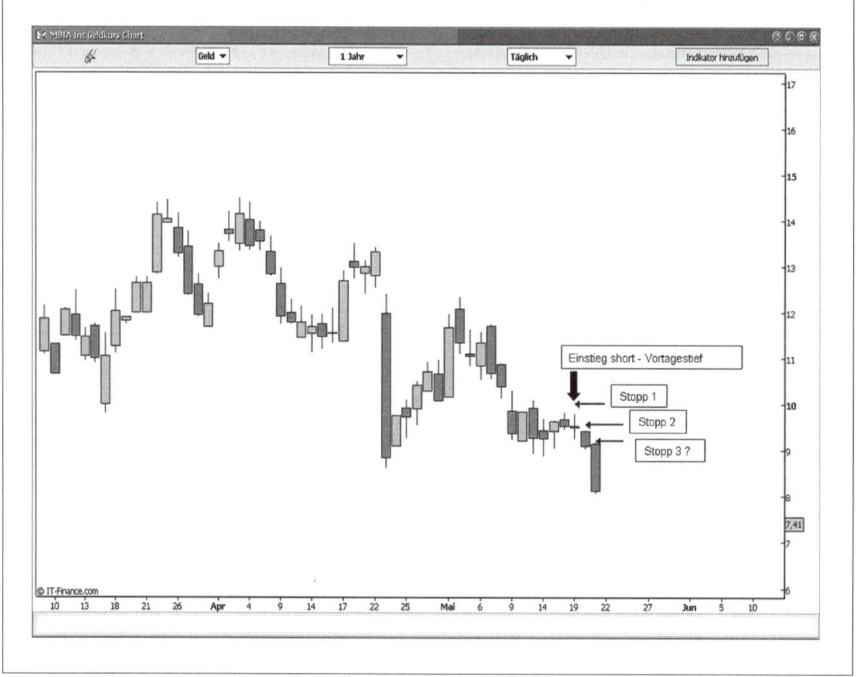

Abbildung 12: MBIA (USA) – Tageschart

nächsten Tag geht es um mehr als 4 % bergab, und Sie können den Stopp (Stopp 2) im Lauf des Handelstages bereits über das aktuelle Tageshoch nachziehen. Am darauffolgenden Tag bricht der Wert nun regelrecht ein. Es sind circa –10 % an diesem einen Tag. Charttechnisch richtig wäre der Stopp über der langen Kerze (Stopp 3) platziert. Wären Sie hier aber wirklich bereit, die vollen 10 % wieder herzugeben? Bei dieser Position hätten wir aufgrund der ursprünglich sehr engen Stoppsetzung bereits einen »+ 10 R«-Trade, was als sensationell zu bezeichnen ist und nicht alle Tage vorkommt.

Die Frage, die sich der Trader vor dem Ende des dritten Handelstages stellen muss ist, wie er diesen Trade vernünftig weiter managen kann. Wie kann er die Gewinne sichern und trotzdem unmotivierte Aktionen wie ein vorschnelles Glattstellen verhindern? Am Tageschart findet er nirgends einen Anhaltspunkt und bis morgen zu warten und auf einen weiteren Kursrückgang zu hoffen, ist ihm zu riskant. Vielleicht eröffnet der Wert am nächsten Tag ja viel höher und er muss einen Großteil der Gewinne wieder abgeben. Die Lösung dieses Problems liegt daher meist in einer untergeordneten Zeiteinheit verborgen:

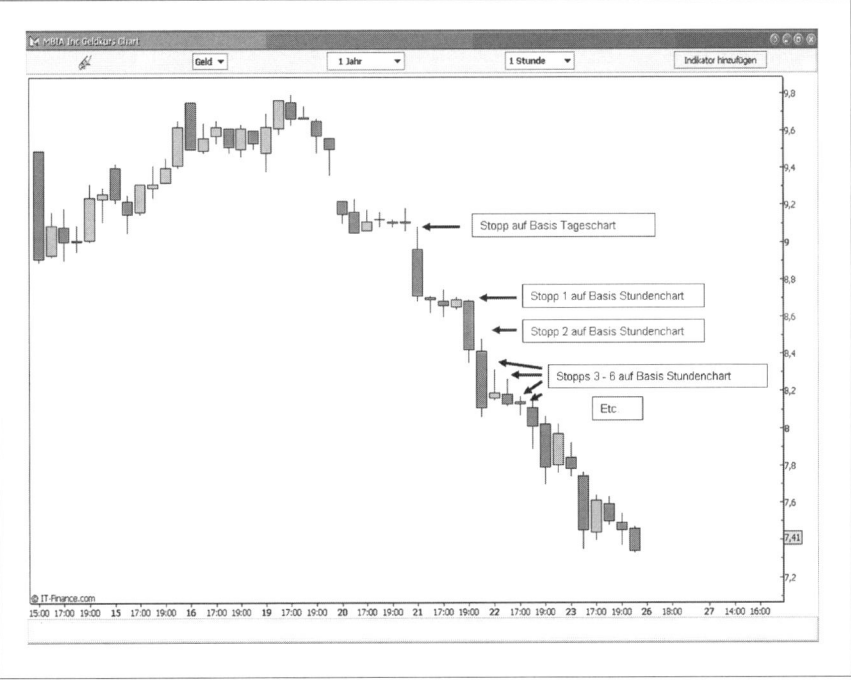

Abbildung 13: MBIA (USA) – Stundenchart

Ein Switch auf den Stundenchart, wie in der obigen Abbildung zu sehen, bringt ein neues Chartbild und damit andere Möglichkeiten für den Trader hervor. Anstatt den Stopp über dem aktuellen Tageshoch zu belassen und viel zu viel von den bereits erzielten Papiergewinnen wieder aufs Spiel zu setzen, zieht er den Stopp stattdessen über das Hoch der letzten Handelsstunde nach. Er agiert so noch immer korrekt im Einklang mit der Charttechnik und vermeidet es, die Position vorschnell manuell glattzustellen. Im obigen Beispiel hätte man dem Wert sogar über eine Vielzahl von Perioden nach unten folgen können, ohne ausgestoppt zu werden. Mit dieser Vorgehensweise schafft sich der Trader daher ein Regelwerk, das selbst für diese großen Einbrüche passende Lösungen vorsieht und ihn vor vorschnellen, unmotivierten emotionalen Handlungen schützt.

Der Trader kann in so einem Fall sogar darüber nachdenken, ob er den Trade auf Basis des Stundencharts bis zum Ende managen möchte oder ob er ab dem nächsten Handelstag wieder zum Tageschart zurückkehrt. Das wird unter Umständen wieder von externen Faktoren abhängen, denn vielleicht hat er morgen den ganzen Tag keine Zeit und kann die Position nicht vernünftig betreuen. Dann wird er wohl wieder zum Tageschart zurückkehren müssen, weil ein Trademanagement im Stundenchart für ihn nicht möglich ist. Jedenfalls muss sich der Trader in so einer Situation auch diese Frage stellen und sein Trademanagement eigenständig den Umständen entsprechend anpassen.

4.4   Nachziehen der Stopps durch systematisches Vorgehen unter Verwendung von »R-Vielfachen«

Liegen Ihnen die bisher präsentierten Methoden nicht und bereitet Ihnen das Jonglieren mit den Zeiteinheiten Kopfschmerzen, dann können Sie die Stopps auch anhand einer systematischen Vorgehensweise nachziehen. Sie sehen im Folgenden einen von mir entwickelten »R-Rechner«, den man dazu heranziehen kann. In dieser Tabellenkalkulation wird aufgrund des Einstiegs- und des Stoppkurses zuerst das Risiko je Trade ermittelt. Die Stopps werden nun immer dann nachgezogen, wenn sich der Trade um ein »R« in die von Ihnen gewünschte Richtung bewegt. Erreicht der Trade daher »+ 1 R«, ziehen Sie den Stopp auf den Einstandskurs nach. Sind es »+ 2 R«, die der Trade bisher gemacht hat, wird der Stopp auf »+ 1 R« gesetzt, bei »+ 3 R« wird er auf »+ 2 R« nachgezogen und so weiter.

Long			
Kaufkurs	20.07		
Stopp	19.71		
Risiko in %	1.79		
Risiko in Cash	0.36	STOPP NEU	Gewinn %
K1	20.43	20.07	0.00
K2 (2R)	20.79	20.43	1.79
K3 (3R)	21.15	20.79	3.59
K4 (4R)	21.51	21.15	5.38
K5 (4R)	21.87	21.51	7.17
K6 (6R)	22.23	21.87	8.97
K7 (7R)	22.59	22.23	10.76
K8 (8R)	22.95	22.59	12.56

Short			
Kaufkurs	10.57		
Stopp	10.78		
Risiko in %	1.99		
Risiko in Cash	0.21	STOPP NEU	Gewinn %
K1	10.36	10.57	0.00
K2 (2R)	10.15	10.36	1.99
K3 (3R)	9.94	10.15	3.97
K4 (4R)	9.73	9.94	5.96
K5 (4R)	9.52	9.73	7.95
K6 (6R)	9.31	9.52	9.93
K7 (7R)	9.10	9.31	11.92
K8 (8R)	8.89	9.1	13.91

Abbildung 14: R-Rechner

Diese Methode hat den Vorteil, weniger überlegen und tüfteln zu müssen. Bei diesem Ansatz werden sich vor allem die Menschen angesprochen fühlen, die langfristig im Systemtrading ihr zu Hause finden und jegliche Form des Chartlesens ablehnen. Dieses System ist zwar ein recht starres, doch diese scheinbare Unflexibilität hat auch einige Vorteile. Durch Anwendung dieses Regelwerkes wird das Trading konstanter und diskretionäre, eventuell emotionale Entscheidungen treten in den Hintergrund. Der Autor persönlich zieht ein Nachziehen der Stopps wie in Variante 4.1. beschrieben der reinen Systematik dieser Variante vor. Trotzdem würde ich nicht behaupten, dass die charttechnische Variante besser ist. Variante 4.1. verlangt vom Trader in jedem Fall mehr Geschick, Erfahrung und Abgebrühtheit, das systematische Nachziehen der Stopps nimmt ihm dafür einiges an individuellen Entscheidungen ab. Der Trader ist angehalten, herauszufinden, welche der beiden Varianten ihn mehr anspricht. Auch dazu muss er sich wieder mit den richtigen Fragen auseinandersetzen und in sich gehen. Erfolgreiches Trading ist jedenfalls auf beide Arten möglich.

Conclusio »Das R-Vielfache«

Wie immer Sie Ihr Regelwerk definieren und egal, wie Ihre weiteren Entscheidungen ausfallen mögen, seien Sie nicht »päpstlicher als der Papst« und sichern Sie sich diese hohen Vielfachen, so gut es geht. Versuchen Sie, die beschriebenen Varianten an sich, an Ihre Neigungen und an die vorhandenen Ressourcen anzupassen, um damit erfolgreich traden können.

Alle präsentierten Methoden haben Vor- und Nachteile und keine davon ist perfekt. Darüber hinaus gibt es noch zahlreiche andere Möglichkeiten, wie man Stopps setzt und nachzieht. Hier wird der Trader auf die einschlägige Fachliteratur verwiesen. Manche Methoden verlangen von ihm eine hohe Reife und eine extreme Gelassenheit. Wenn sich ein Trader beispielsweise dazu entschließt, mit Kurszielen zu arbeiten, darf er die Bewegung eines Wertes nach dem Erreichen dieses Zieles nicht mehr bewerten und beurteilen. Er darf nicht mit eventuell »verpassten« Profiten hadern, denn sein Plan war es, genau bis hierhin dabei zu sein und kein bisschen länger. Einen reifen Trader interessiert der gehandelte Wert nicht mehr, wenn der Trade beendet ist, zumindest was die finanzielle Komponente betrifft. Das Ergebnis wird verbucht und die Aktie verschwindet danach von seinem Radar – so lange, bis sich wieder ein neues Einstiegssignal zu diesem Wert auftut.

5   Wie »sinnvoll« ist der gegebene Trade?

Wenn man das in diesem Buch bisher Gesagte auf diese Frage anwendet, ist sie auf den ersten Blick nicht zu beantworten, weil wir gelernt haben, dass das Ergebnis jedes Trades nicht vorherzusagen ist. Trotzdem muss sich der Trader grob damit auseinan dersetzen, bevor er einen Trade überhaupt eingeht. Genau kann das natürlich niemand sagen, weil wir alle nicht in die Zukunft blicken können. Eine grobe Einschätzung, wie hoch die Chance im Verhältnis zum eingegangenen Risiko ist, sollte aber unter Einsatz des gesunden Menschenverstandes sehr wohl durchzuführen sein. Hier kommen wieder die schon so oft strapazierten »Wahrscheinlichkeiten« ins Spiel. Um die Sinnhaftigkeit eines Trades beurteilen zu können, muss daher die »Volatilität« des gehandelten Wertes in Zusammenhang mit der gewählten »Zeiteinheit« betrachtet werden.

Doch widerspricht diese Aussage nicht dem, was vorher zu Kurszielen gesagt wurde? Es wurde dem Trader doch geraten, die mögliche Kursbewegung nicht mithilfe der Technischen Analyse vorherzusagen. Und nun wird die Meinung vertreten, man solle die mögliche Kursbewegung einfach abschätzen, um die Sinnhaftigkeit eines Trades vorweg zu beurteilen. Wie passt das zusammen?

Es passt sehr gut zusammen und widerspricht sich keineswegs. Bei der Frage nach dem »Sinn« handelt es sich um den Versuch zu eruieren, wie weit sich der Markt im Normalfall in einer oder mehreren Zeiteinheiten bewegen kann und nicht um die konkrete Vorhersage (Kurszielbestimmung), wie weit sich eine Aktie in einer konkreten Situation bewegen wird. Die Dinge liegen nahe beieinander, sind aber nicht identisch. Im einen Fall geht es darum, die Chance einer wahrscheinlichen Bewegung an sich zu bestimmen, im anderen versucht man herauszufinden, wie weit sich der Trade (anhand der Charttechnik etc.) bewegen kann.

Ein Beispiel soll das genauer verdeutlichen: Stellen wir uns die Frage, wie wahrscheinlich es ist, dass sich die Aktie von EON in einem 15-Minuten-Chart in einer einzigen Zeiteinheit um 3 % bewegt? Ohne Wahrsager spielen zu wollen, kann man davon ausgehen, dass dieses Marktverhalten unter normalen Umständen kaum eintreten wird. Wie viele 15-Minuten-Zeiteinheiten wird diese Aktie dann voraussichtlich benötigen, um sich um die gewünschten 3 % zu bewegen? Sind es 5 x 15 Minuten oder 25 x 15 Minuten? Was kommt eher hin, welcher Zeitrahmen scheint realistischer?

Weiterhin sollten Sie sich die Frage stellen: Kann die Aktie dieses Ziel in einer durchgehenden Bewegung erreichen oder muss sie korrigieren, weist also einen klassischen Trendverlauf auf? Versuchen Sie, wenn Sie einen Trade eingehen, immer zu beurteilen, ob das gewünschte Resultat aufgrund des normalen Marktverlaufes überhaupt eintreten kann. Sie müssen herausfinden, wie wahrscheinlich ein bestimmtes »R-Vielfaches« erreicht werden kann und ob diese Wahrscheinlichkeit mit Ihrem System harmoniert. Um das herauszufinden, wenden Sie bitte keine Trendlinien oder Indikatoren an, sondern setzen Sie dazu Ihren Verstand ein!

Wenn Sie also Gewinne von 3 % oder 4 % in einer einzelnen Zeiteinheit eines 15-Minuten-Charts anstreben, damit sich ein System rechnet, sagt einem der gesunde Menschenverstand (oder eine grobe Analyse des zu handelnden Wertes), dass dies nur sehr selten eintreten wird. Beschränken Sie sich auf ein System, das im 15-Minuten-Chart 1 %, 0,75 % oder noch weniger Gewinn »benötigt«, um einen positiven Erwartungswert zu generieren, ist das schon eine realistischere Größe.

Sie müssen sich daher unter anderem im Klaren darüber sein, auf welcher Zeiteinheit Sie handeln, wenn Sie sich die Frage nach der »Sinnhaftigkeit« stellen, und Ihr System muss auch in diesem Faktor schlüssig sein. Sie sehen, es hängt alles irgendwie zusammen: die Zeiteinheiten mit den Ressourcen, Kursziele mit den Zeiteinheiten, Kursziele mit den Verlusten, die Verluste mit der Kontogröße und die Kontogröße über drei Ecken wieder mit Ihren Ressourcen.

6 Trefferquoten

Mehrmals wurde bereits der Begriff »Trefferquote« in diesem Buch erwähnt. Was man darunter versteht, dürfte wohl jedem klar sein. Bei der Trefferquote geht es darum, in einem Prozentwert festzuhalten, wie viele von X Trades Gewinner und wie viele Verlierer wurden. Eines gleich vorweg: Trefferquoten haben wenig Bedeutung hinsichtlich der Profitabilität eines Tradingsystems. Das mag für einen angehenden Trader unglaubwürdig klingen, aber denken Sie bitte einmal nach: Der Versuch eines Traders, die Trefferquote zu steigern, ist doch nichts anderes, als nach einem »perfekten Einstieg« zu suchen. Da es den, wie wir schon gelernt haben, nicht gibt, können Sie auch die Trefferquote im Rahmen eines Systems nicht verändern.

Exkurs – Beeinflussung der Trefferquote

Erklären wir den Einfluss eines Traders auf die Trefferquote anhand eines Beispiels. Wenn der Einstieg »long« bei 120 war und der Stopp bei 119 sitzt, ist es wahrscheinlich, dass Sie mit dieser engen Stoppsetzung oft ausgestoppt werden. Wenn Sie sich daher aufgrund der niedrigen Trefferquote von heute auf morgen dazu entscheiden, den Stopp anstatt bei 119 nun lieber bei 20 zu platzieren, werden Sie damit die Trefferquote sehr wohl exorbitant erhöhen. Wenn wir die Sinnhaftigkeit dieser Strategieänderung unberücksichtigt lassen, konnten Sie mit dieser Methode zwar die Trefferquote erfolgreich beeinflussen, Sie mussten aber Ihr System grundlegend verändern. Mit dem gleichen System, also Einstieg bei 120 »long« und Stopp bei 119 (= extrem enge Stoppsetzung) können Sie die Trefferquote nicht verändern.

Selbst so weit gefasste Stopps (Einstieg bei 120, Stopp bei 20) wie oben beschrieben bedeuten übrigens nicht, dass Sie mit dieser Methode Geld verdienen werden. Zusammengefasst muss man daher sagen: Die Trefferquote kann nur anhand einer Systemänderung beeinflusst werden, im Rahmen des praktizierten Handelsansatzes hat der Trader darauf keinen Einfluss.

Gehen wir weiterhin wieder von 50 % Gewinnen und 50 % Verlusten für die nächste Anzahl von Trades aus, um über die Trefferquote mehr sagen zu können. Wenn wir es wieder wie beim Münzwurf sehen und uns den Trade als zufälliges Ereignis vorstellen, wird es schwer, auf Dauer eine Trefferquote von mehr als 50 % zu erreichen. Zum Thema »Trefferquote« gibt es übrigens ein wunderbares Kapitel in Pierre Daeubners Buch *»Die besten Tradingstrategien – so schlagen Sie konstant den Markt«*. Dort wird vom »99 %-System« berichtet, einer Methode, bei der Sie zu 99 % der Fälle richtigliegen und trotzdem kein Geld verdienen. Das glauben Sie nicht? Dann lesen Sie bitte das Buch. Pierre Daeubner hat das so schön beschrieben, dass ich es gar nicht wiederholen könnte oder möchte. Der Versuch, seine Trefferquote zu verbessern, ist daher isoliert betrachtet sinnlos. Doch ist es überhaupt notwendig, an der Trefferquote herumzuschrauben und zu versuchen, sie zu optimieren? Natürlich spielt sie bei der Gesamtbetrachtung eine Rolle, Pierre Daeubner hat jedoch eindrucksvoll bewiesen, dass sie nicht der entscheidende Faktor ist. Was entscheidet dann bei einem Handelssystem, ob es auf Dauer erfolgreich ist oder ob Sie damit pleitegehen? Es ist im Endeffekt die »Auszahlungsquote«, in der Literatur auch der »Profitfaktor« oder »Gewinn- und Verlustfaktor« genannt.

7 Erwartungswert (Profitfaktor)

Bestimmt wird der »Erwartungswert« eines Systems, indem Sie nach einer gewissen Anzahl von Trades die Ergebnisse addieren, um herauszufinden, wie viele Gewinne Sie gemacht haben und diese in Relation zu Ihren Verlusten setzen. Sie dividieren daher die kumulierten Gewinne durch die kumulierten Verluste, und was bei dieser Rechnung herauskommt, ergibt den Profitfaktor. Die Formel lautet:

Kumulierte Gewinne: Kumulierte Verluste = Profitfaktor (Erwartungswert)

Um zu einem aussagekräftigen Wert zu kommen, müssen Sie bedenken, ein Mengengerüst von zumindest 100 Trades für diese Rechnung zur Verfügung zu haben. Manche Trader sind der Meinung, es würden schon 20 oder 30 abgewickelte Geschäfte genügen, doch scheint mir das ein wenig knapp bemessen, da man mit diesen wenigen Trades nicht die unterschiedlichen Marktphasen in die Berechnungen mit einbeziehen kann. In jedem Fall wird das herangezogene Mengengerüst auch mit der angewandten Zeiteinheit zusammenhängen. Nehmen wir ein konkretes Beispiel, um den Profitfaktor eines Systems gemeinsam zu errechnen: Der Trader hat im letzten halben Jahr 148 Trades ausgeführt. Seine kumulierten Gewinne betragen 33.256 Euro. Seine kumulierten Verluste liegen bei 28.659 Euro. Wie groß ist der Profitfaktor? Rechnen wir gemeinsam:

33.256 : 28.659 = 1,16

Der Profitfaktor liegt bei 1,16. Gut oder schlecht? Diese Frage ist so nicht zu beantworten und eigentlich auch unbedeutend. Fakt ist, sobald die kumulierten Gewinne die kumulierten Verluste übersteigen, spricht man von einem System mit positivem Erwartungswert oder von einem positiven Gewinn- oder Profitfaktor.

Jedes System, das einen Faktor > 1 aufweist,
ist unter dem Strich ein gutes System, weil es Gewinne erwirtschaftet.

Hier handelt es sich ebenfalls um ein wesentliches Konzept, das es zu verinnerlichen gilt. Um die Sache zu vertiefen, folgt im Anschluss ein zweites Beispiel:

Ein anderer Trader hat 226 Trades in einem dreiviertel Jahr ausgeführt. Seine kumulierten Gewinne betragen 18.731 Euro. Seine kumulierten Verluste liegen bei 21.449 Euro. Wie hoch ist der Profitfaktor? Rechnen wir wieder gemeinsam:

18.731 : 21.449 = 0,87

Die kumulierten Verluste übersteigen die kumulierten Gewinne, das System hat also keinen positiven Erwartungswert, denn der Profitfaktor ist <1. Der Trader muss sich ernsthaft überlegen, einige Parameter seines Systems zu verändern, sonst ist es nur eine Frage der Zeit, bis er damit pleitegeht. In beiden Beispielen spielt hingegen die Trefferquote keine Rolle.

Im Kapitel »Trefferquote« haben wir bereits festgehalten, dass diese Quote vom Trader nicht adäquat beeinflusst werden kann. Es drängt sich daher die Frage auf, ob der Trader seinen Profitfaktor beeinflussen kann? Die erste Antwort, die man geben möchte, ist ein klares »Ja«. Ist das Risiko definiert und der Trade gestartet, können wir diesen zwar nicht mehr beeinflussen, aber wir können unser Verhalten rund um den Trade herum kontrollieren. Wir entscheiden, wann wir den Stopp nachziehen beziehungsweise ob wir das überhaupt tun und ob wir den Trade manuell glattstellen oder nicht und zu welchem Kurs das erfolgt. Weil wir den Trade aktiv managen können, haben wir auf den Profitfaktor auf den ersten Blick auch einen entscheidenden Einfluss.

Trader, die absolute Meisterschaft erreicht haben, können aber auch ihren Profitfaktor nicht mehr wesentlich beeinflussen. Das wäre ihnen nur dann möglich, wenn sie ihre Methodik an sich verändern würden, im Rahmen ihrer praktizierten Vorgehensweise können sie das aber nicht. Ein von einem Profi praktiziertes Regelwerk könnte zum Beispiel lauten, den Stopp immer um 0,25 % unter dem aktuellen Tagestief zu platzieren und dem Kurs so lange zu folgen, bis er ausgestoppt wird. Wenn Sie sich so genau an ein fixes Regelwerk halten und keine Tradingfehler mehr begehen, dann gibt es nichts zu variieren, wenn ein Trade läuft. Daher bleibt dem Trader wenig Spielraum für das Trademanagement und er müsste sein System verändern, um den Profitfaktor zu beeinflussen. Er könnte zum Beispiel die Stopps in Zukunft um ein halbes Prozent weiter weg setzen oder überhaupt eine ganz andere Stoppsetzungsstrategie verwenden. Die Antwort, ob man den Profitfaktor beeinflussen könne, lautet daher »ja« und »nein« zugleich. Je nach Art des Handelsansatzes und je nach Entwicklungsstadiums des Traders. Doch wozu errechnet man den Profitfaktor überhaupt? Was fängt man damit an? Das werden wir uns im Folgenden ansehen.

8   Die Gewinnprogression

Kehren wir in diesem Abschnitt gedanklich an die Anfänge des Kapitels »Money Management« zurück. Ursprünglich sind wir davon ausgegangen, dass Sie ein Tradingkapital von 10.000 Euro zur Verfügung haben und ein Margin-Konto verwenden. Mit dem bisher beschriebenen Risikomanagement riskieren Sie je Trade 100 Euro, was 1 % Ihres Gesamtkapitals entspricht.

Jetzt wollen wir uns darüber Gedanken machen, ob wir diese Basisrechnung im Hinblick auf das eingegangene Risiko (10.000 x 1 % = 100 Euro) variabler gestalten können. Müssen diese beiden Größen (Basiskapital und Risikofaktor) auf immer und ewig unverändert bleiben? Rechnet der Trader, unabhängig von seiner historischen Performance, immer mit 10.000 Euro Basiskapital, auch wenn sich seine Kontogröße über die Monate und Jahre ändert? Setzt er weiterhin als Risikofaktor immer 1 % je Trade an oder gibt es Situationen, in denen ein Trader mehr riskieren darf, zum Beispiel wenn er erfolgreicher wird?

Hier gibt es keine einheitliche Antwort. Sie können auch noch in fünf Jahren mit den gleichen Einstellungen traden, aber Sie verabsäumen es, auf ein sehr mächtiges Instrument zurückzugreifen. Es heißt »Zinseszinseffekt« und hat viele Vorteile für uns Trader, obwohl der Begriff in seiner Urdefinition gar nicht passt, denn es sind keine »Zinsen«, die wir Trader wieder veranlagen, sondern kumulierte Profite. Als Lösung bieten sich hier zwei unterschiedliche Möglichkeiten an, aus denen letztlich sogar drei werden, wenn man beide davon kombiniert. Sehen wir es uns genauer an:

8.1   Variables Risiko

Sie beginnen das Trading mit einer Kontogröße von 10.000 Euro. Da Sie 1 % je Trade riskieren, sind das in absoluten Beträgen 100 Euro. Von Anbeginn an schaffen Sie es, ein System mit positivem Erwartungswert zu entwickeln, und Ihr Profitfaktor nach 100 ausgeführten Trades liegt bei 1,23. Ab dem 101. Trade gehen Sie zu einer variablen Berechnung über und berücksichtigen bei der Bestimmung Ihres Risikos immer Ihren aktuellen Profitfaktor, der sich anhand Ihrer Performance entsprechend erhöht oder vermindert. Erwirtschaften Sie Gewinne, steigt der Profitfaktor im nächsten Beobachtungszeitraum, erleiden Sie Verluste, reduziert er sich. Wenden Sie diesen Wert nun als Multiplikator für das eingegangene Risiko in Prozent an, wird dieses starre Risiko zu einem variablen, das in direkter Abhängigkeit zu Ihrer Performance steht.

Um die Unterschiede herauszuarbeiten, rechnen wir daher:

Starres Risiko je Trade: 10.000 x Profitfaktor 1 = 1,00 % starres Risiko = 100 Euro
Variables Risiko je Trade: 10.000 x Profitfaktor 1,23 = 1,23 % variables Risiko = 123 Euro

---

Mit der Einbeziehung des Profitfaktors von 1,23 in diese Rechnung erhöht sich schlagartig das Risiko. Statt 100 Euro riskieren Sie nun 123 Euro. Dadurch werden zwangsläufig auch die Positionsgrößen an die jeweilige Entwicklung angepasst.

Anmerkung

Sie können die Anpassungen des Risikos täglich, wöchentlich oder monatlich durchführen. Es ist nicht von Bedeutung, wie lange so ein Beobachtungszeitraum dauert. Bei dieser Überlegung wird vor allem die Anzahl der Trades (Schlagzahl – dazu später noch mehr) eine Rolle spielen.

8.2   Dynamische Kontogröße

Die zweite Möglichkeit der Systemoptimierung liegt darin, statt eines starren Basiskapitals von 10.000 Euro vergangene Gewinne oder Verluste in diese Größe einfließen zu lassen, je nachdem, wie gut oder schlecht der letzte Beobachtungszeitraum verlaufen ist. Wenn Sie es schaffen, Ihr Konto stetig nach oben zu pushen, werden so auch Ihre Positionsgrößen steigen. Wenn Sie die 10.000 Euro Startkapital zum Beispiel nach 100 Trades auf 12.520 Euro hochgetradet haben, rechnen Sie ab diesem Zeitpunkt mit einer dynamischen Kontogröße als neuem Basiswert. Vergleichen wir wieder die Unterschiede:

Starre Kontogröße: 10.000 x 1 % Risiko = 100 Euro
Dynamische Kontogröße: 12.520 x 1 % Risiko = 125,20 Euro

Durch die dynamische Kontogröße verändern Sie wie gesagt ebenfalls Ihre Positionsgrößen. Damit verleihen Sie Ihrem System in guten Phasen einen zusätzlichen Schwung und reduzieren in schlechten Zeiten das Risiko, indem Sie kleinere Positionen eingehen.

8.3 Kombination »variables Risiko« mit »dynamischer Kontogröße«

So richtig schlagkräftig wird die Vorgehensweise dann, wenn Sie beide vorher besprochenen Methoden kombinieren. Durch die Anwendung der Parameter »dynamische Kontogröße« und »variables Risiko« schaffen Sie ein einfaches, aber ausgezeichnetes System, das Sie in guten Phasen weit mehr riskieren lässt und in Drawdown-Phasen entschieden weniger. War die Performance gut, steigt Ihr Einsatz doppelt, war sie hingegen schlecht, reduziert er sich und wird zu einer Art »Airbag«. Betrachten wir dies anhand des folgenden Beispiels.

1. Starre Kontogröße + starres Risiko:	10.000 x 1 % Risiko = 100 Euro
2. Dynamische Kontogröße + variables Risiko:	12.520 x 1,23 % Risiko = 154 Euro

Es macht bei der Positionsgrößenbestimmung einen großen Unterschied, ob Sie 100 Euro oder 154 Euro riskieren. Arbeiten Sie mit größeren Positionen, hebeln Sie auch Ihre Gewinnchancen. Betrachten wir dazu die folgende Tabelle mit dem bereits bekannten BMW-Trade aus dem Kapitel »Wie hoch ist Ihr Einsatz? – Die Bestimmung der richtigen Positionsgröße«.

Beispiel 1 – Starr (100 Euro)		Beispiel 2 – Dynamisch (154 Euro)	
Wert/Richtung	BWM long	Wert/Richtung	BMW long
Kaufkurs	34,23	Kaufkurs	34,23
Stopp	29,25	Stopp	29,25
Risiko je Aktie	4,98 Euro	Risiko je Aktie	4,98 Euro
Anzahl Aktien	20	Anzahl Aktien	31
Positionsgröße	684,60 Euro	Positionsgröße	1.061,13 Euro

Tabelle 3: Starres Risiko vs. Dynamisches Risiko

Sie arbeiten daher in Beispiel 2 mit einer fast doppelt so großen Position, haben also die Chance, die Gewinne entsprechend zu hebeln, aber auch das Risiko, mehr Geld zu verlieren. Sehen wir uns an, was passiert, wenn der Trade auf das angepeilte Kursziel steigt. Wie hoch ist der Gewinn in beiden Fällen?

Beispiel 1 – Starr (100 Euro)		Beispiel 2 – Flexibel (154 Euro)	
Verkaufskurs	40	Verkaufskurs	40
Gewinn je Aktie	5,77 Euro	Gewinn je Aktie	5,77 Euro
Gesamtgewinn	115,40 Euro	Gesamtgewinn	178,87 Euro

Tabelle 4: Gewinnaussichten – Starres Risiko vs. Dynamisches Risiko

Aufgrund des höheren Einsatzes (154 Euro vs. 100 Euro) ist auch der mögliche Gewinn größer (178,87 Euro vs. 115,40). Aber Achtung: Im Falle eines Fehltrades werden natürlich auch die Verluste entsprechend gehebelt!

Wenn Sie als Basis zur Positionsgrößenbestimmung mit einer »dynamischen Kontogröße« in Verbindung mit einem »variablen Risiko« arbeiten, können Sie Ihr System ausgezeichnet an Zyklen angleichen und es durch diese hindurchmanövrieren.

Conclusio »Gewinnprogression«

Im Fachjargon nennt man die dynamische Strategie eine »Anti-Martingale-Strategie«. Es handelt sich um eine Methode, die mit einer sogenannten »Gewinnprogression« arbeitet. Das bedeutet, dass die Einsätze im Falle eines Gewinns gesteigert und im Falle eines Verlusts progressiv, also schrittweise reduziert werden. Wie hoch diese Progressionsstufen ausfallen, liegt im Ermessen des einzelnen Traders.

Diese Vorgehensweise bietet zusätzlich den Vorteil, dass so ein Totalverlust des Kapitals extrem unwahrscheinlich wird, denn je mehr Geld Sie verlieren, desto weniger riskieren Sie auch im einzelnen Trade.

Der noch unreife Trader könnte nun in die Gedankenfalle tappen, dass man gerade in einer Verlustphase mehr riskieren sollte, denn die Gewinne würden durch jeden weiteren Verlust »wahrscheinlicher« und rückten sozusagen näher. Der aufmerksame Leser hat jedoch in Erinnerung behalten, dass auch nach fünf Verlusttrades in Serie die Wahrscheinlichkeit für den Ausgang des 6. Trades, wenn man ihn als ein Einzelereignis betrachtet, immer noch bei 50:50 liegt. Daher ist ein dynamisches System, bei dem Sie Ihre Einsätze variabel halten, von großer Bedeutung. Selbst gute Systeme haben Phasen, in denen sie aufgrund des Marktumfeldes nicht funktionieren, und der

Trader wird unter Anwendung eines solchen flexiblen Systems mit weniger Gesamt-schaden aus so einer Situation herauskommen, als wenn er mit anderen Methoden der Progression arbeitet.

9   Signalhäufigkeit

Es ist noch eine weitere Komponente anzusprechen, die die Performance Ihres Sys-tems entscheidend beeinflusst: die Signalhäufigkeit. Es ist die simple Frage »Wie viele Trades machen Sie?« beziehungsweise »Wie oft handeln Sie?«. Natürlich sagt die Anzahl der Trades nichts über die Qualität des Systems an sich aus. Die Anzahl der Trades ist aber deswegen entscheidend, weil Sie damit eine höhere »Schlagzahl« erreichen und die Profite rascher kumulieren können.

Höhere Schlagzahl bedeutet nicht, wahllos in Trades einzusteigen und auf alles hinzuschlagen, was sich bewegt. Es ist aber nachvollziehbar, dass Sie länger für das gewünschte Ergebnis benötigen, wenn Sie zwei Trades in der Woche ausführen, als wenn es zwei Trades am Tag sind. Sofern der positive Erwartungswert des Systems vorhanden ist, können Sie mit häufigeren Signalen (was mehr Trades bedeutet) eine höhere Performance erzielen. Achten Sie daher bei Ihrer Zieldefinition darauf, wie viele Trades Ihr System im Durchschnitt produziert und wie viele Signale mit Ihrer Einstiegsmethode generiert werden. Versuchen Sie bitte nicht, wegen des gerade Ge-sagten Ihre Schlagzahl krampfhaft zu erhöhen, denn die Gefahren dieser Vorgehens-weise wurden schon erwähnt.

10   Das Gesamtpositionsrisiko

Das Gesamtpositionsrisiko wird im folgenden Abschnitt vor allem in Anlehnung an das im Kapitel »Einstiege« angesprochene, vom Autor bevorzugte Swingtrading gesehen.

Auf den vorangegangenen Seiten haben wir unter anderem das Risiko ermittelt, das Sie bereit sind, in einem Trade einzugehen. In unserem Fall waren es oft 100 Euro je Trade. Dieses Risiko nennen wir im Folgenden das »Einzelpositionsrisiko«, da

Sie diesen Betrag je Einzeltrade riskieren. Ihr Konto muss aber, je nach Tradingstil, unter Umständen mehr »aushalten« als den Verlust eines einzigen Trades, denn Sie werden vielleicht einige Trades parallel laufen haben.

Wie gehen Sie nun am besten mit mehreren offenen Positionen um und wie sieht es mit Risiko und Money Management aus, wenn man es insgesamt betrachtet? Konkret stellt sich hier folgende Frage: Wie viele Trades sollen oder dürfen Sie zeitgleich laufen haben und wie viel dürfen Sie dabei riskieren? Auch hier gibt es viele Erfahrungswerte und Meinungen, aber gehen wir die Sache systematisch an und definieren zuerst, was man unter dem »Gesamtpositionsrisiko« überhaupt versteht.

Das Gesamtpositionsrisiko ergibt sich aus dem kumulierten Risiko aller offenen Positionen, die Sie gleichzeitig eingegangen sind.

Wenn Sie drei Positionen offen haben und in jeder Position 1 % riskieren, setzen Sie Ihr Konto einem Gesamtrisiko von 3 % aus, da alle drei Trades schiefgehen können.

10.1   Das Gesamtpositionsrisiko in Anlehnung an die Handelsrichtung

Wenn Sie bereits einige Erfahrung beim Trading haben, wird Ihnen aufgefallen sein, dass es viele Handelstage gibt, an denen fast alle Aktien entweder gemeinsam steigen oder gemeinsam fallen. Diese Aussage besitzt natürlich keine uneingeschränkte Gültigkeit, doch sagt schon ein altes Sprichwort, dass die Flut bekanntlich alle Boote hebt.

Der erfahrene Händler sieht sein Gesamtpositionsrisiko daher zusätzlich noch im Zusammenhang mit der gewählten Handelsrichtung. Das bedeutet, das erlaubte halbe Gesamtpositionsrisiko steht für »Long«-Trades zur Verfügung, die andere Hälfte für »Short«-Trades. Wenn der Trader daher 0,5 % Einzelpositionsrisiko eingeht und drei Trades in eine Richtung (zum Beispiel »long«) laufen hat, dann macht das 1,5 % Gesamtpositionsrisiko für die Handelsrichtung »long« (3 x 0,5 % Risiko je Einzeltrade = 1,5 % Gesamtpositionsrisiko). Auf der »Short«-Seite hat er noch die gleichen Möglichkeiten und kann kumuliert weitere 1,5 % riskieren, wenn er als sein Gesamtpositionsrisiko 3 % definiert hat.

Im Worst Case kann er so 3 % seines Kapitals verlieren, nämlich 1,5 % auf der »Long«- und 1,5 % auf der »Short«-Seite. Statistisch gesehen wird das mit einer vernünftigen Stoppsetzung unwahrscheinlich sein, vor allem deshalb, weil der Trader parallel »long« und »short« positioniert ist. Möglich ist es aber und falls es zutrifft, verliert er diese 3 % vielleicht sogar an einem einzigen Tag oder in einer einzigen anderen Zeiteinheit. Daher muss jeder erfahrene Trader dieses vorhandene Gesamtpositionsrisiko mit einem Vielfachen des jeweiligen Einzelpositionsrisikos deckeln. In Ansätzen wurde das bereits beschrieben, aber wie macht man es genau?

Ein vernünftiger Wert für das Gesamtpositionsrisiko liegt bei den von mir praktizierten Handelsansätzen zwischen 3 % und 6 %, wobei der genaue Prozentsatz in erster Linie vom gewählten Einzelpositionsrisiko abhängt. Meine Regel lautet daher:

Das Gesamtpositionsrisiko besteht aus dem dreifachen Einzelpositionsrisiko je möglicher Handelsrichtung!

Falls Sie jetzt »ausgestiegen« sind, finden Sie im Anschluss in einer Tabelle zusammengefasst das Regelwerk:

Risiko je Zeiteinheit	
Einzelpositionsrisiko je Trade:	0,5 %
Erlaubtes (kumuliertes) Risiko »Long«-Trades	1,5 % (3-faches Einzelpositionsrisiko)
Erlaubtes (kumuliertes) Risiko »Short«-Trades	1,5 % (3-faches Einzelpositionsrisiko)
Gesamtpositionsrisiko	3,0 % (6-faches Einzelpositionsrisiko)

Tabelle 5: Bestimmung des Gesamtpositionsrisikos

Alles, was an Risiko über die oben präsentierten Werte hinausgeht, ist den absoluten Tradingprofis vorbehalten, die in den seltensten Fällen jedoch private Trader sind. Diese Händler verwenden ohnehin ein viel komplexeres Risikomanagement und riskieren im Normalfall, aus prozentueller Sicht, noch viel weniger Kapital je Trade.

Zusätzlich ist neben der Anzahl der Trades noch darauf zu achten, dass der »Überhang« einer Handelsrichtung nicht zu groß wird, auch wenn weniger als das volle prozentuelle Gesamtpositionsrisiko ausgeschöpft wurde. Anhand Tabelle 5 sollen beide Faktoren, einerseits das erlaubte Gesamtpositionsrisiko und andererseits der mögliche und erlaubte »Überhang« einer Handelsrichtung dargestellt werden:

Anzahl »Long«-Trades	Anzahl »Short«-Trades	Status	Gesamt-Überhang
1 Long	0 Short	= OK	Gesamt 1 – Überhang 1
2 Long	0 Short	= OK	Gesamt 2 – Überhang 2
3 Long	0 Short	= OK	Gesamt 3 – Überhang 3
3 Long	1 Short	= OK	Gesamt 4 – Überhang 2
3 Long	2 Short	= OK	Gesamt 5 – Überhang 1
3 Long	3 Short	= OK	Gesamt 6 – Überhang 0
4 Long	0 Short	= nicht OK	Gesamt 4 – Überhang 4
4 Long	1 Short	= OK	Gesamt 5 – Überhang 3
4 Long	2 Short	= OK	Gesamt 6 – Überhang 2
5 Long	1 Short	= nicht OK	Gesamt 6 – Überhang 4
6 Long	0 Short	= nicht OK	Gesamt 6 – Überhang 6

Tabelle 6: Verhältnis von »Long«- und »Short«-Trades, erlaubte Überhänge

Diese Einschränkungen gelten so lange, bis sich eine der offenen Positionen nicht mehr »im Risiko« befindet oder bis der Trader bei einer Position ausgestoppt wird. Dann fällt diese aus der obigen Rechnung heraus, und es darf ein weiterer Trade (bereits in der gleichen oder in der darauffolgenden Zeiteinheit – je nach Geschmack und Risikobereitschaft des Traders) gestartet werden. Für diese neue Position gelten wieder die genannten Richtlinien im Hinblick auf die erlaubte Gesamtgewichtung und den Überhang. Diese Vorgehensweise hilft dem Trader, das Risiko zu verringern, konservativer zu spekulieren und sich besser im Einklang mit dem derzeitigen Marktumfeld zu positionieren.

Anmerkung

Bin ich zum Beispiel in vier Trades »long« positioniert und habe gleichzeitig einen »Short«-Trade laufen und der »Short«-Trade wird ausgestoppt, dann bleibe ich bei allen vier »Long«-Positionen engagiert, auch wenn der Überhang in diesem Fall zu groß geworden ist. Es macht für mich keinen Sinn, eine der vier »Long«-Positionen quasi ohne Regelwerk einfach glattzustellen, nur um die Gesamtgewichtung in dieser Situation einzuhalten.

Muss es immer sein, dass entweder ausschließlich die »Long«-Trades Gewinner oder Verlierer werden oder die »Shorts«, wird sich der Trader jetzt fragen. Gibt es nur die »Paketlösung«, was Gewinne oder Verluste betrifft, und verlieren automatisch alle »Longs« oder gewinnen alle »Shorts« einer Zeiteinheit? Kann es denn nicht sein, dass bei allen sechs Werten an einem Tag die Stopps gezogen werden, obwohl die Trades in unterschiedliche Richtungen laufen? Ja, natürlich, das kann sein und Sie können bei allen sechs offenen Positionen ausgestoppt werden, auch wenn es 3:3 »Long vs. Short« steht. Genauso können alle sechs Trades Gewinner werden, und nirgends steht geschrieben, dass man entweder nur aus allen drei »Long«-Positionen ausgestoppt werden muss oder aus allen drei »Shorts«.

Es kommt immer wieder vor, dass sich die eine oder andere Aktie dem allgemeinen Marktumfeld widersetzt oder dass sich die Werte in den einzelnen Branchen an einem Tag unterschiedlich bewegen (dazu etwas später noch mehr). Weil das so ist und weil alle parallel laufenden Trades schiefgehen können, beachtet ein reifer Trader neben dem Einzelpositionsrisiko auch sein Gesamtpositionsrisiko genau und deckelt es entsprechend. Er kann es sich nicht leisten, sein Konto in einer relativ kurzen Zeit stark zu dezimieren, nur weil ihn die Märkte an ein paar Tagen auf dem komplett falschen Fuß erwischen.

Exkurs – Werte im Risiko

Eine Position befindet sich dann im vollen Risiko, wenn der Stopp noch immer am Katastrophenlevel sitzt und es dem Trader aufgrund seines Regelwerkes bisher noch nicht möglich war, diesen nachzuziehen. Sobald der Stopp auf den ursprünglichen Einstiegskurs versetzt werden kann, befindet sich diese Position nicht mehr im Risiko und ab dem Zeitpunkt ist die Eröffnung einer weiteren Position in die gleiche Handelsrichtung möglich.

Es kommt auch vor, dass sich Positionen im verminderten Risiko befinden, was bedeutet, der Stopp konnte ein Stück nachgezogen werden, befindet sich aber noch immer, je nach Handelsrichtung, unter oder über dem ursprünglichen Kaufkurs. In diesem Fall darf, unter Berücksichtigung des Gesamtpositionsrisikos, keine weitere Position eröffnet werden, weil bei diesem Trade ein Restrisiko besteht, das über das tolerierte Gesamtrisiko hinausgeht.

Wurde der Stopp einer offenen Position hingegen bereits in den Gewinnbereich nachgezogen, spricht man davon, dass sich der Wert »im Geld« befindet, und die Eröffnung einer zusätzlichen Position ist unter Anwendung des vorhin präsentierten Regelwerkes erlaubt.

Das Gesamtpositionsrisiko und die sich daraus ergebende Portfoliogewichtung

Sie erkennen am bisher Geschriebenen, dass ein erfahrener Trader es vorzieht, nie bloß in eine Richtung positioniert zu sein. Es wird Situationen geben, wo er fünf »Long«-Trades laufen hat, wovon zwei im Geld und zwei im vollen Risiko sind, während eine Position ausgeglichen ist. Parallel hat er noch drei »Short«-Trades laufen, wovon ebenfalls zwei im Geld sind und eine Position leicht im Verlust notiert.

»Longs« und »Shorts« parallel schließen sich daher keinesfalls gegenseitig aus, im Gegenteil, eine Mischung ist sogar erwünscht, denn sie vermindert das Risiko.

Diese Mischung aus »Long« und »Short« wird vom Trader gar nicht bewusst herbeigeführt, sondern sie entsteht aufgrund des Marktumfeldes und des konsequenten Umsetzens seiner Strategie. Diese Erkenntnis mag den Anfänger sehr überraschen, denn angehende Trader tendieren immer zu Prognosen und sind daher nur anhand dieser »Annahmen« positioniert. Doch Sie wissen, der reife Trader hat keine Meinung über die zukünftige Marktentwicklung. Egal, wie und ob er schon positioniert ist, führt er seine Signale aus und managt die offenen Trades. Er weiß nicht mehr über die Zukunft als jeder andere Marktteilnehmer, daher ist er sich bewusst, dass seine »Shorts« die Gewinne bringen können oder seine »Longs«. Wer kann das jetzt schon wissen? Er handelt nach seinem System und zieht seine Stopps der Markttechnik oder anderer Parameter nach. In welche Richtung er handelt, zu welchem Zeitpunkt und mit wie vielen Positionen ist ihm, solange sein Gesamtpositionsrisiko im erlaubten Rahmen bleibt, egal.

Ein weiterer Vorteil des gleichzeitigen Handelns in unterschiedliche Richtungen liegt darin, dass der Positions- und Swingtrader das Übernachtrisiko mit dieser Gewichtung reduzieren kann. Trotz aller Sorgfalt bei der Auswahl der gehandelten Aktien kann er nicht verhindern, dass seine Positionen manchmal Gaps bilden. Wir sehen uns diesen Gedankengang im Folgenden etwas genauer an:

Portfoliogewichtungen bei Gaps zu Einzelwerten

Wenn ein Gap nur einen Einzelwert betrifft und zum Beispiel von schlechten Unternehmensnachrichten, die vor- oder nachbörslich veröffentlicht werden, herrührt, ist der Trader machtlos. Auch die parallel unterschiedlichen Handelsrichtungen seiner Positionen helfen ihm hier nicht weiter. Passiert so ein Gap gegen ihn, kann er nur anhand der Wahrscheinlichkeitstheorie darauf spekulieren, dass irgendwann auch ein Gap zu seinen Gunsten auftreten wird und sich so alles wieder ausgleicht. Da der erfahrene Trader aber sehr konservativ spekuliert, ein geringes Einzelpositionsrisiko eingeht und auf die Finanzkalender der Unternehmen achtet (dazu später mehr), kann das Risiko zwar nicht ausgeschlossen, doch zumindest eingegrenzt werden.

Portfoliogewichtungen bei Gaps des Gesamtmarktes

Viel öfter kommt es hingegen vor, dass die Futures sich vor- oder nachbörslich stark in eine Richtung bewegen, sodass viele oder alle Aktien am nächsten Handelstag mit einem Upside- oder Downside-Gap eröffnen. In volatilen Marktphasen wie im September oder Oktober 2008 passiert das sogar recht häufig. Da kommt es dem Trader sehr gelegen, wenn er nicht nur in eine Richtung positioniert ist, denn so wird dieses Gap-Risiko stark reduziert. Leiden zum Beispiel seine drei »Long«-Trades unter einer extrem schwachen Eröffnung, profitieren parallel seine zwei Shorts in ungefähr gleicher Art und Weise und reduzieren so seine Verluste.

Exkurs – Offene Positionen und das Wochenende

Gerade über das Wochenende meidet der erfahrene Trader mehrere offene Positionen in eine Handelsrichtung. Vor allem dann, wenn sich die Werte noch im vollen Risiko befinden. In der heutigen Zeit verursachen vor allem »Long«-Trades, die über ein Wochenende gehalten werden, bei einem reifen Trader ein gewisses Unbehagen.

10.2 Das Gesamtpositionsrisiko in Anlehnung an die gehandelten Märkte

Der konservative Trader hält das Gesamtpositionsrisiko noch geringer, indem er nicht in mehreren Werten des gleichen Index zur selben Zeit in die gleiche Richtung positioniert ist. Wir haben schon festgehalten, dass sich Aktien an einem Tag gerne in die gleiche Richtung bewegen, wobei Ausnahmen natürlich die Regel bestätigen. Man kann jedoch beobachten, dass die europäischen Märkte zum Beispiel einen Verlusttag hinter sich haben, die US-Aktien aber diesem Trend nicht folgen und ab Handelsbeginn steigen oder umgekehrt. Bei diesem Teil des Risikomanagements geht es nun vor allem um eine Streuung hinsichtlich der Kontinente oder Wirtschaftsräume (Amerika vs. Europa vs. Asien etc.).

Weil es diese starke Korrelation bei allen Aktien gibt, ist es nicht sinnvoll, in drei europäischen Werten an einem Tag »long« zu gehen, um dann mit ansehen zu müssen, wie die USA-Futures dahinbröckeln und man aus allen drei Positionen ausgestoppt wird. Aus diesem Grund habe ich ein Regelwerk entwickelt, das besagt, dass immer nur maximal zwei der erlaubten drei Trades je Handelsrichtung, die sich noch im Risiko befinden, aus ein- und demselben Wirtschaftsblock (S&P 500 vs. Dax oder Eurostoxx etc.) stammen dürfen. Bitte prüfen Sie, ob Ihre Beobachtungen in eine ähnliche Richtung gehen und ob Ihnen dieser Gedanke des Risikomanagements bei Ihrer Systementwicklung weiterhelfen kann.

10.3 Das Gesamtpositionsrisiko in Anlehnung an die unterschiedlichen Branchen

Noch vertieft wird der Gedanke hinsichtlich der Risikostreuung, wenn der Trader darauf achtet, dass die Werte, die er handelt, nicht alle aus ein- und derselben Branche stammen. Es macht wenig Sinn, gleichzeitig die Deutsche Bank, die Commerzbank und die Bank of Amerika zu »shorten«, denn es ist sehr wahrscheinlich, dass diese drei Aktien ähnliche Kursverläufe aufweisen, da es sich um drei Finanzwerte handelt. Auch Daimler, General Motors und BMW an einem Tag »long« zu handeln, wäre ungeschickt, da es alles Autobauer sind, deren Kurse gerne im Gleichklang marschieren. Denkbar wäre es hingegen, bei den oben genannten Unternehmen einer Branche oder eines Sektors einen »Long«-Trade und einen »Short«-Trade durchzuführen, wenn die Einstiegssignale es dem Trader so vorgeben. Das Zauberwort heißt »Risikominimierung«, in weiterer Folge ein zusätzlicher Aspekt des Risikomanagements, und daher ist es von Bedeutung, dass der Trader im Groben darüber Bescheid weiß, was ein Unternehmen tut beziehungsweise in welcher Branche es tätig ist. Da man das aufgrund der Fülle an Unternehmen nicht auswendig wissen kann, versucht man diese Infos über die einschlägig bekannten Internet-Finanzportale einzuholen.

10.4 Das Gesamtpositionsrisiko in Anlehnung an die unterschiedlichen Underlyings

Der Trader kann das Risiko noch besser streuen, wenn er nicht nur Aktien, sondern parallel auch Währungen, Rohstoffe oder Zinsen handelt. Diese Märkte korrelieren alle miteinander, bewegen sich aber nicht so stark im Gleichklang, wie es die Aktienmärkte gerne tun. Der Autor möchte unbedingt darauf hinweisen, dass für jeden Markt andere Gesetze gelten. Konzentrieren Sie sich zuerst auf einen Markt und lernen Sie diesen kennen, und wenn Sie lange genug dabei sind, können Sie darüber nachdenken, sich neben dem Aktientrading zum Beispiel auch beim Rohstoffhandel zu versuchen. Seien Sie sich bewusst, dass dort andere Spielregeln gelten. Nur weil

Sie ein guter Tennisspieler sind, bedeutet das nicht, dass Sie auf dem gleichen Level Badminton spielen können. Dieses Spiel sieht zwar ähnlich aus, funktioniert in der Praxis jedoch ganz anders. Bevor Sie daher Ihr in den Aktienmärkten erlerntes Wissen 1 : 1 auf den Rohstoffhandel oder an sonstigen Märkten anzuwenden versuchen, sollten Sie herausfinden, wie diese Märkte ticken und wo die Besonderheiten liegen – und zwar bevor Sie sich dort hineinstürzen. Eignen Sie sich dieses spezifische Wissen genauso konsequent und nachhaltig an, wie Sie es bei den Aktienmärkten getan haben, dann wird das Vorhaben auf jeden Fall gelingen.

Conclusio »Gesamtpositionsrisiko«

Die vergangenen Zeilen sollten Sie darauf aufmerksam machen, dass es beim eingegangenen Risiko mehr als nur das Einzelpositionsrisiko zu beachten gilt. Traden Sie zum Beispiel immer nur den Dax oder den Bund-Future alleine, müssen Sie die Inhalte dieses Kapitels nicht weiter berücksichtigen. Haben Sie hingegen gleichzeitig mehrere Trades laufen – und dabei ist es egal, um welche Underlyings es sich handelt –, müssen Sie danach streben, die parallel möglichen Verluste in irgendeiner Form zu begrenzen. Die vorhin präsentierte Formel

Gesamtpositionsrisiko = (Einzelpositionsrisiko »Long« x 3) + (Einzelpositionsrisiko »Short« x 3)

soll bitte nicht als unumstößliches Gesetz für jede erdenkliche Methode verstanden werden. Diese Werte harmonieren bloß mit meinem Handelsansatz des Swingtradings perfekt, bei dem ein Trade eine durchschnittliche Haltedauer von etwas mehr als zwei Tagen aufweist. Passen Sie daher diese Inhalte an Ihr System an, und überlegen Sie, wie weit Sie sich mit Ihrem Konto »aus dem Fenster lehnen« möchten.

Conclusio »Money Management«

In den letzten Kapiteln stecken sehr viele Informationen, die Sie für die Entwicklung eines passenden Handelssystems benötigen. Passen Sie das Gelernte an Ihre Bedürfnisse an, stellen Sie sich die richtigen Fragen und modifizieren Sie die Inhalte entsprechend, sodass für Sie am Ende ein stimmiges Gesamtkonzept herauskommt. Ist Ihnen aufgefallen, dass auf den vergangenen Seiten zwar sehr viel Fachwissen vermittelt wurde, wir aber kein Wort über den »richtigen« Einstieg verloren haben? Glauben Sie mittlerweile nicht auch schon, dass der Einstieg von vielen Tradern überbewertet wird und andere Faktoren über Ihren Sieg oder Ihre Niederlage an den Börsen entscheiden werden?

Auch beim Thema Money Management gilt eine wichtige Grundaussage, die wir uns abschließend ansehen wollen:

Weniger ist mehr!
Übertreiben Sie es nicht mit der Optimierung Ihres Systems.

Wenn Sie die Sache bis hierher praktizieren und noch dazu sich selbst beim Trading im Griff haben, ist Ihnen der Erfolg bereits so gut wie sicher. Vielleicht können Sie noch eine geringfügig bessere Performance mit komplexeren Ansätzen erzielen, aber vergessen Sie nicht: Zeit ist Geld. Denken Sie darüber nach, ob Sie als privater Trader diese Dinge wirklich so ausreizen müssen. Die oben praktizierten Methoden sind mit einfachen Tabellenkalkulationsprogrammen ohne Programmierkenntnisse darzustellen und umzusetzen, und mehr brauchen Sie nicht.

Teil IV
Controlling und Backoffice

Sie müssen als Trader zu jeder Zeit genau wissen, wo Sie in Ihrer Entwicklung gerade stehen. Deshalb brauchen Sie gute Aufzeichnungen über Ihr Trading. Wir haben schon mehrmals angesprochen, dass es zwischen dem Business-Trading und jedem herkömmlichen Business trotz der grundlegenden Unterschiede auch einige Parallelen gibt, und eine weitere Gemeinsamkeit betrifft das Controlling. Wie Sie sicher wissen, kontrolliert sich heute jedes erfolgreiche Unternehmen selbst. Große Konzerne installieren sogar eigene Kontrollorgane, die regelmäßig alle internen Abläufe überprüfen und ständig auf der Suche nach Verbesserungsmöglichkeiten sind.

Als Trader betreiben Sie Ihr eigenes Trading Business. Im Normalfall sind Sie daher für alles allein zuständig. Sie sind der CEO und zugleich der Hausmeister Ihrer Firma. Sie treffen strategische Entscheidungen und wechseln gleichzeitig die Glühbirne Ihrer Schreibtischlampe aus. Weil das ein breites Spektrum ist und Sie nicht in jedem Bereich ein absoluter Spezialist sein können, müssen Sie versuchen, das Backoffice zumindest »semiprofessionell« zu betreiben. Ein paar Tipps dazu gebe ich Ihnen in den folgenden Kapiteln.

1   Das Handelsjournal

Das Handelsjournal, in dem Sie Ihre Trades eintragen, ist so etwas wie das Herz Ihres Business. Es ist Ihre Buchhaltung und Ihre Bestandsverwaltung zugleich. Welche Daten Sie zu den einzelnen Trades erfassen, obliegt allein Ihnen.

Das Handelsjournal müssen Sie in jedem Fall auf elektronischem Weg und nicht in Papierform führen, denn so können Sie mit den Daten hin- und herjonglieren und das Controlling effizient gestalten. Dafür reicht ein handelsübliches Tabellenkalkulationsprogramm aus. Sie können natürlich auch Ihr eigenes Tool programmieren, notwendig ist es aber nicht. Wenn Sie die Wahl des Werkzeuges getroffen haben, müssen Sie zuerst über die Grundstruktur Ihrer Datenbank nachdenken. Wie soll sie aussehen? Möchten Sie Ihre Aufzeichnungen monatlich, jährlich oder wöchentlich betrachten? Das wird in erster Linie von Ihrer »Schlagzahl«, also Ihrer Signalhäufigkeit, und der dadurch entstehenden Anzahl von Trades abhängen.

In jedem Fall müssen Sie zuerst alle Daten erfassen, die auf Ihre Performance einen direkten Einfluss haben, denn nur so können Sie auf Knopfdruck sagen, wie viel Gewinn oder Verlust Sie im aktuellen Handelsmonat, in dieser Woche oder am heutigen Tag gemacht haben. Am besten bauen Sie das Datengerüst so auf, um es bei Bedarf noch weiter selektieren zu können. Diese weitere Verfeinerung könnte in Richtung der Gebühren oder der Finanzierungskosten bei einem Margin-Konto gehen. Wenn Sie einmal daran denken, den Broker zu wechseln, wäre es gut zu wissen, wie viel Gebühren Sie bisher gezahlt haben und wie viel Sie im Vergleich dazu der neue Broker kostet.

1.1   Welche Informationen beinhaltet das Handelsjournal noch?

Wurde diese Grundstruktur geschaffen, gilt es, darüber nachzudenken, welche Daten in Zukunft noch wichtig sein können. Mit dem Handelsjournal wollen Sie ja in erster Linie ein vernünftiges Controlling betreiben, Auswertungen durchführen und damit den Überblick über Ihr Trading und die angewandten Methoden behalten. Daher ist es wichtig, von Anfang an eine gewisse Datenqualität sicherzustellen. Sie müssen daher überlegen, welche Faktoren von Relevanz sind und was Sie in naher Zukunft über Ihr Trading herausfinden möchten.

Es ist gar nicht leicht, alles von Anfang an zu berücksichtigen, besonders wenn man beim Trading noch wenig Erfahrung sammeln konnte. Sie müssen bei der Auswahl der Daten vor allem daran denken, dass Sie damit hauptsächlich Fehler aufspüren und Schwächen Ihres Systems erkennen wollen. Welche Faktoren könnten bei der Fehlersuche eine Rolle spielen? Wie unterscheiden sich die einzelnen Trades voneinander? Beispiele dafür, welche Daten man erfassen kann, finden Sie in folgender Aufstellung

- Positionsgröße
- Art des Underlyings
- Kaufkurs
- Stoppmarken
  (Einstiegs- und Trailing Stopps)
- Art der Stoppsetzung
  (charttechnisch, systematisch etc.)
- Stückzahl
- Handelsrichtung
- Einstiegsmethode
- Positionsaufbau
  (Pyramide, am Stück etc.)
- Methode der Gewinnsicherung
- gewählte Zeiteinheit
- zugehöriger Index (bei Aktien)
- eingegangenes Risiko in Prozent
- Profit in Prozent
- R-Vielfaches
- Kauf- und Verkaufsdatum,
  evtl. Wochentag
- Uhrzeit
- Haltedauer
- Gewinn/Verlust
- Währung
- Sonstiges

Seien Sie bei dieser Datensammlung kreativ, jedes Detail kann in der Zukunft interessant sein. Alle Informationen, die Sie für relevant erachten, erfassen Sie in dieser Datenbank in einer jeweils eigenen Spalte. Je mehr Informationen Sie sammeln, desto besser wissen Sie über Ihr System Bescheid. Andererseits haben Sie bei der Wartung dieser Datenbank aber mehr Arbeit und sie wird auch fehleranfälliger, wenn Sie mehr Details festhalten. Es gilt also, eine gesunde Balance aus Nützlichkeit und Ballast zu finden.

Art	K	Underlying	Index	Grö	Method	L/S	Bu	Sy	SL1	KAT	Wie	Sell	Risk	%	Ti	Cur	Date	In-Monat	In-T	Ex Date	Ex-Monat	Ex-T	T	Result
Aktie	C	Schlumberger	US	186	Bewegung Ende	Short	96,7	0		97,87	0	97,80	1,14	-1,14	1000	$	5	November	MO	5	November	MO	1	-168,54
Aktie	C	Autonation	US	1032	Ausbruch	Short	16,74	0	16,8	16,95	0	16,56	1,25	1,08	1000	$	5	November	MO	6	November	DI	2	381,25
Aktie	C	Liz Clairborne	US	396	Korrektur Ende	Short	26,23	0	26,23	26,78	0	26,23	2,1	0,00	1000	$	6	November	DI	6	November	DI	1	-11,42
Aktie	C	JDS	US	1297	Korrektur Ende	Short	14,39	0	14,39	14,56	0	13,08	1,18	9,10	1000	$	7	November	MI	12	November	MO	6	1.168,25
Aktie	C	Bank of America	US	361	Korrektur Ende	Short	44,48	0	44,48	45,09	0	43,59	1,37	2,00	1000	$	7	November	MI	9	November	FR	3	207,42
Aktie	C	Valgreen	US	272	Bewegung Ende	Long	38,8	0	38,25	37,99	0	39,69	2,09	2,29	1000	$	7	November	MI	16	November	FR	10	156,64
Aktie	C	Newell Rubber	US	501	Bewegung Ende	Long	27,53	1	27,12	27,09	0	27,72	1,6	0,69	1000	$	12	November	MO	15	November	DO	4	45,17
Aktie	C	Clear Channel	US	500	Korrektur Ende	Short	35,94	0	35,94	39,36	0	35,37	1,22	1,59	1000	$	14	November	MI	15	November	DO	2	205,83
Aktie	C	Citigroup	US	489	Runaway GAP	Short	32,69	1	32,69	33,14	0	32,13	1,38	1,71	1000	$	19	November	MO	20	November	DI	2	199,16
Aktie	C	Lowes	US	500	Runaway GAP	Short	23,8	1	23,8	24,24	0	23,36	1,85	1,85	1000	$	19	November	MO	20	November	DI	2	140,99
Aktie	C	Chesapeake	US	347	Korrektur Ende	Long	38,33	1		37,69	0	37,69	1,67	-1,67	1000	$	20	November	DI	20	November	DI	1	-169,38
Aktie	C	Novell	US	2018	False Move	Short	6,41	0	6,29	6,51	0	6,29	1,56	1,87	1000	$	20	November	DI	20	November	MI	1	155,47
Aktie	C	Jones Aparel	US	637	Korrektur Ende	Short	18,88	0	18,88	19,23	0	18,71	1,85	0,90	1000	$	26	November	MO	28	November	MI	3	60,41
Aktie	C	Best Buy	US	279	GAP Close	Short	48,67	1	49,18	49,47	0	49,18	1,64	-1,05	1000	$	26	November	MO	26	November	MO	1	-145,72
Aktie	C	General Motors	US	572	Korrektur Ende	Short	26,67	0	26,67	27,06	0	26,67	1,46	0,00	1000	$	27	November	DI	27	November	DI	1	-16,41
Aktie	C	Darden	US	437	Korrektur Ende	Short	38,94	1		39,45	0	39,45	1,31	-1,31	1000	$	27	November	DI	27	November	DI	1	-168,37
Aktie	C	Marriot	US	393	Korrektur Ende	Short	37,13	0	37,13	37,69	0	37,04	1,51	0,24	1000	$	3	Dezember	MO	5	Dezember	MI	3	8,57
Aktie	C	Lilly Ely	US	786	Korrektur Ende	Short	52,58	0		52,86	0	52,86	0,53	-0,53	1000	$	3	Dezember	MO	3	Dezember	MO	1	-194,48
Aktie	C	Clear Channel	US	593	Korrektur Ende	Short	35,48	1	35,48	35,85	0	35,19	1,04	0,82	1000	$	3	Dezember	MO	3	Dezember	MO	1	93,77
Aktie	C	Pfizer	US	850	Korrektur Ende	Short	24,13	1	24,13	24,39	0	24,13	1,08	0	1000	$	11	Dezember	DI	12	Dezember	MI	2	29,22
Aktie	C	Lowes	US	491	Korrektur Ende	Short	24,62	1	24,62	25,07	0	23,45	1,83	4,75	1000	$	11	Dezember	DI	13	Dezember	DO	3	369,04
Aktie	C	AMD	US	1296	Korrektur Ende	Short	8,95	1	8,95	9,12	0	8,95	1,34	0,00	1000	$	12	Dezember	MI	13	Dezember	DO	2	-23,00
Aktie	C	Dean Foods	US	512	Korrektur Ende	Short	26,62	0	26,85	27,05	0	26,85	1,62	-0,86	1000	$	12	Dezember	MI	13	Dezember	DO	2	-107,54
Aktie	C	JC Penny	US	287	Korrektur Ende	Long	43,18	0	43,18	42,43	0	44,86	1,74	3,8907	1000	$	17	Dezember	MO	17	Dezember	MO	1	320,76
Aktie	C	Pactive	US	459	Korrektur Ende	Long	25,85	0	25,49	25,38	0	25,57	1,82	-1,0832	1000	$	17	Dezember	MO	19	Dezember	MI	3	-98,43
Aktie	C	Electronic Data	US	743	Korrektur Ende	Short	21,15	0	21,15	21,44	0	20,86	1,37	1,3712	1000	$	17	Dezember	MO	18	Dezember	DI	2	114,62
Aktie	C	Tyson Food	US	832	Korrektur Ende	Long	14,46	0	14,46	14,2	0	14,59	1,8	0,899	1000	$	18	Dezember	DI	18	Dezember	DI	2	104,55
Aktie	C	Cisco	US	423	Korrektur Ende	Long	28,48	0	28,08	27,95	0	28,56	1,79	0,2809	1000	$	19	Dezember	MI	21	Dezember	FR	3	3,26

Abbildung 15: Beispiel für ein Handelsjournal

Im obigen Screenshot sehen Sie, wie mein Handelsjournal aufgebaut ist und welche Daten festgehalten werden. Ich erfasse unter anderem die laufende Nummer des Trades, das gehandelte Underlying und den dazugehörigen Index, die Positionsgröße und das eingegangene Risiko in Prozent, den Ertrag und alle Daten zum Einstieg und zum Ausstieg, wie den Wochentag, den Monat und das Datum. Auch die Stopps werden erfasst und deren Kurslevels, wenn ich sie nachziehe. Einige Spalten sind in dieser Ansicht jedoch ausgeblendet, um die Übersichtlichkeit und Lesbarkeit für dieses Buch zu bewahren. Zusätzlich folgt eine monatliche Betrachtung, in der alle Gebühren (Fees) erfasst werden und ich meine Equity-Kurve verfolgen kann. Sie sehen den Screenshot im Anschluss.

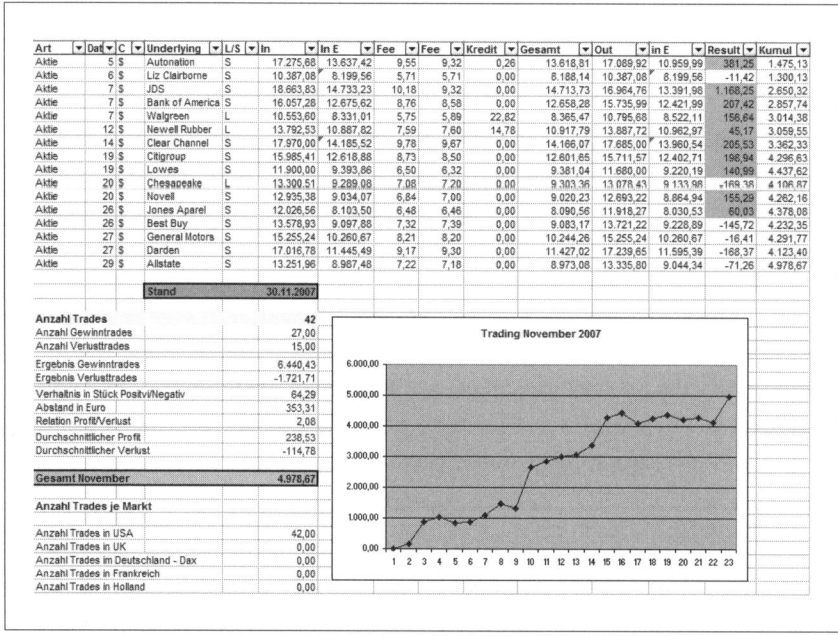

Abbildung 16: Handelsjournal mit Gebühren

Anmerkung

Ich bitte um Verständnis dafür, dass die präsentierten Daten meines Handelsjournals nicht 100%ig den Tatsachen entsprechen. Es geht hier auch nicht darum, meine Performance darzustellen, sondern die Struktur dieses Tools zu erläutern.

Sie müssen in jedem Fall bei der Erstellung Ihres Handelsjournals von Anfang an sehr genau darüber nachdenken, welche Daten es enthalten soll. Es ist aufwendig und mühsam, nach drei Monaten und 150 ausgeführten Trades zum Beispiel den Wochentag hinsichtlich Kauf und Verkauf nachzutragen. Es kann sogar vorkommen, dass alle Daten, die Sie nicht gleich erfassen, später unwiederbringlich verloren sind. Unter Umständen wissen Sie dann nicht mehr, welche Stoppsetzungsstrategie Sie vor einem halben Jahr praktiziert haben und wie die einzelnen Stopplevels zu diesen Trades ausgesehen haben. Unglücklicherweise können Sie diese Informationen vielleicht nachträglich aus Ihrer Handelsplattform nicht mehr abrufen, und diese sind daher auf immer verloren.

Exkurs – Wozu betreibt man den ganzen Aufwand?

Einem Anfänger erschließt sich vielleicht die Notwendigkeit dieser peniblen Aufzeichnungen nicht gleich auf den ersten Blick, doch lassen Sie mich an einem Beispiel erläutern, warum diese Auswertungen für einen Trader von so hoher Bedeutung sind. Vor ein paar Jahren, als ich beim Trading noch nicht die Beständigkeit von heute hatte, fand ich in einer extrem schlechten Tradingphase heraus, dass ich jeden Monat in den ersten Tagen sehr erfolgreich gehandelt hatte, diese Gewinne im Laufe eines Monats aber immer wieder abgab und oft noch in den Verlustbereich rutschte. Damals bemerkte ich weiterhin, dass meine größten Verluste aus dem Handel von TecDax-Werten resultierten. Ich änderte daraufhin mein Trading, vermied die Technologieaktien für eine gewisse Zeit, handelte am Monatsanfang aggressiver und gegen Monatsende zurückhaltender und meine Performance verbesserte sich aufgrund dieser einfachen Maßnahmen schlagartig. Heute kann ich keine Auffälligkeiten mehr hinsichtlich der gehandelten Underlyings oder hinsichtlich des Datums feststellen, doch damals waren diese Informationen für mich ein Schlüssel zum Erfolg.

1.2   Weitere Verwendungszwecke

Diese Daten helfen mir vor allem zu erkennen, ob mein System mit dem derzeitigen Marktumfeld harmoniert oder ob es einer Feinjustierung bedarf. Diesen Umstand bemerke ich anhand der Länge eines Drawdowns. Ich weiß heute genau, wie viele Fehltrades in Serie ein »normaler« Drawdown beinhalten darf und was darüber hinausgeht und zu viel ist. Produziere ich zu viele Verluste am Stück, ist es Zeit, das System zu analysieren und gegebenenfalls ein wenig zu verändern. Dieser Feinschliff kann zum Beispiel dadurch geschehen, dass die Stopps beim Einstieg ein wenig weiter weg gesetzt und dadurch die Positionsgrößen geringfügig reduziert werden. Beim Nachziehen der Stopps könnte ich ebenfalls modifizieren und konservativer vorgehen, indem ich nicht die Vortageskerze verwende, sondern die vom Vorvortag. Somit würde ich in einer volatilen Marktphase dem Trade mehr Raum geben und meine Vorgehensweise an das aktuelle Geschehen besser anpassen. Ich versuche jedenfalls ständig, nach Anomalien oder Schwächen meines Systems zu suchen und diese auszumerzen, und dabei helfen mir diese Aufzeichnungen immens.

Haben Sie in den Wochen und Monaten einen guten Datenbestand aufgebaut, sind dessen zusätzliche Auswertungsmöglichkeiten vielfältig. Sie können zum Beispiel Ihren bisher größten Gewinn oder Ihre größten drei Gewinner aus der Gesamtperformance herausrechnen und im Gegenzug ebenfalls die drei größten Verluste streichen. Bei manchen Sportwettbewerben wird auch die beste und die schlechteste Note der Kampfrichter gestrichen. Das Ergebnis bekommt so mehr Objektivität und wird »geglättet«, denn wenn diese Extremwerte ausgeklammert werden, können Sie besser beurteilen, ob Ihr System noch immer profitabel ist oder ob es dann vielleicht kippt. Es wäre möglich, dass Sie mit zwei Supertrades nur Glück hatten und wenn Sie diese nicht mehr berücksichtigen, kommt das wahre Gesicht Ihrer Methode zum Vorschein.

Exkurs – Kausalität und Zufall

Eines Tages fand ich bei einem solchen Controllingprozess heraus, dass sich meine Trades, die ich an einem Dienstag eröffnet hatte, am schlechtesten entwickelten. Als ich das bemerkte, war ich mir nicht sicher, ob diese Erkenntnis wirklich hilfreich für mich ist, denn ich musste noch den kausalen Zusammenhang herstellen – falls es den gab. Damit will ich andeuten, dass die Auswertungsmöglichkeiten von Tradingsystemen zwar vielfältig sind, Sie beim Ergebnis jedoch Ihren gesunden Menschenverstand einsetzen müssen. Sie haben zu beurteilen, ob das, was bei einer Analyse herauskommt, von Relevanz sein kann oder ob es sich um zufällige Normabweichungen handelt. Zufällig ist bei mir sicher die Erkenntnis mit dem Wochentag, denn ein Dienstag ist genauso gut wie ein Montag oder Mittwoch bei meinem Ansatz. Auch wenn manche Trader behaupten, ihr Datenmaterial besage, dass die Märkte generell an einem Montag oder Dienstag am besten oder schlechtesten verlaufen, trifft das vielleicht rückblickend gesehen als Gesamtes zu. Doch selbst da bezweifle ich den echten Wert dieser Information und was ein Trader damit im gegebenen Trade anfangen soll. Auf mein Trading hat der Wochentag ganz bestimmt keinen Einfluss. Dieses Ergebnis ist dem reinen Zufall zuzuordnen und schließlich muss ein Tag von fünf ja der schlechteste sein. Passen Sie daher auf, dass Sie sich nicht von Ihren eigenen Auswertungen übers Ohr hauen lassen. Oder glauben Sie tatsächlich, dass zum Beispiel die Schuhgröße eines Menschen einen Einfluss auf die Unfall-wahrscheinlichkeit im Straßenverkehr hat? Selbst wenn jemand so eine Betrachtung wirklich einmal anstellt und dabei sogar auf ein eindeutiges Ergebnis stößt, wird wohl niemand darin einen kausalen Zusammenhang sehen. Denken Sie daher nach, ob es einen schlüssigen Grund für ein ausgewertetes Ergebnis geben kann, und wenn es so ist, handeln Sie entsprechend.

Conclusio »Handelsjournal«

In jedem Fall werden Sie durch diese Auswertungen mehr Vertrauen in Ihre Methode bekommen, für den Fall, dass es einmal nicht so gut läuft. So wissen Sie, ob Sie der-zeit aufgrund von Fehltrades oder von Tradingfehlern in einer Verlustphase stecken, und diesen Unterschied erkennt ein Trader ohne Aufzeichnungen nicht. Danach gilt es noch, von den Erkenntnissen aus diesen Daten die entsprechenden Rückschlüsse zu ziehen und adäquat zu reagieren, was eine große Herausforderung für einen Trader darstellt. Neben dem totalen Vernachlässigen jeglicher Adaptierungen gilt es weiter-hin zu beachten, sein System nicht überzuoptimieren und ständig daran herumzu-schrauben, denn das ist ebenfalls nicht zielführend. Egal, welche Daten Sie letztend-lich erfassen und wie die Erkenntnisse auch lauten mögen, eines ist unbedingt noch zu beachten: Aussagekräftige Statistiken sind erst dann möglich, wenn Sie die Daten zu mindestens 100 Trades erfasst haben. Solange Sie dieses Mengengerüst nicht auf-gebaut haben, macht es keinen Sinn, an eine Auswertung dieser Trades zu denken. Die Ergebnisse würden dann eher zufällig entstehen und keine statistische Aussage-kraft besitzen. Besser ist es sogar erst ab 150 bis 200 Trades mit den Auswertungen zu beginnen, aber nach den ersten 100 Stück bekommen Sie in jedem Fall schon ein erstes Gespür für Ihre Methode.

Wie viele Trades Sie mindestens heranziehen, wird auch davon abhängen, wie hoch Ihre Schlagzahl ist. Wenn Sie pro Tag 50 Trades ausführen, können Sie keines-falls nach zwei Tagen und 100 Trades von aussagekräftigen Daten ausgehen. Denn in den beiden Tagen könnten die Märkte ganz andere Intraday-Bewegungen vollziehen als, sagen wir, in einem gesamten Monat. Machen Sie zwei Trades am Tag, haben Sie bei 50 Handelstagen schon einige Marktsituationen erlebt, und die Auswertungen sind so sicher aussagekräftiger.

Natürlich können Sie die Datenbestände schon vorher zur Hand nehmen, um sich auf die Suche nach Ihren häufigsten Fehlern zu begeben. Um aber sonstige Ano-malien herauszufinden, zum Beispiel, ob Sie bei Nebenwerten erfolgreicher agieren als bei Blue Chips, welche Werte in welchen Ländern Ihnen am besten liegen oder ob Sie beim Aktientrading besser abschneiden als beim Devisenhandel – dazu müssen Sie ein dementsprechend großes Datenvolumen zur Verfügung haben, damit das Ergebnis eine Relevanz besitzt.

Dr. Alexander Elder, selbst ein erfahrener US-Trader, Experte auf dem Gebiet der »Technischen Analyse« und Buchautor hat Folgendes gesagt: »Zeigen Sie mir einen Trader mit guten Aufzeichnungen, und ich zeige Ihnen einen erfolgreichen Trader.« Genauso ist es, das kann ich zu 100 % unterschreiben. Mit guten Aufzeichnungen lernen Sie sich selbst und Ihr Trading besser kennen. Sie erkennen Ihre Fehler und können an ihnen rasch und effizient arbeiten. Sie lernen, Ihre Stärken auszubauen und noch mehr für Sie arbeiten zu lassen. Je besser Ihre Aufzeichnungen sind, desto schneller kommen Sie als Trader voran.

2   Das Trading-Tagebuch

Ergänzend zum Handelsjournal verwende ich noch ein Trading-Tagebuch, weil in diesem über die nackten Daten hinaus meine Gedanken zu den einzelnen Trades erfasst werden. Dort schreibe ich neben einigen Eckdaten nieder, warum ich den Trade überhaupt eingegangen bin und wie sich die Position in weiterer Folge entwickelt hat. Bis hin zum Ausstieg wird das gesamte Trademanagement von mir genau dokumentiert.

2.1   Welche zusätzlichen Informationen beinhaltet das Tagebuch?

Der wichtigste Teil dieses Tagebuchs sind jedoch die Charts. Neben den »Hard Facts« aus dem Handelsjournal und den Erkenntnissen aus den daraus erstellten Auswertungen lernt man aus den Charts seiner alten Trades am meisten. Obwohl viele Trader ein strenges Regelwerk praktizieren, lässt es doch bei manchen Systemen einen gewissen Interpretationsspielraum, was keinesfalls als Schwäche eines Systems zu bewerten ist. Ein reifer Trader ist sich bewusst, wie viel Unterschied so ein kleiner Spielraum jedoch machen kann. An den alten Charts, an den alten Trades erkennt man darüber hinaus sehr gut seinen Fortschritt als Trader.

Wenn sich ein erfahrener Händler manche seiner alten Trades später einmal ansieht, würde er einige davon mit seinem heutigen Wissen so ganz bestimmt nicht mehr machen. Er verurteilt sich aber nicht dafür, denn er weiß, dass dies ein ganz normaler Lernprozess ist, den er durchgemacht hat. Er weiß es zu schätzen, wie unbeschreiblich wichtig diese alten Erfahrungen für ihn gewesen sind, denn die Summe seiner Erfahrungen bildet seinen derzeitigen Wissensstand. Jedem angehenden Trader ist daher unbedingt anzuraten, seine Trades mit den entsprechenden Charts gut aufzuheben. Ob es sich dabei um ein handgeschriebenes Dokument mit hineingeklebten Charts oder um ein Textverarbeitungsprogramm mit Screenshots handelt, ist egal, wichtig ist nur die Nachvollziehbarkeit. Der Trader wird erstaunt sein, mit welchen Trades er da mit den Monaten und Jahren konfrontiert werden wird.

2.2   Weitere Vorgehensweise

Ein Trader holt sein Tagebuch immer dann hervor, wenn er eine ruhige Minute zwischen seinem Trading hat und liest darin, denn die daraus gezogenen Rückschlüsse können wie gesagt sehr wertvoll für ihn sein. Er analysiert so ganz genau, ob der Trade nach dem Ausstoppen weiter in seine Richtung gegangen wäre oder nicht, und kann dadurch an seiner Stoppsetzungsstrategie feilen. Wenn er bemerkt, dass er den Einstieg anders hätte vollziehen sollen, dann kann auch das eine wertvolle Erkenntnis sein, die es bei den folgenden Trades zu berücksichtigen gilt. Diese Charts helfen daher bei der Systementwicklung und -Optimierung und rückblickend stößt man auf Trades, bei denen man aus jetziger Sicht nicht mehr sagen kann, warum man sie gemacht hat. Heute sieht man die Kursverläufe möglicherweise ganz anders als vor einem Jahr, und ein Signal von damals ist heute vielleicht gar nichts mehr.

Um aus den alten Charts wirklich das Maximum herauszuholen, muss sich der Trader angewöhnen, die Screenshots zu den Trades immer einige Zeiteinheiten nach dem Exit anzufertigen und erst dann in das Tagebuch hineinzustellen. So bekommt er ein Gefühl für den Marktverlauf, nachdem die Position geschlossen wurde. Wenn er hingegen den Chart immer gleich nach dem Verlassen der Position in sein Tagebuch übernimmt, bekommt er keine Erkenntnisse über den weiteren Marktverlauf. Er weiß also nicht, was der Wert »getan« hat, nachdem er ausgestoppt wurde.

Im Folgenden präsentiere ich Ihnen einen Screenshot aus meinem Tagebuch. Neben einleitenden Key Facts und ein paar Gedanken zu dem Trade sehen Sie sehr schön den Chartverlauf. Man erkennt den Einstieg und den Exit aus diesem Trade. »Geshortet« wurde hier die Aktie von JDS Uniphase. Der Trade verlief über mehrere Tage sehr gleichmäßig und brachte aufgrund eines guten Trademanagements einen netten Gewinn mit einem hohen »R-Vielfachen«.

Datum	07.11.2007		
Trade NO	136	Underlying	JDS Uniphase
Richtung	Short	Ergebnis	xxx

Die Aktie befindet sich in einem Abwärtstrend und erholt sich zwei Tage. Dann erfolgt der neue Fall und ein Punkt 2 befindet sich in der Nähe. Ich positioniere mich beim Vortagestief short und die Aktie geht nach dem Leerverkauf planmäßig nach unten.

Am nächsten Tag wird der Stopp auf den Kaufkurs nachgezogen. Die Aktie hat fast 4% verloren am Vortag.

Am dritten Tag verliert der Wert fast 6%. Der Stopp wird nach Regelwerk nachgezogen. Kurz denke ich daran, die Position manuell glattzustellen, weil ein Wochenende bevorsteht, aber ich verwerfe den Gedanken rasch wieder.

Der Stopp hält und die Position begleitet mich ins Wochenende. Der Stopp ist ca. 2% entfernt und selbst einem Aufwärtsgap am nächsten Montag könnte dieser Abstand ausreichen, um nicht gleich zu Beginn ausgestoppt zu werden.

Bei Börseneröffnung sinkt der Wert weiter. Der Stopp wird wieder über dem Hoch des Tages platziert. In Folge dreht die Aktie jedoch und ich werde ausgestoppt. Die Ausführung dauert lange, klappt aber schließlich punktgenau. Ich kann so einen schönen Gewinn verbuchen.

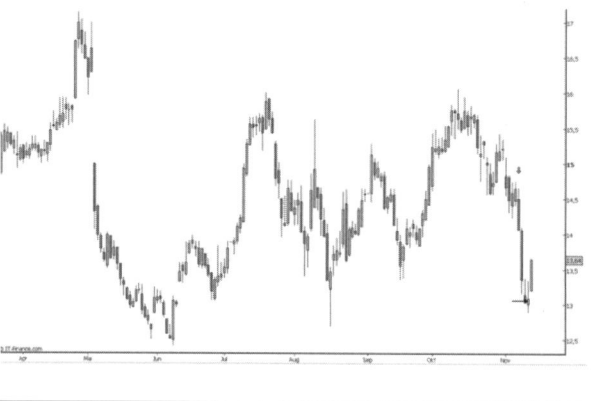

Abbildung 17: Auszug aus einem Trading-Tagebuch –
JDS Uniphase

Ich möchte Ihnen aber auch einen Fehltrade präsentieren. Im konkreten Fall war es die Aktie von »Lowes« bei der ich »short« gehen wollte, was leider nicht geklappt hat.

Datum	03.04.2008		
Trade NO	288	Underlying	Lowes
Richtung	Short	Zeitrahmen	Tag
Methode	Absinken	Profit	xxx

Der Wert verläuft derzeit ohne klare Tendenz. Die letzten drei Tage ist die Aktie jedoch stark gestiegen. Auftretende Umkehrstäbe signalisieren eine mögliche Kehrtwende. Ich positioniere mich short beim Vortagestief und die Aktie sinkt danach planmäßig ab.

Am nächsten Tag eröffnet der Wert schwach und sinkt weiter. Die Volatilität ist heute extrem hoch, und die Aktie beginnt plötzlich wie wild zu steigen. Mein Stoppkurs, der noch immer am Vortageshoch sitzt, wird gerissen und ich werde mit -1R etwas unglücklich ausgestoppt.

In weiterer Folge nimmt die Aktie die von mir gedachte Handelsrichtung wieder auf, doch für meine Position ist es zu spät. Ich werde jedenfalls zu analysieren haben, ob die Stoppsetzung bei diesem Trade zu verbessern gewesen wäre.

Abbildung 18: Auszug aus einem Trading-Tagebuch –
Aktie von Lowes

2.3   Das Aufspüren von Tradingfehlern

Am wichtigsten beim Überprüfen der alten Trades ist es, sich auf die Suche nach Tradingfehlern zu begeben. Tradingfehler findet man nicht mit dem Datenbestand allein, dazu braucht der Trader seine alten Charts. Setzen Sie sich zum Ziel, Ihre Trades von Zeit zu Zeit Revue passieren zu lassen, denn wenn man einen gewissen Abstand gewonnen hat, ist es erstaunlich zu sehen, welchen Unfug man manchmal zusammentradet. Oft fällt einem das am nächsten Tag bereits auf, aber wenn man wirklich alte Charts hervorholt, mit Trades, die ein halbes Jahr oder älter sind, wird es noch eklatanter. Man glaubt oft nicht, dass man das selbst war, der hier gehandelt hat. Nehmen Sie es aber in jedem Fall gelassen, auch Profis passieren beim Trading immer wieder Fehler. Wir Menschen sind keine Maschinen und dieser menschliche Faktor macht die Sache schließlich auch spannend.

Exkurs – Wie sich das Handelsjournal und das Tagebuch ergänzen

Wie ziehen Sie den besten Nutzen aus Ihren Fehlern, wie finden Sie diese am besten und wie machen Sie ihnen am schnellsten den Garaus? Um die Fehler auswerten zu können, sollten Sie diese in Kategorien einteilen. Beispielsweise bekommen alle Trades, bei denen Sie zu spät eingestiegen sind, die Fehlerkennzeichnung 1. Bei Werten, wo Sie den Trade nicht lange genug laufen ließen, nehmen Sie die Kategorie 2 und so weiter. Versuchen Sie, eine entsprechende Ursachenforschung zu betreiben. War es zum wiederholten Male kein Stopp oder ein unsauberer, vielleicht zu später Einstieg, was den Fehler verursacht hat? Vielleicht war auch die Position zu groß im Verhältnis zum eingegangenen Risiko oder war der Stopp charttechnisch ungeschickt platziert? Versuchen Sie herauszufinden, welchen Fehler Sie am häufigsten begehen.

Vielleicht merken Sie, dass Sie Einstiegssignale, aus welchen Gründen auch immer, versäumen, Sie es dann aber nicht lassen können, der Aktie hinterherzulaufen. Daher steigen Sie viel zu spät in manche Positionen ein. Wenn das zutrifft, versuchen Sie zu eruieren, warum das so ist. Unter Umständen ist es nur ein logistisches Problem mit der Watchlist, oder Sie haben das Handling Ihrer Handelsplattform noch nicht zur Gänze im Griff. Es kann auch sein, dass Ihnen im 15-Minuten-Chart alles zu schnell geht und Sie sich im 30-Minuten-Chart wohler fühlen würden, oder es fehlt Ihnen bloß die nötige Disziplin. Sie werden es nur herausfinden, wenn Sie eine entsprechende Fehlersuche starten.

Die Auswirkungen von Tradingfehlern sind vielfältig, letztendlich läuft es aber darauf hinaus, dass Sie Verluste machen, die vermeidbar wären. Vermeidbar sind sie allerdings nur, wenn Sie die Ursache lokalisieren können. Konnten Sie Ihre Fehler verschiedenen Kategorien zuordnen, müssen Sie als Nächstes herausfinden, welche davon am häufigsten vorkommen. Dazu übernehmen Sie diese Fehlerkategorien und ordnen sie den einzelnen Trades in einer eigenen Spalte Ihres Handelsjournals zu. Danach können Sie diese Spalte entsprechend sortieren und die Häufigkeit der aufgetretenen Fehler lokalisieren. Wenn Sie die Daten ausgewertet haben, nehmen Sie sich jeden Monat oder jede Woche den »Top-Fehler« vor und setzen alles daran, ihn zu unterbinden. So arbeiten Sie Schritt für Schritt an Ihrer Technik und werden in absehbarer Zeit zu einer besseren Performance gelangen.

3 Das Mental-Tagebuch

Im Zuge meiner Aufzeichnungen merkte ich nach einiger Zeit, dass mir dabei noch etwas fehlte. Ich verwendete ein gutes Handelsjournal und ich hatte alle Trades mit den Charts, den Stopps und den Ein- und Ausstiegen in meinem Trading-Tagebuch erfasst. Was ich nicht hatte, war ein Ventil, mir den Frust von der Seele zu schreiben oder positive Gefühle festzuhalten. Es gab Tage, da fühlte ich mich wie ein Häufchen Elend, weil ich einige Fehltrades produzierte, und dann waren da Momente, in denen ich dachte, ich wäre ein Superheld. Ich schwebte über meiner Tradingstation, weil alles klappte, was ich anrührte. So kam ich auf die Idee, ein echtes Tagebuch zu führen. Ein Buch, in dem ich niederschreibe, wie es mir geht und was ich gerade empfinde, und in dem Dinge einfließen, die nicht immer mit dem Kerngeschäft Trading zu tun haben, es sehr wohl jedoch beeinflussen. In der Abbildung 19 sehen Sie einen Teil dieser Gedanken. Dieser Ausschnitt ist real. Genauso habe ich es erlebt und genauso ist es mir ergangen.

Wenn Sie am Abend zum Beispiel einen Streit mit Ihrem Partner hatten und es bis zum Morgen keine Aussöhnung gab, wird Sie diese Tatsache mehr beeinträchtigen, als Sie es wahrhaben möchten. Diese negativen Gedanken, diese Emotionen sind noch in Ihnen, weil sie nicht aufgearbeitet wurden, und es belastet Sie, auch wenn Sie sich dessen vielleicht gar nicht bewusst sind. Wenn Sie dann nicht extrem diszipliniert sind und mit einem genauen Regelwerk arbeiten, kann das schlimme Konsequenzen für Ihre Performance an diesem Tag haben.

30.11.2007

Ich genieße es regelrecht, einen Tag von den Märkten heute frei zu haben. Ich kann mich um andere Dinge kümmern und es tut gut, den Kopf freizubekommen.

Ich denke auch ernsthaft über eine Reduktion der Positionsgrößen nach. Das Risiko könnte so auf xxx je Trade limitiert werden. Vielleicht versuche ich den Dezember so zu traden. Das werde ich mir am Wochenende oder am Montag durch den Kopf gehen lassen.

Für heute interessieren mich die Märkte jedenfalls wirklich nicht. Ich nehme emotionslos zur Kenntnis, dass die Börsen heute steigen. So bleibt nur der Weg in ein entspanntes Wochenende.

03.12.2007

Neuer Monat, neues Spiel. Diesen Monat werde ich versuchen, kleinere Brötchen zu backen. Der Dezember ist ja auch nur ein Zwei-Drittel-Monat aufgrund der vielen Feiertage. Die paar freien Tage habe ich sehr genossen. Der Abstand zur Börse hat mir gut getan. Die Märkte sind die letzten Tage gut gelaufen und ich verspüre keinen Zorn so wie früher, nicht dabei gewesen zu sein. Ich werde heute wie immer meine Signale suchen und in die Trades einsteigen.

Eine Änderung der Positionsgröße kommt derzeit für mich nicht in Frage, weil ich denke, dass meine Methode mit "Risiko im Geld" bessere Ergebnisse bringt als mit "Risiko im Markt". Die Bewegungen, auf die ich es abziele, sind nicht so groß, daher muss das Risiko höher sein.

Am späten Abend bin ich relativ gelassen. Ich habe eine neue Position und eine zweite und dritte wurde schon mehrmals „angekratzt". Ich bin diszipliniert und suche keine Action. Im Gegenteil, ich bin besonders vorsichtig, fast sogar ein wenig ängstlich.

04.12.2007

Heute bin ich noch entspannter als gestern. Ich glaube, nun wieder aggressiver vorgehen zu können. Jedenfalls gibt es genug potentielle Signale. Die Märkte sind gestern noch in meine Richtung gelaufen und alles scheint in Ordnung.

Meine Positionen bewegen sich alle in meine Richtung. Ich könnte nun auch beim dritten von fünf Werten das Risiko rausnehmen und den Stopp nachziehen. Ich bin zufrieden und sehe dem restlichen Tag positiv entgegen. Obwohl mir bewusst ist, dass jeder Trade sich jederzeit zu 100% in die Gegenrichtung entwickeln kann.

Abbildung 19: Auszug aus einem Mental-Tagebuch

Genau solche Situationen erfasse ich in meinem Mental-Tagebuch. Wenn es mir an manchen Tagen psychisch nicht so gut geht, lese ich darin und wundere mich und schmunzle über mich. Es ist erstaunlich, wie sich Stimmungen innerhalb von wenigen Stunden um 180 Grad drehen können. Mein Ziel war es immer, genau diese Emotionen aus dem Trading auszuklammern, aber es kann mir niemand erzählen, dass man nicht von Zeit zu Zeit an sich zweifelt. An seiner Person, seinem Vorhaben oder an seiner Methode und am Wunsch, ein Trader zu sein oder zu werden. Das sind die Zeiten, in denen man alles infrage stellt, und genau für solche Zeiten ist es wichtig, über sich und die eigenen Gedanken und Empfindungen genau Bescheid zu wissen.

Darüber hinaus bemerke ich beim Lesen dieses Tagebuchs immer wieder, wie ich mich in den Monaten und Jahren weiterentwickle. Die Stimmungsschwankungen werden weniger und die Launen ausgeglichener. Das Verhalten wurde als Ganzes konstanter und harmonischer. Mein Ziel ist es, jeden Tag mit der gleichen gelassenen Stimmung an den Märkten zu agieren.

Conclusio »Controlling und Backoffice«

Sie müssen sich darüber im Klaren sein, dass das bezahlte Lehrgeld umsonst war, wenn Sie keine Aufzeichnungen führen. Sie haben zwar bezahlt, aber die Ausgaben waren umsonst, denn Sie haben keine Ausbildung dafür erhalten. Wenn Sie nicht wissen, was Sie falsch machen, können Sie nichts dazulernen. Da kommt wieder der Gedanke mit der »Verantwortung« ins Spiel, die Sie für Ihre Verluste uneingeschränkt übernehmen müssen. Wenn Sie der Meinung sind, alle sind an Ihren Verlusten schuld, nur Sie selbst nicht, können Sie sich die ganzen Auswertungen sparen, denn Sie werden ohnehin nichts daraus lernen. Wenn Sie die Notwendigkeit dieses Controllings trotz aller Erklärungen noch immer nicht einsehen wollen, würde ich Ihnen empfehlen, Ihr Geld wieder aufs Sparbuch zu legen und Ihre Tradingambitionen aufzugeben. Sie sind dann einfach noch nicht reif für so ein toughes Business!

Teil V
Einem Trader
über die Schulter geschaut

In den folgenden Abschnitten wird beschrieben, was in der Praxis auf einen Trader alles zukommt, wenn er diesen Job wirklich ausüben möchte. Es wird besprochen, welche Abläufe immer wiederkehren und welche Tätigkeiten und Herausforderungen auf ihn warten. Wir werden auch darauf eingehen, woran ein Trader vor, während und nach einem Handelstag denken muss, und schließlich sehen wir uns an, welche Hilfsmittel und welche Tipps und Tricks er einsetzen kann, um möglichst ressourcenschonend vorzugehen. Diese Kniffe sind zwar manchmal statistisch nicht belegbar, werden aber aus der Erfahrung heraus betrachtet und können dem Trader das Leben ein wenig erleichtern.

Bitte beherzigen Sie die Tatsache, dass Trading kein Spiel ist, sondern ein Geschäft. Es verlangt daher Ernsthaftigkeit und Professionalität, und es ist zeitaufwendig. Dabei spielt es keine Rolle, welches System Sie praktizieren und welche Märkte oder Finanzinstrumente Sie handeln. Die Kernaufgabe, das Eingeben oder Löschen der Orders beziehungsweise das Nachziehen der Stopps ist kein großer Aufwand. Was jedoch Ressourcen kostet, sind die administrativen Aufgaben. Dazu gehören unter anderem die Vorbereitung auf den Handelstag, das Führen von vernünftigen Aufzeichnungen und das gesamte Trademanagement.

Ich werde Ihnen im Folgenden zeigen, wie die Vorbereitung auf den Handelstag bei mir aussieht und welche Dinge in welcher Form sonst noch erledigt werden müssen. Es soll noch erlaubt sein, darauf hinzuweisen, dass ich an den meisten Tagen diese Tätigkeiten in der präsentierten chronologischen Form so nicht ausführen kann. Das liegt daran, dass ich voll berufstätig bin und in der Praxis daher einige der Arbeiten auf das Wochenende oder in die späte Nacht hinein verlegen muss. Es gibt aber Tage, an denen ich frei habe, oder Feiertage, an denen die Börsen geöffnet sind. Dann kann ich mir die Abläufe frei einteilen, und so einen idealen Tradingtag wollen wir nun gemeinsam durchspielen.

1   Der Blick zurück

Morgens stehe ich mindestens eineinhalb Stunden vor Börseneröffnung auf und gehe in die Dusche. Das erfrischt und hilft mir, einen klaren Kopf zu bekommen. Danach ziehe ich bequeme Hauskleidung, wie Jeans und T-Shirt, an und setze mich in mein Arbeitszimmer. Mir ist es sehr wichtig, mich mit adretter Kleidung an den PC zu setzen, denn schließlich betrachte ich das Trading als Business. Ich will daher keinesfalls im Pyjama vor dem Rechner sitzen, denn so könnte ich mich selbst nicht ernst nehmen. Danach fahre ich den Computer hoch und richte mir alle Büroutensilien wie Schreibzeug, Taschenrechner, Laptop oder Handy her.

Wenn der Rechner so weit ist, starte ich mein Handelsjournal (eine Tabellenkalkulation) und bringe mir in Erinnerung, welche Positionen ich offen habe. Meist sind es bis zu vier, doch diese Größe schwankt. Mehr als sechs offene Trades sind es selten, manchmal bin ich auch zur Gänze »flat«, habe also gar keinen Trade laufen. Danach starte ich die Handelsplattform und prüfe als Erstes die Charts und die Schlusskurse meiner offenen Positionen. Da ich bei US-Börsenschluss abends fast nie vor dem Computer bin, bekomme ich die Infos zu diesen Werten meist erst am Morgen.

Stelle ich fest, dass eine der Positionen mit Gewinn oder Verlust ausgestoppt wurde, werden alle Daten zu diesem Trade in mein Handelsjournal eingetragen. In jedem Fall versuche ich, diese Datenerfassung möglichst zeitnah durchzuführen, denn sonst würde ich den Überblick verlieren, welche Werte noch im Risiko sind, wie und wo ich überhaupt gerade positioniert bin und wie meine derzeitige »Long/Short«-Gewichtung und mein Gesamtpositionsrisiko aussehen.

Als Nächstes prüfe ich, ob gestern Abend noch die eine oder andere neue Position eröffnet wurde und trage diese ebenfalls in mein Handelsjournal ein. Im nächsten

Schritt lade ich den Kontoauszug meines Brokers und pflege alle Spesen und sonstigen Gebühren in diese Datenbank ein. Zu guter Letzt ergänze ich meine Eigenkapitalentwicklungskurve, um ein Gefühl für meine längerfristige Performance zu bekommen. An der Gesamtentwicklung erkennt ein Trader, wo er gerade steht, und kann so seine Methode behutsam an die unterschiedlichen Marktphasen anpassen.

Durch das zeitnahe Controlling bemerkt man auch, ob das System derzeit einen positiven Erwartungswert erwirtschaftet oder ob es geringfügig angepasst werden muss. Als Trader muss man unterscheiden, ob man zum Beispiel in einer normalen Drawdown-Phase steckt oder ob sich die Märkte derart grundlegend verändert haben, dass man deswegen zu einer Systemänderung gezwungen wird. Letzteres kommt vor, ist aber seltener der Fall, als man auf den ersten Blick als noch unerfahrener Trader annehmen möchte.

Wenn auch diese Tätigkeit abgeschlossen ist, öffne ich mein Trading-Tagebuch, kopiere die Charts hinein und schreibe dort in wenigen Zeilen nieder, warum ich einen Trade überhaupt eingegangen bin, wie sich die Position entwickelt und wie und wann ich den Stopp nachgezogen habe. Wie Sie bereits gesehen haben, werden in meinem Handelsjournal nur die »Hard Facts«, die Daten, erfasst, in meinem Tagebuch sind hingegen die Gedanken zu den Trades sowie die entsprechenden Charts enthalten. Damit ist der Blick in die Vergangenheit beendet und mein Interesse richtet sich auf die zukünftigen Ereignisse.

2   Der Blick voraus

Erst jetzt beginne ich mit dem eigentlichen Marktscreening für den heutigen Handelstag. Obwohl ich mit einem großen Chart-Pool arbeite, screene ich täglich alle von mir ausgewählten Aktien. Das bedeutet, ich teile meine beobachteten Werte nicht in Gruppen wie »derzeit sehr interessant«, »derzeit weniger interessant« und »derzeit gar nicht interessant« ein, wie es manch anderer Trader macht. Mein Handelsansatz ist derart kurzfristig angelegt, dass so eine Gliederung keinen Sinn ergeben würde. Eine Aktie kann an einem Tag hochinteressant sein und am nächsten Tag überhaupt nicht mehr und umgekehrt.

Für das Screening verwende ich keine eigene Chartingsoftware, sondern benutze jenes Tool, das von meinem Broker kostenlos mitgeliefert wird. Der ganze Prozess ist echte Handarbeit und wird von mir ausschließlich manuell durchgeführt. Um das Screening trotzdem effizient zu gestalten, habe ich vor einiger Zeit mehrere Chartlayouts gespeichert. Diese tragen Namen wie »Dax1«, »Dax2«, »Holland«, »Frankreich« oder »USA-1« und so weiter. So komme ich auf circa 25 Layouts mit jeweils 12 bis 20 Werten.

Das klingt nach viel Arbeit, geht aber letztlich doch sehr rasch. Da in meiner Handelsplattform alles mit den richtigen Einstellungen bereits abgespeichert ist, scrolle ich die Charts einfach nacheinander durch. Wenn mir dabei ein Chartbild auffällt, wird dieser Wert auf einer Liste notiert. Hier ziehe ich die altmodische Variante vor und schreibe diese Infos wirklich noch auf Papier. Sonst müsste ich auf dem Computer pausenlos zwischen Handelsjournal, Positionsgrößenrechner und Wachlist hin- und herspringen oder zwei bis drei Rechner oder Bildschirme verwenden, und das wäre mir zu unübersichtlich. Ich notiere mir auf dieser Liste als Erstes den Wert, dann die Handelsrichtung, die Anzahl der Aktien sowie den Einstiegs- und den Stoppkurs, und zusätzlich vermerke ich noch das von meinem Positionsgrößenrechner ermittelte prozentuelle Risiko des Trades. Hier sehen Sie so eine Wachlist für einen Handelstag abgebildet.

Wert	Richtung	Einstieg	SL	Stück	%	Kommentar
Mead West	Long	29,23	28,87	737	1,23	QB-ok
Nucor	Short	69,08				
Vulcan	Short	69,63				
Interpublic	Long	8,45				
Marco	Long	20,34				
heredith	Long	39,41	38,82	448 254	1,50	QB-ok (A)
Eoh-Ressource	SHORT	120,80				
Fransocean	Short	160,85				
Donelly	Long	31,08	30,59	552	1,55	QB-ok
UAL	Long	21,74				
Expedia	Long	25,28				
tenitet Heart	Short	36,00				
UST	Short	53,48				
CBS	Long	22,67				

Abbildung 20: Watchlist für einen Handelstag

Anmerkung

Ein »A« in der Spalte »Kommentar« bedeutet, dass dieser Trade bereits ausgeführt wurde. Alle noch nicht durchgestrichenen Trades wurden entweder noch nicht platziert oder schweben bereits im System und warten auf die Ausführung. QB bedeutet, dass der Wert auf bevorstehende Quartalsberichte geprüft wurde. Dazu später mehr.

Exkurs – Welche Werte handle ich?

Bevor wir nun fortsetzen, drängt sich die Frage auf, welche Werte in meinen Layouts überhaupt enthalten sind. Welche Aktien beobachte ich und nach welchen Kriterien wurden sie ausgewählt? Auch hier bin ich mit viel Pragmatismus vorgegangen und habe einfach diejenigen Einzelwerte ausgesucht, die ich zu den »Blue Chips« eines Landes zähle und/oder die ich im Zuge meiner Investmenterfahrungen kennengelernt habe. Das ist alles, ich habe keine Berechnungen hinsichtlich der Volatilität noch sonstige Überlegungen dabei angestellt.

Ich meide jedoch marktenge Nebenwerte, denn diese weisen oft »sonderbare« Chartverläufe mit vielen Gaps auf. Außerdem ist deren Volumen gering, was sich in großen Spreads bemerkbar macht, und daher sind diese Werte für meinen Ansatz nicht geeignet. Ich halte mich beim Trading lieber an die größeren Standardwerte aus den USA oder aus Europa. Ich handle nie asiatische Aktien (außer manche an der NASDAQ notierenden, wenn deren Handelsvolumen hoch ist), keine australischen Titel, keine Ostaktien und auch keine österreichischen Werte (Sorry!). Von den Branchen her meide ich vor allem Fluglinien, alles, was mit Rohstoffen zu tun hat, oder riskante Tech-Werte. Seit kurzem überlege ich es mir auch doppelt und dreifach, Finanzwerte zu traden. Aktien, die unter 10 notieren, handle ich nur sehr ungern, alle die unter 3 stehen nie.

2.1 Achtung: Earnings!

Wurden alle Charts nach den Einstiegssignalen abgesucht, geht die Recherche erst so richtig los. Als Nächstes gehe ich ins Internet und öffne ein oder mehrere Finanzportale. Dort prüfe ich, wann der nächste Quartalsbericht (Earnings) zu den Werten auf meiner Watchlist erscheint, wann eine Dividendenzahlung geplant ist oder wann die Hauptversammlung stattfindet. Für europäische Aktien empfehle ich die Seite von »finanzen.net«. Unter »Termine« findet man übersichtlich angeordnet, welche Unternehmen beispielsweise heute oder morgen Finanzevents auf dem Plan stehen haben. Ebenso ist die Suche dieser Daten zu einer speziellen Aktie möglich, dazu kann der Name oder die Wertpapierkennnummer verwendet werden. Im Screenshot unten sehen Sie die Infos zu Daimler.

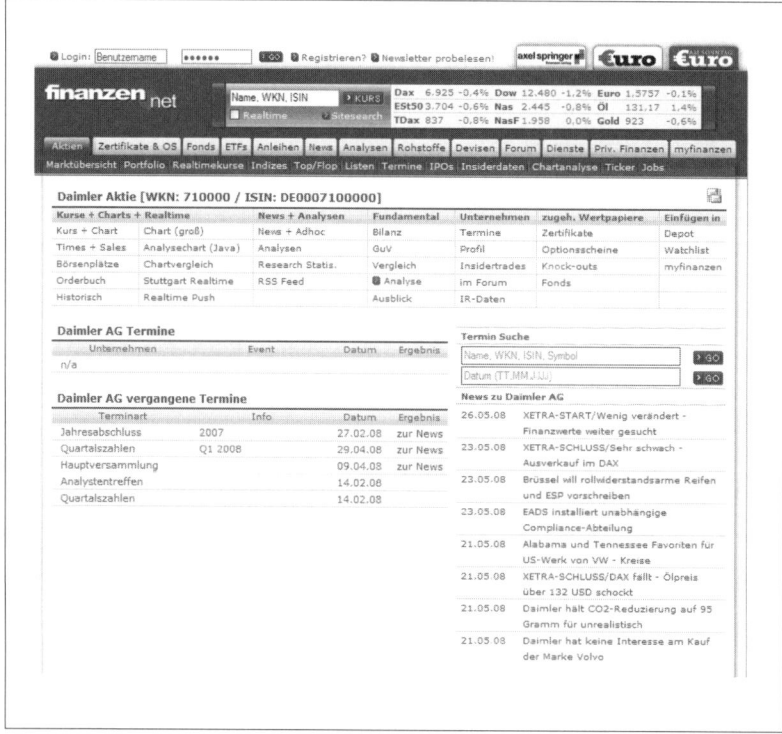

Abbildung 21: finanzen.net – Termine Daimler-Aktie

Die Daten zu den US-amerikanischen Werten recherchiere ich auf Yahoo – »finance.yahoo.com«. Unter »Earnings« kann man einsehen, welche Unternehmen zu welchem Zeitpunkt berichten. Mit der Eingabe des Tickersymbols sind die entsprechenden Daten ebenfalls rasch gefunden. Anschließend sehen Sie die Infos zum 27. 05. 2008.

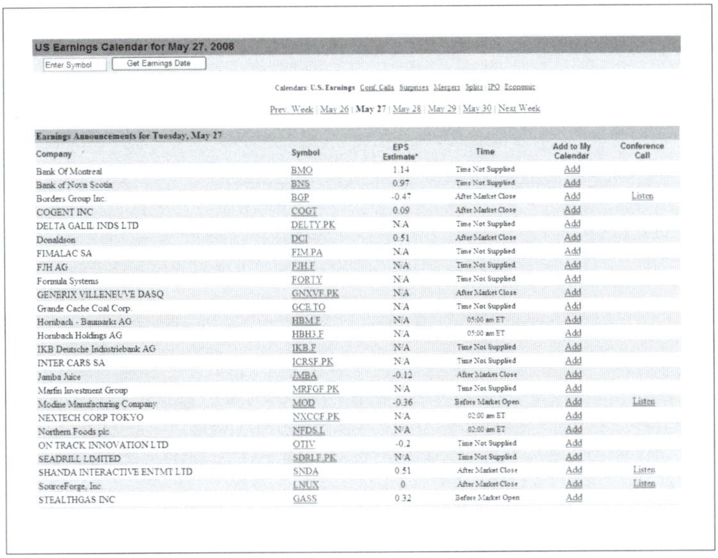
US Earnings Calendar for May 27, 2008

Enter Symbol | Get Earnings Date

Calendars: U.S. Earnings Conf. Calls Surprises Mergers Splits IPO Economic

Prev. Week | May 26 | May 27 | May 28 | May 29 | May 30 | Next Week

Earnings Announcements for Tuesday, May 27

Company	Symbol	EPS Estimate*	Time	Add to My Calendar	Conference Call
Bank Of Montreal	BMO	1.14	Time Not Supplied	Add	
Bank of Nova Scotia	BNS	0.97	Time Not Supplied	Add	
Borders Group Inc.	BGP	-0.47	After Market Close	Add	Listen
COGENT INC	COGT	0.09	After Market Close	Add	
DELTA GALIL INDS LTD	DELTY.PK	N/A	Time Not Supplied	Add	
Donaldson	DCI	0.51	After Market Close	Add	
FIMALAC SA	FIM.PA	N/A	Time Not Supplied	Add	
FJH AG	FJH.F	N/A	Time Not Supplied	Add	
Formula Systems	FORTY	N/A	Time Not Supplied	Add	
GENERIX VILLENEUVE DASQ	GNXVF.PK	N/A	After Market Close	Add	
Grande Cache Coal Corp.	GCE.TO	N/A	Time Not Supplied	Add	
Hornbach - Baumarkt AG	HBM.F	N/A	05:00 am ET	Add	
Hornbach Holdings AG	HBH3.F	N/A	05:00 am ET	Add	
IKB Deutsche Industriebank AG	IKB.F	N/A	Time Not Supplied	Add	
INTER CARS SA	ICRSF.PK	N/A	Time Not Supplied	Add	
Jamba Juice	JMBA	-0.12	After Market Close	Add	
Marfin Investment Group	MRFGF.PK	N/A	Time Not Supplied	Add	
Modine Manufacturing Company	MOD	-0.36	Before Market Open	Add	Listen
NEXTECH CORP TOKYO	NXCCF.PK	N/A	02:00 am ET	Add	
Northern Foods plc	NFDS.L	N/A	02:00 am ET	Add	
ON TRACK INNOVATION LTD	OTIV	-0.2	Time Not Supplied	Add	
SEADRILL LIMITED	SDRLF.PK	N/A	Time Not Supplied	Add	
SHANDA INTERACTIVE ENTMT LTD	SNDA	0.51	After Market Close	Add	Listen
SourceForge, Inc	LNUX	0	After Market Close	Add	Listen
STEALTHGAS INC	GASS	0.32	Before Market Open	Add	

Abbildung 22: finance.yahoo.com – US Earnings Calender

Berichtet ein Unternehmen innerhalb der nächsten fünf Handelstage oder ist in diesem Zeitraum eine Hauptversammlung oder Dividendenauszahlung geplant, wird diese Aktie von meiner Watchlist entfernt. Dabei wird keine Rücksicht darauf genommen, als wie chancenreich ich den Trade erachte. Um diese Infos zu den Finanzberichten zu speichern, verwende ich ebenfalls eine eigene Datenbank. Darin werden alle potenziellen Unternehmen alphabetisch aufgelistet, die Finanzdaten und in einigen Fällen auch die Links auf deren Homepage gesichert. So ist es mir möglich, den Überblick über die Finanzkalenderdaten der Unternehmen zu behalten. Einen Screenshot dieser Datenbank sehen Sie im Anschluss.

Layout	Wert	Curr		Earnings	Next	Comment				
	Air Liquide	E		07.05.2008						
	Abbron	E		08.05.2008	14.05.2008					
	Akzo	E		06.03.2008						
	Alcatel	E		30.05.2008						
SP1	Alcoa	$		08.01.2008						
	Allergan	$	AGN	30.1.2008						
	Allianz	E		20.03.2008						
	Allied irish Bank	E		20.02.2008						
SP10	Allstate	$	ALL	23.04.2008						
	Alstom	E		07.05.2002		http://www.alstom.com/home/investors/financial_events				
SP1	Altria	$	MO	30.01.2008						
	Amazon	$	AMZN	23.07.2008						
	AMB Generali	E		19.03.2008						
	Ambac	$		24.10.2007						
SP11	AMD	$	AMD	17.04.2008						
SP9	American Expr.	$	AXP	24.04.2008						
SP9	American Int.	$		07.11.2007						
	Americource Bergen	$	ABC	23.04.2008						
	Amgen	$	AMGN	24.04.2008						
	Anglo American	PF		19.02.2008						
SP1	Anheuser Busch	$		24.10.2007						
SP10	AON	$		07.02.2008						
	Arcandor	E		23.04.2008	15.05.2008					
	Arcelor	E		14.05.2008						
SP1	Archer Daniel	$	ADM	29.04.2008						
	Arques Industries	E		22.11.2007						
	Arriva	PF		06.03.2008						
	Ashland	$	ASH	29.4.2008						
	Assurant	$	AIZ	01.05.2008						
	Astrazenica	E		01.11.2007						
	Atlantia	E		21.04.2008	22.04.2008	http://www.atlantia.it/en/calendario-finanziario/				
	Autogrill	E		09.11.2007						
SP5	Autonation	$		07.02.2008		Autozone 4.12				
SP5	Avery Denison	$	AVY	22.04.2008						
	Aviva	PF		28.02.2008						
SP1	Avon Products	$	AvP	29.04.2008						
	AWD	E		14.11.2007						
	AXA	E		07.05.2008						
SP11	Baidu	$	BIDU	24.04.2008						
	Baker Huges	$		22.04.2008						
	Ball	$		24.01.2008						
	Banco Bilbao	E		23.04.2008						
	Banco Communale	E		19.2.2008		Termine nur auf Homepage www.bcp.pt				
SP10	Bank o. America	$		21.04.2008						
	Bank of Ireland	E		21.05.2008		http://www.bankofireland.com/investor/calendar/calendar_results.html				
	Banque Paris (BNP Paribas)	E		20.02.2008						
	Barclays	PF		15.05.2008		http://www.investorrelations.barclays.co.uk/BRC1				
SP1	Barr Pharma	$	BRL	08.05.2008						
	Barrick Gold	CD		31.10.2007						
	BASF	E		24.04.2008						
	Bayer	E		25.04.2008	24.04.2008					

Abbildung 23: Unternehmensdatenbank mit Finanzkalenderdaten

Zu manchen europäischen Werten bekommt man auf den deutschen Finanzportalen leider keine oder unvollständige Infos. Werde ich auf den einschlägigen Seiten daher nicht fündig, nutze ich die Homepage der Unternehmen als Informationsquelle und speichere mir die URL mit dem Finanzkalender in diesem Datenblatt ab. Die Web-Auftritte der Konzerne sind neben der jeweiligen Muttersprache heute alle ins Englische übersetzt, und so findet man auch ohne perfekte Sprachkenntnisse leicht heraus, wann die nächsten Termine bei einem Unternehmen anstehen. Firmen, bei denen ich diese Infos trotz intensiver Recherche nicht herausfinden konnte, werden von mir beim Trading ignoriert. Ich möchte an dieser Stelle nochmals explizit darauf hinweisen, dass bei kurzfristigen Handelsansätzen, bei denen Werte trotzdem über Nacht gehalten werden, auf diese Quartalsberichte unbedingt geachtet werden muss. Gerade in der Berichtssaison steigt sonst die Gefahr, mit dem Albtraum eines Gaps, das sich gegen den Trader richtet, konfrontiert zu werden.

2.2   Sonstige Nachrichten

Auf Nachrichten sonstiger Art lege ich beim Trading übrigens keinen Wert, und ich würde Ihnen empfehlen, es ebenso zu halten. Früher hatte ich in meiner Handelsplattform den Nachrichtenticker noch geöffnet, doch mit der Zeit realisierte ich, dass er mich bei der Abwicklung meiner Trades behinderte. Den einen oder anderen Tradingfehler habe ich eindeutig einem Reagieren auf den Nachrichtenticker zu verdanken, denn ich versuchte vorwegzunehmen, wie der Markt eine Nachricht interpretieren würde. Aufgrund meiner Beurteilung dieser Information hatte ich sogar die eine oder andere Position überstürzt manuell glattgestellt, weil zum Beispiel gute oder schlechte Arbeitsmarktdaten in den USA veröffentlicht wurden. Nicht nur einmal musste ich dann mit ansehen, dass dieser Umstand die Märkte gar nicht kümmerte und sie einfach weiter stiegen oder fielen. Auf diese Weise ließ ich so einiges Geld liegen. Heute ist mir bewusst, dass man nie vorhersehen kann, was die Märkte aus den Nachrichten machen und wie diese in die Kurse eingepreist werden. Ich bleibe daher positioniert, egal, welche News gerade veröffentlicht werden.

Aus dem oben Gesagten ergibt sich folgende wichtige Grundaussage im Hinblick auf Nachrichten und die Bedeutung, die sie für das Trading haben:

Ein Lesen und Interpretieren dieser News ist für einen Investor
von großer Bedeutung, ein Trader kann es getrost unterlassen.

Was ich sehr wohl beachte, sind »eklatante« Neuigkeiten, wie Übernahmen oder voraussichtliche Konkursanträge von Firmen. Einzelne Werte, bei denen es wildeste Gerüchte dieser Art gibt, werden von mir ebenfalls gemieden. Auch an Tagen, an denen Zinsentscheide anstehen, arbeite ich etwas konservativer und minimiere mein Gesamtpositionsrisiko. Sie sehen, ich bin sehr vorsichtig und streiche lieber einen Wert zu viel von meiner Liste oder schalte überhaupt einen Gang zurück, anstatt ein unnötiges Risiko einzugehen. Die Watchlist mit den potenziellen Einstiegskandidaten schrumpft so weiter zusammen, und in der Berichtssaison werden aus den ursprünglich 20 oder 25 Werten vielleicht nur noch 15.

2.3   Weitere Vorgehensweise

Mit den Charts der übriggebliebenen Werte gestalte ich mir ein neues Layout in meiner Plattform. Dieses trägt den Namen »Watchlist EU 1« oder »Watchlist US 1«. So habe ich alle interessanten Aktiencharts für den heutigen Handelstag auf einen Blick vor mir. Danach prüfe ich grob den Verlauf des »S&P 500«-Future, um ein Gespür für die Tendenz der Eröffnung in Europa zu bekommen. Zu viel Bedeutung messe ich dem Future nicht bei, weil ich die Signale umsetze, die ich von meinem System bekomme, ohne die übergeordnete Markttendenz zu beachten. Wie Sie wissen, bedeutet eine starke Eröffnung noch gar nichts, weil die Märkte jederzeit jede Bewegung vollziehen können, und leider geschieht das immer ohne Vorwarnung.

Meine Handelsvorbereitung ist mit dem Blick auf die Futures abgeschlossen. Als Gesamtaufwand würde ich eine halbe bis dreiviertel Stunde veranschlagen, aber das kommt vor allem auf die Anzahl der Signale an.

3 Die Börseneröffnung

Wir beginnen das Kapitel mit einer wichtigen Regel:

Traden Sie auf keinen Fall in der ersten halben Handelsstunde!

Lassen Sie diese Zeit verstreichen, und beschränken Sie sich in dieser Phase auf das Beobachten, denn an den Märkten ist die Eröffnung mit dem Beginn eines Formel-1-Rennens zu vergleichen. Alles steht auf seinem Platz, die Piloten warten auf den Start, tippen das Gaspedal und die Zuseher starren wie gebannt auf die Boliden. Die Motoren röhren und alle Fahrer blicken auf die Ampel. Springt sie auf Grün, schießen alle Autos mit durchdrehenden Reifen nach vorne, bis bei der ersten Kurve das Gemetzel so richtig losgeht. Es ist für einen Piloten sehr wichtig, diese ersten Kilometer im dichten Gedränge heil zu überstehen, denn erst danach entwickelt sich langsam eine Ordnung im anfänglichen Chaos. Erst nach einigen Runden werden die Positionen bezogen, der Fahrer kann seine Strategie entfalten und der eigentliche Wettkampf beginnt.

Auf den Kapitalmärkten ist es gleich. Lassen Sie den ganz Ungeduldigen den Vortritt, und beobachten Sie in den ersten Minuten distanziert das Geschehen. Wenn sich die Anderen gegenseitig niedertrampeln, stehen Sie an der Seite und warten ab. Es passiert unzählige Male, dass eine Aktie stark eröffnet, nach 20 Minuten oder einer halben Stunde jedoch wieder zurückfällt. Das mag an den über Nacht angestauten Kaufaufträgen liegen, denn viele davon werden vor Börseneröffnung unlimitiert eingegeben. Daher steigen oder fallen die Kurse zu Beginn der Handelszeit besonders stark. Zusätzlich sind in der Eröffnungszeit alle nachbörslichen Entwicklungen einzupreisen, unter anderem diverse News zur gesamtwirtschaftlichen oder politischen Lage sowie alle Informationen zu den Einzelwerten, die nach Börsenschluss erschienen sind. Das Chaos ist daher groß, die Bewegungen sind chaotisch und die Kursausschläge heftig. Erst wenn die erste Handelszeit verstrichen ist, zeigt sich, ob eine Aktie die Kraft hat, weiter zu steigen oder ob das Pulver schon am Anfang verschossen wurde.

3.1   Das Nachziehen der Stopps meiner offenen Positionen

In dieser hektischen Eröffnungsphase beobachte ich die Märkte heute gar nicht mehr. Früher hat mich diese Zeit sehr aufgeregt, heute langweilt es mich, weil ich ohnehin nichts tun kann. Ich überlege mir derweilen lieber, wohin und ob ich die Stoppkurse meiner über Nacht gehaltenen Positionen nachziehe. Dazu schreibe ich mir in eine eigene kleine Datei, welche Stopps derzeit bei welchen Werten im System sind, und denke darüber nach, wohin ich sie bei meiner diskretionären Stoppsetzungsmethode anhand der Charttechnik nachziehen kann.

Ist die erste halbe Handelsstunde abgeschlossen, werden vor Eingabe der neuen Orders die Stopps meiner alten Positionen entsprechend meiner Strategie versetzt, sofern ich nicht ohnehin bereits ausgestoppt wurde. Es ist psychologisch für manche Trader schwer zu ertragen, wenn sie sehen, wie ihre schönen Buchgewinne bei der Börseneröffnung wieder dahinschmelzen. Daher würde ich Ihnen empfehlen, die Märkte überhaupt erst nach Ablauf dieser halben Stunde zu beobachten. So leiden Sie in dieser Zeit weniger, und Sie ersparen sich einiges an Frust und Zorn. Vor allem werden Sie den einen oder anderen Tradingfehler auf diese Art vermeiden, denn die volatile Eröffnungsphase verleitet einen Trader gern zu vorschnellen, unüberlegten Handlungen.

3.2   Es geht los – Ordereingabe

Sind die Stopps alle nachgezogen, lade ich mein Chartlayout mit den für heute ausgewählten Werten. Das Streichen auf meiner Watchlist geht dann gleich munter weiter, denn manche Aktien, die ich mir notiert hatte, haben eine andere Richtung eingeschlagen, als es von mir angedacht war. Wenn eine Aktie zum Beispiel stark gestiegen ist und ich eigentlich »short« gehen wollte, fällt sie aus der Watchlist heraus und der Chart wird geschlossen. Manche Werte sind mir andererseits in der halben Handelsstunde bereits »davongelaufen« und im Falle eines geplanten »Long«-Trades tatsächlich gestiegen. Sie sind aber schon weit über meinen geplanten Einstiegskurs hinausgeschossen, sodass der Trade keinen Sinn mehr ergeben würde. Diese Werte werden von mir ebenfalls gestrichen, denn einer Aktie laufe ich nie nach. Durch dieses strenge Regelwerk fallen wieder einige Werte durch den Rost, und die Watchlist wird immer kleiner. Zum Schluss bleibt oft nur eine Handvoll möglicher Trades für den aktuellen Handelstag übrig.

Bevor es jetzt zur eigentlichen Ordereingabe kommt, müssen noch die dazu passenden Positionsgrößen bestimmt werden. Allerdings gilt das an dieser Stelle nur für die Methode, bei der der Stopp entweder am heutigen Tageshoch oder Tagestief platziert wird. Ziehe ich zum Beispiel die Vortageskerze für die Stoppsetzung heran, konnten die Positionsgrößen von mir bereits vor der Markteröffnung ermittelt werden.

Zur Positionsgrößenbestimmung verwende ich ein einfaches, selbst erstelltes EDV-Tool. Einen Screenshot sehen Sie hier:

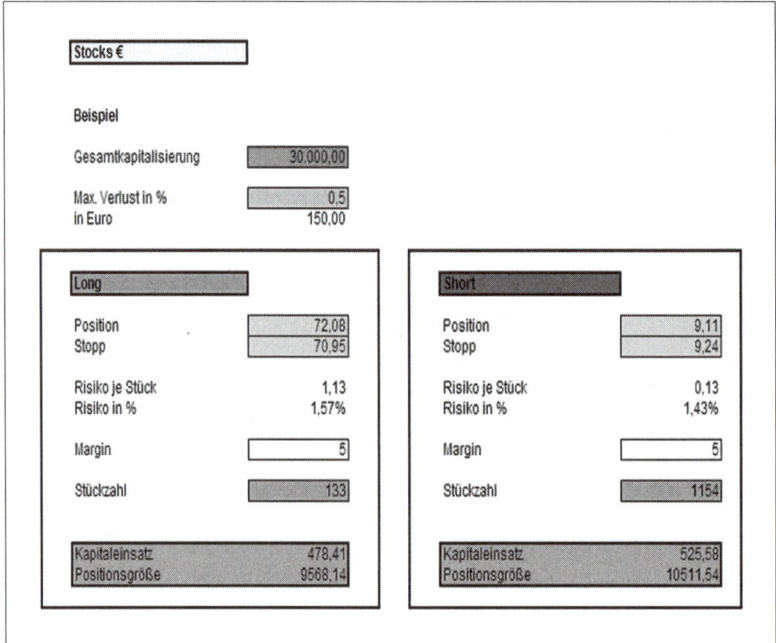

Abbildung 24: Tool zur Positionsgrößenbestimmung

In dieses Tool müssen nur der gewünschte Kauf- sowie der Stoppkurs eingegeben werden. Das Programm errechnet dann automatisch, wie viele Aktien anhand des Gesamtkapitals und des eingegangenen Einzelpositionsrisikos in dem jeweiligen Trade ge- oder verkauft werden können, und ermittelt gleichzeitig das eingegangene Risiko, also den Abstand zwischen Kauf- und Stoppkurs in Prozent. Dieser Prozentwert ist für die Auswertung der »R-Vielfachen« von Bedeutung. Zusätzlich wird noch die zu hinterlegende Margin ermittelt, die aber genau genommen keine Bedeutung hat. Bei Fremdwährungspositionen berücksichtigt das Tool selbstverständlich auch die aktuellen Wechselkurse.

Sind diese Berechnungen durchgeführt, werden die Trades mithilfe einer »If Done« -Kettenorder in das System eingestellt. So ein Orderticket sehen Sie anschließend.

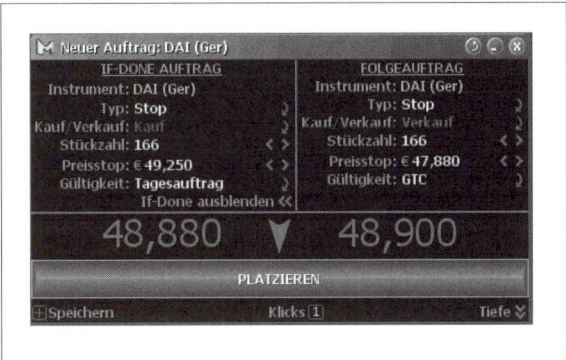

Abbildung 25: Eingabe einer »If Done«-Kettenorder

Anmerkung

Ich achte stets darauf, dass ich die Kauforder (egal ob »long« oder »short«) immer nur »tagesgültig« eingebe, den dazugehörigen Stopp aber »GTC« (Good till cancled), was bedeutet, die Order gilt so lange, bis sie gelöscht wird. Da ich nicht weiß, was (mir) in der Zukunft passieren wird, bin ich so in jedem Fall auf der sicheren Seite.

Wenn es mit Ihrem Handelsansatz harmoniert, sollten Sie sich angewöhnen, von dieser »If Done«-Ordertype Gebrauch zu machen, denn dadurch wird der gewünschte Stopp gleich nach einem Kauf aktiviert, und man braucht sich um die Stoppsetzung nicht mehr zu kümmern. Wird der Handel nicht ausgeführt, weil die Aktie den geplanten Kaufkurs nie erreicht, verfällt auch die damit verknüpfte Stopporder. So ist die Anwesenheit des Traders vor dem Bildschirm nach Eingabe aller Orders nicht mehr erforderlich. Das ist auch der Grund, warum ich oft erst am nächsten Tag bemerke, ob ich in einer neuen Position engagiert bin oder nicht. Sind die Orders alle im System, ist somit der erste Teil meines Trading-Arbeitstages beendet.

Exkurs – Wie kann ich das Gesamtpositionsrisiko managen, ohne die Kurse zu verfolgen?

Natürlich bleiben nur die offenen Kauf- oder Verkaufsorders, die noch mit meinem Gesamtpositionsrisiko harmonieren, unbeobachtet im System. Wie Sie wissen, habe ich nie mehr als drei Positionen in einer Handelsrichtung im vollen Risiko laufen. Ergeben sich an einem Tag mehr als drei potenzielle Trades in eine Richtung, werden von mir zunächst alle infrage kommenden Orders in die Handelsplattform eingegeben. Bevor ich den Arbeitsplatz schließlich verlasse, muss ich mich etwas später für drei der schwebenden Orders entscheiden, falls noch keine davon ausgeführt wurde. Bevor ich die Plattform daher schließe, wähle ich diejenigen Werte aus, bei denen sich der aktuelle Marktkurs dem potenziellen Einstiegskurs bereits am meisten angenähert hat, die Ausführung daher am wahrscheinlichsten wird. Alle anderen schwebenden Orders, die das erlaubte Gesamtpositionsrisiko übersteigen, müssen dann ausnahmslos gelöscht werden. Habe ich hingegen jederzeit Zugang zur Plattform, können auch sechs oder zehn »Long-« oder »Short-«-Trades im System schweben, denn in diesem Fall lasse ich mich mittels Signal (per akustischem Ton) über das Erreichen eines bestimmten Kurslevels informieren. Wurde dann zum Beispiel die dritte »Long«-Position eröffnet, setze ich mich erneut vor den Rechner und lösche die verbleibenden, bisher nicht ausgeführten Aufträge, die in der gleichen Handelsrichtung noch im System hängen. So ist gewährleistet, das tolerierte Gesamtpositionsrisiko nicht zu überschreiten, und so ist es mir auch noch nie passiert, zu viele Trades parallel laufen zu haben.

Conclusio »Tagesablauf«

Das ganze Prozedere beginnt dann für die US-Börsen ein zweites Mal am Tag zu laufen, wobei sich hier die Vorgänge 1:1 mit jenen decken, die vorhin beschrieben wurden. Wir ersparen uns daher die Wiederholung und stellen diesen Prozess abschließend anhand zweier Zeitstrahlen zusammengefasst dar, damit Sie leichter den Überblick über meinen Handelstag und die einzelnen Tätigkeiten behalten können.

Abbildung 26: Vorbörsliche Tätigkeiten

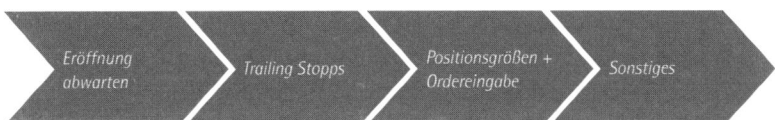

Abbildung 27: Handel

Auch zu den täglichen Abläufen müssen Sie sich Ihre eigenen Gedanken machen. Die Inhalte und die Vorgehensweise, die hier vorgestellt wurden, harmonieren nur mit meinem Tradingsystem und sind daher auch nur für mich in genau dieser Form praktikabel. Übernehmen Sie den einen oder anderen Tipp aus meinen Ausführungen, aber kreieren Sie auch hier unbedingt Ihr eigenes Zeitmanagement und Ihre eigene Vorgehensweise.

Wie Sie sehen, können selbst umfangreiche Tätigkeiten mit der richtigen Logistik und ohne den Einsatz von Hochtechnologie schlank gehalten werden. Um die Abläufe in diese strukturierte Form zu bringen, habe ich Jahre gebraucht. Als angehender Trader müssen Sie sich eine gewisse Einarbeitungszeit zugestehen und Geduld haben, denn die wenigsten Aufgaben der Welt erlernt man in kurzer Zeit.

Da es sich jedoch um wiederkehrende tägliche Routinen handelt, werden Sie Ihnen mit der Zeit in Fleisch und Blut übergehen und immer weniger Ihrer Ressourcen beanspruchen. Viele Handlungen laufen dann automatisch ab, sodass Sie gar nicht mehr nachdenken müssen, was Sie jetzt als Nächstes tun müssen. Lassen Sie sich von der scheinbaren Fülle an Tätigkeiten nicht abschrecken. Wenn Sie es schaffen, ein erfolgreicher Trader zu werden, wird Ihnen der investierte Arbeitsaufwand mit einem sehr guten Stundenlohn entschädigt.

Teil VI
Einstiege

An jedem beliebigen Tag kann sich die Kursspanne
eines Finanzinstrumentes beliebig ändern.
Dieser Umstand bereitet den meisten Chartisten erhebliche Kopfschmerzen.

(Larry Williams, »Die Erfolgsgeheimnisse des Kurzfrist-Tradings«, Seite 45)

Wann soll ich kaufen? Das ist die Lieblingsfrage von angehenden Tradern, und um diese Frage zu beantworten, werden heute oftmals Regeln und Methoden der Technischen Analyse verwendet. Dabei sind diese Trader bereits denen voraus, die die Frage »Was soll ich kaufen?« stellen – daran erkennt man die absoluten Neulinge. Beim Trading hat beides jedoch wenig Bedeutung, denn wirklich erfahrene Trader kümmern sich mehr um einen sauberen Ausstieg und um das Trademanagement als um den Einstieg in eine Position. Je nach den persönlichen Erfahrungen und Ansichten messen diese Trader dem Einstieg wenig bis gar keine Bedeutung bei. Schließlich ist der Ausstieg das Ereignis, bei dem wir zur Kasse gehen und unsere Profite kassieren. Weil der Einstieg aber genauso eine Komponente eines Trades ist wie der Stopp oder das gesamte Money Management, werden wir uns im Folgenden ein paar Möglichkeiten ansehen, wie man so eine Einstiegschance als Trader erkennen und umsetzen kann.

Exkurs – Der perfekte Einstieg

Darf ich etwas Hypothetisches fragen? Stellen Sie sich bitte vor, Sie hätten den perfekten Einstieg gefunden. Wie würden Sie den einem anderen Trader erklären? Ich meine nicht, dass Sie ihm das Signal aus technischer Sicht heraus, beispielsweise mit dem Durchkreuzen von zwei »Moving Averages« in Verbindung mit einer Unterstützung, erklären sollen. Ich meine die Beschreibung, was die Eigenschaften eines perfekten Einstiegs wären. Was zeichnet ihn aus? Rutscht ein Trade mit einem perfekten Einstieg nie oder nur maximal 1 % ins Minus oder sind es 0,5 % oder maximal 2 %. Wird jeder Trade mit perfektem Einstieg sofort ein Gewinner und steigt ab der ersten Sekunde Ihres Kaufes? Wenn das so ist, wie viel Gewinn muss der Trade machen, um als perfekt zu gelten?

Wie steht es darüber hinaus mit dem weiteren Kursverlauf der Aktie? Wird der Wert Teile der erzielten Gewinne wieder abgeben und korrigieren? Oder zeichnen sich perfekte Einstiege dadurch aus, dass diese Aktien nie korrigieren und ohne jeglichen Verlusttag (Verluststunde etc. – ja nach gewählter Zeiteinheit) immer weiter steigen? Wie rasch muss der Gewinn erreicht werden? Erfordert ein perfekter Einstieg das Nachziehen der Stopps oder braucht man sich eben aufgrund der Perfektion des Einstiegs um die Stopps gar nicht zu kümmern und lässt den Trade einfach laufen? Wie lange lässt man ihn laufen, wann ist es genug und wie sieht der Exit beim perfekten Einstieg aus? Schließlich war der Einstieg makellos, was bedeutet, der Trade würde immer nach oben gehen und Sie würden ihn daher immer zu früh glattstellen und Geld liegen lassen.

Falls Sie unter Zuhilfenahme der Technischen Analyse auf der Suche nach diesen Einstiegen sind, würde ich Sie bitten, sich ein paar Minuten mit den Fragen aus den obigen Absätzen zu beschäftigen. Tun Sie das, werden Sie draufkommen, dass Sie hier einem Mythos nachjagen, den Sie, wenn Sie dazu aufgefordert werden, gar nicht beschreiben können. Kann das daran liegen, dass Sie etwas zu beschreiben versuchen, das gar nicht existiert?

Ein Trade besteht der Reihenfolge nach aus dem Einstieg, dem Positionsmanagement und dem Ausstieg. Es liegt daher auf der Hand, dass mehrere Erfolgskomponenten zusammenkommen und man daher nicht nur auf einen Teil sein Augenmerk richten kann. Ein Autorennen gewinnt auch nicht einfach der Fahrer mit dem besten Start, denn die Taktik im Lauf des Rennens bestimmt zum großen Teil den Sieg!

Ich möchte Ihnen daher gleich vorweg sagen, dass ich Ihnen auf den nächsten Seiten wirklich keine Geheimnisse verraten werde. Nicht, weil ich es nicht möchte, sondern weil ich es nicht kann. Was kann ich dann für den Trader tun und warum sollte er dieses Kapitel überhaupt lesen? Ich werde Ihnen im Folgenden einige Einstiegsmethoden und ein paar Variationsmöglichkeiten dazu beschreiben und Ihnen verraten, wie Sie die Stopps setzen und wie Sie den Trade effektiv managen. Es gilt daher für den Leser, das später Vorgestellte auf die eigenen Bedürfnisse anzupassen. Wenn ein Trader die auf den folgenden Seiten beschriebenen Methoden beherrscht, ist das alles, was er im Hinblick auf die Einstiege braucht.

Alle Methoden, die hier präsentiert werden, haben eines leider gemeinsam:

Alle Einstiege sind nicht perfekt!

Das ist kein Druckfehler! Ich muss Sie warnen: Die präsentierten Einstiege werden zu vielen Verlusttrades führen. Sie können diesen Verlusten nur mit striktem Money Management, einem stimmigen Gesamtsystem und der richtigen mentalen Einstellung den Schrecken nehmen.

Bei den folgenden Einstiegsmethoden gibt es noch weitere Parallelen: Zum einen werden alle Signale aus der Charttechnik heraus ermittelt. Wir verwenden kein Volumen, keine Oszillatoren und keine Indikatoren.

»Keep it Simple« ist das Credo!

Wir ziehen in allen nachfolgenden Beispielen für den Ein- und Ausstieg in eine Position lediglich das Über- oder Unterschreiten eines Tageshochs oder -tiefs heran. Das kann das aktuelle Hoch oder Tief sein oder ein vergangenes. Diese Stellen gelten in der Charttechnik als neuralgische Punkte, denn hier sitzen viele Stopps von anderen Marktteilnehmern, die bereits positioniert sind. Darauf spekuliert ein Trader, der in den Markt »hinein« möchte, und das ist der Grund, warum der Einstieg an genau diesen Stellen Sinn ergibt. Erreicht der Kurs so eine Marke, kann es durch die Auslösung dieser Stopps zu einer Beschleunigung der Bewegung kommen, die einen Trade in die anvisierte Richtung treibt.

Noch eine wichtige Regel von mir möchte ich hier ansprechen. Ich gehe nie billig »long« oder »short«, sondern teuer, was für viele angehende Trader überraschend sein mag. Diese Aussage widerspricht auch einer alten Börsenredewendung, dass man billig kaufen und teuer verkaufen solle. Ich mache es aber anders, ich kaufe immer »ein wenig teurer als möglich« und verkaufe dafür im Idealfall »um vieles teurer«. Das heißt, ich verwende keine Limit Order, um eine Position möglichst günstig zu eröffnen sondern ich setze, wenn Sie es so wollen, auf Qualität. Ich warte ab, dass sich eine Aktie ein Stück in die Richtung bewegt, in die ich den Trade platzieren will. Ich gehe daher nur in Werten »long«, die schon ein wenig gestiegen sind, und positioniere mich nur dann »short«, wenn der Wert schwach ist und fällt. Die Aktie soll mir sozusagen erst einmal beweisen, dass sie das kann, was ich von ihr erwarte, bevor ich mich mit ihr »einlasse«.

Alle Einstiegssignale werden weiterhin auf Tageschartbasis erklärt und umgesetzt. Das ist jene Zeiteinheit, auf der sich der angehende Trader den Märkten nähern sollte. Diesen Ansatz kann er leicht mit Berufstätigkeit und Familie verknüpfen, weil das Trademanagement weniger zeitaufwendig ist als beim klassischen Daytrading. Trotzdem kommt einiges an Arbeit auf den Trader zu – das wurde im vergangenen Kapitel ja schon genau erklärt.

Nach diesen einleitenden Gedanken springen wir gleich zum ersten Einstieg, zu den Gaps.

1   Gaps

In diesem Buch haben wir bereits des Öfteren über »Gaps«, zu Deutsch »Kurslücken«, gesprochen, aber noch nicht erwähnt, dass man sie sich für das Handeln auch zunutze machen kann. Es gibt zahlreiche Varianten und Abarten, wie Gaps erfolgreich getradet werden können. Deswegen werden wir zuerst ein Basiswissen zum Gap-Handel aufbauen und dieses Wissen später vertiefen.

Wir betrachten zunächst die zwei grundlegenden Arten, wie Gaps entstehen können. Die eine Variante ist aus Sicht des Autors für das Trading sehr gut geeignet, die andere eher weniger. Wir unterscheiden Gaps, die im Zuge einer starken Markteröffnung entstehen, und Gaps bei Einzelwerten mit »neutraler« Markteröffnung. Gehen wir zuerst auf diesen wichtigen Unterschied ein.

1.1   Gaps im Zuge einer starken Markteröffnung

Diese Gaps entstehen, weil der gesamte Markt an einem Tag sehr viel höher oder tiefer eröffnet. Diese Definition ist bewusst sehr unbestimmt gehalten, denn es macht keinen Sinn, dem Trader Werte wie plus oder minus 1 % vorzugeben. Es kommt nur darauf an, eine solche starke oder schwache Eröffnung zu erkennen, und das sollte auch ohne Prozentvorgaben zu bewerkstelligen sein.

Gaps dieser Art sollen in weiterer Folge nicht mehr besprochen werden, weil sie für den Autor von geringer Aussagekraft sind. Diese Kurslücken entstehen nicht aufgrund des »Eigenlebens« einer Aktie, sondern aufgrund des gesamten Marktumfeldes. In diesem Fall ist es sehr wahrscheinlich, dass die meisten Aktien im Falle einer Intraday-Marktumkehr dem Index folgen und drehen und den Trader so auf dem falschen Fuß erwischen. Daher sind Gaps dieser Art kein hochwertiges Einstiegssignal und sollten vom Trader aus diesem Grund wenig bis gar keine Beachtung erfahren. Wir befassen uns daher im folgenden Kapitel ausschließlich mit der zweiten Variante.

Anmerkung

Will der Trader trotzdem ein Gap handeln, das bei einem Einzelwert im Zuge einer starken Markteröffnung entsteht, ist ebenfalls nach den vorgegebenen Richtlinien zu verfahren. Es kann natürlich vorkommen, dass der gesamte Markt mit einem Gap eröffnet und der eine oder andere Einzelwert darüber hinaus eine besonders große Kurslücke aufweist. Ob der Trader so einer Situation eine entsprechende Bedeutung beimisst, ist von ihm im Einzelfall zu entscheiden. Das nachfolgende Regelwerk kann jedenfalls auch in diesen Fällen angewendet werden.

1.2   Gaps bei Einzelwerten mit »neutraler« Markteröffnung

In diesem Fall eröffnet der Gesamtmarkt in einer »normalen« Range. Das bedeutet, der Eröffnungskurs ist nicht allzu weit vom Vortagesschlusskurs entfernt. Wenn trotz dieser neutralen Eröffnung manche Werte dennoch Gaps bilden, wird die Sache für einen Trader schon interessanter, denn bei diesen Werten könnte im Lauf des Tages eine größere Bewegung entstehen. Was die Ursache für dieses Gap sein könnte, tut nichts zur Sache. Sie erinnern sich, der Trader reagiert einzig aufgrund der Kursbewegung. Er handelt nicht aufgrund von Nachrichten oder von Gerüchten. Die Frage nach dem »Warum« erübrigt sich daher für ihn.

Dieser Ansatz ist besonders für berufstätige Menschen interessant, die erst gegen 18.00 Uhr oder später vom Büro nach Hause kommen und in Amerika handeln möchten. Da die US-Börsen erst um 15.30 eröffnen und die erste halbe oder dreiviertel Handelsstunde für einen Trader sowieso tabu sein sollte, könnte er auf diese Art eine passende Methode mit direktem Zugang gefunden haben.

Der Hinweis von oben »ohne aufwendige Marktvorbereitung« ist nicht etwa so zu verstehen, dass der Autor dem Trader raten würde, den PC hochzufahren, die Plattform zu starten und dann, ohne darüber nachzudenken, draufloszuhandeln. Obwohl hier scheinbar keine vorbörsliche Recherche nötig ist, bedeutet das nicht, dass keine Vorarbeiten zu erledigen wären. Diese Methode erfordert ebenso eine gewissenhafte Herangehensweise und einen genau durchdachten Plan, nur der Zugang zu den Trades ist ein anderer.

Welche Werte bilden häufig Gaps aus? Pauschal kann man das nicht beantworten. Meist ist irgendein Gerücht oder irgendeine Nachricht dafür verantwortlich, seien es gute oder schlechte Unternehmensmeldungen sowie Herauf- oder Herabstufungen von Analysten. All diese Informationen können Gaps bei Einzelwerten auslösen.

1.3   Gaps – Handelsvorbereitung und -ansätze

Um diesen Kurslücken auf die Spur zu kommen, lässt der Trader mindestens die ersten 30 Minuten des Börsentages verstreichen, die Bewegungen vor dieser Zeit interessieren ihn nicht. Danach beginnt er, seine Charts zu screenen, und notiert sich alle Werte, die ein Gap ausgebildet haben. Mancher Trader verwendet ein genaues Regelwerk, das beschreibt, wie groß das Gap sein muss, damit es gehandelt werden darf. Andere Trader prüfen nur, ob die Kurslücke mit bloßem Auge im Chartbild zu erkennen ist. Die genaue Vorgehensweise spielt keine Rolle, sie bleibt jedem selbst überlassen. Ist das Screening beendet, findet der Trader beispielsweise zehn Werte, die heute ein Gap ausgebildet haben und die nach seiner grundlegenden Philosophie gehandelt werden dürfen. Diese zehn Charts speichert der Trader in ein eigenes Chartlayout, damit er sie von nun an in Ruhe beobachten kann.

Danach muss sich der Trader ein zeitliches Limit setzen. Das kann bedeuten, er tradet alle Gap-Werte erst nach einer halben oder einer ganzen Handelsstunde. Erfahrungsgemäß ist die Regel mit der halben Stunde schon sehr verbreitet, daher könnte ein längeres Zuwarten unter Umständen von Vorteil sein. Ist der zeitliche Rahmen abgesteckt, muss sich der Trader überlegen, wie er am besten in den Markt »hineinkommt«. Einfach nach einer Stunde in den Markt zu springen, ohne weitere strategische Gedanken zu hegen, scheint hier nicht angebracht zu sein.

Sehen wir uns gemeinsam an, wie man diese Gaps handelt, und beschäftigen wir uns zuerst damit, wie wir eine Position eröffnen.

1.3.1 Aufwärts-Gap

Abbildung 28: Jabil Circuit (USA) – Tageschart mit mehreren Gaps

Hier sehen Sie den Chart von Jabil Circuit, einem NASDAQ-Wert. Diese Aktie bildet in diesem Chartausschnitt mehrere Gaps aus, und diese Lücken sind im Chart alle eindeutig zu erkennen. Beim aktuellen Aufwärts-Gap rechts im Chart ist die erste Handelsstunde abgelaufen, und der Trader hat im Hinblick auf den Einstieg folgende drei Varianten im Kopf:

Variante 1: Wenn es die Aktie schafft, heute nochmals ein neues Tageshoch zu erreichen (der Wert notiert ja zur Zeit in der Mitte einer engen Kursspanne), dürfte das Kaufinteresse für diesen Wert »echt« sein, weil Anschlusskäufe die Aktie weiter steigen lassen. Manchmal hieven nur über Nacht aufgestaute Kaufaufträge eine Aktie auf ein derart hohes Kursniveau. Sind diese Kaufaufträge ausgeführt, flaut das Interesse an dem Wert wieder ab, Gewinnmitnahmen setzen ein, und die Aktie fällt zurück. Diejenigen Trader, die zu schnell »long« gegangen sind, tappen somit in die typische »Gap-Eröffnungsfalle«. Geht die Aktie jedoch nach dem Ablauf der erste halben

Stunde weiter nach oben, könnte dieser Anstieg nachhaltig sein. Mit diesen Gedanken plant der Trader daher einen »Long«-Trade, wenn die Aktie es schafft, nach dem Ablauf einer bestimmten Handelszeit erneut ein neues Tageshoch zu erreichen.

Variante 2: Es passiert oft, dass eine Aktie im Lauf des Tages wieder zurückfällt. Erreicht sie in weiterer Folge sogar ein neues Tagestief, wird sich der Trader »short« positionieren. Das Interesse an der Aktie war scheinbar nur ein Strohfeuer, es fehlen die Anschlusskäufe. Die Chancen, dass der Wert heute noch stärker zurückfällt, sind sehr groß. Alle voreiligen Käufer wurden auf dem falschen Fuß erwischt, und deren ausgelöste Stopps werden den Rückfall sogar noch weiter beschleunigen. Der Trader plant daher einen »Short«-Trade, wenn die Aktie es schafft, nach dem Ablauf einer bestimmten Handelszeit ein neues Tagestief zu markieren.

Variante 3: Es gibt noch eine dritte Möglichkeit: Die Aktie erreicht weder ein neues Hoch noch ein neues Tief und pendelt lustlos den ganzen Tag in einer sehr engen Kursspanne umher. Ist das der Fall, passiert gar nichts, und der Trader eröffnet keine neue Position.

Die beiden möglichen Einstiegspunkte werden im folgenden vergrößerten Chartbild nochmals zusammengefasst.

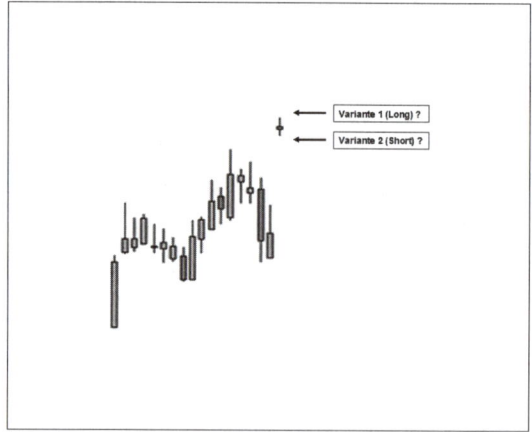

Abbildung 29: Chart mit zwei Einstiegspunkten

Weitere Vorgehensweise

Der gewiefte Trader gibt in so einer Situation eine tagesgültige »OCO Order« in die Handelsplattform ein. Damit ist er auf alle drei möglichen Kursverläufe der Aktie perfekt vorbereitet. Da er nicht als Wahrsager auftritt, weiß er nicht, welches der obigen Ereignisse zutrifft und welche Richtung die Aktie einschlagen wird. Es ist ihm auch egal, er will bloß auf alle Fälle vorbereitet sein. Das ist er durch diese Art der Ordereingabe auch, denn steigt die Aktie, dann geht er »long«, fällt sie, dann geht er »short«. Für den Fall, dass die dritte Möglichkeit zutrifft, nämlich dass die Aktie heute weder ein neues Hoch noch ein neues Tief erreicht, wird keine der beiden Orders ausgeführt. Sie verfällt am Ende des Handelstages, und der Trader bleibt bei diesem Wert »flat«.

Nachdem wir nun wissen, wie wir die Position eröffnen, müssen wir als Nächstes unser Risiko managen. Wir wissen ja noch nicht, ob der Trade klappt oder nicht. Machen wir uns daher Gedanken darüber, wo wir die Stopps platzieren. Einige unterschiedliche Stoppsetzungsvarianten – in diesem Fall für einen »Long«-Trade – sehen Sie anschließend dargestellt: Bei der ersten Möglichkeit wird der Stopp knapp (Stopp 1) unter dem heutigen Tagestief platziert. Agiert der Trader etwas konservativer, platziert er den Stopp etwas weiter weg (Stopp 1a), circa in der Mitte der entstandenen Kurslücke. Denkbar wäre auch eine Stoppsetzung knapp unter dem Vortageshoch, also dort, wo das Gap geschlossen würde (Stopp 1b). Konservative Trader verwenden unter Umständen sogar das Vortagestief (Stopp 1c) und platzieren den Stopp beson-

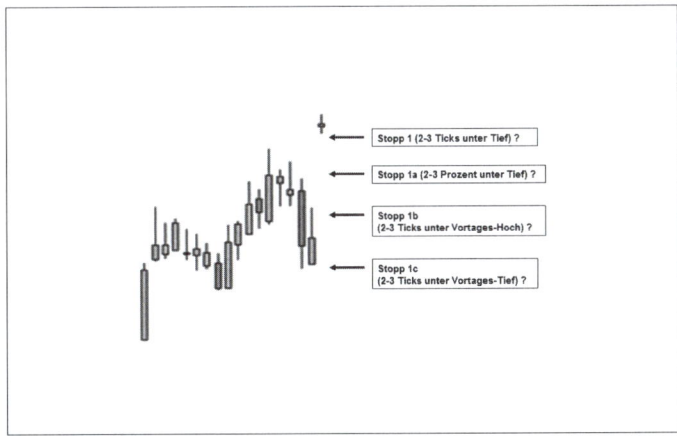

Abbildung 30: Chart mit mehreren Stoppsetzungsvarianten

ders weit weg. Bei dieser Variante (Stopp 1c) werden aufgrund der loseren Stoppsetzung die Positionsgrößen stark reduziert. Diese Abart eignet sich daher für Trader, die
gerne mit kleineren Positionen arbeiten und etwas länger laufende Trades vorziehen.
Wie eng der Stopp am jeweiligen Hoch/Tief platziert wird, muss jeder Trader für
sich selbst herausfinden. Je enger der Stopp beim Einstieg gesetzt wird, desto eher
wird der Trader natürlich aus dieser Position ausgestoppt. Je öfter er ausgestoppt
wird, desto geringer wird seine Trefferquote, und niedrige Trefferquoten bedürfen
wieder hoher »R-Vielfacher«, um das System als Ganzes profitabel zu machen.

*Egal, für welche Variante sich der Trader entscheidet, entsprechend der Stoppset-
zung werden in jedem Fall die Positionsgrößen bereits vor dem Trade bestimmt!*

1.3.2   Abwärts-Gap

Im nächsten Beispiel sehen Sie den Chart der Credit Agricole AG, einen französi-
schen Wert.

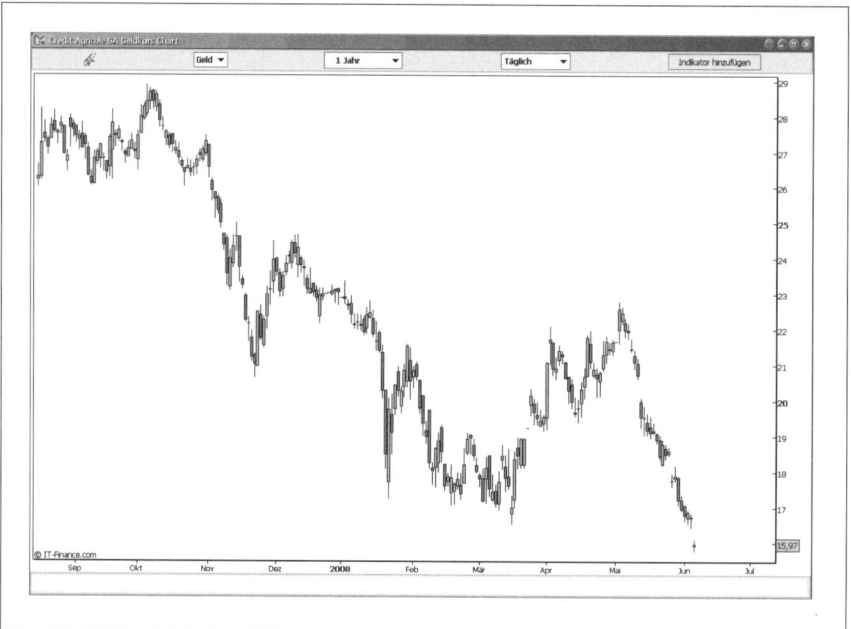

Abbildung 31: Credit Agricole (Frankreich) – Tageschart

Die Aktie hat mit dem aktuellen Abwärts-Gap ein neues Bewegungstief erreicht. Dieser Trade wird nun genau seitenverkehrt zum vorangegangenen Trade in Beispiel 1.3.1 gehandelt. Dem Trader bieten sich, was die Positionseröffnung betrifft, wieder mehrere Möglichkeiten, die in dem vergrößerten Chartbild unten dargestellt werden:

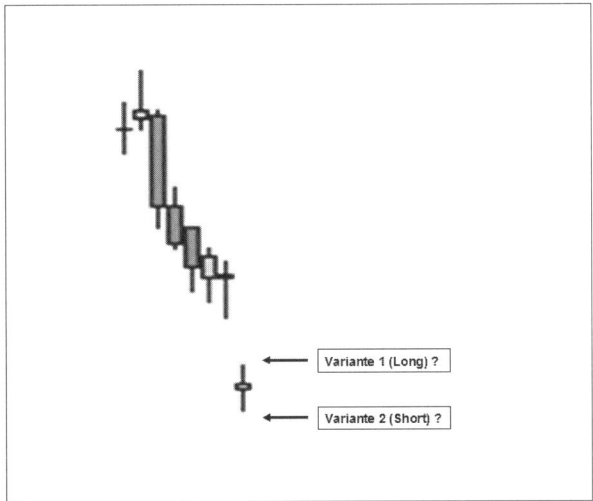

Abbildung 32: Chart mit zwei Varianten der Positionseröffnung

Fällt die Aktie heute noch auf ein neues Tagestief, geht der Trader »short« (Variante 2), steigt sie hingegen ist er »long« positioniert (Variante 1). Wenn die Aktie heute weder ein neues Hoch noch ein neues Tief erreicht, wird keine der beiden Orders ausgeführt, und der Trader bleibt »flat«.

Weitere Vorgehensweise

Zur Oderausführung verwendet der Trader auch hier wieder die entsprechende »OCO Order«, um auf alle Alternativen vorbereitet zu sein.

Einige unterschiedliche Stoppsetzungsvarianten – in diesem Fall für »Short«-Trades – sehen Sie anschließend dargestellt: Bei der ersten Möglichkeit wird der Stopp knapp (Stopp 1) über dem heutigen Tageshoch platziert. Denkbar wäre auch eine Stoppsetzung knapp über dem Vortagestief, also dort, wo das Gap geschlossen würde (Stopp 1b). Konservative Trader verwenden unter Umständen sogar das Vortageshoch (Stopp 1c) und platzieren den Stopp besonders weit weg. Natürlich wäre auch ein Stopp circa in der Mitte des Gaps denkbar, diese Variante wurde in der Abbildung unten aus Gründen der Übersichtlichkeit nicht eingezeichnet.

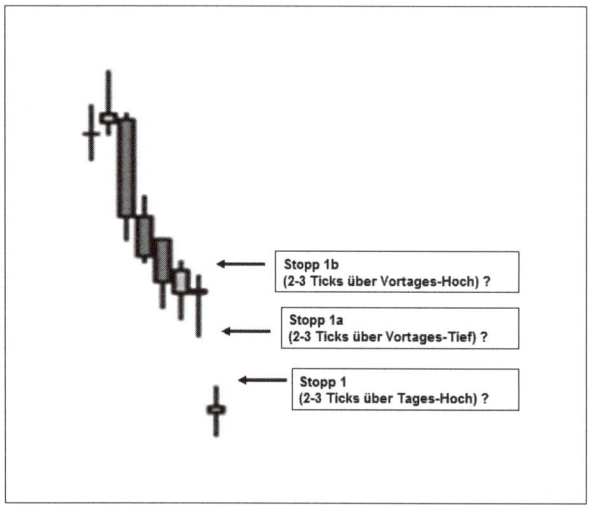

Abbildung 33: Chart mit mehreren Stoppsetzungsvarianten

1.3.3   Logistik der Stoppsetzung bei »OCO Orders«

Nachdem geklärt wurde, wohin der Stopp aus charttechnischer Sicht gesetzt werden kann, müssen wir noch prüfen, wie der Trader den Trade und da vor allem die Stoppsetzung logistisch abwickelt. Für den Einstieg kann, wie bereits beschrieben, eine herkömmliche »OCO Order« verwendet werden. Durch diese Orderart ist es möglich, sich auf beide mögliche Bewegungsrichtungen (long/short) der Aktie einzustellen.

Wird die Position eröffnet, gibt der Trader manuell den dazu passenden Stopp in das System ein. Das ist schön und gut, nur werden die meisten Leser dieses Buches nicht den ganzen Tag vor dem Chart sitzen können, um diese manuelle Stoppsetzung durchzuführen. Was also tun, wenn man die Order unbeobachtet schweben lassen will?

Eine herkömmliche Kettenorder funktioniert nicht mehr, diese Möglichkeit haben Sie sich mit der »OCO Order«, die genau genommen auch eine Kettenorder ist, bereits verbaut. Manche Handelsplattformen erlauben es, eine »OCO Order« mit den jeweiligen »Stopp-Kettenorders« zu verknüpfen. Es handelt sich dann um zwei »OCO If Done Orders«, also vier miteinander verknüpfte Aufträge. Bitte prüfen Sie, ob diese Möglichkeit von Ihrem Broker geboten wird. Sind Sie sich unsicher, rufen Sie die Hotline an, oder probieren Sie es beim Papertrading aus. Wenn Sie diesen Handelsstil praktizieren, müssen Sie sich bei den verschachtelten Kettenorders sehr gut auskennen und dürfen keinen Fehler bei der Ordereingabe machen.

Was macht der Trader, wenn das technisch nicht möglich ist und wenn er keine Verknüpfung auf eine »OCO Order« setzen kann? Aus »technischen Gründen« auf einen Stopp zu verzichten und die Position unbeobachtet zu lassen, ist keine gute Idee. Jedem Trader und Leser dieses Buches ist die Wichtigkeit von Stopps bekannt, und daher kann es diesen Trade ohne Stopp auch nicht geben. Doch wie kommt der Stopp ins System? Manche Handelsplattformen kann man so programmieren, dass sie bei Erreichen eines bestimmten Kurszieles ein akustisches Signal aussenden, was Ihnen natürlich nur hilft, wenn Sie den Ton auch hören können. Ein Signal kann auch in Form einer E-Mail oder aus einer SMS bestehen. Werden Sie auf diesem Weg benachrichtigt, können Sie sofort zum Computer gehen und den Stopp manuell eingeben. Das setzt voraus, dass der Trader jederzeit Zugang zu einem Computer hat und die Order platzieren kann. Auch das wird nicht bei allen Tradern zutreffen. Zu guter Letzt bieten einige Handelsplattformen eine Bedienung über das Mobiltelefon, auch diese Möglichkeit gilt es zu überprüfen. Klappt das alles nicht, können Sie sich nur für eine Handelsrichtung »entscheiden« und dann eine herkömmliche »If Done«-Kettenorder eingeben. Damit ist gemeint, Sie suchen sich einfach eine der beiden möglichen Varianten (long/ short) aus. Steigt die Aktie zum Beispiel und Sie sind »short« auf der Lauer gelegen, sind Sie eben nicht dabei und haben den Trade verpasst, was keinen Beinbruch darstellt. Sinkt die Aktie, wurde die Position hingegen eröffnet und der Stopp ist mittels »If Done«-Order im System. Da Sie als Trader ja kein Wahrsager sind, »wissen« Sie nicht, welche Richtung der Wert einschlägt. Oder können wir das doch erahnen? Gibt uns der Chart vielleicht Hinweise darauf, welche Richtung wahrscheinlicher oder, besser gesagt, welche Richtung erfolgversprechender sein könnte als die andere?

1.4   Handel von Gaps in Trendrichtung

Wir haben uns bisher den Handel von Gaps angesehen und dieses Ereignis unabhängig und isoliert vom sonstigen Chartverlauf betrachtet. Das ist auch durchaus in Ordnung so, man kann Gaps erfolgreich handeln, ohne dabei den restlichen Chart anzusehen.

Praktiziert man eine enge Stoppsetzung, ist man ohnehin nur sehr kurz positioniert, und der Trade läuft nur ein paar Tage. Da spielt die übergeordnete Trendrichtung nicht unbedingt eine Rolle.

Manche Trader bevorzugen es jedoch, Gaps nur in Richtung des übergeordneten Trends zu handeln. Sehen wir uns im Folgenden dazu vier Chartbilder an und erklären, ob und wie mit dieser Strategie in den einzelnen Fällen Positionen eingegangen werden.

1.4.1   Primärtrend Abwärts – Gap Aufwärts (Variante 1)

Abbildung 34: Baidu (USA) – Tageschart

Im diesem Beispiel verläuft der Wert seit einiger Zeit in einem klaren Abwärtstrend. An diesem Handelstag tritt nun ein Aufwärts-Gap auf, doch in diesem Fall ist der bestehende Abwärtstrend für den Trader von größerer Bedeutung. Der Trend wird dem Gap von der Wertigkeit her »übergeordnet«, weil ihm eine stärkere Aussagekraft nachgesagt wird als einem Einzelereignis, dem Gap.

Es kommt daher nur dann zu einem Trade, wenn die Aktie diese hohen Kurse nicht halten kann und wieder die gewohnte Richtung aufnimmt, also – bei isolierter Betrachtung des aktuellen Handelstages – ins Minus dreht. Der Einstieg erfolgt in diesem Fall »short«, etwas unter dem aktuellen Tagestief (was im obigen Beispiel gleich der Fall sein könnte), und der Stopp sitzt knapp über dem Tageshoch. Sollte die Aktie nicht zurückfallen und hingegen das Tageshoch überschreiten und sogar weiter steigen, würde »long« keine Position eröffnet, weil dieser Trade gegen die Richtung des Primärtrends verläuft.

1.4.2 Primärtrend Abwärts – Gap Abwärts (Variante 2)

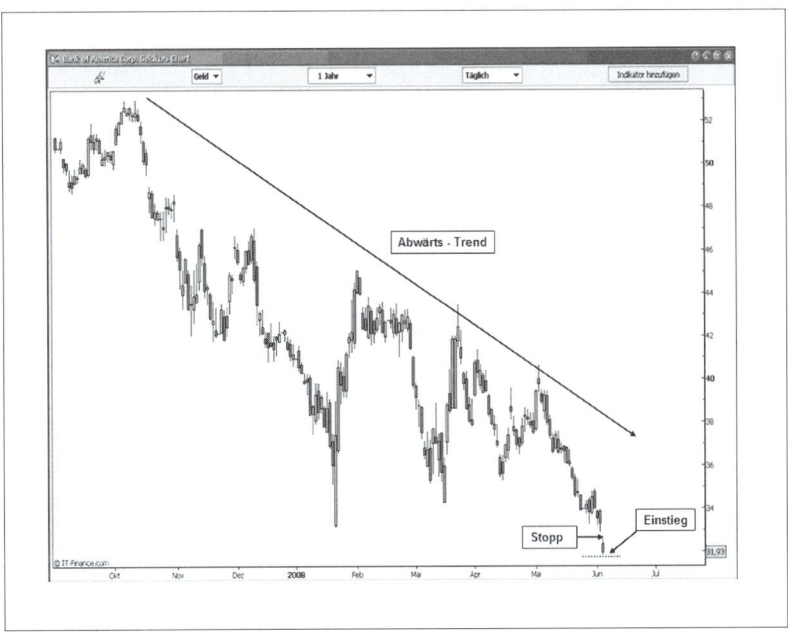

Abbildung 35: Bank of America (USA) – Tageschart

Der Wert hat heute zusätzlich zum bestehenden Abwärtstrend ein »Downside Gap« ausgebildet. Auch hier erfolgt der Einstieg nur in Richtung des Primärtrends und daher kann bei diesem Chartverlauf nur ein »Short«-Trade eingegangen werden. Der Trader positioniert sich »short«, wenn die Aktie am heutigen Tag ein neues Tief markiert. Der Einstieg erfolgt zu dem Zeitpunkt, da das Tagestief unterschritten wird, was im Chartausschnitt oben gleich so weit sein könnte. Steigt die Aktie hingegen, wäre wie bei Variante 1.4.1 ein »Long«-Trade nicht erlaubt, weil auch hier nicht gegen den Trend gehandelt wird. Der Stopp sitzt bei diesem »Short«-Trade knapp über dem aktuellen Tageshoch oder alternativ etwas über dem Vortagestief.

1.4.3   Primärtrend Aufwärts – Gap Aufwärts (Variante 3)

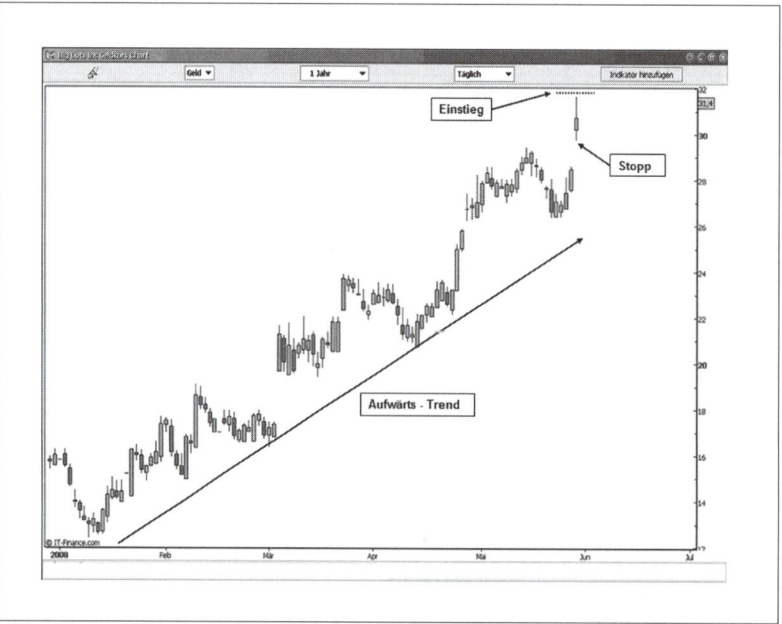

Abbildung 36: Big Lots (USA) – Tageschart

Dieser Wert befindet sich in einem stabilen Aufwärtstrend und hat heute zusätzlich noch ein Aufwärts-Gap gebildet. Die Position wird daher nur eröffnet, wenn die Aktie heute noch ein neues Tageshoch erreicht. Der Einstieg erfolgt bei dieser Variante etwas über dem aktuellen Tageshoch. Diese Kursmarke ist derzeit aber noch weit entfernt. Fällt die Aktie zurück, bleibt der Trader »flat«, denn gegen den Primärtrend wird nicht gehandelt. Der Stopp sitzt bei diesem »Long«-Trade knapp unter dem Tagestief oder alternativ unter dem Vortageshoch.

1.4.4 Primärtrend Aufwärts – Gap Abwärts (Variante 4)

Abbildung 37: Monsanto (USA) – Tageschart

Dieser Wert befindet sich in einem Aufwärtstrend. Hier entsteht heute jedoch ein Abwärts-Gap. Trotzdem platzieren wir nur einen »Long«-Trade, da dies dem übergeordneten Trend entspricht. Die Position wird nur dann eröffnet, wenn der Wert heute ein neues Tageshoch erreicht. »Short« würden wir nicht handeln, weil wir uns nicht gegen den Trend stellen möchten. Der Stopp wird hier knapp unter dem Tagestief platziert.

Anmerkung zu den obigen Beispielen

Es mag Trader geben, die zwei der vier Varianten (Variante 1.4.2 und 1.4.3) von der Signalwertigkeit her höher beurteilen, weil das Gap selbst in Richtung des Primärtrends ausgebildet wurde. Diesen Argumenten kann man folgen, muss man aber nicht. Hier hat jeder Trader selbst zu entscheiden, welche Aussagen für ihn schlüssiger klingen und welchen er mehr vertrauen mag.

Conclusio »Gap-Trading«

Wir wollen es hier bei dem Aufzeigen von unterschiedlichen Möglichkeiten und Varianten belassen. Selbstverständlich können aus den vier Varianten noch weitere alternative Methoden hergeleitet werden. Auf diese Variationen wird der interessierte Trader mit der Zeit ohnehin von allein stoßen. Wir wollen das Gap-Trading in seiner klassischen Form nun abschließen, denn dem angehenden Trader wurde ein Basiswissen zur Verfügung gestellt, das er bei Bedarf selbstständig erweitern kann.

2 Newstrading

Im Zuge des Buches wurde mehrmals erläutert, wie wichtig es ist, auf das Erscheinen von Finanzberichten der Unternehmen zu achten, und wie schlecht es bei kurzfristigen Handelsansätzen ist, Werte zu traden, die gerade einen solchen veröffentlichen. Diese News kann man sich für das Trading aber auch zunutze machen, allerdings erst nachdem sie veröffentlicht wurden und wenn man weiß, wie das funktioniert.

Um derartige Neuigkeiten aufzuspüren, recherchiert der Trader im Internet auf einem Finanzportal und sucht nach Unternehmen, die gestern nach Börsenschluss oder heute vor Markteröffnung einen Finanzbericht veröffentlicht haben. Dazu bedarf es nur weniger Ressourcen, denn mit ein paar Klicks findet man im Internet rasch die gewünschten Daten. Stellvertretend seien hier nochmals die US-Finanzseiten von Yahoo oder die deutsche Seite finanzen.net erwähnt, die ich auch für die vorbörsliche Quartalsberichtsrecherche verwende.

Aufgrund dieser Aufstellung erstellt der Trader bereits vor Markteröffnung eine Watchlist mit den entsprechenden Aktien. Dann prüft er, ob er diese Werte nach seinem sonstigen Regelwerk handeln darf oder ob bestimmte Unternehmen gestrichen werden müssen. Danach werden alle Charts in einem entsprechenden Layout abgespeichert, und der Trader wartet die Börseneröffnung ab. Bei all diesen Werten ist heute in jedem Fall mit hoher Volatilität und größeren Bewegungen zu rechnen. Es sei nochmals erwähnt, dass die Inhalte dieser Berichte keine Bedeutung für einen Trader aufweisen. Gehen Sie daher nicht davon aus, dass eine Aktie fallen muss, weil die Firma einen Verlust ausgewiesen hat. So einfach funktioniert die Börse nicht. Sie können es sich überhaupt sparen, diese Berichte zu lesen, denn was in ihnen steht und wie die Börse sie interpretiert, sind zweierlei Paar Schuhe.

Bei besonders gut oder besonders schlecht ausgefallenen Quartalsberichten neigen die Aktien dieser Unternehmen dazu, mit einem Gap zu eröffnen. Ist das der Fall, kommen die im Kapitel »Gaps« angeführten Handelsstrategien zur Anwendung. Wie kann man aber eine Aktie handeln, bei der es News gibt und die kein Gap ausbildet? Der Einstieg ist so unspektakulär, dass man es kaum glauben möchte. Die Regel lautet: Gehen Sie bei einem Unternehmen »long«, das heute einen Quartalsbericht herausgegeben hat und bei dem der Wert nach einer Handelsstunde auf ein neues Tageshoch steigt. Der Stopp kommt unter das Tagestief. Das war's! Das ist die ganze Regel. Im Falle eines Kursrückgangs machen Sie den Trade »umgekehrt«, Sie gehen nach Ablauf der ersten Handelsstunde »short«, steigen kurz unter dem aktuellen Tagestief ein und der Stopp sitzt knapp über dem heutigen Tageshoch. Das ist das ganze Regelwerk. Sie achten bei dieser Variante weder auf Trends noch auf Unterstützungen oder Widerstände. Denkbare Varianten dieses Regelwerkes wären es, dass die Aktie zum Beispiel in dieser Stunde um nicht mehr als 2 oder 3 % gestiegen oder gefallen sein darf oder dass auch hier wieder der Handel nur in Richtung des Primärtrends durchgeführt wird. Auch die Stoppsetzung kann variieren, und man kann statt dem aktuellen Hoch auch das Vortageshoch oder -tief verwenden und so weiter.

Exkurs – Wie Sie immer ein Einstiegssignal finden

Da dieses Regelwerk zum Newstrading so einfach ist, stellt sich die Frage, ob man es nicht nochmals simplifizieren kann. Muss der Trader sich unbedingt an Unternehmen halten, die heute einen Bericht herausgebracht haben oder bei denen es andere Neuigkeiten gibt? Könnte man nicht auf diese News zur Gänze verzichten? Was meinen Sie? Positionieren wir uns doch einfach in besonders starken oder in besonders schwachen Werten! Sehen wir uns ein noch simpleres Regelwerk an.

Hier handelt der Trader eine Aktie »long« oder »short«, die am gegebenen Tag bereits um mehr als 2 % gestiegen oder gefallen ist und nach einer Handelsstunde ein neues Hoch oder Tief erreicht. Der Stopp sitzt, je nach Handelsrichtung, über dem Tageshoch bei einem »Short«-Trade oder unter dem Tagestief bei einem »Long«-Trade. Das war alles. Mehr »Regelwerk« gibt es nicht.

Als Alternativen können Sie die Variable 2 % natürlich gegen jeden anderen Wert tauschen, und Sie haben auch die Möglichkeit, die Länge der Wartezeit zu ändern, den Stopp anders zu setzen oder überhaupt erst in den Markt zu gehen, wenn die Aktie in der letzten halben Handelsstunde nach oben oder unten ausbricht. Zusätzlich wäre es denkbar, sich wieder nur in Richtung des übergeordneten Trends zu positionieren oder nur im Gleichklang mit der heutigen Tendenz des Gesamtmarktes eine Position zu eröffnen. Suchen Sie sich jenes Regelwerk aus, das Sie am meisten anspricht und für Sie logistisch am einfachsten umzusetzen ist.

Bis auf einen rein zufällig gewählten Einstieg handelt es sich hier um das einfachste aller einfachen Regelwerke. So werden Sie so gut wie immer eine neue Position eröffnen können – ohne Marktscreening. Sogar wenn Sie erst um 20.00 Uhr oder später an die Aktienmärkte können, werden Sie Werte finden, die zu dieser Zeit gerade ein neues Tageshoch oder -tief erreichen, und diese Werte können Sie dann mit diesem einfachen Regelwerk traden. Vergessen Sie aber auch hier nicht die Positionsgrößenbestimmung vor dem Trade und eventuell bevorstehende Quartalsberichte. In jedem Fall haben Sie trotz der Einfachheit dieses Einstiegs ein klar definiertes, duplizierbares Regelwerk geschaffen.

3 Swingtrading

Anmerkung

Wir sind nun bei der großen Leidenschaft des Autors angelangt. Bei der Methode, die ihm am meisten liegt und bei der er am erfolgreichsten agiert. Kombiniert mit einer extrem engen Initialstoppsetzung (der erste Stopp ist vom Einstieg meist nur circa 1,5 bis 2 % entfernt), dem täglichen Nachziehen der Stopps anhand der Charttechnik und einer Haltedauer von im Durchschnitt 2,5 Tagen, ergeben sich mit dieser Art des Swingtradings hervorragende Chancen in bestimmten Marktphasen.

Vorweg sei gesagt, dass zum Trendaufbau in diesem Buch keine einführenden Hinweise enthalten sind. Zu diesem Thema gibt es hervorragende Fachliteratur, woraus ein Trader das erforderliche Wissen beziehen kann. Stellvertretend sei hier das großartige Buch von Michael Voigt *»Das große Buch der Markttechnik«* erwähnt, dessen Lektüre jedem Leser ans Herz gelegt wird. Im Folgenden wird daher vorausgesetzt, dass der Trader über die Bestandteile eines Trends bereits Bescheid weiß, denn dieses Wissen ist erforderlich, um die nachfolgenden Gedankengänge zu verstehen.

Bei dieser Einstiegsmethode versucht der Trader, den nächsten Swing, den eine Aktie innerhalb eines Trends vollzieht, so weit als möglich mitzumachen. Beide elementaren Bestandteile eines Trends, die »Bewegung« und die »Korrektur«, können bei dieser Art des Swingtradings erfolgreich gehandelt werden. Der Handel der Korrektur ist jedoch mit Vorsicht zu genießen, weil diese im Gegensatz zu einem Swing in Trendrichtung im Normalfall schwieriger zu traden ist. Dies rührt daher, dass Korrekturen oft nur über wenige Tage andauern und nicht die gleiche Kraft, den gleichen Schwung besitzen wie die Bewegung in Richtung des Primärtrends. Nichtsdestoweniger kann es sehr lukrativ sein, sich mit einem Trade gegen den Trend zu stemmen, denn wenn dieser bricht, ist in jedem Fall mit einer starken kurzfristigen Kursbewegung des Wertes zu rechnen, wie ich später anhand eines Beispiels noch erklären werde. Dem angehenden Trader wird an dieser Stelle trotzdem unbedingt geraten, sich zuerst mit dem Handel der Bewegung zu beschäftigen, weil diese Trades in der Regel weniger »holprig« verlaufen und daher einfacher zu meistern sind.

Wir besprechen in den folgenden Abschnitten nun im Detail, wie man den nächsten »Swing« innerhalb eines Trends erfolgreich traden kann, und sehen uns einige Variationsmöglichkeiten innerhalb dieser Methode an.

3.1   Swingtrading – Handelsvorbereitung und -ansätze

Eine oft vorhandene Eigenschaft einer Bewegung ist es, dass sie von relativ geradlinigen, zügigen Verläufen geprägt ist, während eine Korrektur im Chartbild optisch manchmal »unsauber« wirkt. Diese Eigenschaft, diesen zügigen Kursverlauf wollen wir uns daher zunutze machen, weil wir so nur kurz im Markt positioniert sind und trotzdem gute Profite in kurzer Zeit akkumulieren können. Das Risiko-Chance-Verhältnis eines solchen Trades ist daher ausgezeichnet, wenn man die Geduld hat, auf eine solche Chance zu warten.

Um diese einleitenden Gedanken besser zu verstehen, betrachten wir im Folgenden einen klassischen Trendverlauf einer Aktie.

Abbildung 38: Research in Motion (USA) – Tageschart

Man kann recht deutlich erkennen, dass sich der Wert seit Anfang Februar in einem Aufwärtstrend befindet. Man sieht auch, dass die einzelnen Bewegungen im Rahmen dieses Trends meist geradlinig verlaufen, lange Kerzenkörper aufweisen und nur wenige Zeiteinheiten (Tage) andauern. Die Korrekturen hingegen bestehen aus eher kleinen Kerzen und in diesen Phasen ist nicht immer eine klare Tendenz erkennbar.

Die Aktie hat nun seit Ende Juni von den kürzlich erreichten Hochs ein paar Tage lang korrigiert. Nachdem der Aufwärtstrend weiter stabil ist, könnte man aufgrund des Chartbildes darauf schließen, dass die Korrektur bald abgeschlossen sein dürfte. Es wäre daher möglich, dass sich der Wert in den nächsten Tagen stabilisiert und sich zu neuen Höchstkursen aufmacht. Der Trader muss sich nun die Frage stellen, wie lange er noch abzuwarten hat, wann die Korrektur abgeschlossen ist und wie weit sie überhaupt reichen wird.

Natürlich muss man hier, wie in jedem anderen Trade, ein Risiko eingehen, denn wirklich sicher sein kann man sich hinsichtlich aller dieser Fragen erst rückblickend. Wir wissen erst dann, ob die Korrektur bloß eine Korrektur war, wenn es für den Einstieg schon zu spät ist. Wir wissen auch nicht, ob aus einer auf den ersten Blick harmlos scheinenden Korrektur nicht plötzlich ein Trendbruch und so aus einem Aufwärtstrend plötzlich ein Abwärtstrend wird und wir auf dem falschen Fuß erwischt werden.

Aufgrund dieser ungewissen Situation bestehen für den Trader mehrere Lösungsmöglichkeiten, das Risiko vorweg doch ein wenig einzugrenzen. Zum einen könnte man diese Korrekturen, die im Fachjargon auch Rückläufe genannt werden, prozentuell messen. Es wäre denkbar, bei einer Korrektur von 50 % im Verhältnis zur vorangegangenen Bewegung wieder in die übergeordnete Trendrichtung (den Primärtrend) einzusteigen. Die Rückläufe können auch 35 % oder 70 % ausmachen. Es gibt Trader, die diese Korrekturen auch anhand der »Fibonacci-Regeln« messen, umso den richtigen Einstiegszeitpunkt zu ermitteln, doch Sie erahnen es ohnehin schon. Dem Autor ist das alles zu kompliziert, und er möchte sich auf einfachere Methoden beschränken. Er entscheidet daher anhand seiner Erfahrung und des Chartbildes, wann die Korrektur beendet und der »richtige« Zeitpunkt zum Einstieg gekommen sein könnte. Doch gibt einem die Charttechnik gar keine Hinweise darauf, wann es so weit ist. Muss man diese Entscheidung quasi immer »aus dem Bauch heraus« treffen?

Zum Glück gibt es einfache Hilfsmittel, die auf die Umkehr eines Wertes schließen lassen. Hier kommen wieder Kerzencharts zur Anwendung, und dem Trader wird geraten, nach auffällig langen Lunten oder Dochten in Verbindung mit kleinen Kerzenkörpern Ausschau zu halten. Diese Kerzen werden im Fachjargon »Umkehrstäbe« (oder englisch »Reversal Bars«) genannt. Stellvertretend seien hier ein »Hammer« oder ein »Doji« erwähnt, die zu den bekannteren Vertretern dieser Symbole zählen. Auf eine nähere Erklärung wird jedoch erneut verzichtet und abermals auf geeignete Fachliteratur oder auf das Internet verwiesen.

Generell gilt es zu diesen Umkehrstäben zu sagen, dass, wie der Name es vermuten lässt, diese erste Hinweise auf eine Marktumkehr liefern können. Der erfahrene Trader erkennt daher an einem gewissen Chartbild in Kombination mit diesen Umkehrstäben, wann die Zeit für einen Einstieg reif sein kann. Daher positioniert er sich bereits ganz zu Beginn dieser möglichen neuerlichen Bewegung und hofft, das Maximum aus dem Trade herauszuholen und den gesamten Swing mitzusurfen.

So viel zur Theorie hinter diesem Chartbild, doch wie kommt der Trader in der Praxis am besten in den Markt »hinein« und wo platziert er die Stopps? Hier gibt es für ihn wieder eine Fülle an Möglichkeiten.

3.1.1   Den Umkehrstab vorwegnehmen

Besonders aggressive Trader kaufen kurz vor Handelsschluss direkt in den Umkehrstab hinein und warten gar nicht darauf, dass sich der Kerzenkörper vollständig
ausbildet. Von dieser Variante wird dem angehenden Trader aus mehreren Gründen
jedoch abgeraten. Zum einen geht man, wenn man am Tageschart agiert, so ein zu-
sätzliches Übernachtrisiko ein, zum anderen ist der Umkehrstab auch zehn Minuten
vor Börsenschluss noch nicht zur Gänze ausgebildet. Gerade in den letzten Handels-
minuten können die Kursausschläge sehr groß sein. Der Trader versucht daher mit
dieser Vorgehensweise, einen Umkehrstab »vorwegzunehmen«. Dies geschieht meist
wohl nur aus der Angst, etwas zu versäumen, oder einfach aus Ungeduld. Weiterhin
kommt hinzu, dass ein Umkehrstab erst »bestätigt« werden muss, um als solcher zu
gelten, denn nur der Stab allein ist noch nicht als »Umkehr« zu deuten. Er ist ein
erster Hinweis auf eine mögliche Umkehr, aber eben noch nicht mehr als das. Doch
was »bestätigt« einen Umkehrstab? Das sehen wir uns im Folgenden an.

3.1.2   Der Umkehrstab wird bestätigt

Abbildung 39: Office Depot (USA) – Tageschart

Die Aktie nähert sich einer bereits mehrmals getesteten Unterstützung und der Kursrückgang könnte daher bald abgeschlossen sein. Der Konjunktiv wird im Zuge des ganzen Abschnitts bewusst im Hinblick auf die immer unvorhersagbar bleibenden Märkte verwendet. Ein auftretender Hammer kratzt an dieser Unterstützung und deutet auf eine mögliche Marktumkehr hin, weil an diesem Tag der Wert die Tiefstkurse nicht halten konnte, gedreht und dann sogar noch leicht im Plus geschlossen hat. Der erfahrene Trader positioniert sich daher »long«, wenn am nächsten Handelstag das Hoch des Vortages, also das Hoch dieses Hammers, überschritten wird.

Genau wie bei den anderen präsentierten Einstiegsregeln ist es auch in dieser Situation Auslegungssache, wie weit dieses Hoch überschritten werden muss, um dem Trader als Signal zu dienen. Sie sehen den Chart genau zu dem Zeitpunkt, an dem die aktuelle Kerze am Hoch des Hammers notiert und diesen somit aus meiner Sicht bestätigt. Zu diesem Zeitpunkt erfolgt daher der »Long«-Einstieg in den Trade. Der Stopp sitzt entweder unter dem aktuellen Tagestief oder dem Vortagestief, je nach Risikoneigung und Aggressivität des Traders. Alternativ wäre hier auch eine Stoppsetzung etwas unter der mehrmals getesteten Unterstützung bei der gestrichelten Linie möglich.

3.1.3 Der Umkehrstab wird nicht bestätigt

Bleibt die Bestätigung des Umkehrstabes aus und die Aktie kann das Hoch der Vortageskerze nicht triggern, wird keine Position eröffnet. In diesem Fall scheint die Korrektur noch nicht zur Gänze abgeschlossen zu sein, und der Trader hat daher noch abzuwarten.

Abbildung 40: Discovery Holding (USA) – Tageschart

In diesem Chartbild folgte auf eine mehrtägige Korrektur ein deutlich erkennbarer Hammer, der eine bevorstehende Marktumkehr ankündigt. Am nächsten Handelstag wird dieser Hammer jedoch nicht bestätigt, und die Aktie notiert erneut schwächer. Der Trade wird in diesem Fall also nicht platziert, weil das Vortageshoch nicht überschritten wurde. Der gestrige Hammer war also ein klassisches Fehlsignal.

Exkurs – Ein »unsauberes« Chartbild

An einer anderen Stelle des Buches wurde angemerkt, dass mein praktiziertes Regelwerk zwar einerseits exakt ist (Einstieg beim Vortageshoch oder -tief), mir aber einen gewissen Interpretationsspielraum lässt. Dieser Spielraum wird in diesem Exkurs nun deutlich werden.

Wie Sie bereits wissen, legt der Autor auf die Technische Analyse keinen großen Wert. Trotzdem versuche ich, bei meinen Einstiegen sehr präzise anhand der Charttechnik vorzugehen. Wie passt das zusammen? Die von mir geforderte Präzision betrifft nicht das »perfekte Chartbild«, sondern das »perfekte Kursniveau«. Das bedeutet in der Praxis, dass ich großen Wert darauf lege, nur beim Vortageshoch oder -tief »long« oder »short« eine Position zu eröffnen, und dem Umstand, wie »sauber« das Chartbild ist, keine Bedeutung beimesse. Das bedeutet auch: Ich lege auf den Einstiegspunkt größeren Wert als auf die angelegte Handelsrichtung eines speziellen Trades. Diese Tatsache mag gegen alle Grundsätze der Technischen Analyse und des vermeintlich »richtigen« Tradings verstoßen, verknüpft man sie aber mit den in diesem Buch präsentierten Gedanken hinsichtlich der »Zufallsverteilung« und der Tatsache »Alles kann jederzeit passieren«, ergibt diese Vorgehensweise sehr wohl einen Sinn. Ein Beispiel im folgenden Chart soll diese Gedankengänge veranschaulichen.

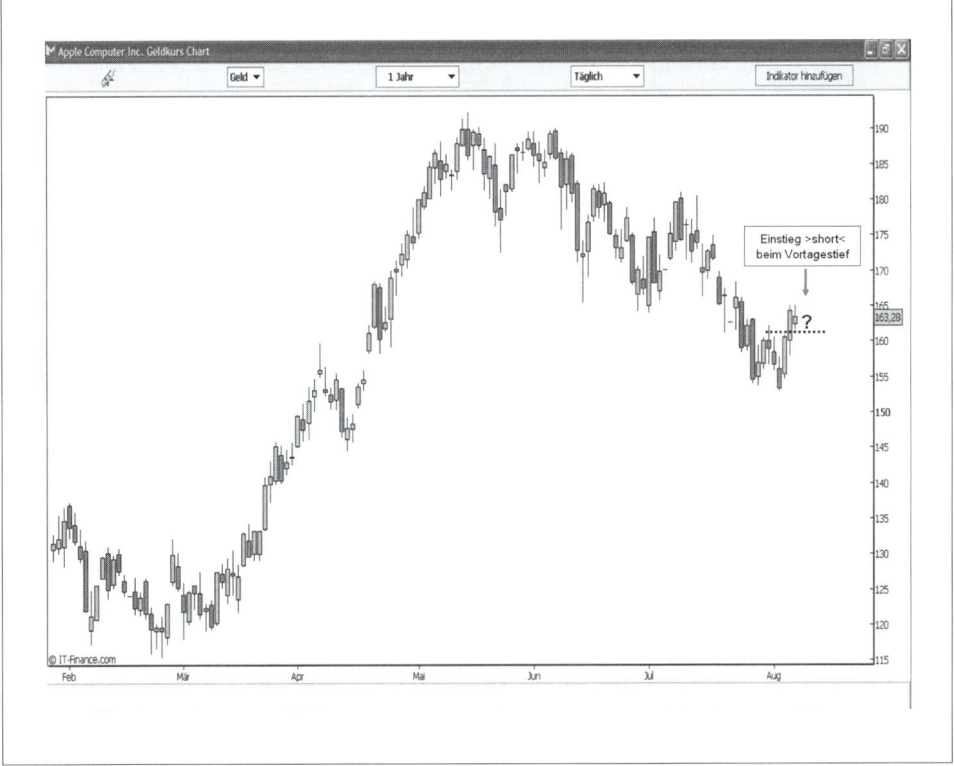

Abbildung 41: Apple (USA) – Tageschart mit Einstieg »Short«

Die Aktie befindet sich seit Anfang Juni in einem Abwärtstrend, hat sich nun aber ein wenig erholen können. Derzeit scheint es jedoch so, als ob es sich nur um eine kurze Korrektur gehandelt hätte, denn die Aktie hat am Vortag bereits wieder etwas abgegeben und könnte nun im Folgenden weiter in Richtung des Trends nach unten fallen. Zu welchem Kursniveau ich die Position eröffnen würde, ist nicht schwer zu erraten: Je nach Handelsrichtung ist es das Vortagestief oder das Vortageshoch. Schwieriger wird es jedoch bei der Handelsrichtung. Was meinen Sie, wie würde ich den Trade bei diesem Chartbild anlegen, »long« oder »short«?

Wir befinden uns hier im Kapitel »Swingtrading« und bei dieser Methode versucht der Trader, den Schwung in die Gegenrichtung voll mitzunehmen. Obwohl nun der vergangene Handelstag bereits ein Verlusttag war, würde ich diesen Trade eher »short« als »long« machen, weil ein neuerlicher Swing nach unten nach meinem Marktverständnis in dieser Situation wahrscheinlicher ist.

Man könnte auch argumentieren, die Umkehr (der Swing) auf die »Short«-Seite habe bereits eingesetzt und der Einstieg sei somit verpasst worden (weil die Aktie am Vortag bereits gesunken ist). Ich sehe das nicht so und würde auch jetzt noch auf den losbrausenden Zug nach unten aufspringen. Vorausgesetzt, am folgenden Handelstag würde das Vortagestief unterschritten (bestätigt).

Was jetzt manchen überraschen wird: Umgekehrt könnte ich die Position aber auch »long« eingehen, wenn ich auf eine neuerliche Umkehr nach oben spekuliere, selbst wenn der Trade in diesem Fall gegen die Trendrichtung verlaufen würde. Da ich meine Stopps täglich nachziehe und ohnehin nur kurz positioniert bin, macht es nichts, mich gegen den Trend zu stellen. Im Gegenteil, wie noch gezeigt wird, kann ein Trade sehr lukrativ sein, wenn er gegen den Trend verläuft und diesen letztlich bricht und wenn die Stopps aller trendfolgenden Trader dadurch gezogen werden.

Beide möglichen Handelsrichtungen sehen Sie anschließend im Chart dargestellt:

Abbildung 42: Apple (USA) – Tageschart mit beiden Einstiegsvarianten

Es kommt in der Praxis bei solchen oder ähnlichen Chartbildern tatsächlich vor, dass ich unschlüssig bin, ob ich »long« oder »short« gehen soll. Wie aber auch bereits erwähnt, wird in der Praxis eine Position, zu der ich keine klare Meinung hinsichtlich der Handelsrichtung habe, von meiner Wachtlist entfernt. Das könnte bei dem Chart oben durchaus vorkommen.

Verstehen Sie, worauf ich hinaus will und worauf es mir beim Einstieg tatsächlich ankommt? Das Chartbild von Apple ist optisch keinesfalls perfekt (es sei denn, man ist ein Anhänger von Trendkanälen, dann könnte es gerade noch hinkommen, in dieser Situation an der oberen Kanallinie »short« zu gehen), aber das stört mich überhaupt nicht. Es mag Trader geben, die hier weder eine Chance auf einen »Long«-Trade noch auf einen »Short«-Trade sehen. Ich habe aber mit solchen unsauberen Chartbildern kein Problem und die Erfahrung und der Erfolg haben mir gezeigt, dass an dieser Meinung etwas Wahres dran sein muss.

3.2   Weitere Vorgehensweise

Nachdem wir nun wissen, welche Möglichkeiten bestehen, eine Position nach dieser Methode zu eröffnen, müssen wir uns die Frage stellen, wie es mit den Trades
weitergeht. Was sind die Ziele des Traders und wie sehen die Vorbereitung vor dem
eigentlichen Einstieg und das Trademanagement aus?

Wie lange man beim Swingtrading tatsächlich positioniert ist und wie erfolgreich
ein Trader seine Gewinne maximieren kann, hängt vom angewendeten Regelwerk,
der mentalen Gelassenheit und dem Evolutionsstadium des Traders ab. Mehr als bei
allen anderen Einstiegsmethoden baut er hier vor allem auf seine Erfahrung, denn
der Trader kennt dieses Chartbild in- und auswendig, hat es schon hunderte Male
gesehen und weiß daher genau, wie es zu traden ist.

Ein bevorstehender neuer Swing kündigt sich übrigens nicht nur durch Umkehrstäbe, sondern auch anhand der abnehmenden Volatilität an, die sich durch die immer kleiner werdenden Kerzenkörper der letzten Tage zeigt. Daher macht ein solcher
Trade auch Sinn, wenn keine Umkehrstäbe zu erkennen sind, denn nicht jede neue
Bewegung wird zwangsläufig von einem solchen eingeleitet.

3.2.1   Handelsvorbereitung, –ansätze und –logistik

Der Trader kann bei dieser Methode, anders als bei den bisher beschriebenen, schon
vor der Börseneröffnung die Märkte nach den Werten absuchen, die zu einem neuen
Swing ansetzen könnten. Dazu hält er nach den besprochenen Chartbildern Ausschau und notiert sich alle infrage kommenden Werte, den bereits vor Börseneröffnung bekannten Einstiegskurs (etwas über dem Vortageshoch oder etwas unter dem
Vortagestief) und die geplante Handelsrichtung. Je nachdem, welche Variante der
Stoppsetzung er bevorzugt, kennt er unter Umständen bereits auch diesen und kann
so die Positionsgrößen ermitteln. Zieht der Trader dazu das Vortagestief oder -hoch
heran, ist diese Kursmarke ja bereits vor der Markteröffnung bekannt; soll es das
Tief oder Hoch der letzten Korrektur sein, gilt das vorhin Gesagte ebenso. Lediglich
wenn der Trader für den Stopp das heutige Tageshoch oder -tief verwenden möchte,
muss er zumindest die erste halbe Handelsstunde abwarten, um dieses lokalisieren zu
können. Letztere Vorgehensweise wird auch von mir praktiziert, was darauf hinausläuft, enge Stopps zu setzen, um mit großen Positionen arbeiten zu können.

Danach prüft der Trader, ob in den nächsten Tagen Finanzberichte zu diesen Unternehmen erscheinen oder ob eine Dividendenzahlung geplant ist. Ist das der Fall,

wird die Aktie rigoros von der Kandidatenliste gestrichen. Die Charts aller verbleibenden Werte kommen in gewohnter Art und Weise in ein Chartlayout, um sie beobachten zu können. Ist die abgesteckte erste Zeit des Handelstags abgelaufen, kann der Trader seine Trades entsprechend seiner vorher erstellten Strategie abwickeln.

Bei dieser Methode habe ich herausgefunden, dass sie kombiniert mit enger Stoppsetzung (Risiko im Geld) in der Praxis besonders gut auf der »Short«-Seite funktioniert. Verbindet man einen solchen »Short«-Trade mit einem spekulativ angenommenen Trendbruch, steigen die Chancen, äußerst profitablen Zeiten entgegenzugehen, in bestimmten Marktphasen enorm. So eine ideale Situation wollen wir im Folgenden betrachten.

Exkurs – Der perfekte Swing – »Short«-Trade + Trendbruch

Sie sehen hier den Chart von Jabil Circuit. Die Aktie befand sich seit Anfang April in einem Aufwärtstrend, und dieser dauerte bis Mitte August an. Danach korrigierte die Aktie ein paar Tage und gab stark nach. Im Folgenden scheint sich der Wert nun zu stabilisieren, doch nach ein paar Tagen ist diese Bodenbildung beendet und die Aktie rauscht, nachdem sie nochmals zwei Tage gestiegen war, mit einer enormen Geschwindigkeit nach unten und durchbricht den Trend.

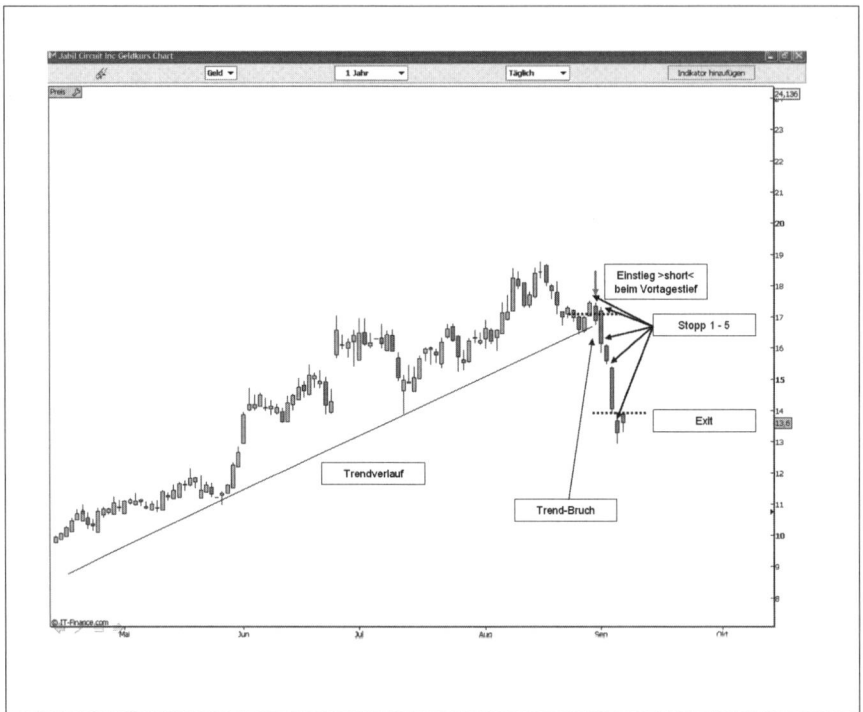

Abbildung 43: Jabil Circuit (USA) – Tageschart

Mit diesem Chartbild kann man meine Lieblingsmethode, wie sie am Anfang des Kapitels »Swingtrading« kurz angerissen wurde, noch einmal sehr gut erklären. Die Umkehr ist hier deutlich zu erkennen, nachdem eine kurze Erholung über zwei Handelstage abgeschlossen war. In dem Chart fällt auch noch auf, dass hier weit und breit keine Umkehrstäbe zu sehen sind. Trotzdem – was im Folgenden passiert, ist ein regelrechter Einbruch der Aktie über fünf Tage hinweg, begünstigt durch ein generell schwaches Marktumfeld.

Der Einstieg erfolgte in diesem Trade zwei Ticks unter dem Vortagestief bei 17,01 und der Stopp wurde bei 17,44 platziert. Einstiegskurs und Initialstopp liegen daher 2,53 % voneinander entfernt. Im Anschluss wurde der Stopp Tag für Tag auf das jeweilige Tageshoch nachgezogen und war somit an keinem der nächsten vier Handelstage auch nur annähernd in Gefahr. Der Wert ist in diesem Beispiel vom Einstiegskurs 17,01 bis zu einem Kurslevel von 13,28 gesunken, was einem Kursrückgang von circa 22 % entspricht. Der Exit erfolgte schließlich bei 13,84, weil die

Aktie am letzten oben ersichtlichen Handelstag aufgrund steigender Märkte höher eröffnet hatte. Bei der gewählten Stoppsetzungsvariante entspricht dieser Trade einem »7,3 R-Trade«, was zweifelsohne außergewöhnlich ist.

Natürlich kommen solche heftigen Swings nicht oft vor, und noch seltener passiert es, dass die einzelnen Kerzen so eindeutig und linear abfallen, aber hier zeigt sich deutlich, wie lukrativ so ein vermeintlich unspektakuläres Chartbild sein kann. Der große Kursverfall ist zusätzlich noch durch den Trendbruch verursacht worden, bei dem andere Trader kalt erwischt wurden. In diesem Beispiel kann man jedenfalls sehr gut erkennen, dass es bei dieser Methode des Swingtradings nicht unbedingt zwingend ist, in die Richtung des Primärtrends zu handeln.

Es ist darüber hinaus ein unerklärbares Phänomen, dass angehende Trader lieber auf der »Long«-Seite agieren. Der Autor zieht bei der Umsetzung dieser Methode die »Short«-Seite vor, lässt sich davon aber, was die Auswahl seiner Handelssignale betrifft, nicht aus dem Konzept bringen. Das soll bedeuten, dass alle Signale unabhängig von der Handelsrichtung gleichwertig umgesetzt und Bauchgefühle jeglicher Art (»der Trade wird eh nichts …«) ignoriert werden. Dem Trader muss klar sein, dass Aktien tendenziell schneller fallen, als sie steigen – und nicht nur das: Abwärtsbewegungen sind meist viel geradliniger und von weniger Minikorrekturen durchsetzt, als es bei Trades auf der »Long«-Seite der Fall ist. Ich möchte nochmals darauf hinweisen, dass dieses Chartbild aus meiner Sicht zu den lohnenswertesten Einstiegen überhaupt gehört. Doch bevor Sie als Leser jetzt zu euphorisch werden, muss ich Sie gleich ein wenig bremsen, denn auch hier wird es zu einer ganzen Menge Fehltrades kommen. Wie Sie damit umgehen, wissen Sie in der Zwischenzeit ja bereits.

3.2.2   Trademanagement

Generell gilt bei dieser Methode im Hinblick auf das Positionsmanagement vieles, was bereits an anderer Stelle gesagt wurde. Ich erspare mir daher eine detaillierte Wiederholung und verweise auf das Kapitel »Money Management«, wo zahlreiche Hinweise zu diesem Thema enthalten sind. Dort wurde zum Beispiel erklärt, dass der Trader mit Kurszielen arbeiten könnte, was natürlich auch beim Swingtrading möglich ist. Weiterhin könnte dieser Handelsansatz auch mit einem täglichen Nachziehen der Stopps verknüpft werden, so wie ich es tue. Dem Trader steht es auch frei, nach dem Erreichen von »+1 R« oder »+2 R« den Stopp auf den Kaufkurs nachzuziehen, um die Position auf diesem Weg »aus dem Risiko« zu nehmen, den Trade danach aber länger laufen zu lassen.

Die Varianten, die offenen Positionen zu managen und die Trades schließlich zu beenden, sind vielfältig, und alle haben ihre Berechtigung. Sie müssen bloß in das Gesamtsystem des Traders und zu seiner Psyche passen. Es ist wichtig zu verstehen, dass auch für die Ausstiege ein passendes Regelwerk vorhanden sein muss. Dieses Regelwerk muss genauso duplizierbar sein wie der Einstieg. Welche Gefahren auf einen Trader lauern, der für den Exit keine passenden Richtlinien gefunden hat und nach der Methode »Schauen wir mal« arbeitet, wurde ebenso bereits angesprochen.

3.3   Ordereingabe und Berufstätigkeit

Sie können diese Methode auch mit Erfolg praktizieren, wenn Sie die Börseneröffnung nicht live mitverfolgen und erst später an die Märkte können. Nehmen wir an, Sie wollen in den USA handeln und kommen erst gegen 18.00 Uhr an den Computer. Der Handelstag ist zu dieser Zeit zwar schon fortgeschritten, trotzdem können Sie die Charts auch dann noch nach diesen Mustern absuchen. Es wird in dieser Situation nur öfter vorkommen, dass Ihnen der eine oder andere Trade bereits »davongelaufen« ist. Das bedeutet, die Aktie hat den potenziellen Kaufkurs, das Vortagestief oder Vortageshoch, schon hinter sich gelassen. Sie erinnern sich aber daran, dass Sie erstens einer Aktie nicht nachlaufen und zweitens der Kapitalerhalt wichtiger als die Profitmaximierung ist. Trotz einiger verpasster Gelegenheiten werden Sie daher auch zu später Stunde immer noch genügend Chancen finden, die Sie für Ihre Trades nutzen können. Bitte vergessen Sie auch dann nicht ein strenges Money Management, und achten Sie vor allem auf bevorstehende Finanzberichte der Unternehmen.

Conclusio »Einstiege«

Anhand der oben angeführten Beispiele wurden dem angehenden Trader ein paar Ideen geliefert, mit denen er in die Märkte »eintauchen« kann. Es handelt sich um sehr simple Einstiegsregeln, die eher für einen kurzfristigen Tradingansatz praktikabel sind. Da wir Trader die Märkte nicht prognostizieren können, scheint jeder Mehraufwand hinsichtlich eines »besseren« Einstiegs verlorene Liebesmühe zu sein. Darum beschränkt sich dieses Buch nur auf charttechnisch orientierte Einstiege in ihrer einfachsten Form.

Grundsätzlich haben alle vorgestellten Methoden gute Chancen, einen positiven Erwartungswert zu erzielen, egal, in welchem Börsenzyklus wir gerade sind. Ob die Märkte aufwärts, abwärts oder seitwärts verlaufen, Bewegungen über ein paar Tage gibt es immer, wenn es auch Zeiten geben wird, in denen die Aktienkurse so volatil und die Märkte so schnell sind, dass es zu besonders vielen Fehltrades kommen wird.

Fast alle Vorgehensweisen verlangen vom berufstätigen Trader in jedem Fall ein aktives Zeitmanagement. Obwohl er bei den präsentierten Ansätzen nicht stundenlang vor dem Rechner sitzen muss, hat er bei den meisten beschriebenen Varianten die Muße aufzubringen, jeden Tag an den Märkten agieren zu wollen und zu können. Das bedeutet, er muss sich vorher über seine Ressourcen Gedanken machen. Tipps zu dieser Frage und zu weiteren Fragen, die sich ein Trader bei der Entwicklung eines Handelsansatzes stellen muss, gab es bereits im Coaching-Teil des Buches und im Kaptitel »Einem Trader über die Schulter geschaut«. Wenn Ihnen dieser Aufwand zu viel erscheint oder wenn die entsprechenden Ressourcen nicht vorhanden sind, müssen Sie sich nach alternativen Methoden umsehen, die in der einschlägigen Fachliteratur zur Genüge präsentiert werden.

Vielleicht halten Sie es für fraglich, ob diese Einstiege trotz ihrer Einfachheit »gute« Einstiege sind. Ich stelle Ihnen eine Gegenfrage: Glauben Sie, dass der Einstieg in einen Trade »besser« ist, wenn die 30-Tages-Linie die 200-Tages-Linie von unten nach oben durchbricht und der Wert gleichzeitig bei einer dreimal getesteten Unterstützung notiert? Sie kennen mein Denken diesbezüglich und ich spare mir daher die Antwort und stelle eine weitere Gegenfrage: Glauben Sie nicht, dass es egal ist, wie Sie überhaupt in den Markt »hineinkommen«, solange die Trades duplizierbar sind und dadurch ein stimmiges Gesamtregelwerk angewendet werden kann?

Meinen Sie nicht auch allmählich, dass es wichtiger ist, sich Gedanken darüber zu machen, wohin Sie Ihre Stopps setzen und wie und wohin Sie diese nachziehen, wie Sie also Ihre Trades managen? Wenn Sie so denken, entwickeln Sie sich langsam zu einem reifen Trader. Dann beginnen Sie, sich die Gedanken zu machen, auf die es wirklich ankommt. An den Fragen, die ein Trader stellt, erkennt man sein Evolutionsstadium, nicht an seiner Trefferquote.

Abschließend wird der Leser gebeten, die präsentierten Gedanken zu den Einstiegen zu verinnerlichen und sich mit diesem Verständnis und mit der Beantwortung der Fragen aus Teil I »Traders' Coaching – Trading schrittweise lernen« einen eigenen Handelsansatz zusammenzustellen. Verwendet er dazu auch noch die in diesem Buch enthaltenen Regeln zum Money Management bedarf es »nur« noch der richtigen mentalen Einstellung, um das angestrebte Ziel zu erreichen. Auch hier hat das Buch versucht, Ihnen einige Gedanken diesbezüglich zu präsentieren. Nun liegt es an Ihnen, die einzelnen Puzzleteile zu einem größeren Ganzen zusammenzufügen und darauf zu achten, dass Ihnen keine Teile davon wieder abhanden kommen. In welcher Reihenfolge Sie das Puzzle lösen, bleibt Ihnen überlassen. Wichtig ist, dass Sie damit loslegen. Am besten gleich!

Epilog –
Ich werde Trader und
kündige meinen Job!

Soll ich Ihnen etwas verraten? Dieses Kapitel habe ich als Erstes geschrieben, weil es die Gedanken beinhaltet, die mir vor einiger Zeit noch am häufigsten durch den Kopf gingen. Es gab Nächte, in denen ich nicht einschlafen konnte, denn ich hatte das Gefühl, dass sich mein Leben ändern würde, und das machte mich nervös. Würde ich bald meinen Bürojob aufgeben und Trader werden?

Beruf »Trader«, klingt gut – oder?

Andererseits macht mir auch mein herkömmlicher Job großen Spaß, denn schließlich bin ich seit mehr als 20 Jahren in der Branche tätig und habe einiges an Erfahrung und Wissen vorzuweisen. Hinzu kommt, dass ich mich bei meinem derzeitigen Arbeitgeber sehr wohl fühle, einen interessanten Aufgabenbereich habe und ausschließlich mit netten Kollegen zusammenarbeite. Da ich in meiner beruflichen Karriere schon anderes erlebt hatte, weiß ich diese Situation zu schätzen und entschied mich daher, beim Trading als Nebenjob zu bleiben.

Vielen anderen Menschen mag es beruflich aber nicht so gut ergehen wie mir. Daher wird es Leser geben, die mit dem Gedanken spielen, ihren Job zu kündigen und künftig ausschließlich mit dem Trading ihren Lebensunterhalt zu bestreiten. Dieses Ziel wollen sie lieber heute als morgen erreichen, denn ihr Beruf nervt sie schon seit Jahren. Mit dem zusammengesparten Geld wollen sie traden und in der Firma am besten gleich morgen kündigen. Wenn Sie so denken, lesen Sie dieses Kapitel bitte unbedingt zu Ende, und zwar bevor Sie Ihrem Chef die Kündigung unter die Nase halten oder Ihr Unternehmen einfach zusperren oder verkaufen.

Von Unabhängigkeit träumen die meisten Menschen, auch bei mir ist es nicht anders. Man denkt an ein Leben ohne Verpflichtungen, ohne Geldsorgen und ohne die herkömmlichen Barrieren, Konventionen und Fesseln. Es gibt keinen Chef, keine Termine, keine Projekte oder keine mühsamen Kollegen, und bis zu einem gewissen Grad kann man sich trotzdem alles leisten. Man liegt in der Sonne oder geht einkaufen, wenn alle anderen ihrer Beschäftigung nachgehen. Wenn die Rushhour einsetzt, arbeitet man von daheim und tradet an der NASDAQ. Überfüllte U-Bahnen kennt man nur aus Erzählungen und an der Kasse im Supermarkt staut es sich nur, wenn die liebe, alte Dame vor einem es gut mit dem Kassierer meint und mit einer Engelsgeduld 27 Cent einzeln zusammensucht, während die vom Trader gekauften Tomaten im Einkaufswagen bereits zu faulen beginnen.

Dieser Traum von Freiheit und Unabhängigkeit scheint mit dem »Beruf Trader« ganz leicht zu erfüllen sein. Leider ist dieses Vorhaben aber nur auf den ersten Blick so einfach, denn viele Menschen denken diesen Gedanken nicht zu Ende. In diesem Kapitel werden wir die Sache daher von allen Seiten genau beleuchten, um die Vor- und Nachteile dieser Entscheidung aufzuzeigen. Alle Leichtgläubigen sollen mit diesen Inhalten wachgerüttelt werden, denn die meisten Menschen erkennen die Härte des Tradings gar nicht an. Gehen wir auf die einzelnen Aspekte nun genauer ein und betrachten diese Punkte teilweise bewusst etwas überspitzt aus der Sicht eines Traders, der mit dem Gedanken spielt, das Trading als seinen Beruf auszuüben. Schauen wir uns das Tradingbusiness im Vergleich zu einem herkömmlichen Job an und betrachten das Ganze darüber hinaus mit einem leichten Augenzwinkern.

1   Der Chef

Ihr Chef ist ein eigenartiger Typ und Sie können ihn nicht ausstehen. Sie arrangieren sich zwar so gut es geht, mögen ihn aber nicht wirklich, denn er hat immer nur das Wohl der Firma im Blick. Er kann manchmal sehr streng sein und kommandiert immer nur herum, obwohl Sie eingestehen müssen, dass er grundsätzlich fair agiert. Was Sie allerdings am meisten nervt, ist die Tatsache, dass Sie von ihm andauernd kontrolliert werden. Kaum beginnen Sie eine Arbeit, schaut er Ihnen über die Schulter und muss seinen Senf dazugeben. Ständig weiß er es besser und alles tanzt nach seiner Pfeife. Langsam aber sicher ist nun der Punkt erreicht, wo Ihnen alles dermaßen auf die Nerven geht, dass Sie am liebsten alles hinschmeißen wollen.

Die meisten vergessen aber, dass der Chef auch die Verantwortung für die Abteilung oder für das Unternehmen trägt. Er muss seinen Kopf hinhalten, wenn einer seiner Mitarbeiter etwas verbockt hat oder wenn die gewünschten Erfolge ausbleiben und Ziele nicht erreicht wurden. Daher liegt es auf der Hand, dass er sich in manche Belange einmischt und vieles kontrolliert. Wir wollen hier gar nicht auf die notwendigen Charaktereigenschaften eines guten Vorgesetzten eingehen, weil das nichts zur Sache tut. Es soll nur darauf hingewiesen werden, dass manche Wesenszüge eines vermeintlich unausstehlichen Chefs dem Trader in seinem Tun später schmerzlich abgehen könnten. Sie können sich das nicht vorstellen?

Wie steht es bei Ihrem Trading um die notwendige Kontrolle? Wir haben schon besprochen, wie wichtig es ist, dass sich der Trader selbst kontrolliert. Sind Sie dazu in der Lage? Sind Sie reif dafür, und haben Sie die erforderliche Selbstständigkeit? Kontrolle hat für einen Menschen auch viel Gutes. Wir träumen zwar davon, tun und lassen zu können, was wir wollen, doch ehrlich gesagt sind die meisten von uns noch gar nicht so weit. Wenn sie niemanden haben, der auf sie aufpasst und sie kontrolliert, begehen sie Dummheiten, um es harmlos auszudrücken. Nicht nur im Job – diese Aussage hat für das ganze Leben Gültigkeit. Sie kennen doch den Spruch »Ist die Katze aus dem Haus, haben die Mäuse Kirtag« (Hier handelt es sich um eine alte österreichische Redewendung; sie bedeutet auf Hochdeutsch: »Ist die Katze aus dem Haus, tanzt die Maus.«). Dieser Satz kommt nicht von ungefähr.

Genau das ist ein großes Problem für den unabhängigen privaten Trader. Er hat niemanden, der auf ihn aufpasst, und er kann an den Märkten tun und lassen, was er will. Er kann immer »tanzen«, solange er das Kapital dazu hat. In welcher anderen Umgebung kann man das schon in der realen Welt? Die Märkte bieten einem Trader diese Möglichkeit, denn sie sind vollkommen unstrukturiert und in ihnen herrscht die grenzenlose Freiheit. Wenn nun auch der Trader komplett planlos agiert, kommt es zum Super-GAU, und es ist nur eine Frage der Zeit, bis wieder ein angehender Trader der vollkommenen Freiheit auf den Leim gegangen ist und Pleite macht.

Lange Rede, kurzer Sinn. Die meisten Menschen brauchen Kontrolle. Um ihretwillen. Gehen Sie daher mit Ihrem Chef nicht allzu streng ins Gericht und versuchen Sie, sich in seine Lage hineinzuversetzen. Als Trader müssen Sie sich Ihre Kontrollmechanismen selbst schaffen, denn Sie haben keinen Vorgesetzten, der Ihre Handlungen kontrolliert und Ihnen sagt, was Sie tun sollen. Das Regelwerk, das Sie ausgearbeitet haben, dient dieser Kontrolle. Sie müssen Ihr eigener Chef werden und selbstständig sein. Sie müssen sich selbst loben, wenn Sie etwas gut gemacht haben und tolerant, aber bestimmt gegenüber sich selbst sein, wenn Sie einen Fehler begangen haben. Schließlich geben wir doch immer alle das Beste, was gerade möglich ist.

2   Die Kollegen

Die Kollegen können einem ganz schön auf die Nerven gehen. Manche von ihnen rauchen oder sind militante Nichtraucher, essen den ganzen Tag an ihrem Arbeitsplatz oder erzählen ständig von den neuesten Diäten. Einige schreien beim Telefonieren so laut, dass Sie sich nicht mehr konzentrieren können und Ihr eigenes Wort nicht mehr verstehen. Vielleicht erzählen manche auch langweilige Geschichten über ihre Haustiere, und andere wieder bohren den ganzen Tag lang in der Nase und glauben, man sähe es nicht. Das sind sie also, unsere lieben Kollegen. Manch einer wünscht sich nicht nur einmal ein eigenes Zimmer, wo er endlich seine Ruhe hat und keine Rücksicht mehr auf Andere nehmen muss.

Haben Sie hingegen schon daran gedacht, dass die Kollegen wichtig für Sie sind? Ihnen muss klar sein, dass man in der Gemeinschaft stärker ist als allein. Schafft man sein Arbeitspensum nicht, ist vielleicht ein netter Kollege zur Stelle, der einem hilft. Muss man früher weg, weil man einen Arzttermin hat, gibt es da die liebe Kollegin gegenüber, die den Telefondienst für diese Zeit übernimmt. Diese kleinen Gesten sind wichtig für das Zusammenleben, und diese sozialen Kontakte brauchen wir, um nicht asozial zu werden und der Gesellschaft zu entrücken.

Als Trader darf man die Gefahr des einsamen »Vor-dem-Bildschirm-Sitzens« nicht unterschätzen. Natürlich brauchen Sie keine soziale Kompetenz, um beim Trading erfolgreich zu sein. Was tun Sie aber, wenn Sie wirklich die finanzielle Unabhängigkeit erreichen und viel Geld verdienen, Ihr Kämmerchen jedoch nicht mehr verlassen können oder wollen? Sie haben vielleicht Neurosen entwickelt, fürchten sich vor Fremden oder möchten sich von der Umwelt abschotten. Als Trader hat man keinen Kontakt mit den Mitmenschen und ist ständig allein mit seinen Charts. Tagaus, tagein. Man starrt auf den Monitor und man handelt, und ehe man es sich versieht, ist der Tag schon wieder vorbei. Da geht es gar nicht darum, ob man erfolgreich tradet oder nicht.

Es geht um das Leben an sich und wie rasch man es versäumen kann.

Entschließen Sie sich dazu, vom Trading zu leben, dann sind Sie allein und es gibt niemanden, der Ihnen hilft oder der sich mit Ihnen austauscht. Es sei denn, Sie suchen diesen Kontakt mit anderen Menschen von sich aus. Natürlich können Sie über das Internet mit anderen Marktteilnehmern chatten, Mails schicken oder sonst irgendwie kommunizieren. Das ersetzt aber nie den persönlichen Kontakt mit anderen Menschen. Für mich war es sehr wichtig, Verbindung mit anderen Tradern aufzunehmen. Ob diese »Öffnung« meine Performance merklich verändert oder verbessert hat, weiß ich nicht, und darum ging es mir auch gar nicht. Meiner Einstellung und meiner Menschlichkeit hat die Tatsache, den Tradingroom verlassen zu haben, jedenfalls gut getan.

3 Keine Termine

Ist das nicht herrlich? Der Montagmorgen beginnt für einen Trader ohne Meeting. Ohne »Jour fixe« oder »Tschauner« wie manche Wiener so eine Abteilungsbesprechung gerne nennen (Tschauner ist der Name einer berühmten, alteingesessenen Wiener Stegreif-Theaterbühne). Ein Trader hat keine Geschäftstermine und keine Projektsitzungen, kann sich ganz in Ruhe seinem Trading widmen und sich alles so einteilen, wie er möchte, ohne jeglichen Zeitdruck!

Doch genau da liegt der Hase im Pfeffer. Wenn Sie glauben, als Trader weder Terminsorgen noch Zeitdruck zu kennen, dann irren Sie gewaltig. Sie haben mehr davon, als Sie denken, es sieht nur auf den ersten Blick nicht so aus. Die Märkte kennen jedoch keine Nachsicht und keine Ausreden, denn die Deutsche Börse wird Xetra nicht ein wenig später starten, weil Sie gerade noch einen wichtigen Anruf tätigen müssen. Auch die US-Börsen kennen kein Erbarmen, wenn Ihr Kind im Nebenzimmer weint, weil es gerade seine ersten Zähne bekommt, Ihre Frau aber beim Einkaufen ist und Sie sich um das Baby kümmern müssen. Den rücksichtslosen Märkten ist das egal. Selbst die Tatsache, dass Sie gerade einen Migräneanfall haben, als Sie Ihre zehn Dax-Kontrakte glattstellen wollen, lässt alle anderen Marktteilnehmer kalt. Sie schaffen es aufgrund der rasenden Schmerzen leider nicht mehr, rechtzeitig auf den »Verkaufen«-Button zu klicken, weil Sie nur noch Sterne sehen und Ihnen richtig schlecht geworden ist. Aber wen kümmert es? Den zusätzlichen Verlust von einigen hundert Euro können Sie nicht jemand anderem anhängen, Sie müssen ihn allein tragen, auch wenn das unfair scheint. Fairness oder Rücksicht gibt es an den Märkten keine, es herrscht das Gesetz »Fressen oder gefressen werden«. Die großen Fische fressen die kleinen und diese wiederum das Plankton. Sie müssen Ihren Platz in der Nahrungskette kennen und stets wachsam sein.

Wenn Sie als privater Trader also scheinbar keine Termine haben, haben Sie mehr und strengere als je zuvor. Sie sind mit ständig wiederkehrenden Events wie zum Beispiel der Börseneröffnung konfrontiert, die auch ohne Sie stattfindet, wenn Sie nicht rechtzeitig vor Ort, also vor Ihrem PC sind. Diese vermeintliche Freiheit des Tradings schlägt deswegen schnell in den totalen Zwang um. In die Notwendigkeit, jeden Tag und immer wieder an den Märkten zu agieren. Sie müssen schließlich Geld verdienen und dabei ist es egal, wie Sie sich fühlen, welches Wetter draußen herrscht und wie Ihr sonstiges Umfeld gerade aussieht. Ihre Stoppsetzungsstrategie nimmt keine Rücksicht darauf, ob Sie mit Fieber im Bett liegen, das Internet gerade wieder ausgefallen ist oder der Hund dringend ausgeführt werden muss. Zum Teil erlegt sich ein Trader diesen Zwang jedoch selbst auf. Da er auf eigene Rechnung handelt, gibt es Tage, an denen er ohnehin »flat« ist und daher eine Pause einlegen könnte. Dann muss er lernen, nicht dem Drang zu erliegen, immer und überall eine Position laufen haben zu müssen. Ein reifer Trader kann sich jederzeit eine Auszeit von den Märkten gönnen, weil er weiß, dass er nichts versäumt und dass ständig neue Gelegenheiten kommen. Er handhabt es so, als wenn der kleine Laden um die Ecke heute »wegen Krankheit« oder »wegen Urlaubs« einfach geschlossen hätte. Doch das bedeutet andererseits, Verzicht zu üben. Sind Sie in der Lage zu verzichten? Haben Sie die Disziplin dazu?

4   Keine Projekte

Immer dieser Termindruck, das kann einen fertigmachen! Heute ist Mittwoch und morgen muss für ein wichtiges Meeting noch eine Präsentation fertig werden. Die Kostenrechnung sollte ebenso in dieser Woche rausgehen, und Sie bekommen heute keinen klaren Gedanken mehr zusammen. Es ist 19.00 Uhr, Ihr Kopf explodiert jede Minute und zu Hause wartet Ihre Frau mit dem Abendessen auf Sie. Den Kindern haben Sie gestern bereits versprochen, heute mit ihnen am Computer den neuen »Ego Shooter« zu spielen, und jetzt das! Wäre es nicht toll, ein privater, unabhängiger Trader zu sein, wo Sie keinem Termindruck unterliegen und wo niemand Ihnen zu sagen hat, wann welches Projekt fertig sein muss?

Dummerweise haben Sie schon seit einigen Tagen Ihr Tradingjournal nicht mehr nachgetragen. Sie hatten sich vorigen Monat ganz fest vorgenommen, diese Aufgabe in Zukunft täglich zu erledigen, doch jetzt ist es schon wieder fast eine Woche her, dass Sie die letzten Einträge gemacht haben. Aufgrund des Vorweihnachtsstresses und der vielen parallel laufenden Trades kommen Sie einfach nicht dazu. Sie wissen, dass Sie an Ihrer Stoppsetzungsstrategie feilen müssen, denn die Märkte sind in einen anderen Volatilitätszyklus übergegangen, und Ihre Stopps werden mit Ihrem bisherigen System pausenlos gerissen. Sie haben das Gefühl, dass es angebracht wäre, sie ein wenig weiter weg zu platzieren, doch Sie können es ohne Charts und die Daten dazu nicht mit Sicherheit sagen. Daher sind Sie nicht in der Lage, Ihre Vorgehensweise zu überarbeiten, und mit dem alten System weiterzutraden bringt in dieser Situation auch nichts. Was also tun?

Über einen Tradingfreund wurden Sie darüber hinaus auf eine neue Charting-software aufmerksam. Dieses Programm würde das zeitaufwendige Marktscreening maschinell erledigen, und so könnten Sie einiges an Ressourcen sparen. Sie müssten jedoch die Software vorher testen und wenn sie geeignet ist, diese entsprechend programmieren. Aber wie sollen Sie das alles unter einen Hut bringen? Darüber hinaus bräuchten Sie einen neuen Monitor, weil Ihr alter 17-Zoller bereits ein derart schlechtes Bild liefert, dass Ihnen schon die Augen wehtun. Aber wann sollen Sie den Monitor besorgen? Und vor allem fehlt Ihnen die Zeit für eine entsprechende Recherche, welches Gerät es überhaupt sein soll. Sie sind in einen Teufelskreis gerutscht und können sich nicht mehr daraus befreien.

Am liebsten hätten Sie nun einen Angestellten, der das alles erledigen könnte. Der Papierkram wächst Ihnen langsam über den Kopf, und Sie sehnen sich nach Ihrem ehemaligen Job zurück, den Sie aus dem Effeff beherrschten. Denn dort wird Ihnen niemand den Kopf abreißen, wenn Sie mit einer Präsentation nicht ganz fertig geworden sind. So stressig hatten Sie sich den »Beruf Trader« jedenfalls nicht vorgestellt.

5   Finanzielle Unabhängigkeit

Alles, was Sie als Trader erwirtschaften, gehört Ihnen, und niemand außer dem Finanzminister nimmt Ihnen davon etwas weg. Darüber hinaus sind nur Sie selbst für die erzielten Ergebnisse verantwortlich. Vom Teamplayer in Ihrem Job wurden Sie zum Einzelkämpfer. Sie wollten leistungsgerecht bezahlt werden, und das wurden Sie als Angestellter aus Ihrer Sicht nie. Sie wollten Fairness, und was Sie nun als Trader bekommen, ist so viel Fairness und Gerechtigkeit, dass es kaum mehr auszuhalten ist.

In den letzten Tagen hatten Sie viel um die Ohren. Die Märkte waren schnell, und das Trading hat sehr viel Kraft gekostet. Sie sind froh, endlich Ihren Urlaub antreten zu können, der schon vor Monaten geplant und gebucht worden war. Dummerweise hatten Sie die letzten Wochen eine herbe Verluststrähne. Natürlich wissen Sie als reifer Trader, dass es wieder aufwärtsgehen wird, doch der Urlaub kommt einfach ungelegen, weil er Sie Geld kostet, das Sie derzeit nicht zur Verfügung haben. Als unabhängiger Trader haben Sie zwar mehr Zeit für Urlaube, aber können Sie es sich auch leisten, eine Auszeit zu nehmen?

Wer zahlt die Opportunitätskosten, die während Ihres Urlaubs entstehen? Wer bezahlt Sie, wenn Sie krank sind und wenn Sie nicht traden können? Sie können sich nicht vertreten lassen und jemand anderen für sich handeln lassen. Den Laptop wollen Sie keinesfalls in den Urlaub mitnehmen, und Sie möchten vor Ort schon gar nicht traden, denn so wäre ja die ganze Erholung dahin. Sie brauchen wirklich eine Auszeit, aber können Sie im Urlaub auf die Trades, auf Ihr Einkommen verzichten? Die Börsen zahlen den Tradern leider weder ein Urlaubs- noch ein Krankengeld aus.

Es gibt viele Menschen, die sich selbstständig gemacht haben, gut verdienen und es sich trotzdem nicht leisten können, in Urlaub zu gehen. Bei den meisten betrifft das »leisten können« zweierlei Dinge. Erstens geht es um das im Urlaub ausbleibende Einkommen, und zweitens betrifft es die Kunden, die man in dieser Zeit verlieren könnte. Kunden verlieren wir als Trader natürlich keine, wenn wir den PC für ein paar Wochen nicht einschalten. Kosten haben wir auch keine, sieht man von einem kleinen Fixkostenanteil für diverse Tools ab. Doch wir Trader müssen den Faktor »entgangene Gewinne« berücksichtigen! Einen Faktor, den man sich ebenfalls »leisten können« muss. Können Sie das? Haben Sie Reserven gebildet, als es noch gut lief? Haben Sie in Ihrem Budget dafür Vorsorge getroffen?

Conclusio »Ich werde Trader ...«

Die vorangegangenen Zeilen sollten Sie darauf aufmerksam machen, dass Sie kritisch hinterfragen müssen, welche Ziele Sie wirklich verfolgen. Unter Berücksichtigung der Fragen, die Sie im Coaching-Teil des Buches finden, müssen Sie erarbeiten, ob Sie alle Schwierigkeiten wirklich auf sich nehmen und alles bisher Geschaffene einfach aufgeben möchten. Wir können davon ausgehen, dass Sie aufgrund der Ausführungen in den vergangenen Kapiteln bereits verstanden haben, dass Trading kein leichtes Unterfangen ist. Dass es nicht bloß Action, Spaß und dann die große »Kohle« bedeutet. Trading ist Knochenarbeit, durchsetzt mit Trauer, Wut und Frustration.

Jahrelang quälte auch ich mich und litt wie ein Hund unter meinen Fehlern und den daraus entstandenen Verlusten. Ihnen wird es bestimmt nicht anders ergehen. Ich verbrachte Nächte vor dem Computer, analysierte und tüftelte. An den Wochenenden, wenn sich meine Freunde beim Heurigen oder im Bad trafen, saß ich daheim und analysierte meine Datenbestände. Es war egal, ob es draußen regnete oder 36 Grad im Schatten hatte, ich arbeitete rund um die Uhr. Abends, wenn andere ins Kino gehen oder vor der Glotze hocken, durchforste ich auch heute noch meine Aufzeichnungen immer wieder, um Fehler dingfest zu machen oder mein System weiterzuentwickeln. In dieser Situation brauchen Sie eine Familie, die voll hinter dem steht, was Sie tun, auch wenn sie das Trading nicht als »vernünftigen« Job betrachtet. Sie brauchen einen verständnisvollen Partner, der selbst zurücksteckt und Ihnen vertraut, auch wenn Sie in einer Verlustphase stecken. Wenn Sie jetzt schon kaum Zeit für Ihre Familie haben oder aufgrund der vielen Arbeit nicht weiterwissen, müssen Sie sich gut überlegen, wie Sie mit einer zusätzlichen Belastung umgehen, die das Trading ganz bestimmt verursachen wird.

Die Belohnung kann für einen Trader astronomisch hoch sein, doch die Entbehrungen, das Leid und die Schmerzen ebenso. Wollen Sie wirklich aufgrund eines Impulses, der sich vielleicht in ein paar Monaten als Hirngespinst erweist, eine gesicherte Stellung von heute auf morgen hinschmeißen? Als angehender Trader müssen Sie sehr gut darüber nachdenken, ob die Entscheidung, Ihren Job zu kündigen, um sich voll dem Trading zu widmen, wirklich überdacht wurde. Mit allen Vor- und Nachteilen. Überlegen Sie sich gut, was Sie tun und wie Sie es tun, und überlegen Sie sich vor allem, ob Sie wirklich schon so weit sind, diesen Schritt zu unternehmen.

Schlusswort

Die Börse ist ein Spiegel des Lebens, aber wie in jedem Spiegel sieht man alles seitenverkehrt, und daran muss man sich als Anfänger erst gewöhnen. Die Märkte kommunizieren ständig mit uns Tradern, und wir müssen nur aufmerksam sein und darauf achten, was sie uns zu sagen haben. Zu Beginn brauchen wir noch einen Dolmetscher, um sie zu verstehen, doch haben Trader diese Sprache einmal begriffen, fällt es ihnen nicht mehr schwer, an den Märkten erfolgreich zu sein und Geld zu verdienen.

Alle erfolglosen Trader würden hingegen gerne wissen, was die Erfolgreichen anders machen als sie. Ich hoffe, ich konnte vermitteln, dass es beim Trading keine Geheimnisse gibt. Auch erfolgreiche Trader kochen nur mit Wasser. Hören Sie auf, nach dem »Heiligen Gral« zu suchen. Beschäftigen Sie sich stattdessen mit sich selbst, und stellen Sie sich die geeigneten Fragen. Dieses Buch hat versucht, Sie auf den richtigen Weg zu führen und Sie ein Stückchen davon zu begleiten. Mehr kann ein Tradingbuch in Wahrheit auch nie leisten.

Trading ist von der fachlichen Seite her nicht kompliziert. Jeder, der etwas anderes behauptet, verfolgt entweder seine eigenen Interessen oder hat das notwendige Evolutionsstadium noch nicht erreicht. Trading bedeutet hauptsächlich, sich selbst unter Kontrolle zu haben. Damit diese Selbstkontrolle möglich ist, muss sich der Trader in erster Linie selbst kennen und mögen und vor allem Vertrauen zu sich haben.

Wie anfangs bereits geschrieben hat jeder Mensch an den Märkten heute die gleichen Chancen. Wenn Sie ein paar tausend Euro übrig haben und mit einem Margin-Konto agieren, haben Sie die reelle Chance, in angemessener Zeit ein kleines oder größeres Vermögen daraus zu machen. Die dazu notwendigen Tugenden wurden in diesem Buch alle angesprochen. Das benötigte Fachwissen ebenfalls. Sie brauchen weder Ihren Job aufzugeben noch stundenlang vor dem Computer zu sitzen, um dieses Ziel zu erreichen.

Erfolgreiches Trading ist auch nicht aufregend, im Gegenteil, es ist eher langweilig. Sieg oder Niederlage liegen nah beieinander, der Unterschied liegt nur in der richtigen mentalen Einstellung. Glauben Sie an sich, und arbeiten Sie am Erfolg, dann werden sich für Sie bisher ungeahnte Möglichkeiten auftun. Nicht nur im Trading.

Leben Sie Ihr Leben und handeln Sie! Im wahrsten Sinne des Wortes.

Thomas Vittner
Wien im November 2008

Literaturverzeichnis

Das Große Buch der Markttechnik
von Michael Voigt

Die besten Tradingstrategien. So schlagen Sie konstant den Markt
von Pierre M. Daeubner

Jesse Livermore. Das Spiel der Spiele. Folgen Sie dem »König der Spekulation«
von Edwin Lefèvre

Die Kunst des erfolgreichen Tradens. So werden Sie ein Master Trader
von Birger Schäfermeier

Technische Analyse mit Candlesticks.
Alle wichtigen Formationen und ihr Praxiseinsatz
von Steve Nison

Magier der Märkte. Interviews mit Top-Tradern der Finanzwelt
von Jack D. Schwager

Clever traden mit System 2.0:
Erfolgreich an der Börse mit Money Management und Risikokontrolle
von Van K. Tharp

Die Formel für Ihren Börsenerfolg.
Strategie, Money Management, Psychologie
von Alexander Elder

Tools and Tactics für Master Trader –
Techniken und Strategien für Swing-, Positions- und Daytrader
von Oliver Velez, Greg Capra, und Rita Wehrer

Exceptional Trading – The Mind Game
von Ruth Barrons Roosevelt

Der große Kostolany: Börsenseminar. Börsenpsychologie.
Die besten Geldgeschichten
von André Kostolany

Denke nach und werde reich: Die 13 Gesetze des Erfolgs
von Napoleon Hill

Stichwortverzeichnis

Weitere Titel unserer Tradingreihe:

   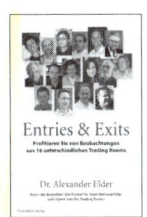 

Fordern Sie unseren kostenlosen und umfangreichen Katalog an!
Diese und viele andere Bücher sind im Handel erhältlich oder können bestellt werden bei:

FinanzBuch Verlag
www.finanzbuchverlag.de

Nymphenburger Str. 86 | D-80636 München | Telefon: 089 651285-0 | Fax: 089 652096 | E-Mail: bestellung@finanzbuchverlag.de

Trading-Strategien (nicht nur) für Extremsituationen

Philipp Kahler

Wenn bei den anderen Marktteilnehmern Gier oder Panik regiert, dann ist dies die beste Zeit, um mit systematischen Tradingstrategien sein Schnäppchen zu machen. Dies ist die Prämisse, anhand derer der Autor Philipp Kahler in seinem Buch die Entwicklung und den Einsatz von Handelssystemen vermittelt. Wann hat der Trader am Markt eine echte Chance? Wie lassen sich diese Phasen mit Hilfe des Computers beschreiben, erkennen und handeln? Der Leser findet eine fundierte Einführung in dieses Thema. Professionelle Händler werden die vielfältigen und praxiserprobten Handelsansätze als wertvolle Ergänzung zu ihrem Know-how und ihren bisherigen Erfahrungen schätzen.

193 Seiten | Hardcover | Preis € 29,90 (D) | € 30,80 (A) | sFr. 48,90 | ISBN 978-3-89879-436-7
Mehr Informationen zu Tradingthemen finden Sie unter www.tradersjournal.de